JN367271

쉽게 배워서 빠르게 실무 적용

현장 이슈들을 축약하여
예시로 배워보는 족보집

SQL SERVER 튜닝 가이드

지은이 김성식·채영석·서채원·김국현·김민섭

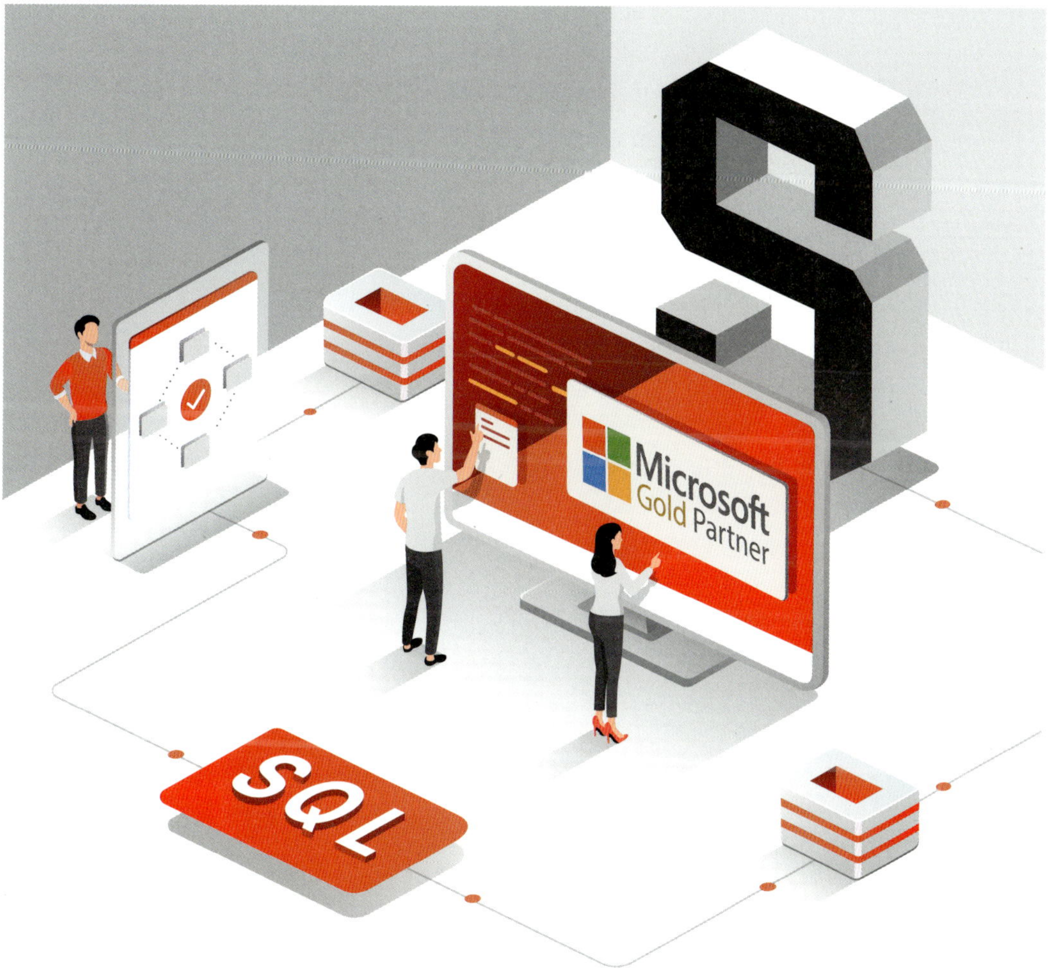

exem

저자의 말

저자는 SQL SERVER 2000 시절부터 지금의 SQL SERVER 2019까지 DB 유지보수 사업과 성능 최적화 및 다양한 컨설팅(이중화, 마이그레이션, 보안 등) 사업을 영위해 왔습니다. 지속적인 SQL SERVER 시장 확대와는 반대로 전문 엔지니어의 수요 문제 및 배울 수 있는 방법에 많은 제약이 있는 것을 안타깝게 생각하며 좀 더 실용적인 내용을 쉽고 빠르게 배울 수 있는 기술 서적의 필요성을 느끼게 되어 새로운 도전을 하게 되었습니다.

이번에 집필하게 된 SQL SERVER 튜닝 가이드는 성능 최적화 필수 이론과 지금까지 실무에서 겪은 사례를 편집하여 실습을 통해 빠르게 습득하고 실무에 반영될 수 있도록 고찰된 서적으로 시장 변화에 따른 업무 환경의 변화에 빠르게 대응해야 하는 실무자분들과 SQL SERVER의 SQL 성능에 관심 있는 분들을 위해 준비하였습니다.

다양한 요소로 빠르게 변화하는 환경에서 SQL SERVER의 선택은 오픈소스 DB 보다 도입 비용 및 운영/관리에 필요한 비용에 있어 낮게 나올 수 있다는 점에서 매우 긍정적으로 생각합니다. 상용 DB에서 얻을 수 있는 득 또한 크기 때문입니다.

앞으로도 지속적인 도전에 힘이 될 수 있게 많은 응원 부탁드립니다.

저자 대표 | 김성식

필리노베이터 선언문

PHILOSOPHER + INNOVATOR = PHILINNOVATOR

엑셈은 구성원 모두가 철학하는 마음과
혁신하는 마음을 통해 성장하는 기업입니다.

> 철학하는 마음은,
> 지식생산이 우리의 일상이기 때문에 생기는 마음입니다.
> 우리의 학습과 경험, 그 결과인 지식은 시공을 초월한 진정한 유산입니다.
> 이 깨달음을 통해 우리는 일터에서 더욱 탁월해집니다.
>
> 혁신하는 마음은,
> 지식생산이 연결의 양과 속도를 가속화하기 때문에 생기는 마음입니다.
> 이를 통해 지식 생산은 생명과 의식이 물질에 스며드는 현상을 촉진합니다.
> 지식생산자인 우리는 물질 세계를 깨우는 혁명가이자 혁신가입니다.
>
> 초연결시대에 철학자와 혁신가는 지식생산자의 본질입니다.
> 세상을 깨우는 진정한 유산을 남기는 사람들, **우리는 필리노베이터** 입니다.

이 책의 구성

이 책의 학습목표

성능 최적화 단계에 필요한 지식들을 선행 학습하고 실무사례를 바탕으로 재현한 다양한 실습을 통해 경험을 쌓아 실무에 쉽고 빠르게 적용할 수 있도록 도와줍니다.

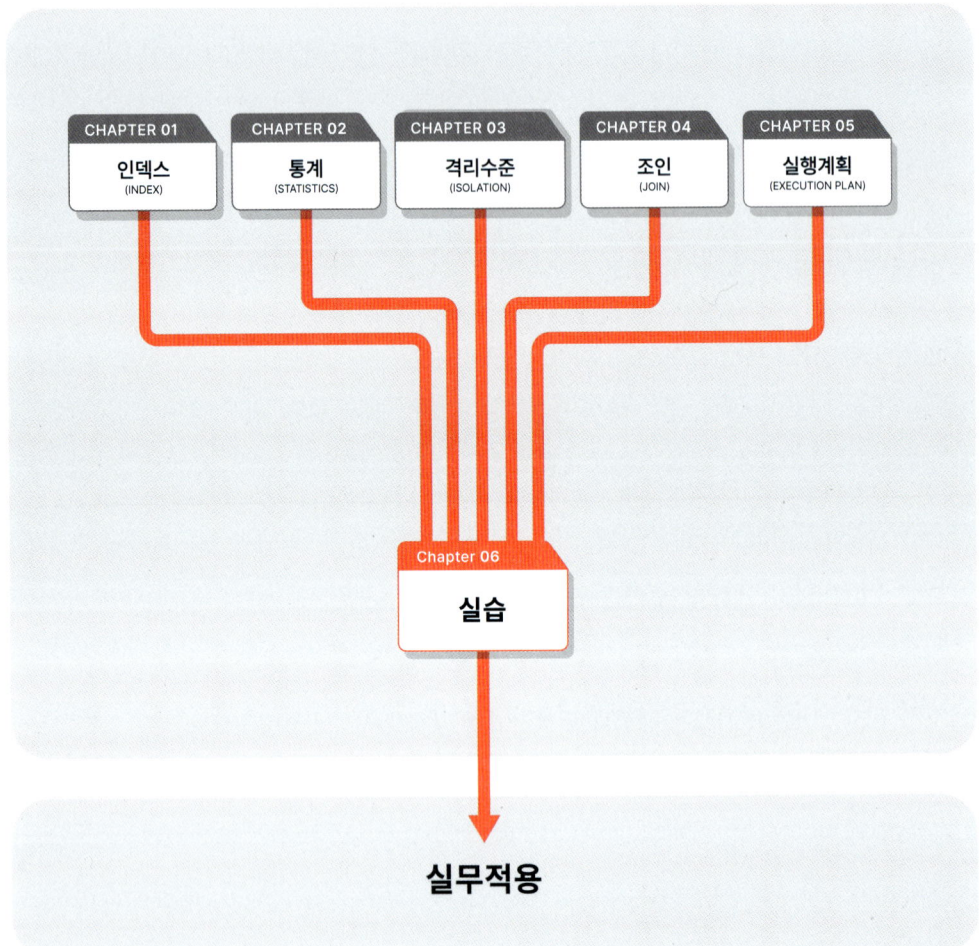

동영상 강의

https://www.youtube.com/c/엑셈TV

엑셈TV 유튜브 채널에서 [Webinar – MS SQL Server] 카테고리에서 저자의 강의 영상도 만나보세요. 디바이스에 대한 제약 없이 동영상 강의 서비스를 무료로 제공받을 수 있습니다.

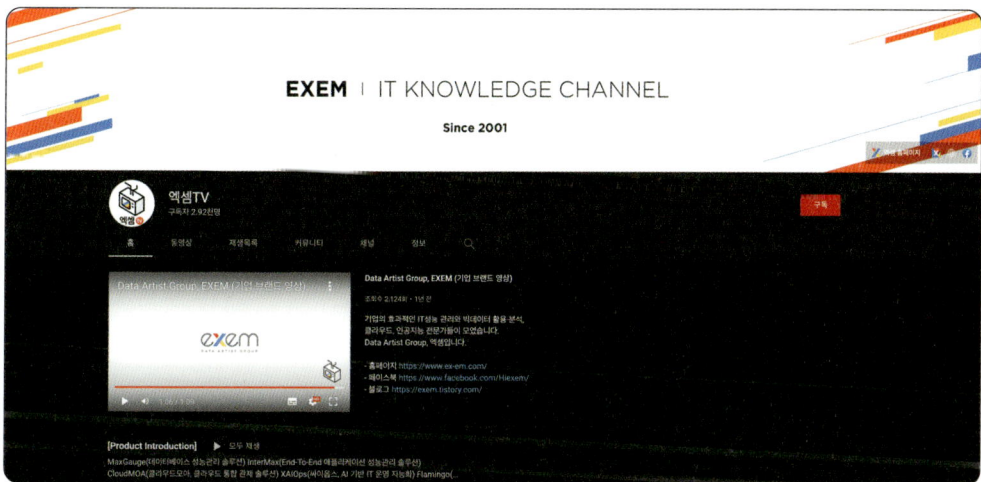

CHAPTER 06 실습 스크립트 자료실

https://exem-academy.com/content/

목 차

저자의 말   2
필리노베이터 선언문   3
이 책의 구성   4
동영상 강의   5
자료실   5

CHAPTER 01 인덱스(INDEX)

1. 인덱스(INDEX)란?   12
2. 인덱스의 종류   13
3. 인덱스를 통한 스캔 방식   15
4. 포괄(INCLUDE) 열이 있는 인덱스   21
5. 인덱스 조각화   24

CHAPTER 02 통계(STATISTICS)

1. 통계(STATISTICS)란?   32
2. 통계의 필요성   32
3. 통계 구성요소   33
4. 바인드 변수를 사용할 때의 통계 정보 활용   40
5. 자동 통계   45
6. 수동 통계   53

CHAPTER 03 격리 수준(ISOLATION)

1. 격리 수준(ISOLATION)이란?   58
2. 격리 수준의 필요성   58
3. 격리 수준 종류   61

CHAPTER 04 조인(JOIN)

1. 조인(JOIN)이란? ... 72
2. 조인의 종류 ... 73
3. 암시적으로 조인이 사용되는 구문들 ... 85
4. 조인의 힌트 ... 87

CHAPTER 05 실행 계획(EXECUTION PLAN)

1. 실행 계획(EXECUTION PLAN)이란? ... 92
2. 실행 계획의 중요성 ... 92
3. 실행 계획 확인 방법 ... 93
4. 실행 계획을 읽는 방법 ... 97
5. 실행 계획에 따른 SQL의 처리 과정 ... 98

CHAPTER 06 실습

1. RID LOOKUP에 의한 성능 이슈 - 1 ... 106
2. RID LOOKUP에 의한 성능 이슈 - 2 ... 109
3. KEY LOOKUP에 의한 성능 이슈 ... 112
4. 인덱스 부재로 인한 성능 이슈 ... 115
5. 인덱스 키 누락으로 인한 성능 이슈 ... 118
6. 인덱스 페이지 분할에 의한 성능 이슈 ... 121
7. 인덱스를 사용하지 못하는 이슈 ... 124
8. CROSS APPLY를 이용한 부분 범위 처리 ... 130
9. CROSS JOIN으로 반복 사용된 테이블 통합 ... 134
10. 내부 조인의 스캔 범위 개선 ... 139
11. BETWEEN의 인덱스 스캔 범위 개선 - 1 ... 142
12. BETWEEN의 인덱스 스캔 범위 개선 - 2 ... 146

실습

13. IN 조건절의 성능 이슈	151
14. 조건절 컬럼이 가공됐을 때의 영향	156
15. SPOOL 연산자 성능 개선 - 1	160
16. SPOOL 연산자 성능 개선 - 2	164
17. SPOOL 연산자 성능 개선 - 3	167
18. TOP EXPRESSION (SUBQUERY)	170
19. TOP N EXPRESSION (NOT EXISTS)	174
20. TOP N EXPRESSION의 성능 이슈	177
21. 중복된 서브 쿼리 사용으로 테이블을 여러 번 읽는 이슈	180
22. 스칼라 서브 쿼리 성능 이슈	184
23. NOT IN 조건으로 사용된 서브 쿼리 성능 이슈	188
24. WITH 절의 성능 이슈	192
25. EXCEPT 구문 성능 이슈	196
26. INTERSECT 구문 성능 이슈	200
27. 데이터 중복 제거에 대한 스캔 범위 개선	204
28. 변수 테이블의 통계 개선 - 1	208
29. 변수 테이블의 통계 개선 - 2	211
30. 변수 테이블의 기능 제약 개선	214
31. 변수가 사용된 OR 절의 성능 이슈	217
32. 변수 사용에 따른 카디널리티 추정 이슈	220
33. CURSOR 성능 이슈 - 1	226
34. CURSOR 성능 이슈 - 2	229
35. CURSOR 성능 이슈 - 3	235
36. COUNT 함수의 OVER 절 성능 이슈 - 1	241
37. COUNT 함수의 OVER 절 성능 이슈 - 2	244
38. FUNCTION 성능 이슈 - 1	248
39. FUNCTION 성능 이슈 - 2	253
40. FUNCTION 성능 이슈 - 3	258

41. FUNCTION 성능 이슈 - 4	263
42. ISNULL() 함수가 사용된 조건절의 성능 이슈	268
43. MAX() 함수의 성능 개선 - 1	271
44. MAX() 함수의 성능 개선 - 2	274
45. MIN() 함수의 성능 개선	278
46. NULL 값을 포함하지 않는 함수 개선	281
47. 데이터 형식 우선순위에 의한 암시적 CONVERT	284
48. 함수를 이용한 문자열 분할 성능 개선	288
49. 스캔 범위에 따른 블로킹 이슈 - 1	292
50. 스캔 범위에 따른 블로킹 이슈 - 2	296
51. DEADLOCK 이슈 - 1	304
52. DEADLOCK 이슈 - 2	309
53. 잠금이 전환될 때 발생하는 DEADLOCK 이슈	316
54. DELETE 구문의 성능 개선 - 1	320
55. DELETE 구문의 성능 개선 - 2	323
56. DELETE 구문의 성능 개선 - 3	327
57. UPDATE / INSERT를 MERGE 문으로 통합	329
58. 저장 프로시저 성능 이슈	333
59. 잘못된 통계 정보로 인한 성능 이슈 - 1	337
60. 잘못된 통계 정보로 인한 성능 이슈 - 2	341
61. 통계 부재로 인한 성능 이슈	346
62. REMOTE QUERY - 1	351
63. REMOTE QUERY - 2	356
64. REMOTE QUERY - 3	362
65. PARTITION을 활용한 성능 개선 - 1	367
66. PARTITION을 활용한 성능 개선 - 2	371
67. PARTITION을 활용한 성능 개선 - 3	374
모든 장을 마치며	378
찾아보기	380

CHAPTER 01

인덱스_INDEX

1. 인덱스(INDEX)란?

2. 인덱스의 종류

3. 인덱스를 통한 스캔 방식

4. 포괄(INCLUDE) 열이 있는 인덱스

5. 인덱스 조각화

CHAPTER 1 인덱스 _INDEX

인덱스(Index)는 데이터를 읽어야 하는 범위를 결정 짓는 매우 중요한 역할을 한다.
이 장에서는 인덱스를 스캔하는 방법과 원리에 대한 내용을 설명한다.

1 인덱스(INDEX)란?

인덱스는 무작위로 저장된 데이터 집합에서 원하는 데이터를 쉽고 빠르게 찾을 수 있도록 제공되는 하나의 오브젝트다. 즉, 요구 조건에 맞춰 테이블을 검색할 때 테이블 전체를 읽어내며 찾는 것이 아니라, 먼저 인덱스의 키로 조건을 탐색하고 함께 저장된 행의 주소값을 통해 테이블의 다른 열을 참조하는 방식으로 수행된다.

인덱스는 흔히 책의 목차로 비유되는데, 책 속의 많은 내용 중에서 원하는 내용을 찾고자 할 때 목차를 통해 쉽게 페이지 번호를 알아낼 수 있기 때문이다. 책이 두꺼울수록 목차가 세분화될수록 원하는 내용의 페이지를 정확하게 찾을 수 있으며, 마찬가지로 인덱스도 많은 데이터 안에서 찾으려는 조건이 상세할수록 역할은 더욱 분명해진다.

인덱스를 생성하는 기본 구문은 다음과 같다.

```
CREATE INDEX 인덱스명 ON 테이블명 (컬럼명)
```

인덱스는 각 테이블마다 별도로 관리되며 CREATE INDEX 명령을 통해 생성할 수 있다. 인덱스 생성 시 특정 열들을 지정해야 하는데 이 열이 인덱스의 키값이 된다. 키로 사용되는 열은 LOB(Large Object) 타입이거나 900 Byte (SQL Server 2016 버전부터 비 클러스터형 인덱스는 1,700 Byte까지 지원된다.) 이상인 데이터 타입은 사용할 수 없으며 정의된 키값은 쿼리 구문을 통해 인덱스가 참조될 때 조건절을 탐색하는 기준으로 사용된다.

생성된 인덱스는 B-Tree (Balanced-Tree) 구조로 저장되며 [그림 1-1]과 같이 구성된다.

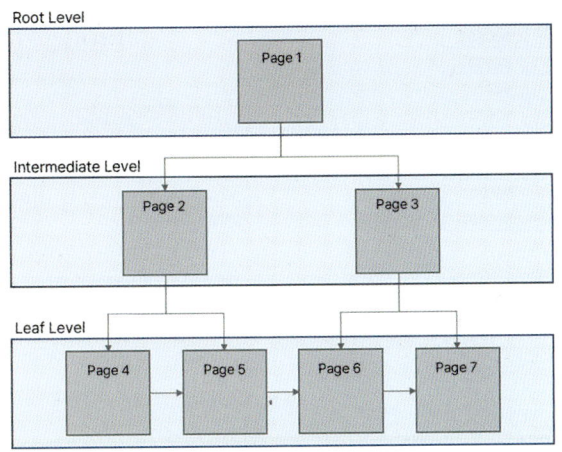

[그림 1-1] 인덱스의 B-Tree 구조

인덱스의 페이지 구조는 Root Level, Intermediate Level, Leaf Level의 3단계로 구분된다. 그중 Leaf Level의 페이지는 인덱스 키값을 기준으로 정렬된 데이터를 저장하며 Intermediate Level과 Root Level은 각 하위 Level 페이지의 첫 번째 인덱스 키값과 함께 해당 페이지의 위치를 나타내는 포인터 역할을 한다. [그림 1-1]은 가장 기본적인 인덱스의 구조를 나타내고 있지만 데이터양에 따라 Intermediate Level 페이지는 많아지거나 존재하지 않을 수도 있다.

2 인덱스의 종류

인덱스는 크게 클러스터형 인덱스(Clustered Index)와 비 클러스터형 인덱스(Non-Clustered Index)로 나누어진다. 클러스터형 인덱스는 테이블 자체를 인덱스로 만드는 형태로 인덱스의 리프(Leaf) 페이지가 곧 데이터 페이지가 된다. 키값으로 정의된 열을 기준으로 정렬된 상태가 유지되며 테이블의 구조가 변경되는 형태이기 때문에 클러스터형 인덱스는 테이블마다 1개만 생성할 수 있도록 제한된다. 반면에 비 클러스터형 인덱스는 테이블과는 독립적으로 생성되며 정의된 키값과 함께 RID(테이블의 행 위치 주소)를 저장하여 관리한다. 마찬가지로 키값을 기준으로 정렬된 상태가 유지되며 최대 999개까지의 비 클러스터형 인덱스를 생성할 수 있다.

다음 [그림 1-2]는 클러스터형 인덱스를 생성했을 때의 예시이다.

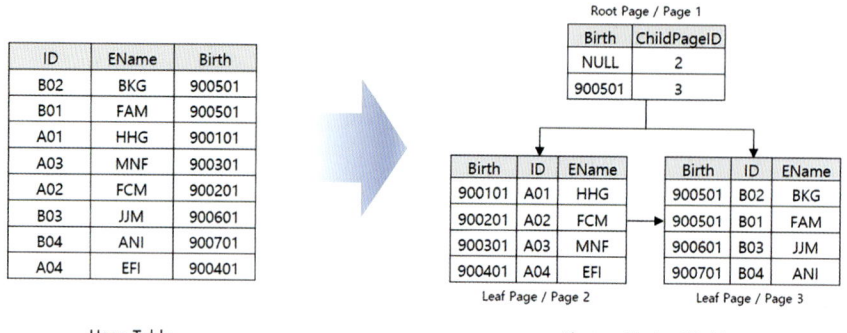

[그림 1-2] [Birth] 열을 키로 생성한 클러스터형 인덱스

클러스터형 인덱스는 이 자체로서 테이블로 사용되며 리프 페이지에 모든 데이터를 포함하고 있기 때문에 키로 사용된 [Birth] 열을 제외한 나머지 열은 정렬되지 않은 상태로 저장된다.

다음 [그림 1-3]은 비 클러스터형 인덱스와 테이블을 표현한 예시이다.

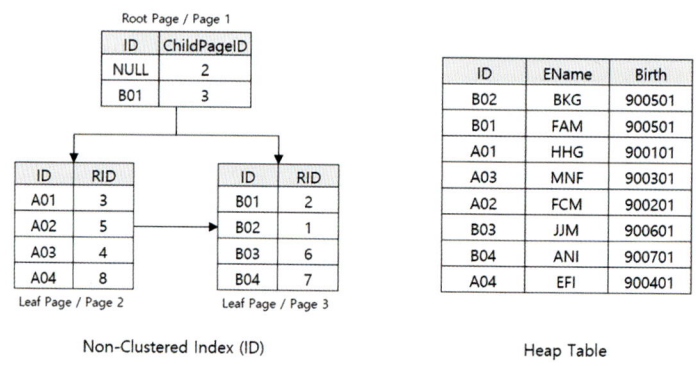

[그림 1-3] [ID] 열을 키로 생성한 비 클러스터형 인덱스와 테이블

비 클러스터형 인덱스는 테이블과는 독립적으로 생성되기 때문에 정의한 키 열과 함께 테이블 각 행의 포인터가 되는 RID 값이 저장된다. [그림 1-3]에서는 이해를 돕기 위해 RID를 테이블의 행 순서로 정의하였다. 하지만 실제로는 각 행을 구분하는 식별자로 파일 번호+페이지 번호+슬롯 번호가 혼합되어 생성된다.

마지막으로 [그림 1-4]는 클러스터형 인덱스와 비 클러스터형 인덱스를 함께 사용한 구성이다. 비 클러스터형 인덱스는 클러스터형 인덱스가 존재하게 되면 RID 값이 아닌 클러스터형 키를 같이 저장하여 키값으로 행의 위치를 구분하게 된다.

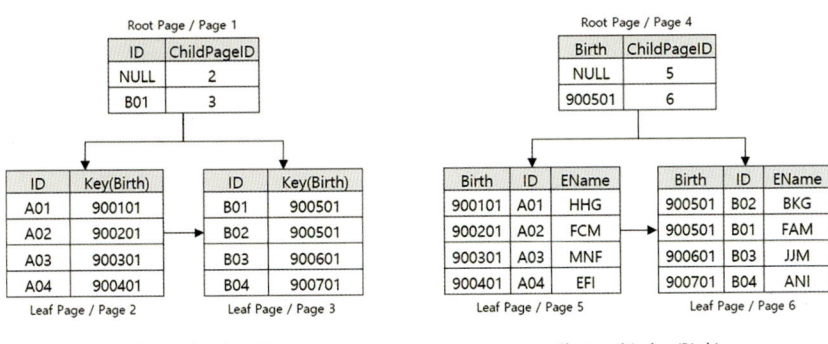

[그림 1-4] 클러스터형 인덱스와 비 클러스터형 인덱스

3. 인덱스를 통한 스캔 방식

데이터를 조회하기 위해서 사용되는 방법으로는 Scan과 Seek가 있다. Scan은 테이블 전체 혹은 인덱스 전체를 읽어내는 방식이며 Seek는 인덱스를 통해 조건에 해당하는 특정 범위만을 읽어내는 방식이다. 다음은 테이블과 인덱스를 사용하여 각각의 스캔하는 방식을 설명한다.

1. Table Scan

Table Scan은 클러스터형 인덱스가 아닌 테이블 전체를 읽어내면서 조회하는 방식이다. 다음 [그림 1-5]는 [Employee] 테이블에서 [ID] = 'A03' 조건에 해당되는 데이터를 조회할 때의 스캔 범위를 표현한 것이다.

[Employee] Table

SCAN	ID	EName	Birth
	B02	BKG	900501
	B01	FAM	900501
	A01	HHG	900101
	A03	MNF	900301
	A02	FCM	900201
	B03	JJM	900601
	B04	ANI	900701
	A04	EFI	900401
	C01	CSI	900901
	C02	OIT	901101

SQL
```
SELECT *
FROM Employee
WHERE ID = 'A03'
```

[그림 1-5] Table Scan

[Employee] 테이블은 인덱스가 없으며 데이터가 무작위로 저장되어 있는 상태이다. 최종 결과 집합으로 원하는 결과는 1건이지만 요구 조건에 만족하는 다른 데이터가 있다는 것을 보장할 수 없기 때문에 모든 데이터를 읽어내야만 최종 결과 집합을 만들어 낼 수 있는 것이다.

2. Clustered Index Scan

Clustered Index Scan은 클러스터형 인덱스의 키로 지정된 열을 탐색의 조건으로 사용할 수 없는 경우에 모든 행을 읽어내면서 조회하는 방식이다. 다음 [그림 1-6]은 클러스터형 인덱스의 키가 [Birth] 열일 때 [ID] = 'B02' 조건을 조회하는 스캔 범위를 표현한 것이다.

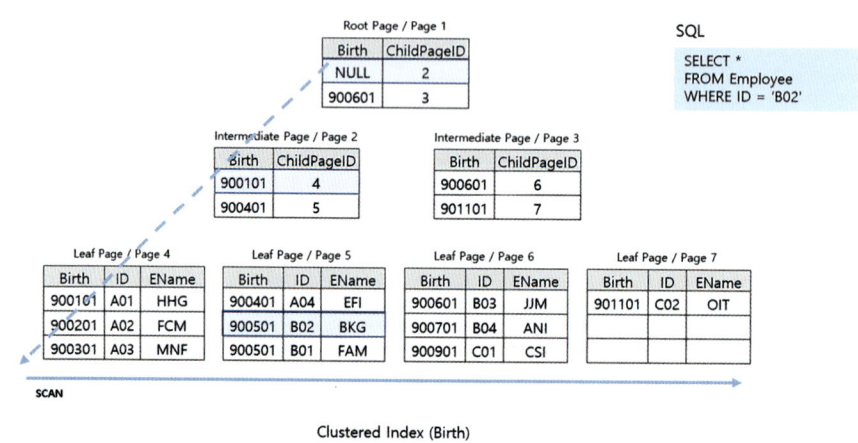

[그림 1-6] Clustered Index Scan

Clustered Index Scan으로 수행되면 루트(Root) 페이지를 통해 제일 좌측에 존재하는 리프 페이지를 찾고 이후 모든 행을 읽어내게 된다. 현재 클러스터형 인덱스는 키값인 [Birth] 열을 기준으로 정렬되어 있기 때문에 [ID] 열의 조건인 'B02' 값의 위치를 탐색할 수 없다. 이로 인해 모든 데이터를 읽어내야만 최종 결과 집합을 만들어 낼 수 있는 것이다.

3. Clustered Index Seek

Clustered Index Seek는 클러스터형 인덱스의 키값을 통해 조건을 탐색하여 만족하는 범위만을 읽어내는 방식이다. 클러스터형 인덱스의 키로 정의된 [Birth] 열을 조건으로 탐색하면 [그림 1-7]과 같은 스캔 범위를 나타낸다.

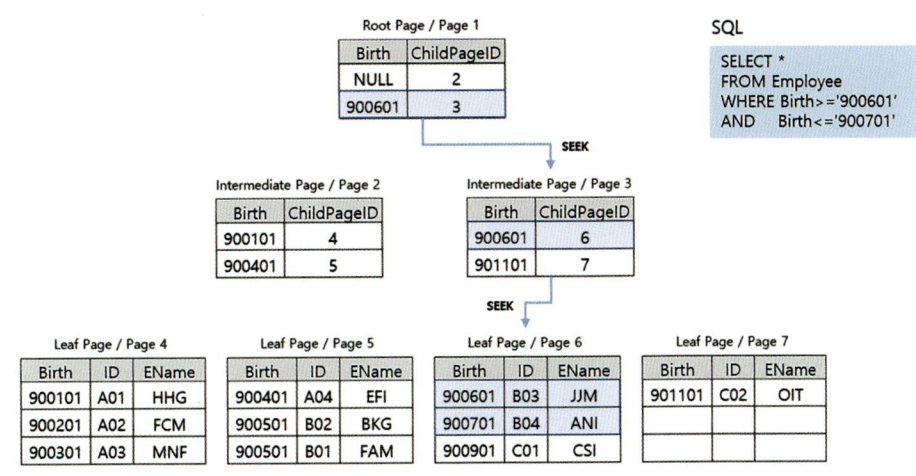

[그림 1-7] Clustered Index Seek

루트 페이지부터 조건의 시작점인 '900601' 데이터의 위치를 탐색한다. 최종 리프 페이지에 도달하면 각 행의 값을 비교하게 되고 마지막 범위 값인 '900701'을 넘어가는 데이터를 만나는 순간 탐색을 종료하게 된다.

4. Non-Clustered Index Scan

Non-Clustered Index Scan은 구문에서 요구하는 열들이 비 클러스터형 인덱스에 모두 포함되어 있지만 키로 정의된 열이 탐색의 조건으로 사용될 수 없는 경우에 모든 행을 읽어내면서 조회하는 방식이다. 다음 [그림 1-8]은 인덱스의 키가 [ID] 열일 때 탐색의 조건으로 사용될 수 없는 하나의 예시이다.

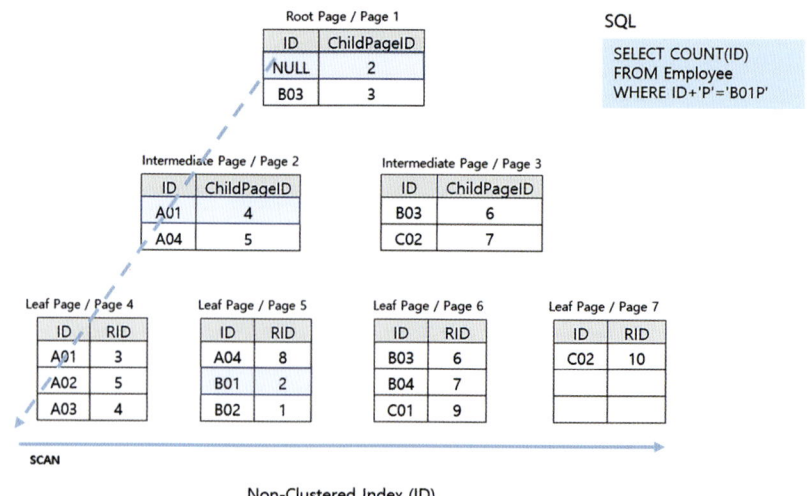

[그림 1-8] Non-Clustered Index Scan

Non-Clustered Index Scan도 루트 페이지를 통해 제일 좌측에 존재하는 리프 페이지를 찾고 이후 모든 행을 읽어내게 된다. 인덱스의 키로 정의된 [ID] 열이 조건으로 사용됐지만 조건절이 [ID]+'P' 형태로 가공되면서 탐색의 조건으로 사용되지 못하고 모든 행을 읽게 된 것이다.

5. Non-Clustered Index Seek

Non-Clustered Index Seek는 구문에서 요구하는 열들이 비 클러스터형 인덱스에 모두 포함되어 있으면서 키로 지정한 열이 탐색의 조건으로 사용된 경우에 수행되는 방식이다. 다음 [그림 1-9]는 인덱스의 키가 [ID] 열일 때 [ID] = 'B01' 조건으로 특정 범위를 탐색하는 과정을 나타낸다.

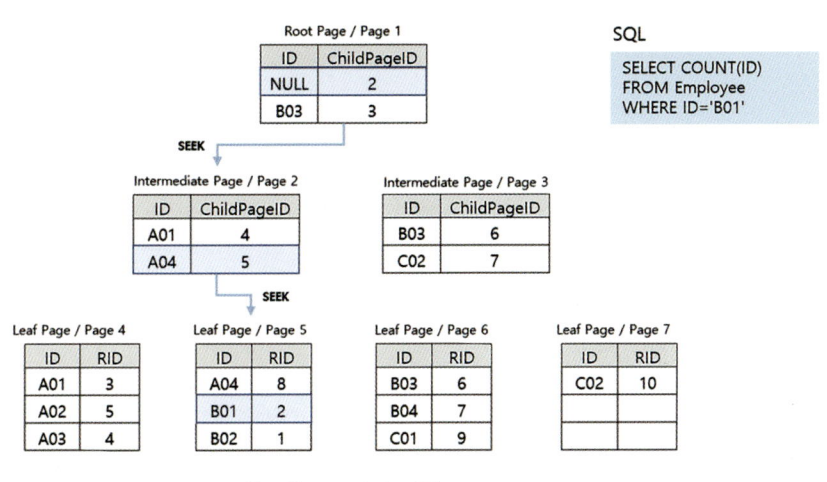

[그림 1-9] Non-Clustered Index Seek

조건으로 사용된 열이 인덱스 키와 동일하기 때문에 특정 범위만을 탐색하게 된다. 루트 페이지부터 조건에 해당되는 'B01' 데이터의 위치를 찾고 리프 페이지의 행을 비교하면서 조건과 일치하지 않는 행을 만날 때 탐색을 종료한다.

6. RID Lookup : Non-Clustered Index + Heap Table

RID Lookup은 비 클러스터형 인덱스를 읽은 후에 참조해야 하는 열 데이터가 부족하여 테이블로 조인하는 과정이다. 다음 [그림 1-10]은 비 클러스터형 인덱스에서 테이블로 RID 값을 통해 Lookup 하는 과정을 표현한 것이다.

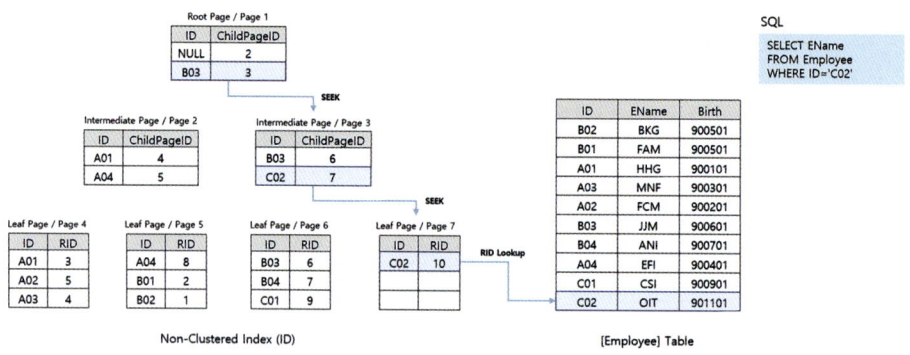

[그림 1-10] RID Lookup

구문에서 요구하는 결과는 [ID] = 'C02'의 조건에 만족하는 행의 [EName] 열이다. 비 클러스터형 인덱스로 [ID] 열을 탐색하지만 인덱스에 존재하지 않는 [EName] 열은 테이블로부터 가져와야만 한다. 이때 RID Lookup이 수행되는데, 비 클러스터형 인덱스에는 테이블의 각 행을 구분할 수 있는 RID 값이 포함되어 있기 때문에 Lookup을 통해 테이블과 조인하여 [EName] 열을 출력하는 것이다.

7. Key Lookup : Non-Clustered Index + Clustered Index

Key Lookup은 비 클러스터형 인덱스에 필요한 열 데이터가 부족하여 조인을 통해 열을 가져오는 과정으로 RID Lookup과 동일하다. 다만, Key Lookup은 테이블이 클러스터형 인덱스로 구성되어 있고 이로 인해 비 클러스터형 인덱스에는 RID 값이 아닌 클러스터형 인덱스의 Key 값을 포함하고 있다는 점에서 차이가 있다. 다음 [그림 1-11]은 비 클러스터형 인덱스에서 클러스터형 인덱스로 Key 값을 통해 Lookup 하는 과정을 표현한 것이다.

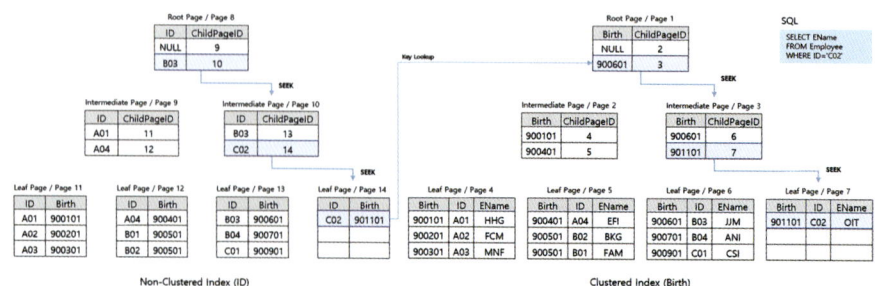

[그림 1-11] Key Lookup

비 클러스터형 인덱스로 [ID] 열을 탐색하고 인덱스에 존재하지 않는 [EName] 열은 클러스터형 인덱스로부터 가져온다. 이때 비 클러스터형 인덱스에 포함되어 있는 클러스터형 인덱스의 Key를 통해 Lookup을 수행하고 클러스터형 인덱스를 탐색하여 최종 [EName] 열을 출력하게 된다.

4 포괄(INCLUDE) 열이 있는 인덱스

인덱스를 생성할 때 키가 아닌 열로 데이터만 포함시킨 열을 포괄 열이라 한다. 포괄 열은 RID 혹은 Key Lookup에 의한 비용을 제거하기 위해 사용되는데, 비 클러스터형 인덱스만 사용할 수 있으며 키 열과는 다르게 text, ntext 및 image 데이터 타입을 제외한 모든 열을 정의할 수 있다. 포괄 열로 정의된 열은 정렬되지 않은 상태로 리프 페이지에만 저장되기 때문에 조건을 탐색하는 용도로는 사용할 수 없지만 페이지 분할(Page Split, DML이 수행될 때 데이터를 정렬시키는 과정에서 페이지가 분할되는 현상)에는 이점을 가질 수 있다. 그렇다면 [A] 열이 선행 키로 정의된 인덱스가 있다고 가정할 때, [B] 열을 후행키로 정의한 것과 포괄 열로 정의한 것에 대해 간단히 비교해 보자.

먼저 [그림 1-12]는 [B] 열이 키로 사용됐을 때의 예시이다.

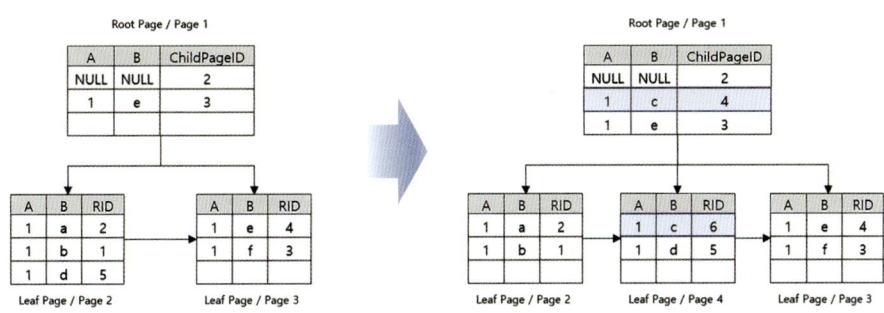

[그림 1-12] [B] 열이 키로 사용될 때 (1, 'c') 값 추가에 따른 페이지 변화

[B] 열을 키로 사용하게 되면 데이터가 삽입될 때 정렬된 상태에 맞도록 페이지를 찾아서 추가해야 한다. 신규 데이터 'c' 값은 'b' 다음이기 때문에 2번 페이지에 삽입되어야 하는데 현재 페이지가 가득 찬 상태여서 페이지 분할이 발생되고 일부 데이터가 새로 만들어진 페이지로 이전된다.

다음 [그림 1-13]은 [B] 열을 포괄 열로 정의했을 때의 예시이다.

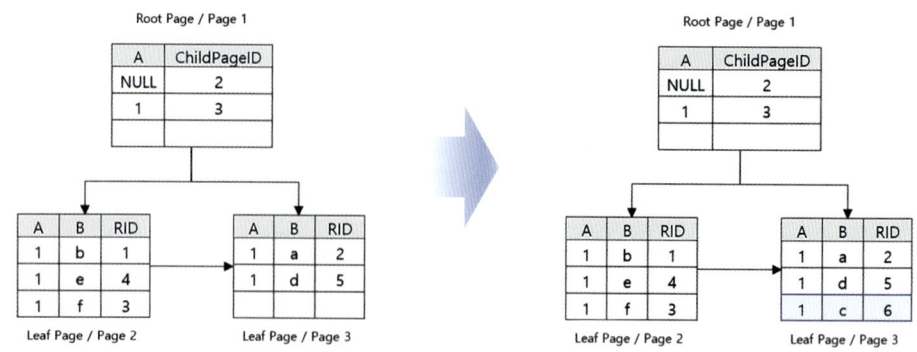

[그림 1-13] [B] 열이 포괄 열로 사용될 때 (1, 'c') 값 추가에 따른 페이지 변화

포괄 열로 정의된 [B] 열은 정렬을 하지 않는다. 키로 사용된 [A] 열에 대해서만 정렬을 유지하면 되기 때문에 3번 페이지의 비어 있는 공간으로 데이터를 삽입하게 된다. 이로 인해 페이지는 분할될 필요가 없어지게 되면서 키로 사용했을 때보다 이점을 갖게 된다.

포괄 열을 정의하는 기본 구문은 다음과 같다.

```
CREATE NONCLUSTERED INDEX 인덱스명 ON 테이블명(인덱스 키) INCLUDE(포괄 열)
```

비 클러스터형 인덱스를 생성할 때 INCLUDE 옵션으로 선언되는 열들이 포괄 열에 해당된다. 다음 구문을 통해서 포괄 열의 필요성을 [그림 1-14]과 함께 설명한다.

```
CREATE INDEX NIDX01 ON Employee(Birth)

SELECT EName
FROM Employee
WHERE Birth = '901101'
GO
```

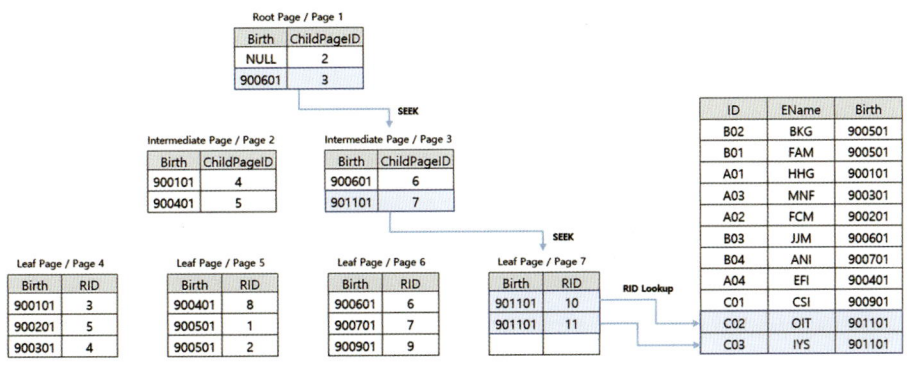

[그림 1-14] [EName] 열로 인한 RID Lookup 수행 과정

위 구문은 [Birth] = '901101' 조건에 해당하는 데이터의 [EName] 열을 출력하는 구문이다. 데이터를 빠르게 찾아내기 위해 [Birth] 열에 인덱스를 생성했지만 [EName] 열은 인덱스에 포함되지 않아 [Employee] 테이블로의 RID Lookup이 불가피한 상황이다. 여기서 RID Lookup을 하는 과정은 NL Join 방식으로 수행되는데, 인덱스로 탐색된 데이터가 많을수록 조인 시도가 반복되기 때문에 그에 따른 비용이 증가하게 된다. [그림 1-14]에서는 2건의 행이 RID Lookup을 수행하지만 인덱스로 탐색된 데이터가 1만 건에 해당된다면 그에 따라 테이블로 1만 번의 조인 시도가 동반되는 것이다.

이와 같이 인덱스의 탐색 대상이 되지 않는 열들로 인한 Lookup 비용을 포괄 열을 사용하여 개선할 수 있는데, 다음 구문과 [그림 1-15]이 포괄 열을 사용한 예시이다.

```
CREATE INDEX NIDX02 ON Employee(Birth) INCLUDE (EName)

SELECT EName
FROM Employee
WHERE Birth = '201101'
GO
```

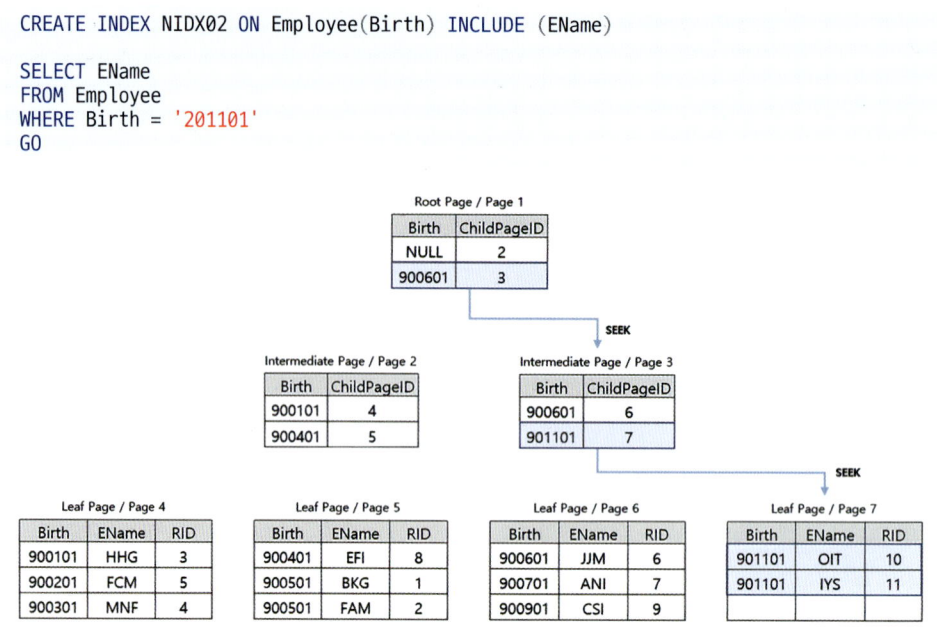

[그림 1-15] [EName] 열을 포함한 비 클러스터형 인덱스의 탐색

인덱스에 [EName] 열을 포괄 열로 정의하였다. 동일한 구문을 실행하지만, 인덱스로 [Birth] 열을 탐색한 행에 [EName] 열이 이미 포함되어 있기 때문에 RID Lookup 과정을 추가로 수행하지 않아도 된다. 이처럼 조건절로서 인덱스의 탐색 대상이 아닌 열은 단순히 포괄 열로 포함시키는 것만으로도 성능을 개선할 수 있는데 포괄 열이 아닌 키로 정의할 경우에는 다음에 설명하는 페이지 분할이 발생될 수 있기 때문에 요구되는 구문에 맞춰 적절한 인덱스 구성을 사용하여야 한다.

5 인덱스 조각화

1. 인덱스 조각화란?

인덱스 조각화는 키값을 기준으로 정렬된 인덱스 페이지의 논리적 순서와 물리적 순서가 일치하지 않는 것을 의미한다. 이는 페이지 분할로 인해 발생될 수 있는데, 조금 더 이해하기 쉽도록 다음 그림과 함께 설명한다.

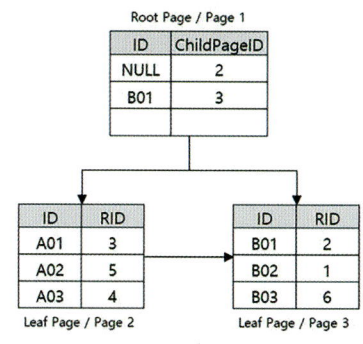

[그림 1-16] [ID]를 기준으로 정렬된 Non-Clustered Index

[그림 1-16]는 [ID] 열을 기준으로 생성된 비 클러스터형 인덱스이다. 여기서 하나의 페이지에는 최대 3개의 행이 저장될 수 있다고 가정하자. 현재 1번 페이지는 루트 페이지로 사용되며 2번과 3번 페이지는 각각 리프 페이지로 데이터가 가득 찬 상태이다. 이런 상황에서 [ID] 열이 'A01' 인 데이터가 추가된다면 어떻게 될까? [ID] 열은 정렬되어 있기 때문에 2번 페이지의 'A02' 이전의 행으로 삽입되어야 한다.

다음 [그림 1-17]은 'A01' 데이터가 추가된 인덱스 구조를 나타낸다.

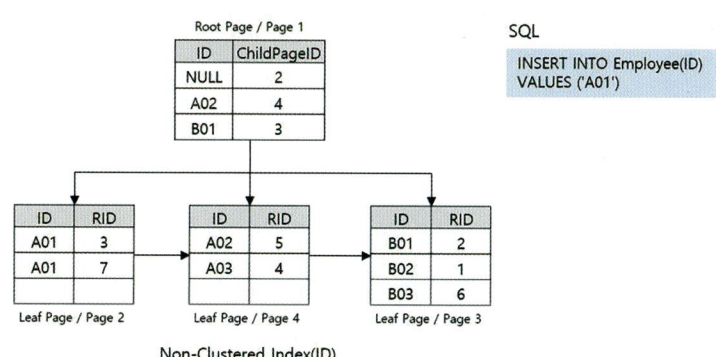

[그림 1-17] 'A01' 데이터 추가로 인한 페이지 분할 발생

2번 페이지에 더 이상 삽입할 공간이 없으므로 새로운 4번 페이지를 할당받게 되고 정렬된 상태를 유지하며 데이터를 분배하게 되는데 이러한 현상을 페이지 분할이라 한다. 인덱스 조각화는 이렇게 페이지의 분할이 생겼을 때 발생될 수 있다. 2번 페이지로부터 분할된 4번 페이지는 2번 페이지에

서 포인터로 연결하게 되고 4번 페이지는 다시 3번 페이지로 포인터를 연결하게 되는데, 이렇게 연속성을 갖는 페이지의 논리적 순서와 물리적 순서가 달라질 때 인덱스의 조각화가 발생됐다고 표현한다. 이때의 페이지 조각률은 3개 중 1개의 페이지인 33%가 된다. 그렇다면 이렇게 페이지 분할이 생길 때 어떤 영향을 받게 될까? B-Tree 구조를 갖는 인덱스의 페이지는 데이터 밸런스를 맞추기 위해 약 50%의 데이터를 새로운 페이지로 이동시킨다. 이는 페이지 내의 빈 공간이 50% 생긴다는 것과 동일한 의미를 나타낸다. 이후에 UPDATE 혹은 INSERT에 의해 페이지 공간이 전부 채워진다면 문제가 되지 않겠지만, 지속적으로 빈 공간으로 남게 된다면 페이지 사용 효율성이 떨어지기 때문에 해당 데이터를 조회할 때 더 많은 페이지를 읽어내야 하는 상황이 발생될 수 있다.

2. 페이지 분할에 의한 성능 이슈

페이지 분할은 결국 읽어내야 하는 페이지가 많아지는 것을 의미한다. 간단한 예제를 통해 페이지 분할로 성능 이슈가 발생되는 것을 확인해 보자. 먼저, 테스트를 위한 [Split] 테이블을 master 데이터베이스에 존재하는 [spt_values] 테이블로부터 생성한다.

```sql
SELECT CONVERT(INT,a.number) AS [no]
    ,CONVERT(CHAR(900),'A') AS txt INTO Split
FROM master..spt_values a
WHERE a.type = 'P'
AND a.number BETWEEN 1 AND 1000
GO
```

[Split] 테이블에는 [no] 열에 1부터 1,000까지의 데이터가 존재하며 [txt] 열은 'A'의 데이터를 포함하고 있다. 다음 인덱스를 생성해 보자.

```sql
CREATE INDEX NIDX01_Split ON Split(no) INCLUDE (txt)
```

인덱스에 [no] 열을 키로 지정하여 정렬 대상을 만들고, 인덱스 페이지당 8건의 행만 포함될 수 있도록 CHAR(900)으로 선언된 [txt] 열을 포괄 열로 포함시켰다. 현재까지의 페이지 정보를 DBCC SHOWCONTIG 명령으로 확인해 보면 다음과 같다.

```
DBCC SHOWCONTIG('Split','NIDX01_Split')

테이블: 'Split'(1317579732); 인덱스 ID: 2, 데이터베이스 ID: 19
LEAF 수준 검색을 수행했습니다.
- 검색한 페이지................................: 125
- 검색한 익스텐트 .............................: 16
- 익스텐트 스위치..............................: 15
- 익스텐트당 평균 페이지 수....................: 7.8
- 검색 밀도[최적:실제].......: 100.00% [16:16]
- 논리 검색 조각화 상태 ..................: 0.00%
- 익스텐트 검색 조각화 상태 ..............: 37.50%
- 페이지당 사용 가능한 평균 바이트 수......: 752.0
- 평균 페이지 밀도(전체)....................: 90.71%
```

이 중, 검색한 페이지는 Leaf Level의 총 페이지 수를 의미하며 125개의 리프 페이지가 할당된 것이다. 논리 검색 조각화 상태는 조각난 페이지의 비율을 의미하는데 현재 0%로 없는 상태이고, 평균 페이지 밀도를 통해 페이지당 약 90%에 해당하는 영역이 사용되고 있음을 확인할 수 있다.

다음 실제 구문을 실행하여 I/O 정보를 보자.

```
SELECT count(*) FROM split WHERE no <= 1000
GO
```

Rows	Executes	StmtText
1	1	SELECT COUNT(*) FROM [split] WHERE [no]<=@1
0	0	|--Compute Scalar(DEFINE:([Expr1003]=CONVERT_IMPLICIT(int,[Expr1005],0)))
1	1	|--Stream Aggregate(DEFINE:([Expr1005]=Count(*)))
1000	1	|--Index Seek(OBJECT:([tuning].[dbo].[Split].[NIDX01_Split]), SEEK:([tuning].[dbo].[Split].[no] <= CONVERT_IMPLICIT(int,[@1],0)) Ordered Forward)

테이블 'Split'. 검색 수 1, 논리적 읽기 수 127

인덱스를 통해 모든 데이터를 조회했을 때 125개의 리프 페이지를 포함하여 총 127페이지를 읽어낸다. 여기서 페이지 분할이 발생될 수 있도록 데이터를 삽입한다.

```
INSERT INTO Split
SELECT CONVERT(INT,b.number) AS no
      ,CONVERT(CHAR(900),'B') AS txt
FROM master..spt_values b
WHERE b.type = 'P'
AND b.number BETWEEN 1 AND 1000
AND b.number%8 = 2
```

삽입되는 데이터는 각 리프 페이지의 두 번째 행과 같은 데이터이다. 즉, 125개의 리프 페이지가 모두 분할이 발생될 수 있도록 125건의 데이터를 삽입하는 것이다. 페이지 분할이 발생된 다음의 DBCC SHOWCONTIG 정보는 다음과 같다.

```
DBCC SHOWCONTIG('Split','NIDX01_Split')
```

```
테이블: 'Split'(1317579732); 인덱스 ID: 2, 데이터베이스 ID: 19
LEAF 수준 검색을 수행했습니다.
- 검색한 페이지................................: 250
- 검색한 익스텐트 .............................: 32
- 익스텐트 스위치..............................: 249
- 익스텐트당 평균 페이지 수........................: 7.8
- 검색 밀도[최적:실제].......: 12.80% [32:250]
- 논리 검색 조각화 상태 ...................: 99.60%
- 익스텐트 검색 조각화 상태 ..................: 25.00%
- 페이지당 사용 가능한 평균 바이트 수....................: 3965.0
- 평균 페이지 밀도(전체).....................: 51.01%
```

페이지 분할로 인해 리프 페이지의 수가 250개로 증가되었다. 평균 페이지 밀도가 51%로 각 페이지의 절반의 영역만 사용되고 있으며, 조각률은 99.6%로 전체 250개의 페이지 중 첫 번째 리프 페이지를 제외하고 모든 페이지가 분할되었음을 확인할 수 있다.

다시 이전과 같은 구문을 실행하여 I/O 정보를 확인해 보자.

```sql
SELECT count(*) FROM split WHERE no <= 1000
GO
```

Rows	Executes	StmtText
1	1	SELECT COUNT(*) FROM [split] WHERE [no]<=@1
0	0	|--Compute Scalar(DEFINE:([Expr1003]=CONVERT_IMPLICIT(int,[Expr1007],0)))
1	1	|--Stream Aggregate(DEFINE:([Expr1007]=Count(*)))
1125	1	|--Index Seek(OBJECT:([tuning].[dbo].[Split].[NIDX01_Split]), SEEK:([tuning].[dbo].[Split].[no] <= (1000)) Ordered Forward)

테이블 'Split'. 검색 수 1, 논리적 읽기 수 252

이전 1,000건의 데이터에서 약 10%에 해당하는 데이터가 삽입됐지만 실질적으로 페이지 수는 2배가 증가하였다. 이처럼 DML로 인해 페이지 분할이 지속적으로 발생된다면 많은 페이지 단편화로 데이터 조회 성능 저하의 요인이 될 수 있다.

그렇다면 분할된 페이지는 어떻게 관리해야 될까? 다음은 분할된 페이지를 다시 정리할 수 있는 방법을 설명한다.

3. 분할된 페이지 정리

분할로 인해 증가된 페이지 양을 다시 최적화하는 방법으로는 인덱스를 다시 구성(Index Reorganize) 하는 방법과 인덱스를 다시 작성(Index Rebuild) 하는 방법이 대표적이다. 다시 구성은 조각난 인덱스의 페이지를 읽어내면서 물리적으로 재 정렬한 후 비워진 페이지를 반환하는 과정이며 다시 작성은 기존 인덱스를 삭제하고 새로운 페이지를 할당받아 재 생성하는 과정이다. 그렇다면 하나의 예시로 조각난 인덱스를 다시 작성했을 때의 결과를 확인해 보자. 인덱스를 다시 작성하는 기본 명령은 다음과 같다.

```
ALTER INDEX [NIDX01_Split] ON [dbo].[Split] REBUILD
```

위 명령을 수행했다면, 다시 DBCC SHOWCONTIG를 통해 리프 페이지의 정보를 확인해 보자.

```
DBCC SHOWCONTIG('Split','NIDX01_Split')

테이블: 'Split'(1317579732); 인덱스 ID: 2, 데이터베이스 ID: 19
LEAF 수준 검색을 수행했습니다.
- 검색한 페이지................................: 141
- 검색한 익스텐트..............................: 18
- 익스텐트 스위치..............................: 17
- 익스텐트당 평균 페이지 수....................: 7.8
- 검색 밀도[최적:실제].......: 100.00% [18:18]
- 논리 검색 조각화 상태 ....................: 0.00%
- 익스텐트 검색 조각화 상태 ................: 44.44%
- 페이지당 사용 가능한 평균 바이트 수..................: 771.5
- 평균 페이지 밀도(전체)....................: 90.47%
```

페이지 분할로 총 250개의 페이지였던 리프 페이지가 141개로 줄었다. 조각난 페이지는 0%로 존재하지 않으며, 평균 페이지의 밀도는 약 90%로 증가되어 페이지 대부분의 영역에 데이터가 저장된 것을 확인할 수 있다. 최종적으로 인덱스가 재 생성되면서 기존 125개의 페이지에서 16개(125건이 저장될 수 있는 페이지 수)의 페이지가 증가된 것이다.

CHAPTER 02

통계_STATISTICS

1. 통계(STATISTICS)란?

2. 통계의 필요성

3. 통계 구성요소

4. 바인드 변수를 사용할 때의 통계 정보 활용

5. 자동 통계

6. 수동 통계

CHAPTER 2 통계_STATISTICS

통계 정보는 테이블의 데이터 분포를 기반으로 계산된 정보로써 실행 계획을 구성하기 위한 참조 자료로 사용된다.
이 장에서는 통계 정보의 정의와 사용 시기 그리고 실행 계획에 미치는 영향에 대해 설명한다.

1 통계(STATISTICS)란?

통계는 테이블의 데이터 분포를 기반으로 계산된 정보이며 SQL 구문의 실행 계획이 생성될 때 참조된다. 통계 정보는 해당 통계의 상세정보, 열들에 대한 밀도 벡터 그리고 단일 열(또는 인덱스의 선두 키)의 데이터 분포를 나타내는 히스토그램을 포함하고 있다.

2 통계의 필요성

통계 정보는 특정 열의 행 수와 중복 값을 제거한 고유 값의 수 그리고 데이터의 밀도 등을 포함하고 있기 때문에 조회 대상 데이터의 예상되는 행 수를 산정하는 기반이 된다. 예상 행 수는 처리 비용을 계산하기 위해 사용되는데, 이 비용을 바탕으로 최적화된 실행 계획이 선택되기 때문에 통계 정보는 쿼리 성능 향상에 중요한 역할을 한다. 다음 예시는 구문을 실행했을 때 통계 정보 존재 유무에 따라 수행되는 실행 계획의 차이를 나타낸다.

```sql
SELECT A.ProductNumber, B.ModifiedDate
FROM TB_Statistics A JOIN TB_Statistics B
ON A.ProductNumber = B.ProductNumber
WHERE A.ProductNumber > 4050
```

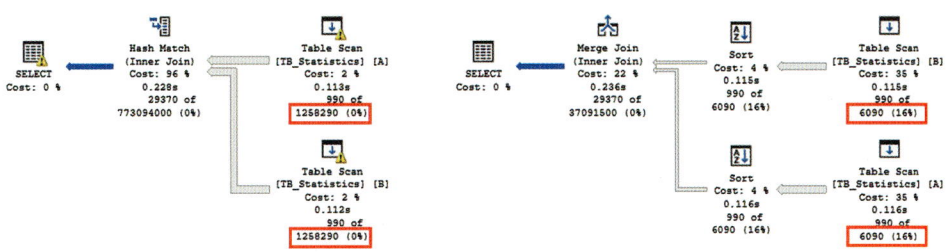

[그림 2-1] 통계 정보가 없을 때의 실행 계획 [그림 2-2] 통계 정보가 있을 때의 실행 계획

[그림 2-1]의 실행 계획은 테이블 스캔에 대한 예상 행 수를 계산할 때 참고할 수 있는 통계가 없기 때문에 전체 행의 30%인 1,258,290건을 예상하고 Hash Join으로 수행하였다. 반면에 [그림 2-2]의 실행 계획은 예상 행 수가 6,090건으로 낮게 계산되면서 Merge Join의 실행 계획으로 수행하고 있다. 이처럼 통계 정보의 유무에 따라서 예상 행 수가 달라지고 실행 계획의 차이가 발생하기 때문에 쿼리 성능을 위해 통계가 올바르게 유지될 수 있도록 관리가 필요하다.

3 통계 구성요소

통계는 헤더(Stat Header), 밀도 벡터(Density Vector), 히스토그램(Histogram)을 포함하며 각 정보는 단일 열이나 인덱스마다 별도로 관리된다. 다음은 통계 정보를 확인하기 위한 기본 명령이다.

```
DBCC SHOW_STATISTICS ({테이블 | 인덱싱 뷰}, {인덱스명 | 통계명}) [WITH 옵션]
```

옵션을 사용하지 않으면 지정된 오브젝트에 대한 모든 통계 정보를 출력하며, 옵션을 사용하면 일부 정보만 출력하도록 지정할 수 있다. 다음 [그림 2-3]는 SHOW_STATISTICS의 예시 구문과 실행 결과이다.

DBCC SHOW_STATISTICS ([Tuning.dbo.TB_Statistics], NIDX01_Statistics)

	Name	Updated	Rows	Rows Sampled	Steps	Density	Average key length	String Index	Filter Expression	Unfiltered Rows
1	NIDX01_Statistics	01 21 2022 11:48AM	4194304	4194304	101	0.0009820716	10.45801	NO	NULL	4194304

	All density	Average Length	Columns
1	0.0002442003	4	ProductNumber
2	2.384186E-07	7.458008	ProductNumber, CatalogNumber
3	2.384186E-07	10.45801	ProductNumber, CatalogNumber, ModifiedDate

	RANGE_HI_KEY	RANGE_ROWS	EQ_ROWS	DISTINCT_RANGE_ROWS	AVG_RANGE_ROWS
1	0	0	1	0	1
2	127	8127	128	126	64.5
3	249	22869	250	121	189
4	304	14985	305	54	277.5
5	395	31545	396	90	350.5
6	435	16224	436	39	416
7	488	24050	489	52	462.5
8	523	17221	524	34	506.5

[그림 2-3] SHOW_STATISTICS 실행 결과 예시

실행 결과는 상단부터 통계 헤더, 밀도 벡터, 히스토그램을 나타낸다. 다음 테이블 생성 스크립트를 수행하고, 각 요소들에 대한 내용을 확인해 보자.

```sql
SELECT CASE WHEN RIGHT(CONVERT(VARCHAR,a.number),1) <= 6 THEN 'A'
       WHEN RIGHT(CONVERT(VARCHAR,a.number),1) <= 8 THEN 'B' ELSE 'C' END ID
     , CONVERT(INT,a.number+b.number) ProductNumber
     , CONVERT(VARCHAR,b.number) CatalogNumber
     , CONVERT(DATE,DATEADD(DD,a.number+b.number,'2010-01-01'),0) ModifiedDate INTO
TB_Statistics
FROM master..spt_values a
     , ( SELECT number
         FROM master..spt_values
         WHERE type = 'P' ) b
WHERE a.type = 'P'

CREATE CLUSTERED INDEX CIDX_Statistics ON TB_Statistics(ModifiedDate)
CREATE NONCLUSTERED INDEX NIDX01_Statistics ON TB_Statistics(ProductNumber,
CatalogNumber)
GO
```

1. 통계 헤더

통계 헤더는 대상 통계의 기본 정보를 나타내며, SHOW_STATISTICS 명령에서 WITH STAT_HEADER 옵션을 적용하면 헤더 정보만을 확인할 수 있다.

다음 [그림 2-4]는 통계 헤더의 예시이다.

```
DBCC SHOW_STATISTICS ([Tuning.dbo.TB_Statistics], NIDX01_Statistics) WITH STAT_HEADER
```

Name	Updated	Rows	Rows Sampled	Steps	Density	Average key length	String Index	Filter Expression	Unfiltered Rows
NIDX01_Statistics	01 21 2022 11:48AM	4194304	4194304	101	0.0009820716	10.45801	NO	NULL	4194304

[그림 2-4] 통계 헤더의 예시 및 실행 결과

실행 결과의 각 열은 다음을 의미한다.

[Name] : 통계의 이름을 나타낸다.
[Updated] : 해당 통계의 마지막 업데이트 시간을 나타낸다.
[Rows] : 통계의 마지막 업데이트 시간을 기준으로 전체 행 수를 나타낸다. 통계 정보가
         최신화되어있지 않다면 표기된 전체 행 수와 실제 행 수는 차이가 있을 수 있다.
[Rows Sampled] : 통계 정보가 업데이트될 때 참고했던 행의 수이다.
[Steps] : 히스토그램의 단계 수를 나타낸다.
[Density] : 히스토그램 경계 값을 세외하고 모든 값에 대한 1/고유 값을 나타낸다.
[Average key length] : 전체 열의 데이터들이 가지는 평균 바이트 수(평균 길이)이다.
[String Index] : 문자열 요약 통계가 별도로 저장되어 있음을 표기한다. 문자열 요약
                 통계는 조건절에서 Like 연산자를 사용하는 경우 예상 행 수의 정확도를
                 높이기 위한 통계를 의미한다.
[Filter Expression] : 필터링된 인덱스를 사용할 경우에 필터 조건자를 나타낸다.
[Unfiltered Rows] : 필터 조건에 의해 필터 되지 않은 행의 수이다. 필터링된 인덱스를
                    사용하지 않는다면 이 값은 전체 행 수와 일치한다.

위 정보를 토대로 [그림 2-4]의 인덱스 통계 정보는 약 420만 건의 행을 모두 스캔하여 생성된 통계로 101단계의 히스토그램을 포함되는 것을 알 수 있다.

2. 밀도 벡터

밀도 벡터는 단일 열 혹은 인덱스에 포함된 모든 열의 선택도를 나타내며, SHOW_STATISTICS 명령에서 WITH DENSITY_VECTOR 옵션을 적용하면 밀도 벡터 정보만을 확인할 수 있다. 다음 [그림 2-5]는 밀도 벡터의 출력 예시이다.

```
DBCC SHOW_STATISTICS ([Tuning.dbo.TB_Statistics], NIDX01_Statistics) WITH
DENSITY_VECTOR
```

	All density	Average Length	Columns
1	0.0002442003	4	ProductNumber
2	2.384186E-07	7.458008	ProductNumber, CatalogNumber
3	2.384186E-07	10.45801	ProductNumber, CatalogNumber, ModifiedDate

[그림 2-5] 밀도 벡터의 예시 및 실행 결과

실행 결과의 각 열은 다음을 의미한다.

[All density] : 1/고유 값을 나타낸다.
[Average Length] : 열 접두사의 열 값 목록을 저장하기 위한 평균 길이(바이트)이다.
[Columns] : 모든 밀도 및 평균 길이가 표시되는 접두사의 열 이름이다.

밀도 벡터 정보에서 밀도는 선택도를 의미한다. 선택도는 특정 조건에 의해서 선택될 것이라 예상되는 비율을 나타내는데, [그림 2-5]에서는 0.0002442003 값이 [ProductNumber] 열의 선택도가 되는 것이다. 이 값이 1에 가까울수록 데이터가 많이 중복될 수 있음을 나타내며 히스토그램을 사용하지 못하는 환경에서 전체 행 수를 곱하여 예상 행 수를 산정할 때 사용된다.

다음 [그림 2-6]은 선택도를 쉽게 설명하기 위한 예시이다.

선택도 = 1 / 중복 제거한 값의 수

예시	선택지	개수	선택도	선택도의 크기	밀도	선택될 확률	선택도 평가
성별	남, 여	2	1/2	크다 ↑	크다 ↑	높다 ↑	나쁘다 ↓
나이	1~120	120	1/120	작다 ↓	작다 ↓	낮다 ↓	좋다 ↑

[그림 2-6] 선택도의 크기에 따른 관계

선택도의 예시로 첫 번째 행인 성별은 남과 여로 구분할 수 있다. 여기서 2가지 중 하나를 선택할 수 있기 때문에 선택도는 1/2인 0.5가 된다. 이는 선택할 수 있는 범위가 좁기 때문에 높은 수치를 보이며, 많은 데이터가 중복됨을 예상할 수 있다. 반면에 두 번째 행인 나이는 상대적으로 낮은 선택도를 가지게 되는데, 사람이 평생을 살수 있는 최대 나이가 120살이라고 가정할 때 특정 조건으로 선택될 수 있는 경우의 수는 120가지이며 선택도는 약 0.0083이다. 이는 성별에 비해 분포가 넓으며 하나의 값에 대해 중복된 값이 비교적 적기 때문에 선택도가 좋다고 표현할 수 있다.

선택도가 높으면 왜 좋지 않다고 표현될까? 선택도는 히스토그램을 사용하지 못하는 상황에서 카디널리티(출력될 것으로 예상되는 행)를 계산하는데 중요한 역할을 한다. 계산된 예상 행 수가 실제 행 수와 다르면 잘못된 실행 계획이 생성될 수 있고, 이는 성능에 영향을 미치게 된다. 하나의 예시로 남자 1명과 여자 999명의 정보가 저장되어 있는 [People] 테이블이 있다고 가정하자. 남자에 해당하는 1건의 데이터를 조회할 때 예상 행 수가 실행 계획에 어떤 영향을 미치는지를 [그림 2-7]을 통해 확인할 수 있다.

```
CREATE INDEX NIDX01_People ON People(gender)

DECLARE @P1 VARCHAR(10) = '남자'
SELECT seq, gender
FROM People
WHERE gender = @P1
```

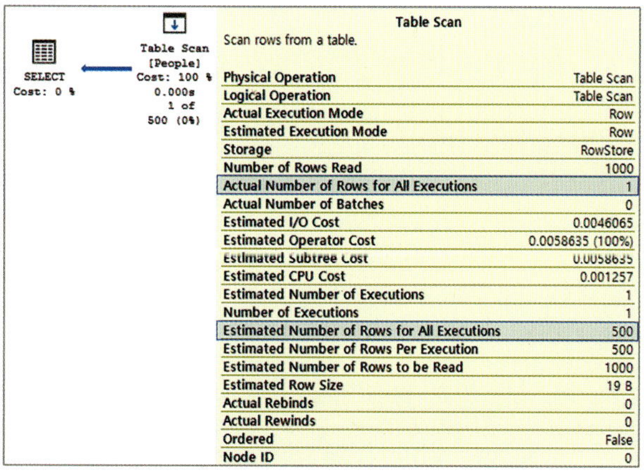

[그림 2-7] 실제 행 수와 예상 행 수 차이에 따른 영향

실제 [gender] = '남자' 조건에 해당되는 행은 1건이며, [gender] 열에는 인덱스가 생성되어 있다. 인덱스로 해당 데이터를 탐색하여 부족한 열을 RID Lookup하는 것으로 낮은 비용을 사용하여 처리할 수 있지만 테이블 전체를 읽어내면서 1건의 데이터를 출력하는 실행 계획이 생성되었다. 이는 조건에 해당되는 행 수가 500(선택도*전체 행의 수 = 0.5*1000)건이라고 예상되었기 때문인데, 인덱스를 사용할 경우 500행의 예상 행 수만큼 RID Lookup이 발생될 것을 고려하여 이 보다 나은 성능일 것으로 예상되는 테이블 전체 스캔을 선택한 것이다.

3. 히스토그램(Histogram)

히스토그램은 통계 개체의 첫 번째 키 열에 있는 데이터 분포를 나타낸다. 히스토그램을 만들기 위해 열 값을 정렬하고 고유한 각 열 값과 일치하는 값의 수를 계산한 다음, 열 값을 최대 200개의 연속적인 히스토그램 단계로 집계한다. SHOW_STATISTICS 명령에서 WITH HISTOGRAM 옵션을 적용하여 확인할 수 있다.

다음 [그림 2-8]은 히스토그램의 출력 예시이다.

```sql
DBCC SHOW_STATISTICS ([Tuning.dbo.TB_Statistics], NIDX01_Statistics) WITH HISTOGRAM
```

	RANGE_HI_KEY	RANGE_ROWS	EQ_ROWS	DISTINCT_RANGE_ROWS	AVG_RANGE_ROWS
1	0	0	1	0	1
2	127	8127	128	126	64.5
3	249	22869	250	121	189
4	304	14985	305	54	277.5
5	395	31545	396	90	350.5
6	435	16224	436	39	416
7	488	24050	489	52	462.5
8	523	17221	524	34	506.5

[그림 2-8] 히스토그램의 예시 및 실행 결과

실행 결과의 각 열은 다음을 의미한다.

[RANGE_HI_KEY] : 히스토그램 단계로 지정된 값의 상한 값을 나타낸다.
[RANGE_ROWS] : 현재 단계와 이전 단계 사이에서 상한 값을 제외한 값들의 행 수를 나타낸다.
[EQ_ROWS] : 각 단계에서 상한 값과 같은 값을 가진 행의 수를 나타낸다.
[DISTINCT_RANGE_ROWS] : 현재 단계와 이전 단계 사이에서 상한 값을 제외한 값들의 중복 제거한 데이터 수를 의미한다.
[AVG_RANGE_ROWS] : [RANGE_ROWS]를 [DISTINCT_RANGE_ROWS] 값으로 나눈 값이며 이는 히스토그램 단계로 지정되지 못한 값의 카디널리티로 사용된다.

[그림 2-8] 실행 결과의 3번째 행을 예시로 설명하면 249 값을 가진 데이터는 250건이 존재하고 127(이전 단계)보다 크고 249(현재 단계)보다 작은 데이터는 22,869건이 존재한다는 것이다. 구간 내에 해당되는 데이터 22,869건 중 중복을 제거한 행 수는 121건이며 이 구간에 해당되는 카디널리티는 189건이 해당된다. 하나의 예시로, 단계의 상한 값으로 사용되지 않은 150 값을 조회하는 경우 189건이 카디널리티로 사용된다. 그렇다면 다음 실제 구문을 통해서 히스토그램의 정보를 참조하는 사례를 보자.

```sql
SELECT ProductNumber FROM TB_Statistics WHERE ProductNumber = 2021
```

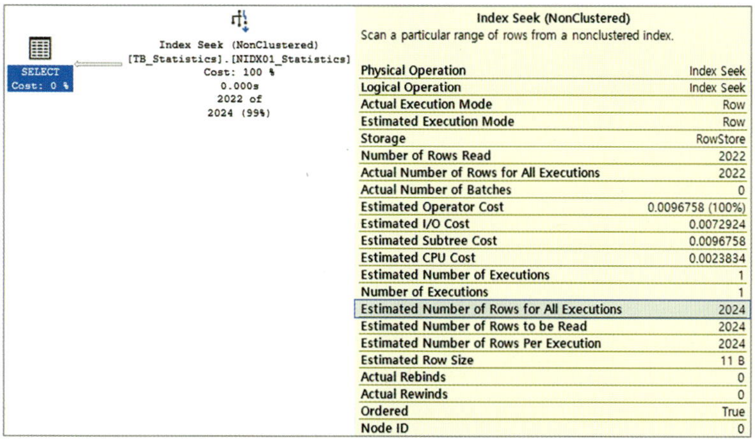

SELECT
Cost: 0 %
Index Seek (NonClustered)
[TB_Statistics].[NIDX01_Statistics]
Cost: 100 %
0.000s
2022 of
2024 (99%)
Index Seek (NonClustered)
Scan a particular range of rows from a nonclustered index.
Physical Operation Index Seek
Logical Operation Index Seek
Actual Execution Mode Row
Estimated Execution Mode Row
Storage RowStore
Number of Rows Read 2022
Actual Number of Rows for All Executions 2022
Actual Number of Batches 0
Estimated Operator Cost 0.0096758 (100%)
Estimated I/O Cost 0.0072924
Estimated Subtree Cost 0.0096758
Estimated CPU Cost 0.0023834
Estimated Number of Executions 1
Number of Executions 1
Estimated Number of Rows for All Executions 2024
Estimated Number of Rows to be Read 2024
Estimated Number of Rows Per Execution 2024
Estimated Row Size 11 B
Actual Rebinds 0
Actual Rewinds 0
Ordered True
Node ID 0

[그림 2-9] 구문이 수행된 실행 계획 정보

[TB_Statistics] 테이블에서 [ProductNumber] = 2021 조건에 만족하는 데이터를 조회할 때 예상 행 수를 2,024건으로 예상하고 있다. 구문을 실행할 때 사용된 [NIDX01_STatistics] 인덱스의 히스토그램은 다음과 같다.

```sql
DBCC SHOW_STATISTICS ([Tuning.dbo.TB_Statistics], NIDX01_STatistics) WITH HISTOGRAM
```

	RANGE_HI_KEY	RANGE_ROWS	EQ_ROWS	DISTINCT_RANGE_ROWS	AVG_RANGE_ROWS
36	1980	45287	1981	23	1969
37	2003	43835	2004	22	1992.5
38	2011	14056	2012	7	2008
39	2035	46552	2036	23	2024

[그림 2-10] [NIDX01_STatistics] 인덱스의 히스토그램 정보

히스토그램의 단계를 보면 구문의 조건으로 사용된 2021 값은 2011보다 크고 2035보다 작기 때문에 [RANGE_HI_KEY]가 2035 값에 해당되는 단계에 포함되며 이 구간의 [AVG_RANGE_ROWS]는 2,024건이다. 즉, 예상 행 수를 2,024건으로 하여 쿼리 실행 계획을 생성한다는 의미이다.

4 바인드 변수를 사용할 때의 통계 정보 활용

바인드 변수를 사용하면 실행 계획을 생성할 때 변수의 실제 값을 알 수 없기 때문에 히스토그램을 참조할 수 없다. 대신 밀도 벡터를 통해 카디널리티를 계산하게 되며 이로 인해 부정확한 예상 행 수를 나타낸다. 그럼 바인드 변수가 등치 조건으로 사용될 때와 아닐 때 어떻게 계산되는지 확인해 보자.

1. 등치(Equal) 조건으로 사용된 경우

등치 조건으로 바인드 변수를 사용하는 경우 (선택도 * 전체) 행의 수로 예상되는 행 수를 계산하게 된다. 다음 예시를 통해 바인드 변수를 사용하지 않을 때와 사용할 때의 예상 행 수를 비교해 보자. 먼저, [그림 2-11]는 [TB_Statistics] 테이블에서 [ProductNumber] = 2080 조건에 만족하는 행을 인덱스로 탐색할 때 바인드 변수를 사용하지 않은 구문에 대한 실행 계획 정보를 나타낸다.

```
SELECT ProductNumber FROM TB_Statistics WHERE ProductNumber = 2080
```

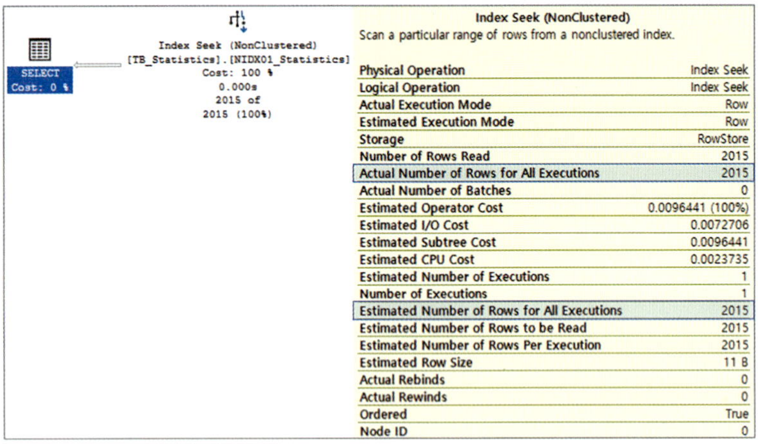

[그림 2-11] 등치 조건으로 바인드 변수를 사용하지 않을 때의 실행 계획 정보

실행 계획 정보에서 실제 행 수와 예상 행 수가 동일한 것을 알 수 있다. 이는 통계의 히스토그램 정보를 참조하기 때문인데 사용된 [NIDX01_STatistics] 인덱스의 히스토그램 정보는 다음과 같다.

	RANGE_HI_KEY	RANGE_ROWS	EQ_ROWS	DISTINCT_RANGE_ROWS	AVG_RANGE_ROWS
40	2059	46972	2036	23	2042.261
41	2071	22330	2024	11	2030
42	2080	16156	2015	8	2019.5
43	2092	22099	2003	11	2009
44	2099	11997	1996	6	1999.5

[그림 2-12] [NIDX01_STatistics] 인덱스의 히스토그램 정보

히스토그램 단계를 보면 [ProductNumber] = 2080 조건에 만족하는 [EQ_ROWS]는 2,015건인 것을 알 수 있다. 통계가 최신화되어 있기 때문에 실제 행 수와 동일한 정보이며 이로 인해 정확한 행 수로 실행 계획을 생성할 수 있게 된다.

다음 [그림 2-13]은 동일한 조건에서 바인드 변수를 사용했을 때의 실행 계획 정보이다.

```
DECLARE @i INT
SET @i = 2080
SELECT ProductNumber FROM TB_Statistics WHERE ProductNumber = @i
```

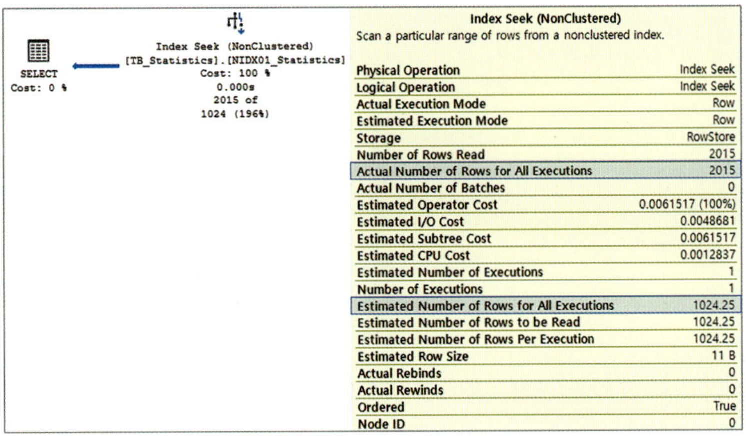

[그림 2-13] 등치 조건으로 바인드 변수를 사용할 때의 실행 계획 정보

실행 계획에서 실제 행 수와 예상 행 수의 차이가 있는 것을 확인할 수 있다. 이는 히스토그램을 참조하지 못하기 때문인데 0.0002442003 * 4,194,304 (선택도 * 전체 행의 수)로 계산되어 1024.25건으로 예상된 수치이다.

변수를 사용하지만 히스토그램을 참조하는 경우도 존재한다. 동적 쿼리와 저장 프로시저가 그 경우인데 이들은 변수의 실제 값이 구문에 대입된 후 실행되기 때문에 실행 계획 생성 시 히스토그램을 참조할 수 있다.

다음 [그림 2-14]은 동일한 계획으로 수행되는 동적 쿼리와 저장 프로시저의 수행 예시이다.

```
[동적 쿼리_1]
DECLARE @SQL NVARCHAR(MAX)
DECLARE @i NVARCHAR(MAX)
SET @i = 2080
SET @SQL = 'SELECT ProductNumber FROM TB_Statistics WHERE ProductNumber = ' + @i
EXEC (@SQL)

[동적 쿼리_2]
DECLARE @SQL NVARCHAR(MAX)
DECLARE @i NVARCHAR(8)
SET @i = 2080
SET @SQL = 'SELECT ProductNumber FROM TB_Statistics WHERE ProductNumber = ' + @i
EXEC SP_EXECUTESQL @SQL

[저장 프로시저]
CREATE OR ALTER PROC p1
@i INT
AS
BEGIN
SELECT ProductNumber FROM TB_Statistics
WHERE ProductNumber = @i
END
EXEC p1 2080
```

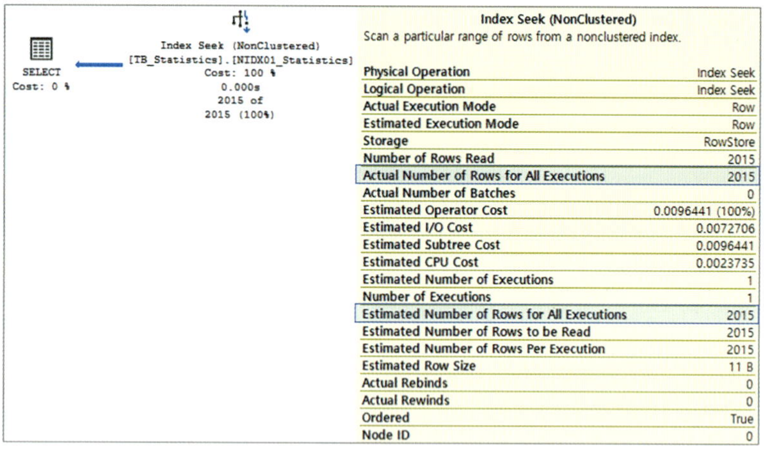

SELECT
Cost: 0 %
Index Seek (NonClustered)
[TB_Statistics].[NIDX01_Statistics]
Cost: 100 %
0.000s
2015 of
2015 (100%)
Index Seek (NonClustered)
Scan a particular range of rows from a nonclustered index.
Physical Operation Index Seek
Logical Operation Index Seek
Actual Execution Mode Row
Estimated Execution Mode Row
Storage RowStore
Number of Rows Read 2015
Actual Number of Rows for All Executions 2015
Actual Number of Batches 0
Estimated Operator Cost 0.0096441 (100%)
Estimated I/O Cost 0.0072706
Estimated Subtree Cost 0.0096441
Estimated CPU Cost 0.0023735
Estimated Number of Executions 1
Number of Executions 1
Estimated Number of Rows for All Executions 2015
Estimated Number of Rows to be Read 2015
Estimated Number of Rows Per Execution 2015
Estimated Row Size 11 B
Actual Rebinds 0
Actual Rewinds 0
Ordered True
Node ID 0

[그림 2-14] 등치 조건의 동적 쿼리, 저장 프로시저 실행 계획 정보

실제 실행 계획을 보면 모두 히스토그램을 참조하여 예상 행 수를 2,015건으로 계산한 것을 볼 수 있다. 다음은 예시로 동적 쿼리에 대한 내부적 처리 과정을 SQL Profiler를 통해 확인한 결과이다.

EventClass	TextData
SQL:BatchStarting	DECLARE @SQL NVARCHAR(MAX) DECLARE @i NVARCHAR(MAX) SET @i = 2080 SET @SQL = 'SELECT ProductN...
SP:StmtCompleted	SELECT ProductNumber FROM TB_Statistics WHERE ProductNumber = 2080
SQL:BatchCompleted	DECLARE @SQL NVARCHAR(MAX) DECLARE @i NVARCHAR(MAX) SET @i = 2080 SET @SQL = 'SELECT ProductN...

[그림 2-15] 동적 쿼리의 내부 처리 과정

일반적인 바인드 변수를 사용한 구문과는 달리 동적 쿼리는 실제 값을 대입한 후에 컴파일 되는 것을 확인할 수 있다.

2. 등치(Equal) 조건이 아닌 경우

조건절에 변수를 범위 조건으로 사용할 경우에는 일반적으로 전체 행 수 * 0.3 값을 예상 행 수로 계산한다.

다음 [그림 2-16]는 범위 조건으로 데이터를 탐색할 때 바인드 변수 사용에 따라 예상 행 수를 보여주는 예시이다.

```
DECLARE @i INT
SET @i = 4000
SELECT ProductNumber FROM TB_Statistics WHERE ProductNumber >= @i
```

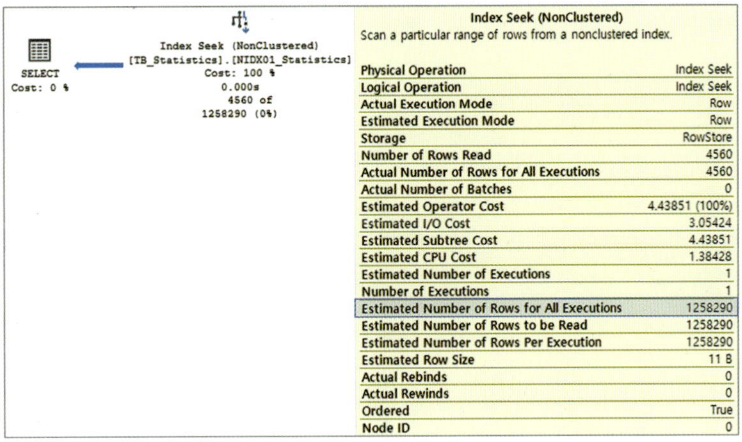

[그림 2-16] 범위 조건을 바인드 변수로 사용할 때의 실행 계획 정보

[TB_Statistics] 테이블의 [ProductNumber] 열을 범위 조건으로 조회한 결과, 전체 행(4,194,304)의 약 30%인 1,258,290건으로 예상 행 수가 계산되었다.

다음 [그림 2-17]은 범위 조건으로 데이터를 탐색할 때 바인드 변수 사용에 따라 히스토그램을 참조하는 예시이다.

```sql
[동적 쿼리_1]
DECLARE @SQL NVARCHAR(MAX)
DECLARE @i NVARCHAR(MAX)
SET @i = 4000
SET @SQL = 'SELECT ProductNumber FROM TB_Statistics WHERE ProductNumber >= ' + @i
EXEC (@SQL)

[동적 쿼리_2]
DECLARE @SQL NVARCHAR(MAX)
DECLARE @i NVARCHAR(8)
SET @i = 4000
SET @SQL = 'SELECT ProductNumber FROM TB_Statistics WHERE ProductNumber >= ' + @i
EXEC SP_EXECUTESQL @SQL

[저장 프로시저]
CREATE OR ALTER PROC p1
@i INT
AS
BEGIN
SELECT ProductNumber FROM TB_Statistics WHERE ProductNumber >= @i
END
EXEC p1 4000
```

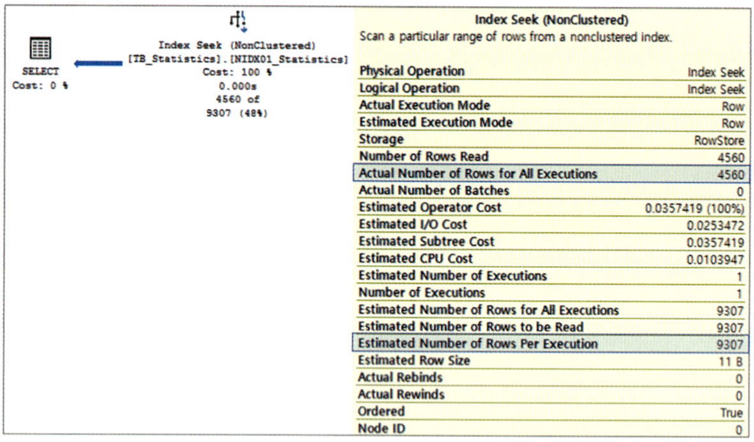

[그림 2-17] 범위 조건의 동적 쿼리, 저장 프로시저 실행 계획 정보

실행 계획을 보면 동적 쿼리와 저장 프로시저를 사용했을 때 예상 행수가 낮게 계산되었다. 이는 히스토그램의 정보를 기반으로 계산된 값을 나타내는데 사용된 [NIDX01_Statistics] 인덱스의 히스토그램 정보는 다음과 같다.

	RANGE_HI_KEY	RANGE_ROWS	EQ_ROWS	DISTINCT_RANGE_ROWS	AVG_RANGE_ROWS
98	3779	21167	316	61	347
99	3836	16100	259	56	287.5
100	3898	13908	197	61	228
101	4094	19305	1	195	99

[그림 2-18] [NIDX01_Statistics] 인덱스의 히스토그램 정보

실행 계획 정보에서 확인한 9,307건의 예상 행 수는 히스토그램의 정보를 기반으로 계산된 값이다. 그럼 어떤 과정으로 히스토그램을 참조했는지 확인해 보자. 먼저, 구문에서는 [ProductNumber] 열의 조건으로 4000 이상의 값을 출력하도록 정의했다. 이 값은 히스토그램의 마지막 단계인 4094 값에 포함되는데, 단계의 상한 값을 제외하고 전단계인 3898 값과 비교했을 때, 중복 값을 제거한 값은 195(4093-3898)개로 [DISTINCT_RANGE_ROWS] 열의 값과 동일한 것을 알 수 있다.

따라서, 단계 내의 모든 경우의 값이 존재하기 때문에 4000 이상 4094 미만에 포함되는 중복이 제거된 데이터는 94개가 된다. 히스토그램의 [AVG_RANGE_ROWS] 열에서 하나의 값마다 평균적으로 99개의 행이 존재함을 나타내기 때문에 99개에 대한 예상 행은 9,306(94*99)건이 되며, 4094 값의 [EQ_ROWS]에 해당하는 1건을 포함하여 총 9,307건을 카디널리티로 예상한 것이다. 결론적으로 동적 쿼리나 저장 프로시저를 사용한다면 히스토그램을 참조한다는 것을 알 수 있다.

5 자동 통계

1. 통계 자동 작성(Auto Create Statistics)

통계 자동 작성은 SQL 구문에서 조건절로 사용된 열에 통계가 없을 때 내부적으로 통계를 생성해 주는 옵션이다. 이 옵션은 데이터베이스를 생성할 때 기본값으로 'True'로 설정되어 있으며 다음 [그림 2-19]과 같이 데이터베이스 옵션 내에서 통계 자동 작성에 대한 설정값을 확인할 수 있다.

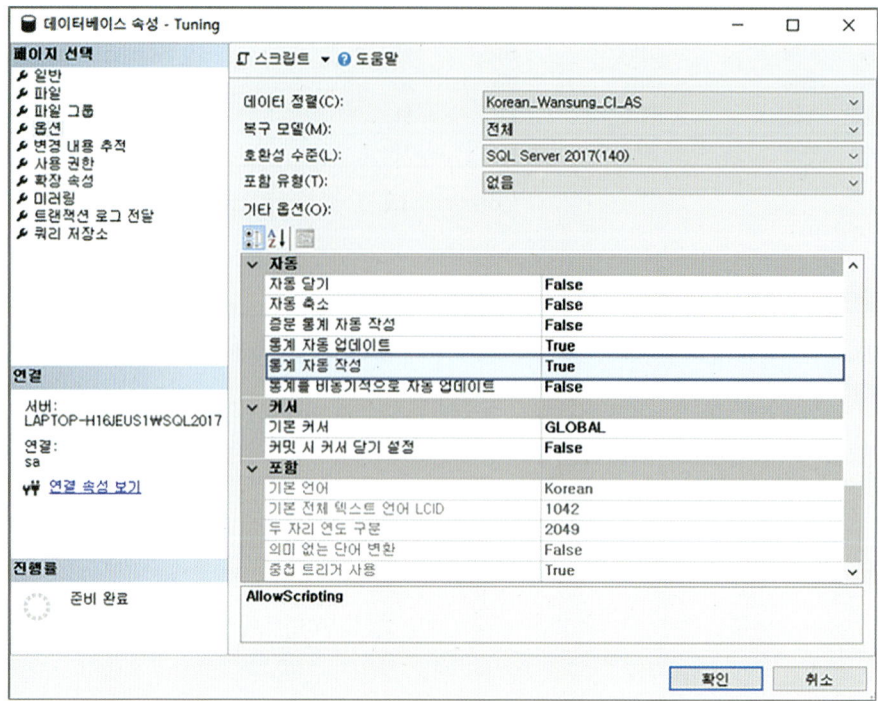

[그림 2-19] 통계 자동 작성 옵션 확인 (UI)

    자동으로 생성되는 통계는 단일 열에 대한 통계로 작성되며 '_WA'로 시작되는 임의의 이름으로 부여된다. 다음은 구문을 통해 자동 통계가 생성되는 예시를 나타낸다.

```sql
SELECT ID, ProductNumber FROM TB_Statistics WHERE ID = 'C'
```

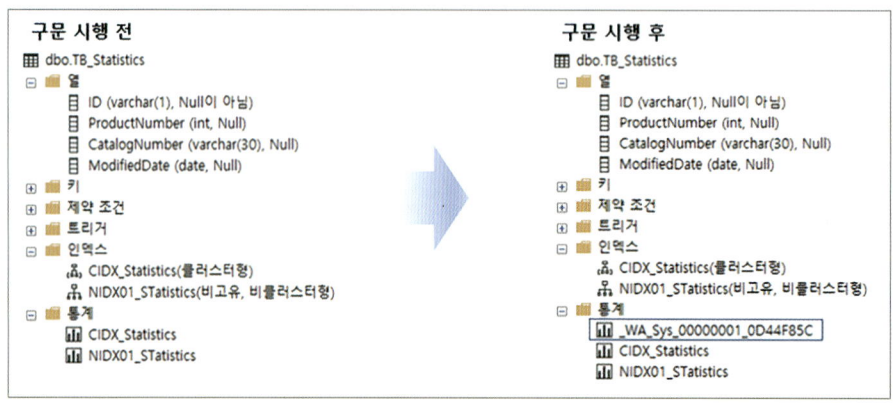

[그림 2-20] 통계 자동 작성 옵션에 의해 생성된 통계 정보

이렇게 생성된 통계는 카디널리티의 정확도를 높이면서 보다 좋은 쿼리 실행 계획을 생성할 수 있도록 도움을 주고 누락된 인덱스 정보를 제공할 때 참조하게 된다.

2. 통계 자동 업데이트(Auto Update Statistics)

통계 자동 업데이트 옵션은 데이터의 삽입, 수정, 삭제 등으로 인해 변경된 행이 정의된 임계치에 도달할 때 자동으로 통계를 업데이트하는 기능이다. 데이터베이스가 생성될 때 기본값으로 'True'로 설정되어 있으며 다음 [그림 2-21]과 같이 데이터베이스 옵션 내에서 통계 자동 업데이트에 대한 설정값을 확인할 수 있다.

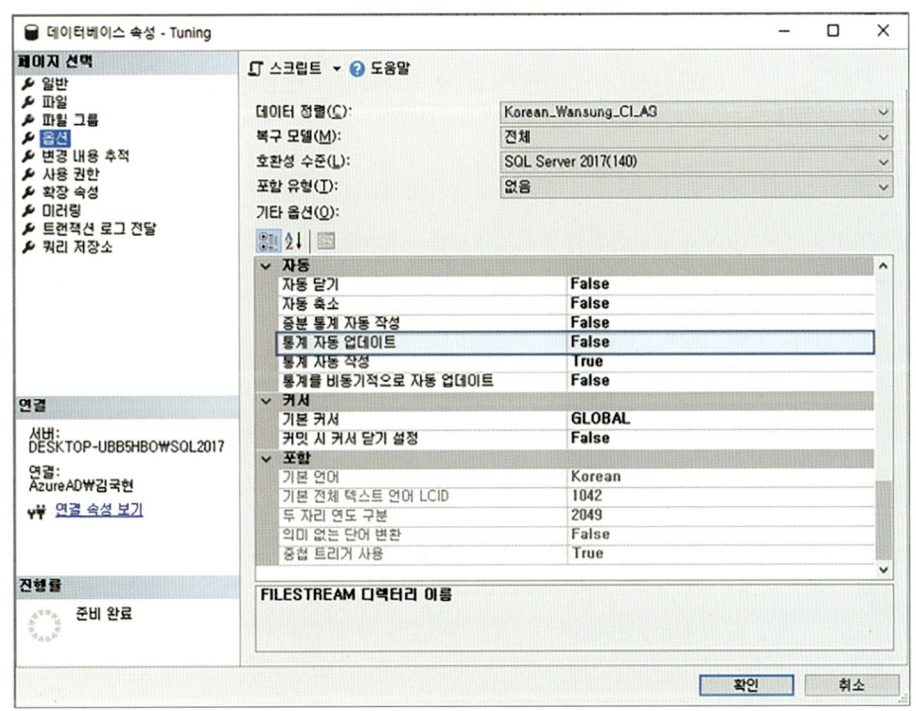

[그림 2-21] 통계 자동 업데이트 옵션 확인 (UI)

통계 자동 업데이트의 임계치는 버전에 따라 다르게 설정되는데, SQL Server 2014 이하 버전은 전체 행의 20% + 500행이 임계치로 고정되어 있다. 따라서 테이블 크기가 커질수록 임계치도 함께 늘어나며 이로 인해 충분히 많은 데이터가 변경되더라도 임계치에 미달되어 통계가 업데이트되지 않는 경우가 생길 수 있다. 업데이트되지 않은 통계는 부정확한 정보로 잘못된 실행 계획을 생성할 가능성이 높아지고 곧 성능 이슈로 이어지게 되는데, 이 부분을 보완하기 위해 SQL Server 2008 R2 버전부터는 Trace Flag 2371 추적 플래그가 제공된다. 이는 임계치를 동적으로 설정하는 옵션이며 호환성 130(SQL Server 2016)이상부터는 기본으로 적용되어 있다.

다음은 SQL Server 2014에서 정적 임계치를 사용했을 때와 동적 임계치를 사용했을 때의 통계 업데이트를 수행하는 예시이다. 먼저, 통계 정보를 확인하는 구문은 다음과 같다.

```sql
SELECT object_name(s.object_id) as Table_name, s.stats_id, name, last_updated, rows,
rows_sampled, unfiltered_rows, modification_counter
FROM sys.stats s OUTER APPLY sys.dm_db_stats_properties(object_id, stats_id)
WHERE s.object_id = OBJECT_ID(N'TB_Statistics')
```

	Table_name	stats_id	name	last_updated	rows	rows_sampled	unfiltered_rows	modification_counter
1	TB_Statistics	1	CIDX_Statistics	2021-01-10 17:02:47.6200000	4194304	4194304	4194304	0
2	TB_Statistics	2	NIDX01_STatistics	2021-01-10 17:02:49.7900000	4194304	4194304	4194304	0

[그림 2-22] 통계 자동 작성 옵션에 의해 업데이트된 통계 정보

위 결과에서 [NIDX01_STaticstics]의 총 행 수는 4,194,304 건이며 이에 따라 정적 임계치는 약 839,360(4,194,304 * 0.2 + 500)건으로 고정된다. [modification_counter] 열은 수정된 행의 수를 의미하는데, 이 값이 임계치에 도달할 때 통계가 자동으로 업데이트를 수행하는 것이다. 그렇다면 다음 구문을 통해 해당 테이블의 데이터를 업데이트해 보자.

[정적 임계치 사용]

```sql
UPDATE TOP (839359) TB_Statistics SET ProductNumber = 0 WHERE ProductNumber <> 0
SELECT * FROM TB_Statistics WHERE ProductNumber = 4000
```

	Table_name	stats_id	name	last_updated	rows	rows_sampled	unfiltered_rows	modification_counter
1	TB_Statistics	1	CIDX_Statistics	2021-01-10 17:02:47.6200000	4194304	4194304	4194304	0
2	TB_Statistics	2	NIDX01_STatistics	2021-01-10 17:02:49.7900000	4194304	4194304	4194304	839359

[그림 2-23] 정적 임계치 -1개의 행이 업데이트된 이후의 통계 정보

임계치보다 1건이 적은 839,359행을 업데이트했을 때의 수치 변화이다. 통계 업데이트는 수행되지 않았으며 수정된 행만 [modification_counter] 열에 기록된 것을 확인할 수 있다. 이어서 임계치 도달까지의 마지막 1건을 업데이트한다.

[정적 임계치 사용]

```
UPDATE TOP (1) TB_Statistics SET ProductNumber = 0 WHERE ProductNumber <> 0
```

Table_name	stats_id	name	last_updated	rows	rows_sampled	unfiltered_rows	modification_counter
TB_Statistics	1	CIDX_Statistics	2021-01-10 17:02:47.6200000	4194304	4194304	4194304	0
TB_Statistics	2	NIDX01_STatistics	2021-01-10 17:02:49.7900000	4194304	4194304	4194304	839360

[그림 2-24] 정적 임계치까지의 행을 업데이트한 후의 통계 정보

변경된 총 데이터의 수가 임계치에 도달됐지만 통계 정보는 업데이트되지 않았다. 그렇다면 해당 인덱스를 사용하여 데이터 조회를 수행해 보자.

[정적 임계치 사용]

```
SELECT * FROM TB_Statistics WHERE ProductNumber = 4000
```

Table_name	stats_id	name	last_updated	rows	rows_sampled	unfiltered_rows	modification_counter
TB_Statistics	1	CIDX_Statistics	2021-01-10 17:02:47.6200000	4194304	4194304	4194304	0
TB_Statistics	2	NIDX01_STatistics	2021-01-10 17:12:56.3600000	4194304	319545	4194304	0

[그림 2-25] 자동 업데이트가 수행된 통계 정보

데이터를 조회한 이후에는 통계가 업데이트되었다. 이는 자동 통계 업데이트가 동기 모드(Auto Update Statistics Sync로 다음 파트에서 자세히 설명한다)로 수행되었기 때문인데 변경된 데이터가 임계치를 넘어간 상태에서 해당 통계를 사용하는 쿼리 구문이 실행될 때 통계가 자동으로 업데이트하는 것이다.

다음은 추적 플래그 2371 활성화했을 때 동적 임계치를 사용하여 통계가 업데이트되는 예시이다.

[동적 임계치 사용]

```
UPDATE TOP (85000) TB_Statistics SET ProductNumber = 4000 WHERE ProductNumber <> 0
```

Table_name	stats_id	name	last_updated	rows	rows_sampled	unfiltered_rows	modification_counter
TB_Statistics	1	CIDX_Statistics	2021-01-10 17:30:01.4600000	4194304	4194304	4194304	0
TB_Statistics	2	NIDX01_STatistics	2021-01-10 17:30:04.1000000	4194304	4194304	4194304	85000

[그림 2-26] 동적 임계치까지의 행을 업데이트한 후의 통계 정보

동적 임계치는 데이터양에 따라 동적으로 결정된다. 먼저 85,000건의 데이터를 업데이트하고 해당 데이터를 조회해 보자.

[동적 임계치 사용]

```sql
SELECT * FROM TB_Statistics WHERE ProductNumber = 4000
```

	Table_name	stats_id	name	last_updated	rows	rows_sampled	unfiltered_rows	modification_counter
1	TB_Statistics	1	CIDX_Statistics	2021-01-10 17:30:01.4600000	4194304	4194304	4194304	0
2	TB_Statistics	2	NIDX01_STatistics	2021-01-10 17:48:24.3130000	4194304	324449	4194304	0

[그림 2-27] 자동 업데이트가 수행된 통계 정보

정적 임계치를 사용했을 때보다 적은 양의 데이터를 변경했음에도 자동 업데이트가 수행된 것을 확인할 수 있다. 이는 총 행 수에 대해서 동적으로 임계치가 설정되었기 때문이다.

자동 통계 업데이트의 임계 값 외에도 주의 깊게 봐야 되는 것이 [rows_sampled] 값이다. 이 열은 통계 업데이트를 수행할 때 샘플링하는 데이터의 행 수를 나타내는데 위 결과에서는 324,449건으로 전체 행 중 약 8%가 샘플 데이터로 활용됐다는 것을 알 수 있다. 전체 행을 스캔하면서 정확한 정보를 제공하는 것이 더 좋겠지만 통계 업데이트로 인한 시스템의 부하를 최소화하기 위해 일부 데이터만을 샘플링하여 최신화하는 것이다.

[그림 2-28]는 SQL Server 버전에 따라 샘플링 비율을 참고할 수 있는 테스트 결과이다.

SQL Server 2019													
전체 행 수 - ①	100,000	200,000	400,000	800,000	1,600,000	3,200,000	6,400,000	12,800,000	25,600,000	51,200,000	102,400,000	전체 행 수 증가량 평균	
샘플링 행 수 - ②	100,000	200,000	268,590	281,500	294,191	318,264	352,731	383,464	448,786	536,577	645,861		200%
샘플링 비율 (②÷①)			67.15%	35.19%	18.39%	9.95%	5.51%	3.00%	1.75%	1.05%	0.63%	샘플링 증가량 평균	
샘플링 행 수 증가 비율				104.8%	104.5%	108.2%	110.8%	108.7%	117.0%	119.6%	120.4%		111.8%
SQL Server 2017													
전체 행 수 - ①	100,000	200,000	400,000	800,000	1,600,000	3,200,000	6,400,000	12,800,000	25,600,000	51,200,000	102,400,000	전체 행 수 증가량 평균	
샘플링 행 수 - ②	100,000	200,000	400,000	484,120	494,654	508,536	525,913	580,859	669,782	729,583	840,956		200%
샘플링 비율 (②÷①)			100.00%	60.52%	30.92%	15.89%	8.22%	4.54%	2.62%	1.42%	0.82%	샘플링 증가량 평균	
샘플링 행 수 증가 비율				121.0%	102.2%	102.8%	103.4%	110.4%	115.3%	108.9%	115.3%		109.9%
SQL Server 2014													
전체 행 수 - ①	100,000	200,000	400,000	800,000	1,600,000	3,200,000	6,400,000	12,800,000	25,600,000	51,200,000	102,400,000	전체 행 수 증가량 평균	
샘플링 행 수 - ②	100,000	200,000	400,000	491,619	507,998	519,293	535,132	569,529	610,984	716,969	839,995		200%
샘플링 비율 (②÷①)			100.00%	61.45%	31.75%	16.23%	8.36%	4.45%	2.39%	1.40%	0.82%	샘플링 증가량 평균	
샘플링 행 수 증가 비율				122.9%	103.3%	102.2%	103.1%	106.4%	107.3%	117.3%	117.2%		110.0%
SQL Server 2012													
전체 행 수 - ①	100,000	200,000	400,000	800,000	1,600,000	3,200,000	6,400,000	12,800,000	25,600,000	51,200,000	102,400,000	전체 행 수 증가량 평균	
샘플링 행 수 - ②	100,000	200,000	400,000	483,935	510,628	520,772	529,295	563,159	633,329	731,744	839,974		200%
샘플링 비율 (②÷①)			100.00%	60.49%	31.91%	16.27%	8.27%	4.40%	2.47%	1.43%	0.82%	샘플링 증가량 평균	
샘플링 행 수 증가 비율				121.0%	105.5%	102.0%	101.6%	106.4%	112.5%	115.5%	114.8%		109.9%

[그림 2-28] SQL Server버전, 전체 행 수에 비례하는 샘플링 되는 행 수 비교표

표를 보면 버전에 따라 샘플링하는 비율에 차이가 있으며 전체 행 수에 따라서도 샘플링 하는 행 수의 비율이 달라지는 것을 볼 수 있다.

3. 통계를 비동기적으로 자동 업데이트(Auto Update Statistics Async)

자동 통계 업데이트를 동기 또는 비동기로 수행되도록 설정하는 기능이다. 기본값은 'False'이며 동기 업데이트가 기본 값으로 수행된다.

옵션을 설정하는 기본 구문은 다음과 같다.

```
ALTER DATABASE {데이터베이스명} SET AUTO_UPDATE_STATISTICS_ASYNC [ON/OFF]
```

자동 통계는 임계치를 넘은 상태로 SQL 구문이 수행될 때 업데이트를 수행하게 되는데 동기 모드인 경우에는 통계 업데이트가 수행된 이후로 구문이 수행되며, 비동기인 경우에는 통계 업네이트와 관계없이 SQL이 수행된다.

다음 [그림 2-29]는 이해가 쉽도록 도식화한 그림이며, 먼저 동기 통계 업데이트의 처리 과정을 나타낸다.

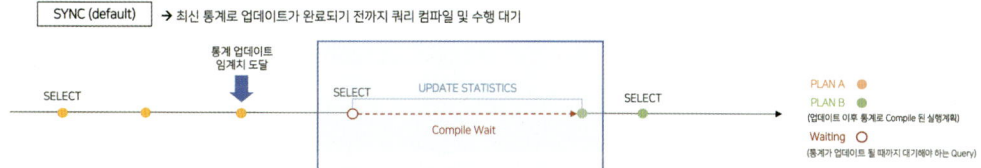

[그림 2-29] 통계 업데이트가 동기 모드일 때 업데이트되는 과정

통계가 임계치에 도달한 이후 구문이 실행되면 통계 업데이트가 발생하는데, 동기 모드인 경우 구문은 통계가 업데이트를 완료하기까지 컴파일 대기가 발생한다. 즉, 구문의 전체 수행 시간은 통계 업데이트로 인해 지연이 발생되지만 구문의 처리가 통계 업데이트 이후이기 때문에 실행 계획은 최신화된 통계를 사용하여 생성하게 된다.

다음 [그림 2-30]은 비동기 통계 업데이트의 처리 과정을 나타낸다.

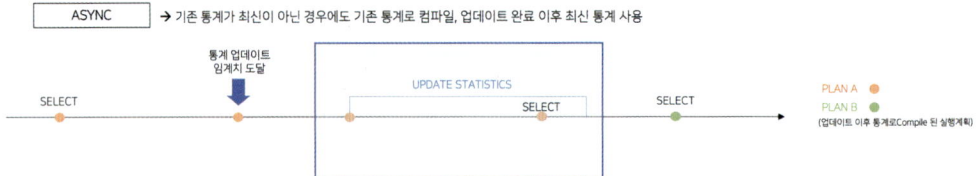

[그림 2-30] 통계 업데이트가 비동기 모드일 때 업데이트되는 과정

동기와는 반대로 구문에 통계 업데이트로 인한 대기는 발생하지 않는다. 구문 실행과는 별개로 통계 업데이트를 수행하며 실행된 구문을 포함하여 통계 업데이트가 완료되기 이전에 수행된 모든 쿼리는 이전 통계를 사용한다. 즉, 통계 업데이트가 구문 전체 수행 시간에 영향을 주지 않고 기존 통계를 활용하여 실행 계획이 생성된다.

4. 통계 정보의 생성 시점

통계 정보의 생성 시점은 열 통계와 인덱스 통계로 나누어진다. 열 통계는 테이블이 처음 생성될 때는 존재하지 않으며 자동 통계 작성 옵션에 따라 해당 열이 구문의 조건으로 사용될 때 생성된다. 반면에 인덱스 통계는 옵션의 영향을 받지 않고 인덱스를 생성하는 시점에서 생성된다.

다음 [그림 2-31]는 통계가 생성되는 과정을 나타낸다.

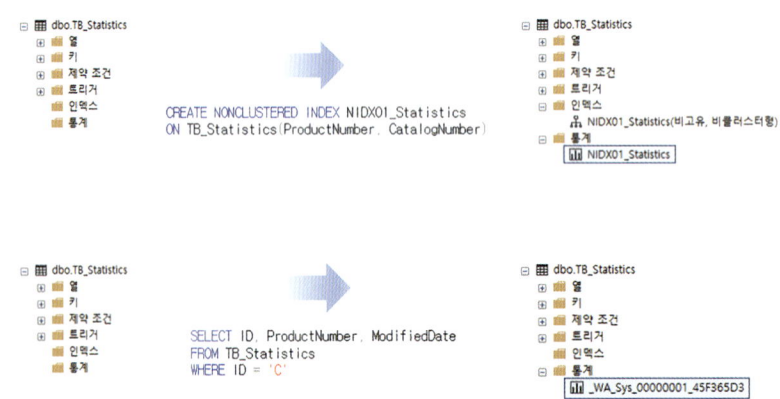

[그림 2-31] 통계가 생성되는 시점 확인 (인덱스 생성, 통계 정보가 없는 컬럼을 조건으로 조회 시)

이처럼 통계 자동 작성 옵션이 활성화되어 있다면 인덱스를 생성하거나 통계 정보가 없는 컬럼을 조건으로 조회했을 때 통계를 생성하게 된다.

5. 누락된 인덱스 가이드 (Missing Index Guide)

누락된 인덱스 가이드는 쿼리 실행이 완료되었을 때 성능 개선을 위한 가이드를 제공하는 기능이다. 이 가이드는 구문을 처리할 때 성능을 향상시킬 수 있도록 인덱스 생성문을 제공하며, 대상 열에 통계 정보가 존재하면 그 정보를 참조하여 좀 더 신뢰도가 높은 가이드를 제공받을 수 있다.

다음 [그림 2-32]은 누락된 인덱스 가이드를 제공하는 예시이다.

```
SELECT ID, ProductNumber, CatalogNumber, ModifiedDate
FROM TB_Statistics
WHERE ID = 'C'
```

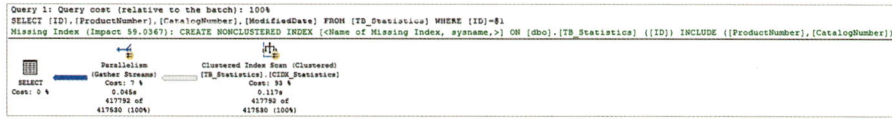

[그림 2-32] 누락된 인덱스 가이드 예시

예시 구문에는 ID 열을 조건으로 사용하고 있지만 해당 열에 인덱스가 없기 때문에 인덱스 생성에 대한 가이드를 제공하는 것이다. 누락된 인덱스 정보는 실제 실행 계획의 상단부분에서 녹색으로 표기하고 있으며, 비 클러스터형 인덱스를 생성하라는 가이드와 함께 인덱스를 생성했을 때의 영향도까지 함께 제공된다.

6 수동 통계

1. 테이블 통계 업데이트

수동 통계 업데이트는 필요에 의하여 통계를 직접 업데이트해야 할 때 사용한다. 자동 통계 업데이트는 임계치에 따라 자동으로 통계 정보를 업데이트해주는 편리함이 있지만 샘플링 수준을 정의할 수 없기 때문에 신뢰도가 감소할 수 있다. 반면에 수동 통계 업데이트는 사용자가 원할 때 통계 정보를 업데이트할 수 있으며 샘플링 되는 데이터 양도 조절할 수 있다.

수동 통계 업데이트 기본 구문은 다음과 같다.

```
UPDATE STATISTICS [데이터베이스명].[스키마명].[테이블명] [ ( { 통계명¦인덱스명 } ) ]
WITH [옵션]
```

UPDATE STATISTICS 구문 뒤에 테이블명만을 명시하면 해당 테이블에 존재하는 모든 통계가 업데이트되며, 테이블명 뒤에 특정 통계 또는 인덱스명을 추가로 명시하면 선택된 통계만 업데이트된다. WITH 절은 옵션을 지정하기 위해 사용되는데 FULLSCAN을 명시하면 테이블 전체 행을 대상으로 통계를 업데이트하고, SAMPLE을 명시하면 샘플링 할 데이터 수를 지정하여 업데이트할 수 있다. NORECOMPUTE는 통계 업데이트를 한 후 자동 업데이트 옵션을 비활성화 시켜주는 옵션이다.

다음 [그림 2-33]은 하나의 통계를 샘플링으로 업데이트하는 예시를 보여준다.

```
UPDATE STATISTICS [Tuning].[dbo].[TB_Statistics] [CIDX_Statistics]
WITH SAMPLE 20 PERCENT, NORECOMPUTE
```

	Table_name	stats_id	name	last_updated	rows	rows_sampled	unfiltered_rows	modification_counter
1	TB_Statistics	1	CIDX_Statistics	2021-01-10 23:20:24.9700000	4194304	828625	4194304	0
2	TB_Statistics	2	NIDX01_STatistics	2021-01-10 23:15:15.8866667	4194304	496975	4194304	0
3	TB_Statistics	3	_WA_Sys_00000001_0E391C95	2021-01-10 22:41:19.9866667	4194304	311518	4194304	0

	Index Name	AUTOSTATS	Last Updated
1	[CIDX_Statistics]	OFF	2021-01-10 23:20:24, 970
2	[NIDX01_STatistics]	ON	2021-01-10 23:15:15, 887
3	[_WA_Sys_00000001_0E391C95]	ON	2021-01-10 22:41:19, 987

[그림 2-33] 수동 통계 업데이트 예시

[CIDX_Statistics]의 통계를 업데이트할 때 SAMPLE 20 PERCENT을 옵션으로 명시했다. 이로 인해 전체 행 수 약 40만 건에 대해 20%에 해당되는 약 8만 건을 읽어내며 통계가 업데이트되었고 같이 사용된 NORECOMPUTE 옵션으로 인해 자동 통계 업데이트가 비활성화되었다.

2. 데이터베이스 전체 통계 업데이트

SP_UPDATESTATS라는 프로시저를 사용하면 데이터베이스 레벨에서도 수동으로 통계를 업데이트 할 수 있다.

다음 [그림 2-34]은 해당 프로시저를 사용하는 예시이다.

```
USE [데이터베이스명]
GO

EXEC sp_updatestats @resample = 'resample'
```

```
[dbo].[TB_Statistics]을(를) 업데이트하는 중
    [CIDX_Statistics]은(는) 업데이트할 필요가 없습니다.
    [NIDX01_STatistics]은(는) 업데이트할 필요가 없습니다.
    [_WA_Sys_00000001_0E391C95]은(는) 업데이트할 필요가 없습니다.
    0 인덱스/통계를 업데이트했습니다. 3은(는) 업데이트할 필요가 없습니다.

[sys].[plan_persist_context_settings]을(를) 업데이트하는 중
    [plan_persist_context_settings_cidx]은(는) 입데이트할 필요가 없습니다.
    0 인덱스/통계를 업데이트했습니다. 1은(는) 업데이트할 필요가 없습니다.

[sys].[plan_persist_query_hints]을(를) 업데이트하는 중
    [plan_persist_query_hints_cidx]은(는) 업데이트할 필요가 없습니다.
    [plan_persist_query_hints_idx1]은(는) 업데이트할 필요가 없습니다.
    0 인덱스/통계를 업데이트했습니다. 2은(는) 업데이트할 필요가 없습니다.
```

[그림 2-34] 데이터베이스 내 모든 통계 정보 일괄적 업데이트 예시

예시 구문을 실행하면 데이터베이스 내 모든 통계를 일괄적으로 업데이트한다. 이때 사용된 @resample = 'resample' 옵션은 데이터를 다시 샘플링하여 통계 업데이트를 수행하는 것이다. 옵션 없이 실행하게 되면 기존 통계의 샘플링된 데이터를 참고하여 업데이트를 수행한다.

CHAPTER 03

격리 수준 _ISOLATION

1. 격리 수준(ISOLATION)이란?

2. 격리 수준의 필요성

3. 격리 수준 종류

CHAPTER 3 격리 수준 _ISOLATION

격리 수준은 한 트랜잭션이 다른 트랜잭션으로부터 간섭받는 영향도를 결정하는 수준이다.
이 장에서는 트랜잭션이 수행될 때 각 수준에 따라 달라지는 데이터 격리성을 설명한다.

1 격리 수준(ISOLATION)이란?

트랜잭션이 수행될 때 다른 트랜잭션으로부터 영향을 받지 않게 고립성을 유지시키는 트랜잭션 특성이다. 다른 트랜잭션에 영향을 받지 않도록 잠금(Lock)을 사용하며 트랜잭션 작업에 대한 고립성을 유지하기 위해 다양한 격리 수준으로 잠금의 유형을 정의한다. 즉, 여러 트랜잭션이 동시에 수행될 때 한 트랜잭션에서 조회 또는 변경되는 데이터에 대해 다른 트랜잭션에서 접근 가능한 수준을 정하는 것이다.

명시적으로 격리 수준을 변경하기 전까지 기본 격리 수준(READ COMMITTED)이 유지되며 격리 수준 옵션을 지정하는 구문은 다음과 같다.

```
SET TRANSACTION ISOLATION LEVEL
    { READ UNCOMMITTED
    | READ COMMITTED
    | REPEATABLE READ
    | SNAPSHOT
    | SERIALIZABLE
    }
```

2 격리 수준의 필요성

트랜잭션이 다른 트랜잭션에 영향을 받지 않도록 하기 위해 잠금으로 이를 보장하며 트랜잭션의 격리 수준을 높이면 동시성은 낮아지고 반대로 격리 수준을 낮추면 동시성은 높아진다. 이러한 동시성 제어를 하기 위해 다양한 격리 수준이 필요하며 상황에 따라 적합한 수준을 사용해야 한다.

다음은 각 격리 수준에서 허용되는 동시성에 대한 3가지(Dirty Read, Non-Repeatable Read, Phantom Read) 문제점이다.

1. Dirty Read

트랜잭션에서 데이터를 읽을 때 다른 트랜잭션에서 아직 COMMIT 되지 않은 데이터를 읽는 현상이다.

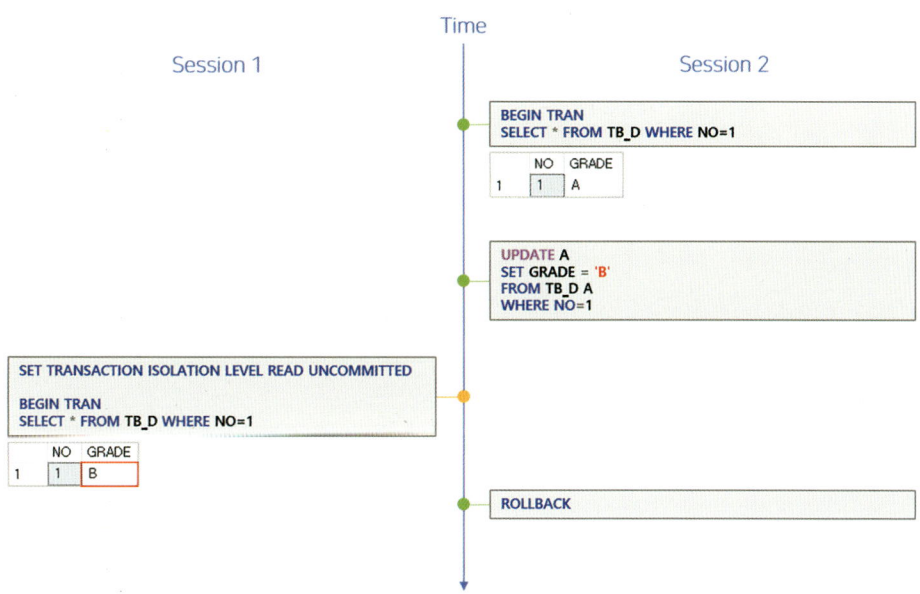

[그림 3-1] Dirty Read 발생 예시

[Session 2]에서 [TB_D] 테이블의 [NO] 컬럼이 1인 데이터를 조회하여 [GRADE]가 'A' 인 것을 확인하였고 [GRADE]를 'A' 에서 'B'로 변경하였다. [Session 1]에서 READ UNCOMMITTED 격리 수준으로 동일한 데이터를 조회하여 아직 COMMIT 되지 않은 [GRADE]가 'B'라는 결과를 확인하였다. 이후 [Session 2]가 ROLLBACK 되어 [GRADE] 값이 'A' 이지만 [Session 1]은 'B'로 작업을 이어가게 된다.

2. Non-Repeatable Read

트랜잭션 내에서 읽은 데이터가 트랜잭션이 종료되기 전에 다른 트랜잭션에서 변경되어 다시 읽었을 때 다른 값을 읽는 현상이다.

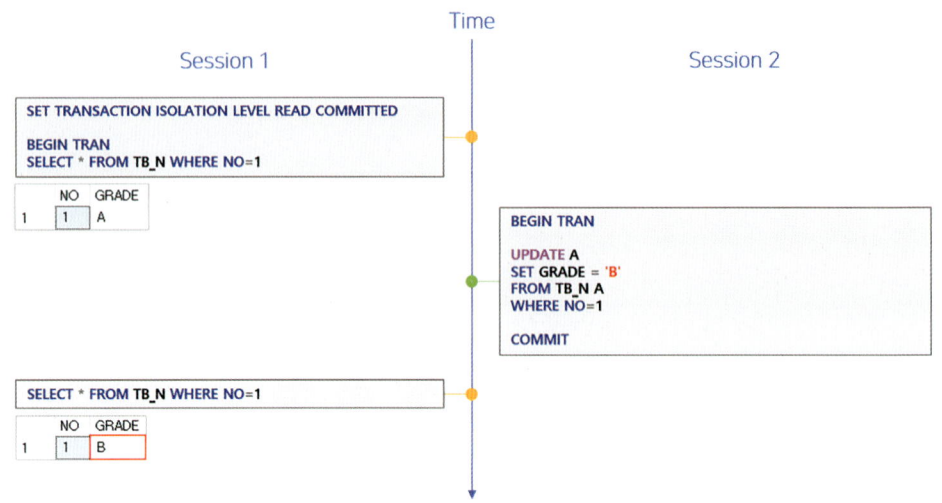

[그림 3-2] Non-Repeatable Read 발생 예시

[Session 1]에서 READ COMMITTED 격리 수준으로 [TB_N] 테이블의 [NO] 컬럼이 1인 데이터를 조회 시 [GRADE]가 'A' 인 것을 확인하였다. 이후 [Session 2]에서 [GRADE]를 'A'에서 'B'로 변경하고 COMMIT 한 뒤 [Session 1]에서 다시 조회하였더니 [GRADE]가 'B'라는 결과를 얻게 된다.

3. Phantom Read

트랜잭션 내에서 읽은 데이터가 트랜잭션이 종료되기 전에 다른 트랜잭션에서 데이터를 삽입 또는 삭제하여 다시 읽었을 때 결과가 달라지는 현상이다.

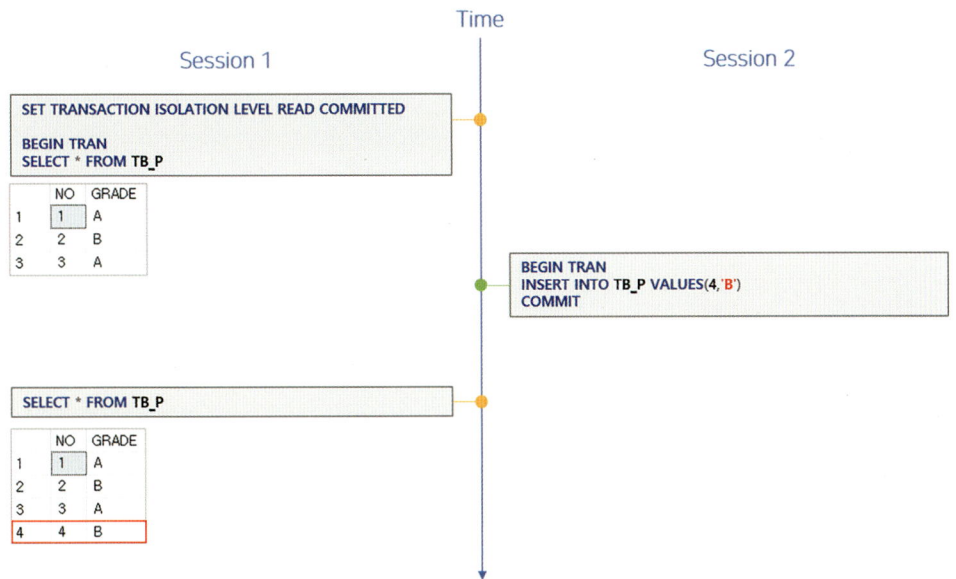

[그림 3-3] Phantom Read 발생 예시

[Session 1]에서 READ COMMITTED 격리 수준으로 [TB_P] 테이블을 조회하여 3건의 결과를 얻었다. [Session 2]에서 동일 테이블에 데이터를 1건 INSERT한 뒤 [Session 1]에서 다시 조회하였더니 [NO] 값이 4이고 [GRADE]가 'B'라는 새로운 행이 추가되었다. 즉, 처음에 조회한 결과값에 존재하지 않았던 Ghost 레코드가 발생한다.

3 격리 수준 종류

격리 수준은 'READ UNCOMMITTED', 'READ COMMITTED', 'REPEATABLE READ', 'SERIALIZABLE', 'SNAPSHOT' 이 있다. 격리 수준은 잠금에 의해 구현되며, 지정한 수준에 따라서 잠금 수준이 다르게 적용된다. 잠금은 다른 트랜잭션의 접근을 차단하기 때문에 이는 동시성과도 깊은 연관성을 가진다.

이제 각 수준 별로 잠금을 어떻게 사용하는지 자세히 알아보도록 하자. 들어가기에 앞서 사용될 테이블을 생성한다.

```
CREATE TABLE TB_ISOL (NO INT, GRADE CHAR(1))

INSERT INTO TB_ISOL VALUES(1,'A')
INSERT INTO TB_ISOL VALUES(2,'B')
INSERT INTO TB_ISOL VALUES(3,'A')
INSERT INTO TB_ISOL VALUES(5,'C')
INSERT INTO TB_ISOL VALUES(6,'C')

CREATE CLUSTERED INDEX CIDX_ISOL ON TB_ISOL(NO)
GO
```

1. READ UNCOMMITTED

데이터가 수정되었지만 아직 COMMIT 되지 않은 데이터를 읽을 수 있도록 지정하는 격리 수준으로 데이터 조회 시 KEY에 공유 잠금(S)을 요청하지 않는다.

이러한 특징을 가진 READ UNCOMMITTED는 고립성이 낮고 동시성이 높은 격리 수준이다.

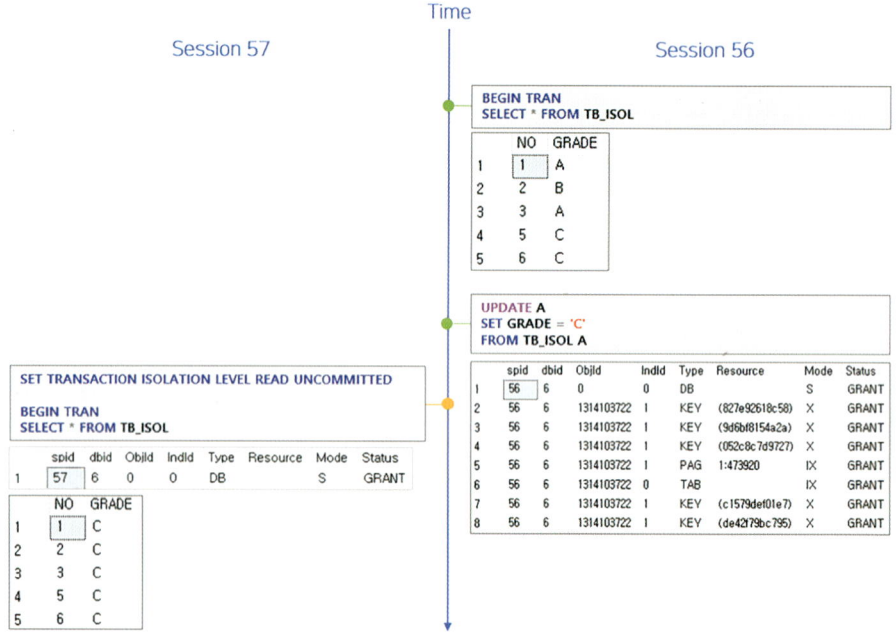

[그림 3-4] READ UNCOMMITTED 격리 수준 트랜잭션 상태

[그림 3-4]를 보면 [Session 56]에서 테이블을 조회하여 데이터를 확인한 뒤 [GRADE] 값을 모두

'C'로 변경하였다. 잠금 상태는 모든 키값에 배타 잠금을 획득하고 있으며 해당 트랜잭션은 아직 완료되지 않았다. 이후 [Session 57]에서 READ UNCOMMITTED 격리 수준으로 해당 테이블을 조회하면 [Session 56]에서 변경한 COMMIT 되지 않은 데이터를 읽게 되는 Dirty Read가 발생한다. 이때 잠금 상태를 보면, [Session 56]에서 획득한 잠금에 대해 공유 잠금을 요청하지 않은 것을 확인할 수 있다.

2. (A) READ COMMITTED

다른 트랜잭션에 의해 수정되었지만 COMMIT 되지 않은 데이터를 읽을 수 없도록 지정하는 격리 수준으로 COMMIT된 데이터만 읽도록 허용하는 SQL Server 기본 격리 수준이다. 데이터 조회 시 공유 잠금을 획득하며 조회가 끝나면 반환한다. 따라서 Dirty Read가 방지되지만 Non-Repeatable Read, Phantom Read는 발생한다.

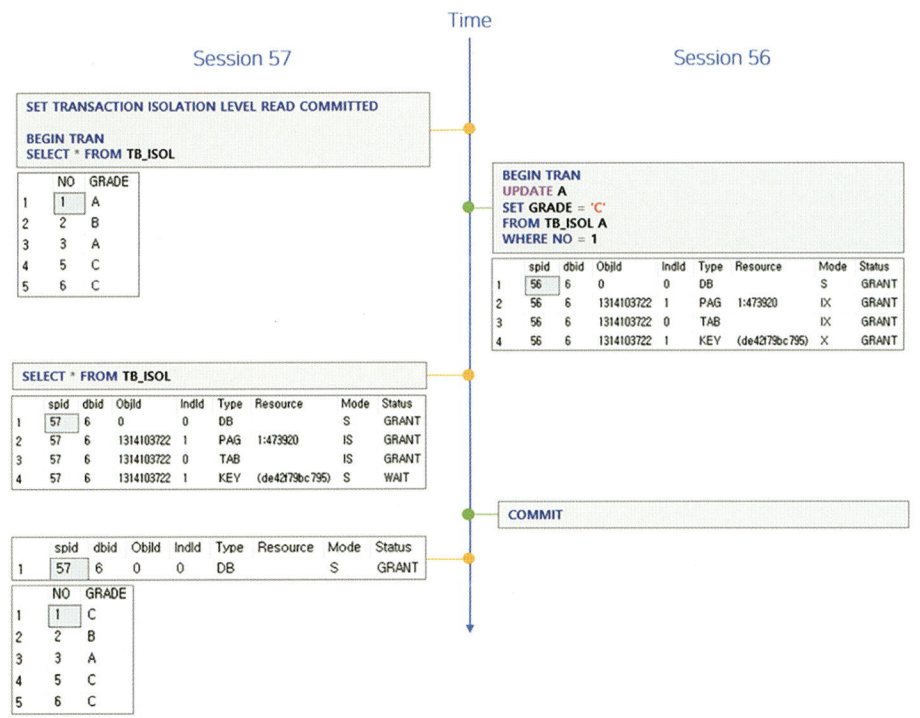

[그림 3-5] READ COMMITTED 격리 수준 트랜잭션 상태

[그림 3-5]를 보면 [Session 57]에서 READ COMMITTED 격리 수준으로 테이블을 조회하여 데이터를 확인하였다. 이후 [Session 56]에서 [NO] 값이 1인 데이터의 [GRADE]를 'C'로 변경한다. 이때 해당

하는 키값에 배타 잠금을 획득하게 되고 트랜잭션은 종료되지 않은 상태이다. 다시 [Session 57]에서 테이블을 조회하면 [Session 56]에서 잠금을 획득하고 있는 키값에 공유 잠금을 획득하기 위해 대기가 발생하게 된다. [Session 56]에서 트랜잭션이 COMMIT 되면 배타 잠금을 반환하게 되고 대기 중이던 [Session 57]이 공유 잠금을 획득하면서 결과값이 조회된다.

2. (B) READ_COMMITTED_SNAPSHOT

READ_COMMITTED_SNAPSHOT이 ON으로 설정되어 있으면 데이터베이스 엔진은 행 버전 관리를 사용하여 데이터 일관성을 제공한다. 트랜잭션이 시작되는 시점의 데이터베이스 상태로 스냅샷이 생성되어 행 버전 관리를 이용하기 때문에 키 공유 잠금 없이도 트랜잭션 내에서 일관성 있게 데이터를 조회할 수 있다. 즉, 트랜잭션 내에서 조회될 때 키 또는 RID에 공유 잠금 요청 없이 커밋된 데이터를 읽을 수 있게 된다.

해당 격리 수준은 격리 수준을 지정하기 전 ALTER 구문을 통하여 데이터베이스를 변경해 주어야 하며 구문은 다음과 같다.

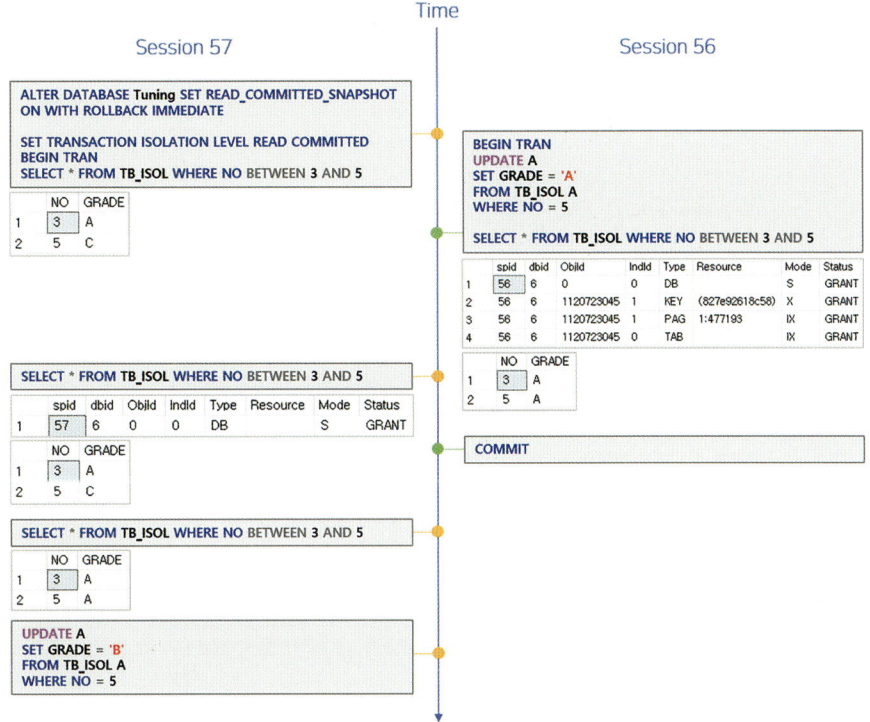

[그림 3-6] READ_COMMITTED_SNAPSHOT 격리 수준 트랜잭션 상태

[그림 3-6]을 보면 [Session 57]에서 READ_COMMITTED_SNAPSHOT을 활성화시킨 후 READ COMMITTED 격리 수준으로 테이블에서 [NO]가 3 이상 5 이하인 데이터를 조회한다. [Session 56]에서 [NO]가 5인 데이터의 [GRADE] 값을 'A'로 업데이트한 후 동일하게 데이터를 조회하면 변경된 값으로 조회된다. 다시 [Session 57]에서 데이터를 조회하면 [Session 56]에서 획득한 잠금에 대해 공유 잠금을 요청하지 않아 처음 조회 결과와 동일하다. [Session 56]을 COMMIT 하여 트랜잭션을 완료한 뒤 다시 [Session 57]에서 데이터를 조회하면 변경된 데이터가 반영되어 조회된다. 즉 구문이 실행될 때 다시 스냅샷(커밋된 데이터)을 찍기 때문에 [Session 56]의 업데이트가 반영된 것이다. 이후 해당 데이터를 'B'로 변경한다.

3. REPEATABLE READ

COMMIT된 데이터만 읽도록 하며 현재 트랜잭션이 조회하는 데이터를 다른 트랜잭션에서 수정할 수 없도록 지정하여 한 트랜잭션 내에서 읽은 데이터는 항상 같은 값을 읽게 하는 격리 수준이다. 즉, 데이터 조회 시 공유 잠금을 획득하고 트랜잭션이 완료되기 전까지 반환하지 않는다. 다만 범위 조건 검색 시 해당하는 데이터에 UPDATE가 불가능하지만 INSERT는 가능하다. 따라서 Dirty Read, Non-Repeatable Read는 방지되지만 Phantom Read가 발생한다.

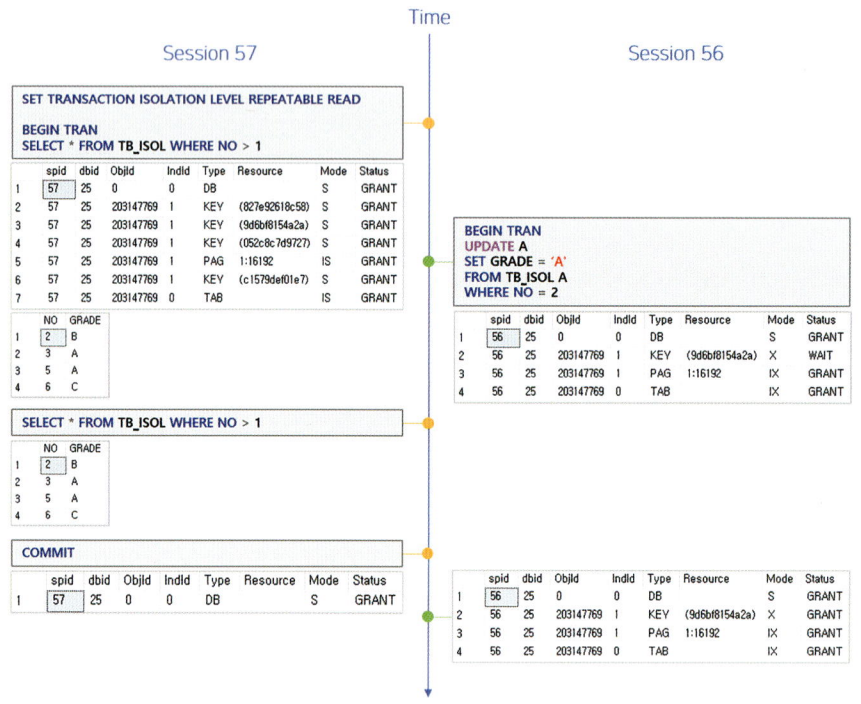

[그림 3-7] REPEATABLE READ 격리 수준 트랜잭션 상태

[그림 3-7]을 보면 [Session 57]에서 REPEATABLE READ 격리 수준으로 테이블에서 [NO]가 1보다 큰 데이터를 조회하였고 해당하는 키값에 공유 잠금을 획득한다. 이후 [Session 56]에서 [NO] 값이 2인 데이터의 [GRADE]를 'A'로 변경하기 위해 키값에 배타 잠금을 획득을 시도하지만 [Session 57]의 공유 잠금과 충돌하여 대기가 발생한다. 다시 [Session 57]에서 테이블을 조회하면 처음 조회와 동일한 결과값이 조회된다. COMMIT을 통해 트랜잭션이 완료되면서 [Session 57]에서 공유 잠금을 반환하면 [Session 56]에서 배타 잠금을 획득하여 업데이트가 수행된다.

4. SERIALIZABLE

REPEATABLE READ와 같은 특성을 가지지만 범위 조건 검색 시 해당 범위에 INSERT가 불가능하다. 그 이유는 키 단위로 공유 잠금을 하는 것이 아니라 키 범위로 공유 잠금을 하기 때문이다. 이 격리 수준은 동시성은 매우 낮지만 데이터 정합성이 매우 중요한 경우 선택안이 될 수 있으며 Dirty Read, Non-Repeatable Read, Phantom Read 모두 방지된다.

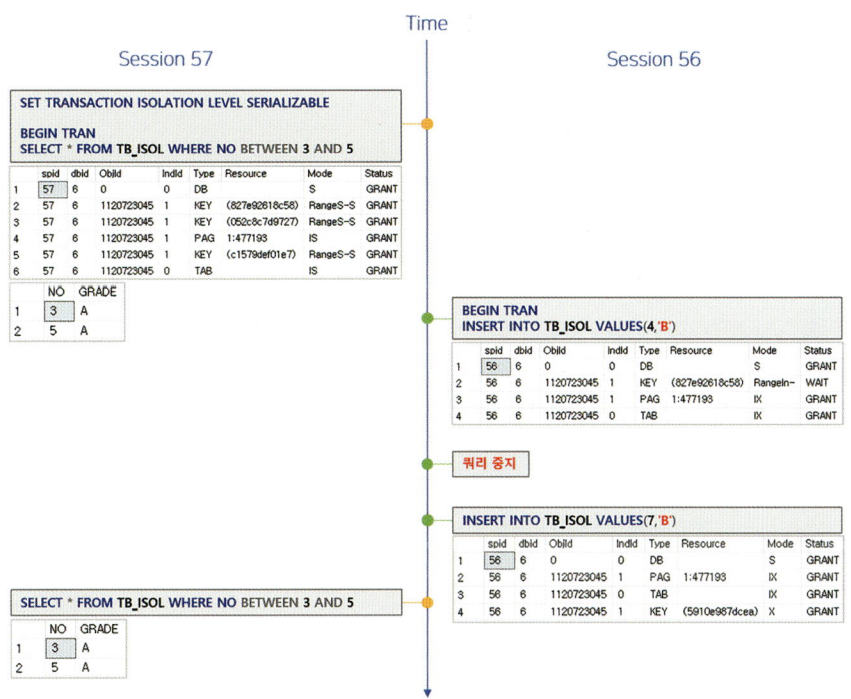

[그림 3-8] SERIALIZABLE 격리 수준 트랜잭션 상태

[그림 3-8]을 보면 [Session 57]에서 SERIALIZABLE 격리 수준으로 테이블에서 [NO]가 3 이상 5 이하인 데이터를 조회하였고 해당하는 키 범위 공유 잠금을 획득한다. 이후 [Session 56]에서 [NO]가 4인 데이터 삽입을 시도하지만 [Session 57]의 키 범위 공유 잠금과 충돌하여 대기가 발생한다. 대기 중인 쿼리를 중지하고 이번엔 [Session 57]의 조회 범위 밖인 [NO]가 7인 데이터를 삽입을 시도하였더니 정상적으로 구문이 실행되며 해당 키값에 배타 잠금을 획득한다. 이후 [Session 57]에서 NO가 3이상 5이하인 데이터를 다시 조회할 경우 처음과 같은 데이터를 확인할 수 있다.

5. SNAPSHOT

ALLOW_SNAPSHOT_ISOLATION 기능을 활성화하면 데이터베이스 수준에서 스냅샷 옵션을 사용하도록 설정한다. 이 옵션을 사용하면 트랜잭션에서 스냅샷 격리를 사용하지 않는 경우에도 DML 문에서 행 버전을 생성하기 시작하고 스냅샷 트랜잭션 격리 수준을 지정할 수 있다. 스냅샷 격리 수준은 스냅샷 트랜잭션이 아닌 다른 트랜잭션에서 데이터가 수정되면 행 버전을 생성하고 스냅샷 트랜잭션에서 수정하려는 행의 버전을 확인하여 수정된 버전이 있다면 업데이트 충돌 오류가 발생하게 된다.

해당 격리 수준은 격리 수준을 지정하기 전 ALTER 구문을 통하여 데이터베이스를 변경해 주어야 하며 구문은 다음과 같다.

```
ALTER DATABASE {데이터베이스명} SET ALLOW_SNAPSHOT_ISOLATION ON
```

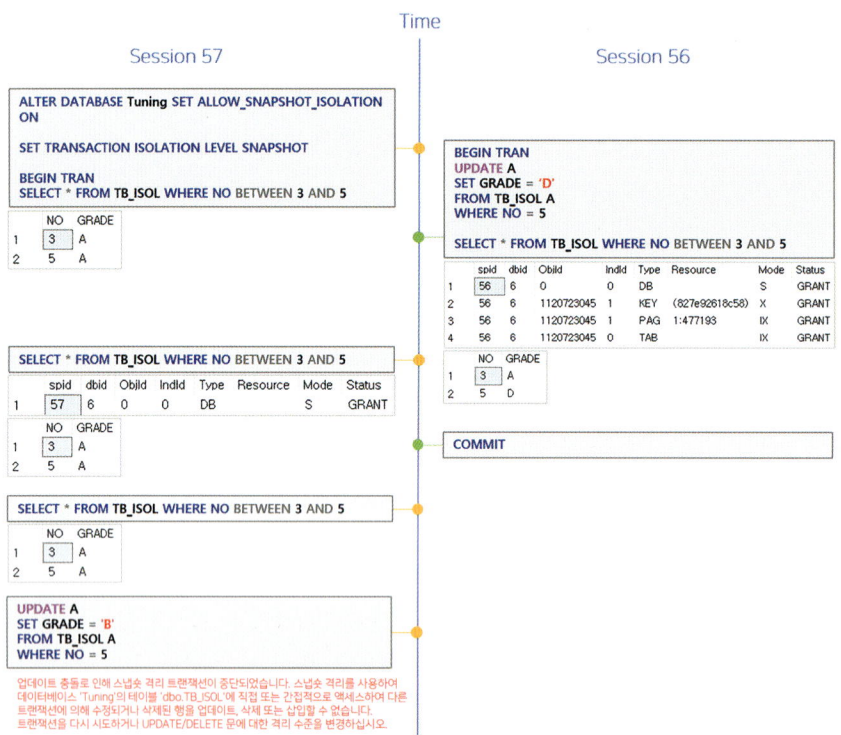

[그림 3-9] ALLOW_SNAPSHOT_ISOLATION 격리 수준 트랜잭션 상태

[그림 3-9]을 보면 [Session 57]에서 ALLOW_SNAPSHOT_ISOLATION 격리 수준을 활성화시킨 후 해당 격리 수준으로 테이블에서 [NO]가 3 이상 5 이하인 데이터를 조회한다. [Session 56]에서 [NO]가 5인 데이터의 [GRADE] 값을 'D'로 업데이트한 후 동일하게 데이터를 조회하면 변경된 값으로 조회

된다. [Session 57]에서 데이터를 다시 조회하면 변경된 데이터가 아닌 [Session 57]에서 처음 스냅샷된 상태인 'A'로 조회되고 [Session 56]에서 COMMIT 하여 트랜잭션을 완료한 뒤 다시 조회해도 동일한 결과를 유지한다. 이후 해당 데이터를 'B'로 변경하려고 하자 [Session 57]에서 이미 변경된 데이터로 인해 업데이트 충돌이 발생하게 된다.

위에서 설명한 격리 수준과 발생되는 문제점을 정리하면 아래와 같다.

격리 수준	Dirty Read	Non-Repeatable Read	Phantom Read
READ UNCOMMITTED	O	O	O
READ COMMITTED	X	O	O
REPEATABLE READ	X	X	O
SERIALIZABLE	X	X	X
SNAPSHOT	X	X	X

[표 3-1] 격리 수준에 따라 발생되는 문제

CHAPTER 04

조인 _JOIN

1. 조인(JOIN)이란?

2. 조인의 종류

3. 암시적으로 조인이 사용되는 구문들

4. 조인의 힌트

CHAPTER 4 조인_JOIN

조인은 관계가 있는 2개 이상의 테이블들을 결합하여 데이터를 찾기 위한 기능이다.
이 장에서는 조인의 종류와 방법 그리고 조인 처리 과정에 대해 설명한다.

1 조인(JOIN)이란?

조인은 관계가 있는 두 개 이상의 테이블을 주어진 조건으로 결합하여 하나의 결과 집합으로 출력하는 기능이다. 관계형 데이터베이스는 데이터들을 정규화하고 이를 분할된 테이블로서 관리하게 되는데 이렇게 분할된 데이터를 다시 연결하여 하나의 결과값으로 출력하기 위해 조인을 사용하는 것이다. 조인문을 작성하는 기본 구문은 다음과 같다.

```
SELECT *
FROM 테이블명 a JOIN 테이블명 b
ON 조인 조건
```

CROSS JOIN을 제외한 조인들은 결과 집합을 만들기 위해 테이블 간의 관계를 갖는 조건이 요구되는데, ON 절에 기술된 열이 조인의 관계로 사용되는 키가 된다.

다음 [그림 4-1]은 조인의 예시를 설명하기 위한 테이블 구조이다.

Emp_No	Name	Dept_No
1	Danial	30
2	Benjamin	20
3	Austin	10
4	Fredrick	20
5	Jesica	10
6	Henry	10
7	James	NULL

[Employee] Table

Dept_No	Dept_Name
10	Development
20	Sales
30	Management
40	Design
50	Marketing

[Department] Table

[그림 4-1] [Employee] 테이블과 [Department] 테이블

직원의 정보를 저장하는 [Employee] 테이블과 부서 정보를 저장하는 [Department] 테이블이 있다. 두 테이블은 [Dept_No] 열로 관계를 갖는데, 여기서 특정 직원의 부서 이름을 출력해야 한다면 두 테이블을 조인하여 결과를 확인해야만 한다. 하나의 예시로 'Jesica'의 부서명을 확인하는 구문은 다음과 같이 작성된다.

```sql
SELECT e.Name, d.Dept_Name
FROM Employee e INNER JOIN Department d
ON e.Dept_No = d.Dept_No
WHERE e.Name = 'Jesica'
```

[Employee] 테이블과 [Department] 테이블을 [Dept_No] 열을 기준으로 조인하고 [Name] 열에 조건을 지정한 구문이다. [Name] = 'Jesica' 조건에 해당되는 [Dept_No] 값은 10이므로 [Dept_Name]의 값으로 'Development'라는 결과를 얻을 수 있다.

2 조인의 종류

조인의 종류는 크게 논리적 조인(Logical Join)과 물리적 조인(Physical Join)으로 분류된다. 논리적 조인은 INNER JOIN, OUTER JOIN, CROSS JOIN, APPLY와 같이 결과 집합의 데이터를 결정하는 방식이며, 물리적 조인은 논리적 조인을 처리하기 위한 방법으로 Nested Loop Join, Merge Join, Hash Join이 이에 속한다.

[논리적 조인]

1. INNER JOIN

INNER JOIN은 조인 조건을 만족하는 데이터만 결과로 출력하는 조인이다. 조인 결과에 대한 집합 관계는 다음 [그림 4-2]와 같이 표현된다.

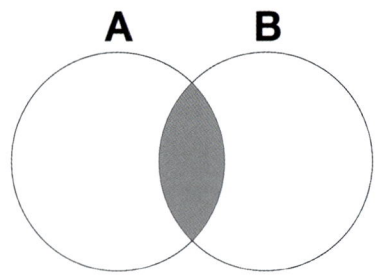

[그림 4-2] INNER JOIN의 집합 관계

조인 조건을 기준으로 A와 B의 교집합이 되는 부분이 최종 INNER JOIN된 결과 집합이 되는데, SQL 구문으로 사용하면 다음과 같다.

```sql
SELECT e.Name, d.Dept_No, d.Dept_Name
FROM Employee e INNER JOIN Department d
ON e.Dept_No = d.Dept_No
```

[그림 4-3] INNER JOIN의 결과 집합

조인 조건인 [Dept_No] 열을 기준으로 조인에 성공한 10, 20, 30 값을 가진 데이터만 출력하며 이 외의 행은 조인에 실패하여 결과 집합으로 출력되지 않는다.

2. OUTER JOIN

OUTER JOIN은 조인 조건을 만족하는 데이터와 함께 기준이 되는 테이블의 조인 실패 행까지 출력하는 조인이다. 기준이 되는 테이블은 LEFT, RIGHT, FULL 이렇게 3가지 형태로 정의할 수 있는데, 먼저 LEFT OUTER JOIN의 결과에 대한 집합 관계는 다음 [그림 4-4]와 같이 표현된다.

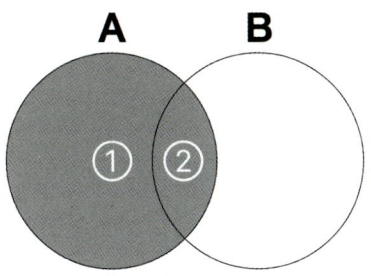

[그림 4-4] LEFT OUTER JOIN의 집합 관계

LEFT OUTER JOIN은 왼쪽 테이블이 기준 테이블이 된다. 조인 조건을 통해 A와 B의 교집합이 되는 데이터(②)와 함께 A 테이블에서 조인이 실패하는 행(①)까지 최종 결과 집합에 포함된다. SQL 구문으로 사용하면 다음과 같다.

```sql
SELECT e.Name, d.Dept_No, d.Dept_Name
FROM Employee e LEFT OUTER JOIN Department d
ON e.Dept_No = d.Dept_No
```

Emp_No	Name	Dept_No
1	Danial	30
2	Benjamin	20
3	Austin	10
4	Fredrick	20
5	Jesica	10
6	Henry	10
7	James	NULL

[Employee] Table

Dept_No	Dept_Name
10	Development
20	Sales
30	Management
40	Design
50	Marketing

[Department] Table

Name	Dept_No	Dept_Name
Danial	30	Management
Benjamin	20	Sales
Austin	10	Development
Fredrick	20	Sales
Jesica	10	Development
Henry	10	Development
James	NULL	NULL

Result

Left Outer Join

[그림 4-5] LEFT OUTER JOIN의 결과 집합

기준이 되는 [Employee] 테이블은 조인의 실패하는 행을 NULL 값으로 입력하여 조인에 성공한 행과 함께 최종 출력한다.

다음 [그림 4-6]에서는 RIGHT OUTER JOIN에 대한 집합 관계를 표현한다.

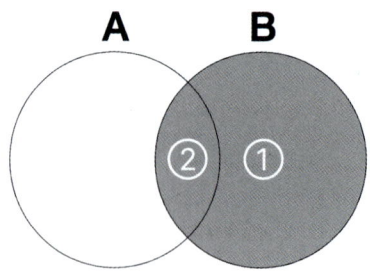

[그림 4-6] Right Outer Join의 집합 관계

RIGHT OUTER JOIN은 LEFT OUTER JOIN과는 반대로 오른쪽 테이블이 기준 테이블이 된다. 마찬가지로 조인 조건을 통해 교집합이 되는 데이터(②)와 함께 B 테이블에서 조인이 실패하는 행(①)까지 최종 결과 집합에 포함한다. SQL 구문으로 사용하면 다음과 같다.

```
SELECT e.Name, d.Dept_No, d.Dept_Name
FROM Employee e RIGHT OUTER JOIN Department d
ON e.Dept_No = d.Dept_No
```

[그림 4-7] Right Outer Join의 결과 집합

기준이 되는 [Department] 테이블은 조인의 실패하는 행을 NULL 값으로 입력하여 조인에 성공한 행과 함께 최종 출력한다.

다음으로 [그림 4-8]에서 FULL OUTER JOIN에 대한 집합 관계를 표현한다.

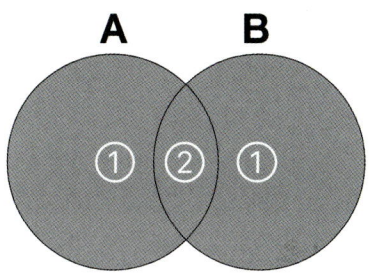

[그림 4-8] Full Outer Join의 집합 관계

FULL OUTER JOIN은 양쪽 테이블이 모두 기준 테이블이 되며 조인 조건을 통해 교집합이 되는 데이터(②)와 함께 각 테이블에서 조인이 실패하는 행(①)까지 최종 결과 집합에 포함된다. SQL 구문으로 사용하면 다음과 같다.

```
SELECT e.Name, d.Dept_No, d.Dept_Name
FROM Employee e FULL OUTER JOIN Department d
ON e.Dept_No = d.Dept_No
```

Emp_No	Name	Dept_No
1	Danial	30
2	Benjamin	20
3	Austin	10
4	Fredrick	20
5	Jesica	10
6	Henry	10
7	James	NULL

[Employee] Table

Dept_No	Dept_Name
10	Development
20	Sales
30	Management
40	Design
50	Marketing

[Department] Table

Name	Dept_No	Dept_Name
Danial	30	Management
Benjamin	20	Sales
Austin	10	Development
Fredrick	20	Sales
Jesica	10	Development
Henry	10	Development
James	NULL	NULL
NULL	40	Design
NULL	50	Marketing

Full Outer Join   Result

[그림 4-9] Full Outer Join의 결과 집합

기준이 되는 두 테이블은 조인의 실패하는 행을 NULL 값으로 입력하여 조인에 성공한 행과 함께 최종 출력한다.

3. CROSS JOIN

CROSS JOIN은 조인 조건 없이 두 테이블에 대한 모든 행을 조인하는 기능이다. 카티션 곱(Cartesian Product)이라고도 불리며, 결과 행 수는 각 테이블의 행을 곱한 수와 같다. SQL 구문으로는 다음과 같이 사용된다.

```
SELECT e.Name, d.Dept_No, d.Dept_Name
FROM Employee e CROSS JOIN Department d
WHERE e.Emp_No IN (1,2,3)
AND d.Dept_No IN (10,20,30)
```

[그림 4-10] CROSS JOIN의 결과 집합

모든 행을 조인하게 되면 35(7*5)행이 출력되기 때문에 편의상 WHERE 절에 조건을 명시했다. [Employee] 테이블과 [Department] 테이블의 각 3건씩을 조인한 결과로 총 9(3*3)건이 최종 출력된다.

4. APPLY

APPLY는 일반적인 조인과 유사하지만, 조인하는 과정에서 인라인 뷰(Inline View)나 테이블 반환 함수의 매개변수로 값을 전달할 수 있다는 것에 차이가 있다. 결과를 출력하는 방식으로는 CROSS APPLY와 OUTER APPLY로 나누어지는데, 먼저 CROSS APPLY의 SQL 구문 사용 예시는 다음과 같다.

```
SELECT d.Dept_Name, d.Dept_No, e.Name
FROM Department d CROSS APPLY (SELECT TOP 1 Name
                               FROM Employee e
                               WHERE e.Dept_No = d.Dept_No
                               ORDER BY Emp_No DESC) e
```

Cross Apply

[그림 4-11] CROSS APPLY의 결과 집합

위 구문의 의미는 [Department] 테이블의 각 행을 [Employee] 테이블로 내부 조인한 결과 집합에서 [Emp_No] 열 기준으로 가장 높은 1건씩만 출력하는 것이다. INNER JOIN처럼 조인에 성공하는 행만 출력하지만, [Department] 테이블의 [Dept_No] 값을 인라인 뷰 안쪽으로 전달할 수 있다는 것에서 차이가 있다.

다음은 OUTER APPLY의 SQL 구문 사용 예시이다.

```
SELECT d.Dept_Name, d.Dept_No, e.Name
FROM Department d OUTER APPLY (SELECT TOP 1 Name
                               FROM Employee e
                               WHERE e.Dept_No = d.Dept_No
                               ORDER BY Emp_No DESC) e
```

Outer Apply

[그림 4-12] OUTER APPLY의 결과 집합

CROSS APPLY가 INNER JOIN에 해당된다면, OUTER APPLY는 LEFT OUTER JOIN에 해당된다. 위 구문은 CROSS APPLY를 통해 추출한 결과 집합과 함께 조인에 실패하는 행도 NULL 값이 입력되어 최종 결과 집합에 포함된다.

[물리적 조인]

1. Nested Loop Join

Nested Loop Join(이하 NL Join)은 중첩된 반복 조인이다. 해석 그대로 선행 테이블의 결과 집합을 한 건씩 후행 테이블에 조인하고 이를 반복하여 최종 결과 집합을 만들어 낸다. 선행 테이블의 결과 집합 건수만큼 조인이 반복되기 때문에 결과 집합의 크기에 따라 조인의 전체 일량이 결정된다.

다음 [그림 4-13]은 NL Join에 대한 처리 과정을 나타낸다.

```
CREATE NONCLUSTERED INDEX IX_DEPTNO ON Dept(Deptno)
CREATE NONCLUSTERED INDEX IX_EMP ON Emp(Deptno)

SELECT e.EName, e.Sal, d.DName
FROM Dept d INNER LOOP JOIN Emp e
ON d.Deptno = e.Deptno
WHERE d.Deptno = 20 AND e.Sal > 2000
```

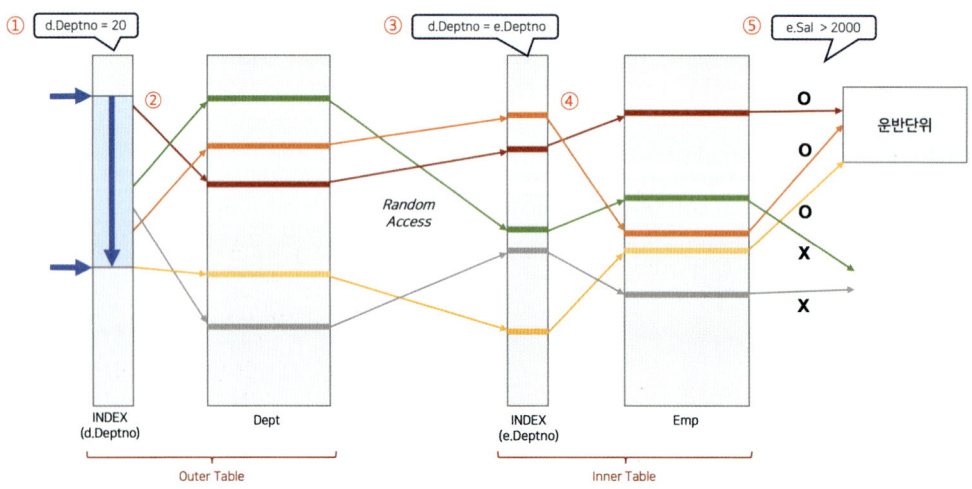

[그림 4-13] NL Join의 처리 과정

[Dept] 테이블의 [Deptno] = 20 조건에 만족하는 행과 [Emp] 테이블의 [Sal] > 2000 조건에 만족하는 행을 [Deptno] 열을 기준으로 NL Join 하는 과정을 나타낸다. 두 테이블이 조인 처리 절차는 다음과 같다.

① [Dept] 테이블의 [Deptno] = 20 조건에 만족하는 데이터를 [IX_DEPTNO] 인덱스로 범위 탐색한다.
② [IX_DEPTNO] 인덱스로부터 탐색한 행의 RID 값으로 [Dept] 테이블에 RID Lookup을 수행한다.
③ 조인 조건인 [Deptno] 열을 기준으로 [Emp] 테이블의 [IX_EMP] 인덱스와 조인한다.
④ 조인된 결과에서 [IX_EMP]의 RID 값으로 [Emp] 테이블에 RID Lookup을 수행한다.
⑤ 조인된 결과 집합에서 [Emp] 테이블의 조건인 Sal > 2000을 만족하는 데이터만 운반 단위에 전달한다.
⑥ ①에서 탐색한 행 수만큼 ②~⑤ 과정을 반복하여 최종 결과 집합을 출력한다.

2. Merge Join

Merge Join은 두 테이블의 처리 범위 내에서 조인 키 기준으로 정렬한 다음 병합하는 과정으로 조인하는 방식이다. 두 테이블에 대해 정렬을 선행하게 되는데, 인덱스를 통해 미리 정렬된 데이터를 사용한다면 이 과정은 생략할 수 있다. NL Join은 후행 테이블을 반복 스캔하면서 조인하는 반면 Merge Join은 한 번만 스캔하고 조인을 수행하기 때문에, 인덱스로 정렬을 생략할 수 있는 상황에서 데이터가 크다면 성능적인 면으로 이점을 가질 수 있다. Merge Join 사용 시 주의해야 할 사항은 다음과 같다.

첫째, Merge Join을 수행할 때 정렬이 되어 있지 않다면 그 크기에 따라 리소스 부담이 생길 수 있다. 정렬을 수행하기 위해 메모리를 사용하며 메모리에서 모든 처리가 불가능할 땐 디스크까지 사용하기 때문이다.

둘째, 선행 테이블의 조인 키를 기준으로 중복되는 데이터가 많으면 WorkTable 사용에 대한 부담이 가해질 수 있다. 선행 테이블의 동일한 값을 다시 조인하기 위해 후행 테이블에 대상 데이터를 WorkTable에 저장하여 재사용하기 때문이다.

다음 [그림 4-14]는 Merge Join에 대한 처리 과정을 나타낸다.

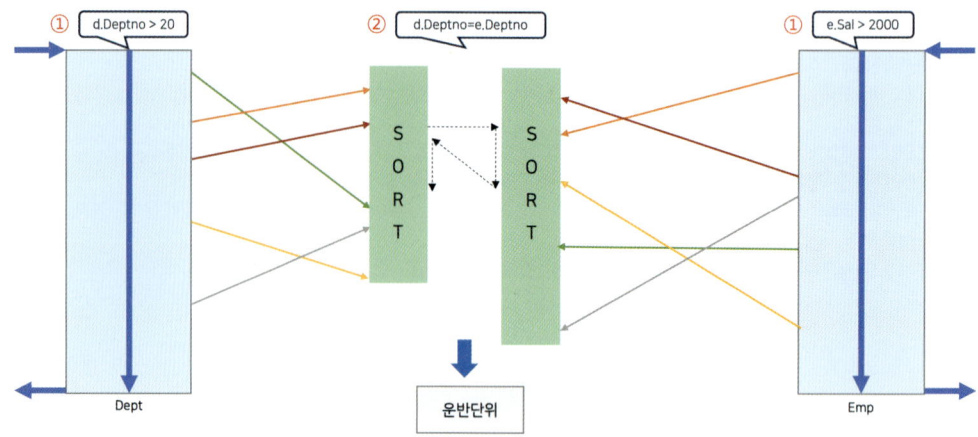

[그림 4-14] Merge Join의 처리 과정

[Dept] 테이블의 [Deptno]>20 조건에 만족하는 행과 [Emp] 테이블의 [Sal]>2000 조건에 만족하는 행을 [Deptno] 열을 기준으로 Merge Join 하는 과정을 나타낸다. 두 테이블의 조인 처리 절차는 다음과 같다.

① [Dept] 테이블에서 Deptno>20 조건에 만족하는 데이터를 찾고 조인 조건인 [Deptno] 열로 정렬을 수행한다. [Emp] 테이블에서도 Sal>2000 조건에 만족하는 데이터를 찾고 [Deptno] 열을 기준으로 정렬을 수행한다.
② [Deptno]로 정렬된 데이터를 기준으로 마지막 값을 만날 때까지 스캔하면서 최종 결과 집합을 출력한다.

Merge Join은 1:N 구조일 때와 N:M 구조일 때의 처리 방식이 달라지는데 아래 [그림 4-15]와 [그림 4-16]은 각 구조에 따라 조인되는 내부 절차를 보여준다. 그림에서 파란색 선이 조인에 매칭되면서 결과값으로 도출되는 데이터를 표시한 것이다.

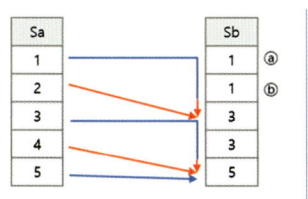 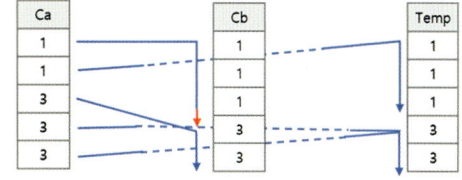

[그림 4-15] 1:N 형식의 Merge Join   [그림 4-16] N:M 형식의 Merge Join

[그림 4-15] 1:N 구조의 Merge Join에서는 [Sb] 열만 중복된 데이터 값을 가지고 있는 구조이다. [Sa] 열의 값 1을 비교할 때 [Sb] 열의 첫 번째 1(ⓐ)과 비교한 뒤 다음 행의 1(ⓑ) 값과 비교를 진행한다. 그리고 다음 행의 3값을 비교할 때는 조인 조건에 부합되지 않기 때문에 [Sa] 열의 1값은 비교를 중단한다. 그다음 [Sa] 열의 2값과 다시 [Sb] 열의 3을 비교하게 되는데, [Sa] 값이 더 작기 때문에 다시 다음 행으로 이동하여 [Sa] 열의 3 값과 [Sb] 열의 3과 비교하는 방식으로 진행된다.

[그림 4-16]의 N:M 구조일 경우 WorkTable이 사용된다. 기본적인 방식은 1:N 구조와 동일하지만, 선행 테이블의 중복 값이 있을 경우엔 첫 번째 값을 비교할 때 후행 테이블의 값을 WorkTable에 저장하고 재사용하는 방식으로 수행된다. 중복된 값에 대한 비교가 끝날 때 WorkTable에서 값은 삭제된다.

3. Hash Join

Hash Join은 해시 함수를 적용하여 조인하는 방식이다. 조인할 때 선행으로 읽어내는 테이블을 빌드 입력(Build Input), 후행으로 읽는 테이블을 프로브 입력(Probe Input)이라 하는데 빌드 입력은 해시 함수를 적용하여 해시 테이블을 생성하고 프로브 입력의 값을 해시 함수로 적용하면서 해시 테이블에 조인하는 과정으로 수행된다. Hash Join도 해시 테이블을 생성할 때 메모리를 사용하게 되는데 메모리만 사용하여 처리할 경우에는 인 메모리 해시 조인이라 하며, 메모리 용량 부족으로 디스크 영역을 사용하게 되면 유예 해시 조인이라고 한다.

다음 [그림 4-17]는 Hash Join에 대한 처리 과정 나타낸다.

```
CREATE NONCLUSTERED INDEX IX_DEPTNO ON DEPT(DEPTNO)
SELECT e.eName, e.sal, d.dName
FROM DEPT d INNER HASH JOIN EMP e
ON d.deptno = e.deptno
WHERE d.deptno>20 AND e.sal>2000
```

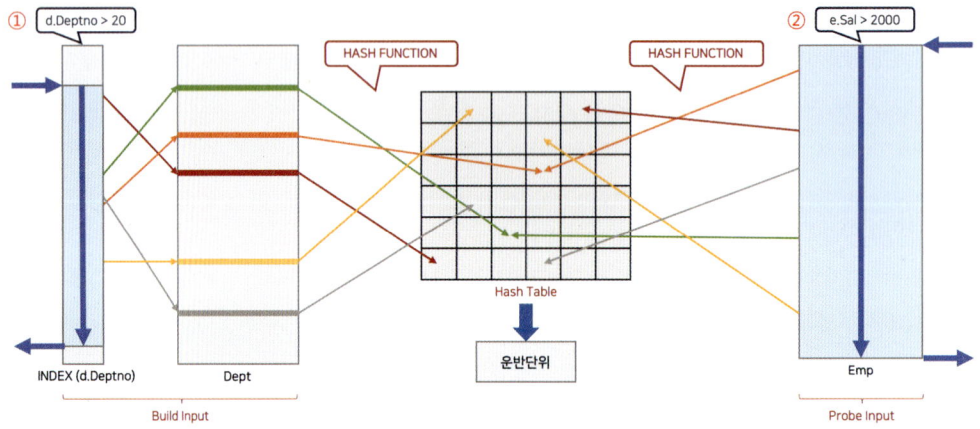

[그림 4-17] Hash Join 과정

[Dept] 테이블의 [Deptno]>20 조건에 만족하는 행과 [Emp] 테이블의 [Sal]>2000 조건에 만족하는 행을 [Deptno] 열을 기준으로 Hash Join 하는 과정을 나타낸다. 두 테이블이 조인 처리 절차는 다음과 같다.

① [Dept] 테이블에서 [Deptno]>20 조건에 해당하는 행을 [IX_DEPTNO] 인덱스로 탐색한 후 해시 함수를 적용하여 해시 테이블을 생성한다.
② [Emp] 테이블에서 [Sal]>2000 조건에 해당하는 행을 해시 함수를 적용하면서 해시 테이블에 조인한다.
③ 조인에 성공한 행은 최종 결과 집합에 포함하며, [Emp] 테이블의 행이 모두 비교될 때까지 ②를 반복한다.

3 암시적으로 조인이 사용되는 구문들

SQL 구문에서 명시적으로 조인을 사용하지 않아도 내부적으로 조인하여 처리하는 구문이 있다. 다음 스크립트로 테스트용 테이블을 생성하고 스칼라 반환 함수(Scalar Function)와 스칼라 서브 쿼리(Scalar SubQuery)로 예시를 설명한다.

```sql
SELECT number AS id
     , CASE WHEN number <= 5 THEN 'A' ELSE 'B' END AS class
     , newid() AS txt
     , getdate() AS date INTO TB_First
FROM master..spt_values
WHERE type = 'P' AND number BETWEEN 1 AND 1000

SELECT *, newid() AS code
INTO TB_Second
FROM TB_First
GO

/* 스칼라 함수 생성*/
CREATE FUNCTION dbo.FN_GetCode (@pid INT )
RETURNS VARCHAR(64)
AS
BEGIN
      DECLARE @lCode VARCHAR(64)

      SELECT @lCode = code
      FROM TB_Second
      WHERE id = @pid

      RETURN @lCode
END
GO
```

1. 스칼라 반환 함수

스칼라 반환 함수는 외부로부터 1개의 값을 입력받고 내부 구문을 수행하여 결과를 반환한다. 함수는 단일 값으로 반환되며 사용 예시는 다음과 같다.

```sql
SELECT *, dbo.FN_GetCode(id) AS Code FROM TB_First
```

Rows	Executes	StmtText
1000	1	SELECT *, dbo.FN_GetCode(id) AS Code FROM TB_First
1000	1	|--Compute Scalar(DEFINE:([Expr1003]=[tuning].[dbo].[FN_GetCode]([tuning].[dbo].[TB_First].[id])))
1000	1	|--Table Scan(OBJECT:([tuning].[dbo].[TB_First]))

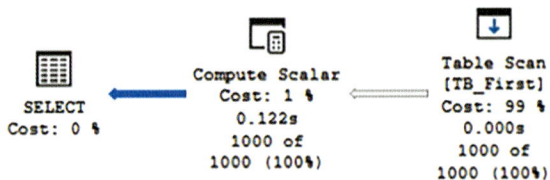

스칼라 반환 함수는 1개의 값을 전달받아 1개의 값을 반환하기 때문에 [TB_First] 테이블의 결과 집합인 1,000건에 대해서 반복 수행하게 된다. 이로 인해 NL Join과 동일한 방식이라고 볼 수 있다.

2. 서브 쿼리

서브 쿼리는 SQL 구문 안에 존재하는 SQL 구문을 의미한다. FROM 절에 정의되는 SQL을 제외하고 SELECT 절이나 WHERE 절 등에 작성될 수 있으며 단일 값의 결과만 반환할 수 있다. 다음은 서브 쿼리의 사용 예시이다.

```sql
SELECT f.*, (SELECT Code
             FROM TB_Second s
             WHERE s.id = f.id) AS Code
FROM TB_First f
```

Rows	Executes	StmtText
1000	1	SELECT f.*, (SELECT Code FROM TB_Second s WHERE s.id = f.id) AS Code FROM TB_First f
0	0	|--Compute Scalar(DEFINE:([Expr1005]=[Expr1007]))
1000	1	|--Nested Loops(LEFT OUTER JOIN, OUTER REFERENCES:([f].[id]))
1000	1	|--Table Scan(OBJECT:([tuning].[dbo].[TB_First] AS [f]))
1000	1000	|--Assert(WHERE:(CASE WHEN [Expr1006]>(1) THEN (0) ELSE NULL END))
1000	1000	|--Stream Aggregate(DEFINE:([Expr1006]=Count(*), [Expr1007]=ANY([tuning].[dbo].[TB_Second].[code] as [s].[code])))
1000	1000	|--Index Spool(SEEK:([s].[id]=[tuning].[dbo].[TB_First].[id] as [f].[id]))
1000	1	|--Table Scan(OBJECT:([tuning].[dbo].[TB_Second] AS [s]))

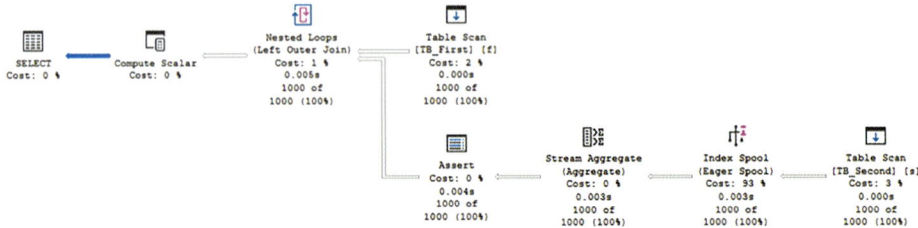

서브 쿼리는 메인 쿼리와 조인 조건을 기준으로 OUTER JOIN 되어 결과 집합을 반환한다. 스칼라 서브 쿼리는 1건의 행만 반환할 수 있기 때문에, 유니크 인덱스 정의나 DISTINCT의 사용과 같이 결과 집합이 1건임을 보장하지 못한다면 NL Join 방식으로 수행되어 검증 과정을 거치게 된다. 반대로 1건이 보장되는 환경에서는 다른 조인 방식이 사용될 수 있다.

4 조인의 힌트

힌트는 SQL 구문을 수행할 때 실행 방법을 고정하는 명령이다. 조인하는 3가지(Loop, Merge, Hash) 방식도 고정할 수 있는 힌트가 제공되는데, 다음은 그 예시를 설명한다.

1. Nested Loop

Loop 힌트를 사용하면 Nested Loop Join으로 수행 방식이 고정되며 다음과 같다.

```
SELECT *
FROM TB_First f INNER LOOP JOIN TB_Second s
ON f.id = s.id
WHERE f.class = 'A'
```

Rows	Executes	StmtText
5	1	SELECT * FROM TB_First f INNER LOOP JOIN TB_Second s ON f.id = s.id WHERE f.class = 'A'
5	1	|--Nested Loops(INNER JOIN, WHERE:([tuning].[dbo].[TB_Second].[id] as [s].[id]=[tuning].[dbo].[TB_First].[id] as [f].[id]))
5	1	|--Table Scan(OBJECT:([tuning].[dbo].[TB_First] AS [f]), WHERE:([tuning].[dbo].[TB_First].[class] as [f].[class]='A'))
5000	5	|--Table Scan(OBJECT:([tuning].[dbo].[TB_Second] AS [s]))

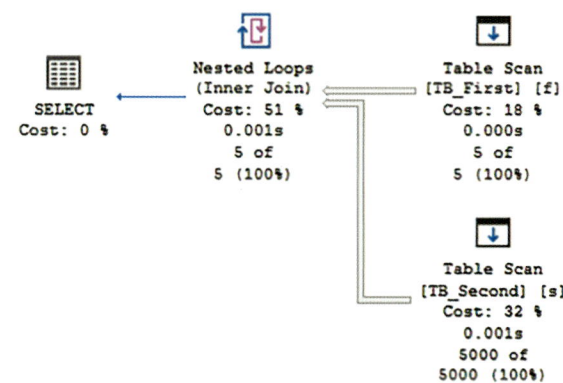

2. Merge

Merge 힌트를 사용하면 Merge Join으로 수행 방식이 고정되며 다음과 같다.

```
SELECT *
FROM TB_First f INNER MERGE JOIN TB_Second s
ON f.id = s.id
WHERE f.class = 'A'
```

Rows	Executes	StmtText
5	1	SELECT * FROM TB_First f INNER MERGE JOIN TB_Second s ON f.id = s.id WHERE f.class = 'A'
5	1	|--Merge Join(INNER JOIN, MANY-TO-MANY MERGE:([f].[id])=([s].[id]), RESIDUAL:([tuning].[dbo].[TB_Second].[id] as [s].[id]=[tuning].[dbo].[TB_First].[id] as [f].[id]))
5	1	|--Sort(ORDER BY:([f].[id] ASC))
5	1	| |--Table Scan(OBJECT:([tuning].[dbo].[TB_First] AS [f]), WHERE:([tuning].[dbo].[TB_First].[class] as [f].[class]='A'))
6	1	|--Sort(ORDER BY:([s].[id] ASC))
1000	1	|--Table Scan(OBJECT:([tuning].[dbo].[TB_Second] AS [s]))

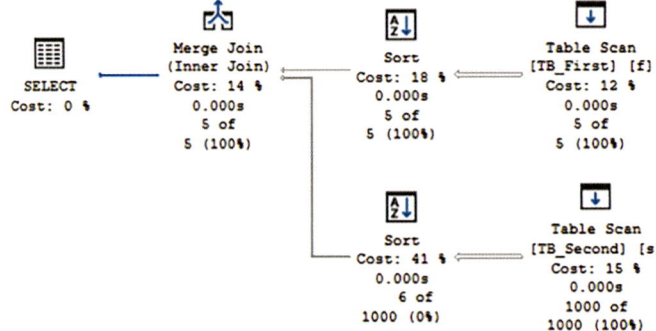

3. Hash

Hash 힌트를 사용하면 Hash Join으로 수행 방식이 고정되며 다음과 같다.

```sql
SELECT *
FROM TB_First f INNER HASH JOIN TB_Second s
ON f.id = s.id
WHERE f.class = 'A'
```

Rows	Executes	StmtText
5	1	SELECT * FROM TB_First f INNER HASH JOIN TB_Second s ON f.id = s.id WHERE f.class = 'A'
5	1	|--Hash Match(INNER JOIN, HASH:([f].[id])=([s].[id]))
5	1	|--Table Scan(OBJECT:([tuning].[dbo].[TB_First] AS [f]), WHERE:([tuning].[dbo].[TB_First].[class] as [f].[class]='A'))
1000	1	|--Table Scan(OBJECT:([tuning].[dbo].[TB_Second] AS [s]))

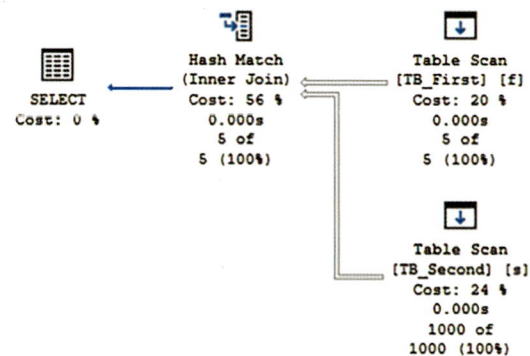

CHAPTER 05

실행 계획 _EXECUTION PLAN

1. 실행 계획(EXECUTION PLAN)이란?
2. 실행 계획의 중요성
3. 실행 계획의 확인 방법
4. 실행 계획을 읽는 방법
5. 실행 계획에 따른 SQL의 처리 과정

CHAPTER 5 | 실행 계획 _EXECUTION PLAN

실행 계획은 SQL을 수행했을 때 결과를 얻기까지의 연산 과정을 나타내는 절차이다.
이 장에서는 실행 계획의 정의와 확인하는 방법 및 실행되는 순서에 대해 설명한다.

1 실행 계획(EXECUTION PLAN)이란?

실행 계획은 SQL 구문을 처리하기 위해 사용되는 연산 방법이나 오브젝트를 읽어내는 순서 등이 조합된 일련의 처리 절차이다. 하나의 SQL 구문을 처리하는 실행 계획은 많은 경우의 수로 다양하게 생길 수 있지만, 내부적인 규칙이나 비용을 계산하여 가장 최적이라 판단되는 계획이 선택된다. 그렇다면 항상 최선의 실행 계획이 선택될 수 있을까? 결론은 그렇지 않다. SQL의 작성 방법이나 오브젝트의 통계(Statistics) 정보, 혹은 사용자가 설정한 옵션 정보 등의 다양한 이유로 실행 계획이 달라질 수 있기 때문이다. 이로 인해 비용이 낮은 계획을 선택하려 노력해도 환경에 따라서는 최선책을 선택하지 못하는 경우가 생기게 된다.

2 실행 계획의 중요성

실행 계획이 잘못되었다는 것은 결국 SQL을 처리하기 위해 불필요한 리소스가 투여됐다는 의미이다. 이해를 돕기 위해 간단한 예시를 들어보자. 100만 건의 데이터 중 1건의 데이터를 추출하려고 한다. 이는 인덱스를 통해서 1건의 데이터를 탐색하고, RID Lookup을 수행하는 것으로 낮은 비용을 사용하여 처리할 수 있다. 하지만 잘못된 통계 정보로 인해 조건에 해당하는 데이터가 90만 건이 존재한다고 계산이 되면 어떻게 될까? 실행 계획은 통계 정보를 참조하기 때문에, 90만 건에 대해서 RID Lookup이 수행될 것을 예상하고 이보다는 테이블 전체를 스캔하는 것이 더 효율적이라 판단할 것이다. 결국 잘못된 실행 계획이 생성되어 1건의 데이터를 찾기 위해 100만 건을 스캔하는 상황을 초래한 것이다. 이처럼 실행 계획은 SQL을 처리하는 데 있어서 리소스를 얼마나 사용하는가에 대한 중요한 역할을 하게 된다.

3. 실행 계획 확인 방법

실행 계획은 예상 실행 계획과 실제 실행 계획이 있다. 예상 실행 계획은 SQL을 실행하지 않고 처리될 것으로 예상되는 계획을 보여주며, 실제 실행 계획은 SQL이 실제로 실행된 계획을 보여준다. 이는 그래픽과 텍스트 모드로 각각 확인할 수 있는데 방법은 다음과 같다.

1. 그래픽 예상 실행 계획

SSMS(SQL Server Management Studio) 관리도구의 [쿼리] 메뉴에서 [예상 실행 계획 표시(P)]를 선택하거나 다음 [그림 5-1]과 같이 도구줄에서 아이콘으로 선택할 수 있다.

[그림 5-1] 예상 실행 계획

그래픽 예상 실행 계획은 선택 즉시 실행되며 다음 [그림 5-2]와 같이 출력 된다.

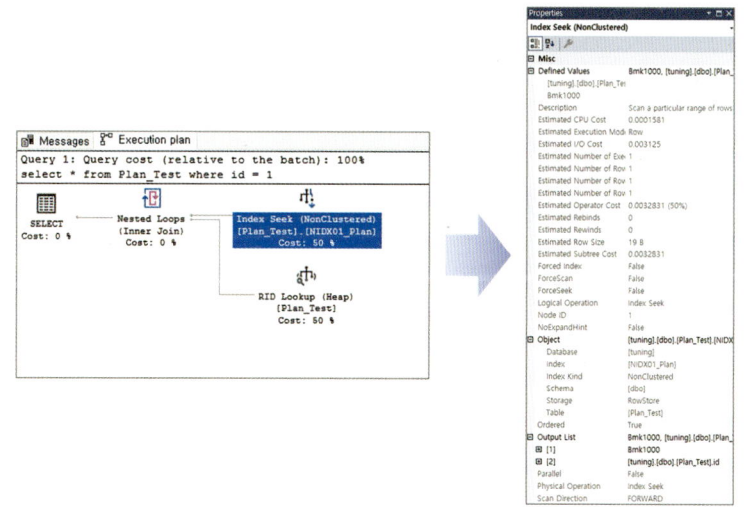

[그림 5-2] 예상 실행 계획과 비용 정보

출력된 예상 실행 계획은 각 연산자의 속성 정보를 통해 예상 비용을 확인할 수 있지만 SQL이 수행되지 않기 때문에 실제 사용된 비용은 확인할 수 없다.

2. 그래픽 실제 실행 계획

SSMS(SQL Server Management Studio) 관리도구의 [쿼리] 메뉴에서 [실제 실행 계획 포함(U)]를 선택하거나 다음 [그림 5-3]과 같이 도구줄에서 아이콘으로 선택할 수 있다.

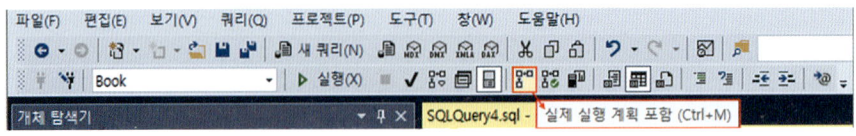

[그림 5-3] 실제 실행 계획

그래픽 실제 실행 계획은 활성화/비활성화로 선택되며, 활성화 이후로 수행시키는 SQL 구문에 대한 실행 계획을 출력한다.

다음 [그림 5-4]는 실제 실행 계획에 대한 결과이다.

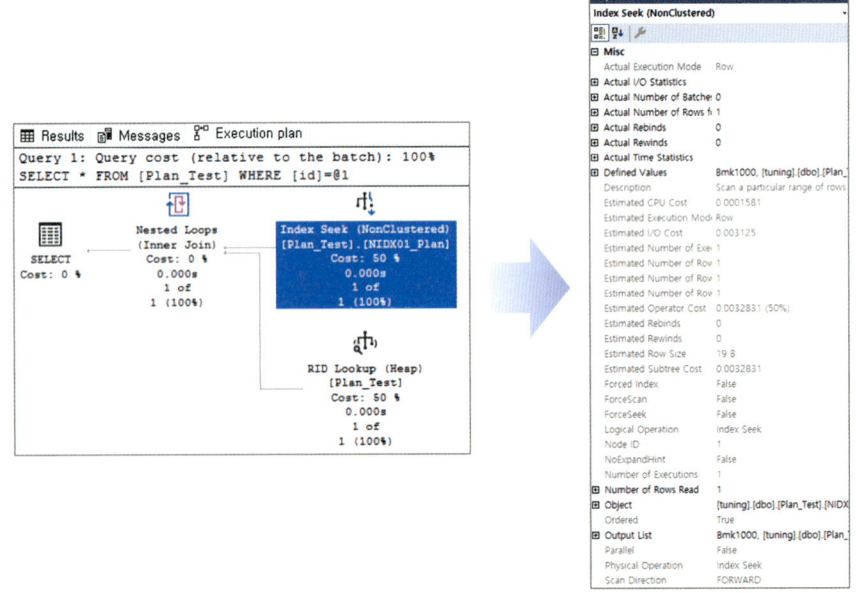

[그림 5-4] 실제 실행 계획과 비용 정보

그래픽 실제 실행 계획은 SQL이 수행된 정보를 출력하기 때문에 각 연산자의 속성 정보를 통해 예상 비용과 함께 실제 비용을 확인할 수 있다.

3. 텍스트 예상 실행 계획

SET SHOWPLAN_ALL ON/OFF 명령을 통해 예상 실행 계획을 활성화시킬 수 있다. 다음 [그림 5-5]는 예상 실행 계획을 활성화하고 SQL을 실행한 결과이다.

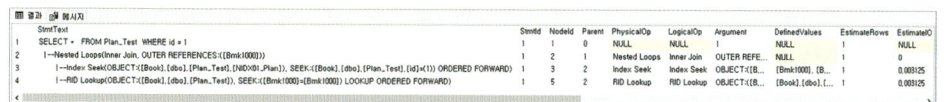

[그림 5-5] 예상 실행 계획과 비용 정보

텍스트 예상 실행 계획은 SQL을 실행하지 않기 때문에 조회 결과는 출력되지 않으며 텍스트를 통해 예상 처리 절차와 함께 예상 비용 정보를 텍스트로 출력한다.

4. 텍스트 실제 실행 계획

SET STATISTICS PROFILE ON/OFF 명령을 통해 실제 실행 계획을 활성화시킬 수 있다. 다음 [그림 5-6]는 실제 실행 계획을 활성화하고 SQL을 실행한 결과이다.

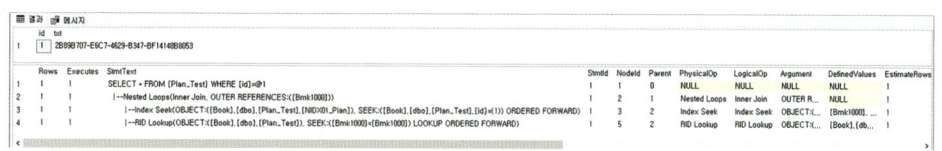

[그림 5-6] 실제 실행 계획과 비용 정보

텍스트 실제 실행 계획은 SQL이 실행되어 조회된 결과와 함께 출력되며 텍스트를 통해 실제 처리 절차와 함께 실제 비용의 일부를 출력한다.

5. 실제 I/O 비용과 수행 시간

SQL을 처리하면서 사용된 I/O 비용과 수행 시간도 SET STATISTICS 명령을 통해 확인할 수 있다. 이는 예상 실행 계획이 활성화된 상태에서는 확인할 수 없으며 SQL이 실제로 처리된 이후에 출력 된다. 먼저 [그림 5-7]은 SET STATISTICS IO ON 명령으로 I/O 비용을 활성화했을 때의 출력 결과이다.

```
결과  메시지
(1개 행 적용됨)
테이블 'Plan_Test'. 검색 수 1, 논리적 읽기 수 3, 물리적 읽기 수 0, 미리 읽기 수 0, LOB 논리적 읽기 수 0, LOB 물리적 읽기 수 0, LOB 미리 읽기 수 0.
```

[그림 5-7] SQL이 수행된 I/O 비용 정보

SQL에서 사용된 테이블이 사용한 페이지 수를 논리적/물리적 구분에 따라 확인할 수 있다. 다음 [그림 5-8]은 SET STATISTICS TIME ON 명령으로 수행 시간을 활성화했을 때의 출력 결과이다.

```
결과  메시지
SQL Server 구문 분석 및 컴파일 시간:
    CPU 시간 = 0ms, 경과 시간 = 1ms.
SQL Server 구문 분석 및 컴파일 시간:
    CPU 시간 = 0ms, 경과 시간 = 0ms.

(1개 행 적용됨)

 SQL Server 실행 시간:
   CPU 시간 = 0ms, 경과 시간 = 0ms
```

[그림 5-8] SQL이 수행된 수행 시간 정보

SQL이 수행될 때의 구문 분석, 컴파일 시간과 함께 총 수행 시간을 확인할 수 있다.

4. 실행 계획을 읽는 방법

실행 계획을 확인하는 2가지의 방법에 대해서 나누어 설명한다. 먼저 그래픽 실행 계획은 상단에서 하단을 기준으로 우측에서 좌측 순으로 실행된다. 다음 [그림 5-9]은 그래픽 실행 계획의 실행 순서 예시이다.

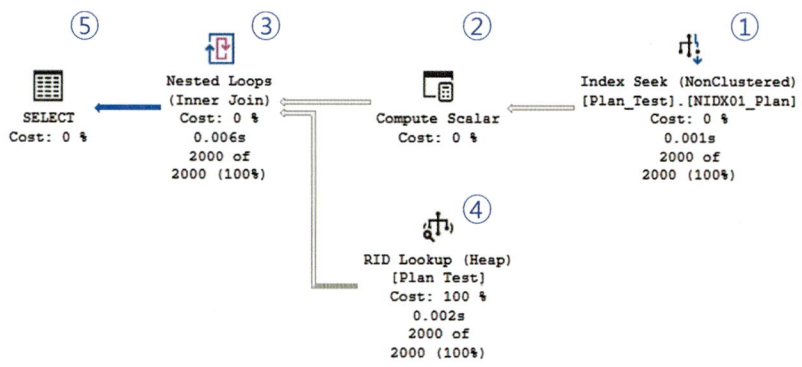

[그림 5-9] 그래픽 실행 계획의 실행 순서

가장 우측 상단에 있는 Index Seek부터 수행하고 RID Lookup을 중첩 루프로 조인하여 최종 출력하는 순서를 나타낸다.

텍스트 실행 계획도 마찬가지로 상단에서 하단을 기준으로 우측(안쪽)부터 좌측(바깥쪽) 순으로 실행되며 [그림 5-10]을 통해 예시로 설명한다.

Rows	Executes	StmtText	순서
2000	1	SELECT * FROM [Plan_Test] WHERE [id]=@1	5
2000	1	|--Nested Loops(Inner Join, OUTER REFERENCES:([Bmk1000], [Expr1006]) OPTIMIZED WITH UNORDERED PREFETCH)	3
0	0	|--Compute Scalar(DEFINE:([Expr1005]=BmkToPage([Bmk1000])))	2
2000	1	| |--Index Seek(OBJECT:([tuning].[dbo].[Plan_Test].[NIDX01_Plan]), SEEK:([tuning].[dbo].[Plan_Test].[id]=(1)) ORDERED FORWARD)	1
2000	2000	|--RID Lookup(OBJECT:([tuning].[dbo].[Plan_Test]), SEEK:([Bmk1000]=[Bmk1000]) LOOKUP ORDERED FORWARD)	4

[그림 5-10] 텍스트 실행 계획의 실행 순서

가장 안쪽에 있는 Index Seek를 읽는 것부터 시작하여 그래픽 실행 계획과 동일한 처리 과정을 나타낸다.

5 실행 계획에 따른 SQL의 처리과정

실행 계획의 처리 과정을 5가지(단일문, 조인문, 집계 함수, GROUP BY, ORDER BY)의 예제로 설명한다. 다음 테스트를 하기 위한 테이블을 생성하고 예제를 보자.

```sql
SELECT number AS seq, low AS value
     , CONVERT(NCHAR(100),newid()) AS code
     , CONVERT(DATE,DATEADD(DD,number-1,'2020-01-01')) AS date
INTO TB_First
FROM master..spt_values
WHERE type = 'P' AND number BETWEEN 1 AND 2000
SELECT *, CONVERT(NCHAR(100),newid()) AS txt
INTO TB_Second
FROM TB_First WHERE seq % 2 = 1

CREATE INDEX NIDX01_First ON TB_First(date)
CREATE INDEX NIDX01_Second ON TB_Second(seq) INCLUDE (code)
GO
```

1. 단일문

단일문은 다른 테이블과의 조인 없이 하나의 테이블만 읽어내며 결과를 출력하는 구문이다. 다음은 단일문을 수행했을 때의 처리 절차이다.

```sql
SELECT seq, value, date FROM TB_First
WHERE date BETWEEN '2020-01-01' AND '2020-01-07'
```

Rows	Executes	StmtText	순서
7	1	SELECT [seq],[value],[date] FROM [TB_First] WHERE [date]>=@1 AND [date]<=@2	4
7	1	|--Nested Loops(INNER JOIN, OUTER REFERENCES:([Bmk1000]))	3
7	1	|--Index Seek(OBJECT:([tuning].[dbo].[TB_First].[NIDX01_First]), SEEK:([tuning].[dbo].[TB_First].[date] >= '2020-01-01' AND [tuning].[dbo].[TB_First].[date] <= '2020-01-07') Ordered Forward)	1
7	7	|--RID Lookup(OBJECT:([tuning].[dbo].[TB_First]), SEEK:([Bmk1000]=[Bmk1000]) LOOKUP Ordered Forward)	2

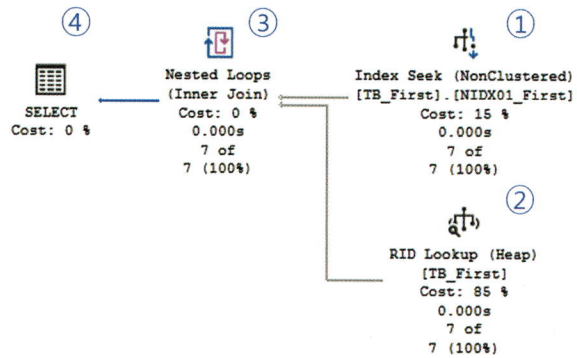

① [date] BETWEEN '2020-01-01' AND '2020-01-07' 조건에 만족하는 데이터를 [NIDX01_First] 인덱스로 탐색한다.
② [NIDX01_First] 인덱스로부터 탐색한 행의 RID 값으로 [TB_First] 테이블에 RID Lookup을 수행한다.
③ Nested Loop Join 방식으로 ①에서 탐색된 행 수만큼 ②을 반복 수행하면서 결과 집합을 만든다.
④ 최종 결과 집합에서 [seq], [value], [date]의 값을 출력한다.

2. 조인문

조인문은 두 테이블 이상이 결합하여 하나의 결과 집합을 만드는 구문이다. 다음은 조인문을 수행했을 때의 처리 절차이다.

```
SELECT s.code
FROM TB_First f INNER JOIN TB_Second s
ON f.seq = s.seq
WHERE f.value = 1
```

Rows	Executes	StmtText	순서
4	1	SELECT s.code FROM TB_First f INNER JOIN TB_Second s ON f.seq = s.seq WHERE f.value = 1	4
4	1	|--Nested Loops(INNER JOIN, OUTER REFERENCES:([f].[seq]))	3
7	1	|--Table Scan(OBJECT:([tuning].[dbo].[TB_First] AS [f]), WHERE:([tuning].[dbo].[TB_First].[value] as [f].[value]=(1)))	1
4	7	|--Index Seek(OBJECT:([tuning].[dbo].[TB_Second].[NIDX01_Second] AS [s]), SEEK:([s].[seq]=[tuning].[dbo].[TB_First].[seq] as [f].[seq]) Ordered Forward)	2

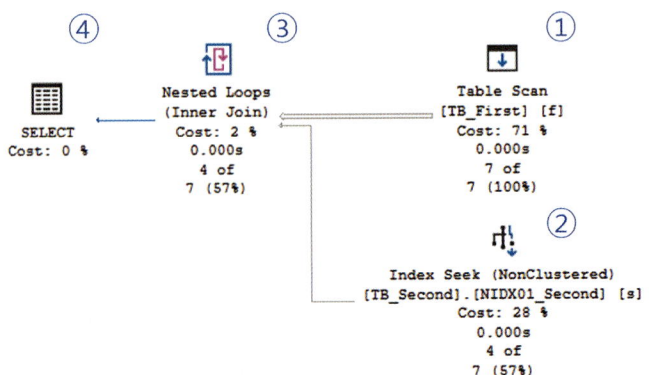

① [TB_First] 테이블 전체를 스캔하면서 [value] = 1 조건에 만족하는 행을 찾는다.
② [TB_First] 테이블에서 읽은 [seq] 값을 기준으로 [NIDX01_Second] 인덱스를 탐색한다.
③ 두 테이블의 조인 방식이 Nested Loop Join임을 나타내며 ①에서 찾은 데이터의 행 수만큼 ② 를 반복하여 조인된 결과 집합을 만든다.
④ 최종 결과 집합에서 [code] 값을 출력한다.

3. 집계 함수

집계 함수는 조건을 만족하는 데이터를 기준으로 합계, 평균, 최소, 최대값 등을 출력하는 함수이다. 다음은 집계 함수 SUM()을 사용했을 때의 처리 절차이다.

```
SELECT SUM(value)
FROM TB_First
WHERE seq <= 100
```

Rows	Executes	StmtText	순서
1	1	SELECT SUM([value]) FROM [TB_First] WHERE [seq]<=@1	4
0	0	|--Compute Scalar(DEFINE:([Expr1003]=CASE WHEN [Expr1009]=(0) THEN NULL ELSE [Expr1010] END))	3
1	1	|--Stream Aggregate(DEFINE:([Expr1009]=COUNT_BIG([tuning].[dbo].[TB_First].[value]), [Expr1010]=SUM([tuning].[dbo].[TB_First].[value])))	2
100	1	|--Table Scan(OBJECT:([tuning].[dbo].[TB_First]), WHERE:([tuning].[dbo].[TB_First].[seq]<=(100)))	1

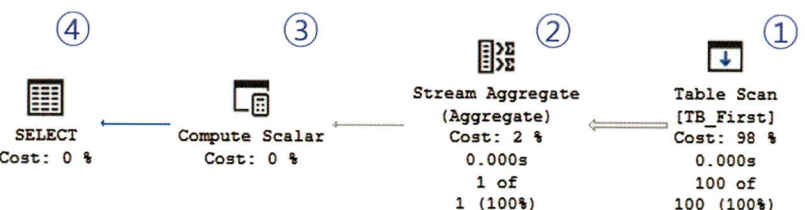

① [TB_First] 테이블 전체를 스캔하여 [seq] <= 100 조건에 만족하는 행을 찾는다.
② 조건에 만족하는 행들에 대해 총 행 수를 [Expr1009] 변수에, 합한 값을 [Expr1010] 변수에 저장한다.
③ [Expr1009] 변수를 확인하여 0건일 경우 NULL을, 아닐 경우 합계를 결과 집합에 담는다.
④ 최종 결과 집합을 출력한다.

4. GROUP BY

GROUP BY는 특정 열을 기준으로 행을 집계하기 위해 사용된다. 집계 함수가 같이 사용되면 GROUP BY 절에 포함된 열을 기준으로 동일한 값마다 집계되며, 단독으로 사용되면 중복 값을 제거하는 DISTINCT와 동일하게 동작한다. 다음은 집계 함수 GROUP BY 절과 함께 COUNT 함수를 사용했을 때의 처리 절차이다.

```
SELECT value, COUNT(*)
FROM TB_First
GROUP BY value
```

Rows	Executes	StmtText	순서
251	1	SELECT value, COUNT(*) FROM TB_First GROUP BY value	4
0	0	|--Compute Scalar(DEFINE:([Expr1003]=CONVERT_IMPLICIT(int,[Expr1006],0)))	3
251	1	|--Hash Match(Aggregate, HASH:([tuning].[dbo].[TB_First].[value]), RESIDUAL:([tuning].[dbo].[TB_First].[value] = [tuning].[dbo].[TB_First].[value]) DEFINE:([Expr1006]=COUNT(*)))	2
2000	1	|--Table Scan(OBJECT:([tuning].[dbo].[TB_First]))	1

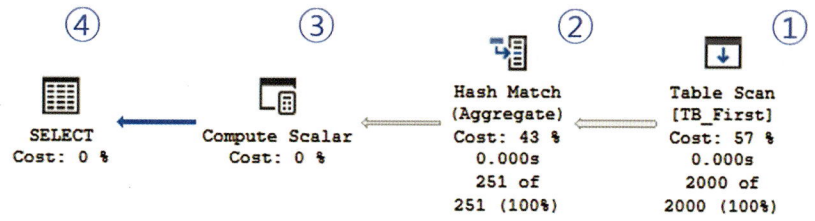

① [TB_First] 테이블 전체를 스캔한다.
② [value] 값을 Hash 함수를 적용하여 동일한 값마다 관련 행을 집계하고 [Expr1006] 변수에 저장한다.
③ [Expr1006] 변수값을 최종 출력하기 위해 int형 데이터 타입으로 암시적 형 변환을 수행한다.
④ [value] 값과 함께 해당되는 행의 수를 최종 결과 집합으로 출력한다.

5. ORDER BY

ORDER BY는 특정 열을 기준으로 행을 정렬하기 위해 사용된다. 다음은 ORDER BY 절을 사용했을 때의 처리 절차이다.

```
SELECT code
FROM TB_First
ORDER BY seq ASC
```

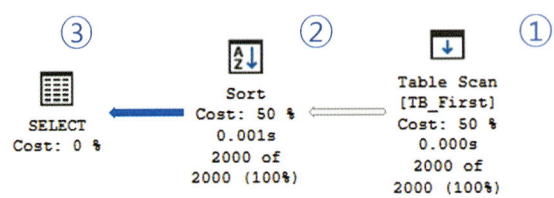

Rows	Executes	StmtText	순서
2000	1	SELECT code FROM TB_First ORDER BY seq ASC	3
2000	1	|--Sort(ORDER BY:([tuning].[dbo].[TB_First].[seq] ASC))	2
2000	1	|--Table Scan(OBJECT:([tuning].[dbo].[TB_First]))	1

① [TB_First] 테이블 전체를 스캔한다.
② [seq] 열을 기준으로 오름차순 정렬한다.
③ 행이 정렬된 상태로 최종 출력한다.

Chapter 05
실행 계획 EXECUTION PLAN

CHAPTER 06

실습

1. RID LOOKUP에 의한 성능 이슈 - 1
2. RID LOOKUP에 의한 성능 이슈 - 2
3. KEY LOOKUP에 의한 성능 이슈
4. 인덱스 부재로 인한 성능 이슈
5. 인덱스 키 누락으로 인한 성능 이슈
6. 인덱스 페이지 분할에 의한 성능 이슈
7. 인덱스를 사용하지 못하는 이슈
8. CROSS APPLY를 이용한 부분 범위 처리
9. CROSS JOIN으로 반복 사용된 테이블 통합
10. 내부 조인의 스캔 범위 개선
11. BETWEEN의 인덱스 스캔 범위 개선 - 1
12. BETWEEN의 인덱스 스캔 범위 개선 - 2
13. IN 조건절의 성능 이슈
14. 조건절 컬럼이 가공됐을 때의 영향
15. SPOOL 연산자 성능 개선 - 1
16. SPOOL 연산자 성능 개선 - 2
17. SPOOL 연산자 성능 개선 - 3
18. TOP EXPRESSION (SUBQUERY)
19. TOP N EXPRESSION (NOT EXISTS)
20. TOP N EXPRESSION의 성능 개선
21. 중복된 서브 쿼리 사용으로 테이블을 여러 번 읽는 이슈
22. 스칼라 서브 쿼리 성능 이슈
23. NOT IN 조건으로 사용된 서브 쿼리의 성능 이슈
24. WITH 절의 성능 이슈
25. EXCEPT 구문 성능 이슈
26. INTERSECT 구문 성능 이슈
27. 데이터 중복 제거에 대한 스캔 범위 개선
28. 변수 테이블의 통계 문제 개선 -1
29. 변수 테이블의 통계 문제 개선 - 2
30. 변수 테이블의 기능 제약 개선
31. 변수가 사용된 OR 절의 성능 이슈
32. 변수 사용에 따른 카디널리티 추정 이슈

33. CURSOR 성능 이슈 - 1
34. CURSOR 성능 이슈 - 2
35. CURSOR 성능 이슈 - 3
36. COUNT 함수의 OVER 절 성능 이슈 - 1
37. COUNT 함수의 OVER 절 성능 이슈 - 2
38. FUNCTION 성능 이슈 - 1
39. FUNCTION 성능 이슈 - 2
40. FUNCTION 성능 이슈 - 3
41. FUNCTION 성능 이슈 - 4
42. ISNULL() 함수가 사용된 조건절의 성능 이슈
43. MAX() 함수의 성능 개선 - 1
44. MAX() 함수의 성능 개선 - 2
45. MIN() 함수의 성능 개선
46. NULL 값을 포함하지 않는 함수 개선
47. 데이터 형식 우선순위에 의한 암시적 CONVERT
48. 함수를 이용한 문자열 분할 성능 개선
49. 스캔 범위에 따른 블로킹 이슈 - 1
50. 스캔 범위에 따른 블로킹 이슈 - 2
51. DEADLOCK 이슈 - 1
52. DEADLOCK 이슈 - 2
53. 잠금이 전환될 때 발생하는 DEADLOCK 이슈
54. DELETE 구문의 성능 개선 - 1
55. DELETE 구문의 성능 개선 - 2
56. DELETE 구문의 성능 개선 - 3
57. UPDATE / INSERT를 MERGE 문으로 통합
58. 저장 프로시저 성능 이슈
59. 잘못된 통계 정보로 인한 성능 이슈 - 1
60. 잘못된 통계 정보로 인한 성능 이슈 - 2
61. 통계 부재로 인한 성능 이슈
62. REMOTE QUERY - 1
63. REMOTE QUERY - 2
64. REMOTE QUERY - 3
65. PARTITION을 활용한 성능 개선 - 1
66. PARTITION을 활용한 성능 개선 - 2
67. PARTITION을 활용한 성능 개선 - 3

CHAPTER 6 실습

컨설팅하며 얻은 다양한 성능 문제를 경험할 수 있도록 재구성된 실습 사례이다.
이 장에서는 SQL의 튜닝 사례들을 통해 다양한 개선 포인트를 설명한다.
(모든 실습은 SQL Server 2017(RTM, 14.0.1000)에서 진행 되었다.)

1 RID LOOKUP에 의한 성능 이슈 - 1

구문에 사용된 컬럼의 일부가 인덱스에 존재하지 않아 RID Lookup이 수행되면서 높은 I/O를 사용한 사례이다.

1. 사전 구성 스크립트

```sql
SELECT rownum AS seq
     , CASE WHEN rownum/999<1 THEN 'SE'
       WHEN rownum/999<14 THEN 'CS'
       WHEN rownum/999<26 THEN 'QA' ELSE 'SA'
END AS class_cd
     , NEWID() AS main_code
     , DATEADD(ss, rownum, '2020-01-01 00:00:00.000') AS date
     , NEWID() AS no2 INTO TB_Maind5
FROM (SELECT ROW_NUMBER() OVER (ORDER BY a.number) AS rownum, a.number
FROM master..spt_values a
JOIN master..spt_values b ON a.type = 'P' AND b.type = 'P'
AND a.number <=1000 AND b.number <= 1000 ) a

CREATE INDEX IDX_Maind501 ON TB_Maind5(class_cd)
GO
```

2. [AS-IS] SQL 구문 및 실행 계획

1) SQL 구문

```sql
SELECT seq, class_cd, main_code
FROM TB_Maind5
WHERE class_cd = 'SE'
GO
```

2) 실행 계획

Rows	Executes	StmtText
998	1	SELECT [seq],[class_cd],[main_code] FROM [TB_Maind5] WHERE [class_cd]=@1
998	1	|--Nested Loops(INNER JOIN, OUTER REFERENCES:([Bmk1000], [Expr1004]) WITH UNORDERED PREFETCH)
998	1	|--Index Seek(OBJECT:([Tuning].[dbo].[TB_Maind5].[NIDX01_Maind5]), SEEK:([Tuning].[dbo].[TB_Maind5].[class_cd]='SE') Ordered Forward)
998	998	|--RID Lookup(OBJECT:([Tuning].[dbo].[TB_Maind5]), SEEK:([Bmk1000]=[Bmk1000]) LOOKUP Ordered Forward)

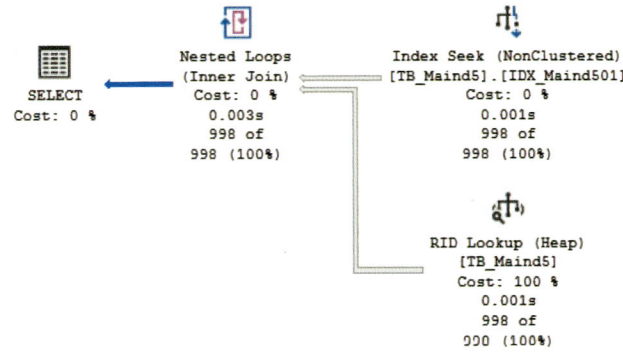

테이블 'TB_Maind5'. 스캔 수 1, 논리적 읽기 1005
SQL Server 실행 시간:
CPU 시간 = 0ms, 경과 시간 = 2ms

3. [AS-IS] 통계 정보

• 인덱스 정보

Table_Name	Index_Name	Type_Desc	Is_Unique	Key_List	Include_List
TB_Maind5	IDX_Maind501	NONCLUSTERED	0	class_cd	-

4. [AS-IS] 구문 설명

[TB_Maind5] 테이블에서 [class_cd] 컬럼 값이 'SE' 인 데이터를 조회하는 구문이다. 조건절에 사용된 [class_cd] 컬럼을 인덱스로 탐색하지만 SELECT 절에서 요구하는 [seq], [main_code] 컬럼이 사용된 인덱스에 포함되어 있지 않아 탐색된 결과 집합 수만큼 RID Lookup이 반복 수행되면서 높은 I/O 비용이 발생된다.

5. [TO-BE] 튜닝 포인트

RID Lookup은 구문에서 요구하는 컬럼들 중 일부가 인덱스에 존재하지 않을 때 테이블에서 부족한 컬럼을 가져오기 위해 수행된다. 인덱스로 탐색된 결과 집합 수만큼 NL Join으로 반복 수행되기 때문에 탐색된 행이 많을수록 높은 I/O를 유발한다. 요구되는 컬럼을 인덱스의 포괄(Include) 열로 추가하면 RID Lookup의 과정이 제거되기 때문에 I/O를 감소시킬 수 있다.

6. [TO-BE] 개선 방안

1) 포괄(Include) 열 인덱스 생성

RID Lookup 연산이 요구되지 않고 인덱스 탐색으로만 데이터를 조회할 수 있도록 한다.

■ 인덱스 생성 구문

```sql
CREATE INDEX NIDX02_Maind5 ON TB_Maind5(class_cd) INCLUDE (seq, main_code)
GO
```

■ SQL 구문

```sql
SELECT seq, class_cd, main_code
FROM TB_Maind5
WHERE class_cd = 'SE'
GO
```

· 실행 계획

Rows	Executes	StmtText
998	1	SELECT [seq],[class_cd],[main_code] FROM [TB_Maind5] WHERE [class_cd]=@1
998	1	|--Index Seek(OBJECT:([tuning].[dbo].[TB_Maind5].[NIDX02_Maind5]), SEEK:([tuning].[dbo].[TB_Maind5].[class_cd]='SE') Ordered Forward)

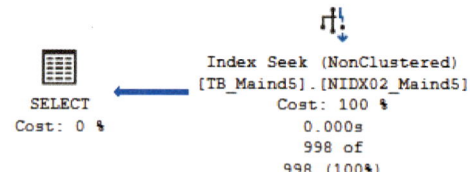

테이블 'TB_Maind5'. 스캔 수 1, 논리적 읽기 9
SQL Server 실행 시간:
CPU 시간 = 0ms, 경과 시간 = 0ms

7. 개선 효과

· 리소스 사용률 비교

	CPU Time (ms)	Elapse Time (ms)	Logical Reads
AS-IS	0	2	1,005
TO-BE	0	0	9

2 RID LOOKUP에 의한 성능 이슈 – 2

구문에 사용된 컬럼의 일부가 인덱스에 존재하지 않아 RID Lookup이 수행되면서 높은 I/O를 사용한 사례이다.

1. 사전 구성 스크립트

```sql
SELECT CASE WHEN LEFT(CONVERT(VARCHAR,a.number),1) <= 1 THEN 'A' ELSE 'B' END ID
     , CONVERT(VARCHAR,a.number) ProductNumber
     , CONVERT(BIGINT,b.number)*100 AS Price
     , CONVERT(date,DATEADD(DD,a.number+b.number,'2010-01-01'),0) ModifiedDate
INTO TB_RIDLookup02
FROM master..spt_values a, (
     SELECT number
     FROM master..spt_values
     WHERE type = 'P'
) b
WHERE a.type = 'P'

CREATE NONCLUSTERED INDEX NIDX01_RIDLookup02 ON TB_RIDLookup02(ModifiedDate)
GO
```

2. [AS-IS] SQL 구문 및 실행 계획

■ SQL 구문

```sql
SELECT ProductNumber, Price, ModifiedDate
FROM TB_RIDLookup02
WHERE ModifiedDate IN ('2015-01-01', '2015-02-01')
GO
```

· 실행 계획

Rows	Executes	StmtText
3685	1	SELECT ProductNumber, Price, ModifiedDate FROM TB_RIDLookup02 WHERE ModifiedDate IN ('2015-01-01', '2015-02-01')
3685	1	|--Nested Loops(INNER JOIN, OUTER REFERENCES:([Bmk1000], [Expr1004]) WITH UNORDERED PREFETCH)
3685	1	|--Index Seek(OBJECT:([Tuning].[dbo].[TB_RIDLookup02].[NIDX01_RIDLookup02]), SEEK:([Tuning].[dbo].[TB_RIDLookup02].[ModifiedDate]='2015-01-01' OR Tuning].[dbo].[TB_RIDLookup02].[ModifiedDate]='2015-02-01') Ordered Forward)
3685	3685	|--RID Lookup(OBJECT:([Tuning].[dbo].[TB_RIDLookup02]), SEEK:([Bmk1000]=[Bmk1000]) LOOKUP Ordered Forward)

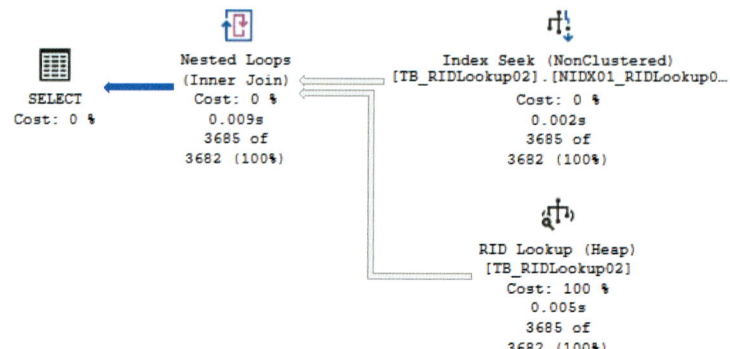

```
테이블 'TB_RIDLookup02'. 스캔 수 2, 논리적 읽기 3701
SQL Server 실행 시간:
CPU 시간 = 16ms, 경과 시간 = 27ms
```

3. [AS-IS] 통계 정보

• 인덱스 정보

Table_Name	Index_Name	Type_Desc	Is_Unique	Key_List	Include_List
TB_RIDLookup02	NIDX01_RIDLookup02	NONCLUSTERED	0	ModifiedDate	-

4. [AS-IS] 구문 설명

　[TB_RIDLookup02] 테이블에서 [ModifiedDate] 컬럼 값이 '2015-01-01', '2015-02-01' 인 데이터를 조회하는 구문이다. 조건절에 사용된 [ModifiedDate] 컬럼을 인덱스로 탐색하지만 SELECT 절에서 요구하는 [Price], [ProductNumber] 컬럼이 사용된 인덱스에 포함되어 있지 않아 탐색된 결과 집합 수 만큼 RID Lookup이 반복 수행되면서 높은 I/O 비용이 발생된다.

5. [TO-BE] 튜닝 포인트

　조건절을 비 클러스터 인덱스로 탐색한 3,685건 결과 집합에 대해 힙 테이블로 RID Lookup을 반복 수행하면서 많은 I/O가 사용된다. 조건절에 사용한 컬럼을 키로 하여 클러스터형 인덱스를 생성하면 Leaf Page에 모든 컬럼이 포함되기 때문에 RID Lookup 연산에 의한 비용을 제거할 수 있다.

6. [TO-BE] 개선 방안

1) [ModifiedDate] 컬럼이 키로 구성된 클러스터 인덱스 생성

클러스터형 인덱스를 통해 RID Lookup 연산에 의한 비용이 제거되어 I/O가 개선된다.

■ 인덱스 생성 구문

```
DROP INDEX NIDX01_RIDLookup02 ON TB_RIDLookup02
CREATE CLUSTERED INDEX CIDX_RIDLookup02 ON TB_RIDLookup02(ModifiedDate)
GO
```

■ SQL 구문

```
SELECT ProductNumber, Price, ModifiedDate
FROM TB_RIDLookup02
WHERE ModifiedDate IN ('2015-01-01', '2015-02-01')
GO
```

· 실행 계획

Rows	Executes	StmtText
3685	1	SELECT ProductNumber, Price, ModifiedDate FROM TB_RIDLookup02 WHERE ModifiedDate IN ('2015-01-01', '2015-02-01')
3685	1	|--Clustered Index Seek(OBJECT:([Tuning].[dbo].[TB_RIDLookup02].[CIDX_RIDLookup02]), SEEK:([Tuning].[dbo].[TB_RIDLookup02].[ModifiedDate]='2015-01-01' OR [Tuning].[dbo].[TB_RIDLookup02].[ModifiedDate]='2015-02-01') Ordered Forward)

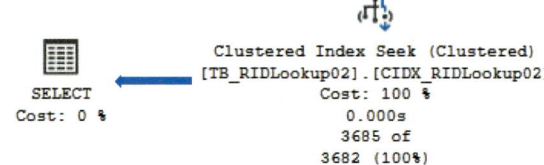

```
테이블 'TB_RIDLookup02'. 스캔 수 2, 논리적 읽기 25
SQL Server 실행 시간:
CPU 시간 = 0ms, 경과 시간 = 1ms
```

7. 개선 효과

· 리소스 사용률 비교

	CPU Time (ms)	Elapse Time (ms)	Logical Reads
AS-IS	16	27	3,701
TO-BE	0	1	25

3 KEY LOOKUP에 의한 성능 이슈

테이블 조회를 위해 인덱스로 탐색할 때 일부 컬럼이 인덱스에 포함되지 않아 Key Lookup이 발생하여 I/O가 증가되는 사례이다.

1. 사전 구성 스크립트

```sql
SELECT ROW_NUMBER() OVER (ORDER BY a.number) AS seq
     , a.type
     , b.number%10 AS no1
     , a.number*b.number AS no2
     , newid() AS tid
INTO TB_Keyup1
FROM master..spt_values a JOIN master..spt_values b
ON a.type = b.type
WHERE a.number BETWEEN 1 AND 1000
AND b.number BETWEEN 1 AND 1000

CREATE CLUSTERED INDEX CIDX_Keyup1 on TB_Keyup1(seq)
CREATE INDEX NIDX01_Keyup1 on TB_Keyup1(no1, type)
GO
```

2. [AS-IS] SQL 구문 및 실행 계획

■ SQL 구문

```sql
SELECT type, no1, tid
FROM TB_Keyup1
WHERE no1 = 4 AND type = 'J'
GO
```

· 실행 계획

Rows	Executes	StmtText
54	1	SELECT [type],[no1],[tid] FROM [TB_Keyup1] WHERE [no1]=@1 AND [type]=@2
54	1	|--Nested Loops(INNER JOIN, OUTER REFERENCES:([Uniq1001], [tuning].[dbo].[TB_Keyup1].[seq], [Expr1005]) WITH UNORDERED PREFETCH)
54	1	|--Index Seek(OBJECT:([tuning].[dbo].[TB_Keyup1].[NIDX01_Keyup1]), SEEK:([tuning].[dbo].[TB_Keyup1].[no1]=(4) AND [tuning].[dbo].[TB_Keyup1].[type]=N'J') Ordered Forward)
54	54	|--Clustered Index Seek(OBJECT:([tuning].[dbo].[TB_Keyup1].[CIDX_Keyup1]), SEEK:([tuning].[dbo].[TB_Keyup1].[seq]=[tuning].[dbo].[TB_Keyup1].[seq] AND [Uniq1001]=[Uniq1001]) LOOKUP Ordered Forward)

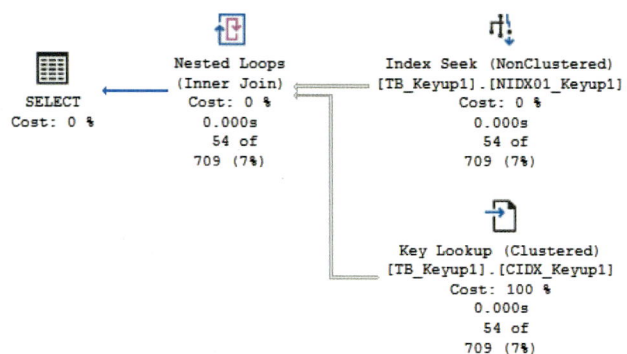

```
테이블 'TB_Keyup1'. 검색 수 1, 논리적 읽기 수 177
SQL Server 실행 시간:
CPU 시간 = 0ms, 경과 시간 = 0ms
```

3. [AS-IS] 통계 정보

• 인덱스 정보

Table_Name	Index_Name	Type_Desc	Is_Unique	Key_List	Include_List
TB_Keyup1	CIDX_Keyup1	CLUSTERED	0	seq	-
TB_Keyup1	NIDX01_Keyup1	NONCLUSTERED	0	no1, type	-

4. [AS-IS] 구문 설명

[TB_Keyup1] 테이블에서 [no1] 컬럼 값이 4이면서 [type] 컬럼 값이 'J' 인 데이터를 조회하는 구문이다. [NIDX01_Keyup1] 인덱스를 이용한 탐색을 수행하지만, SELECT 절에서 요구하는 [tid] 컬럼이 인덱스에 포함되어 있지 않다. 따라서 탐색된 결과 집합 수만큼 Key Lookup이 반복 수행되면서 높은 I/O 비용이 발생된다.

5. [TO-BE] 튜닝 포인트

Key Lookup은 인덱스를 탐색한 뒤 부족한 컬럼을 가져오기 위해 클러스터 인덱스에 조인하는 작업이다. 이때 NL Join이 반복 수행되기 때문에 인덱스로 탐색된 행이 많을수록 높은 I/O가 사용된다. 인덱스에 포함되어 있지 않은 [tid] 컬럼을 인덱스의 포괄(Include) 열로 추가하면 필요한 모든 컬럼이 인덱스 내에 포함되기 때문에 Key Lookup의 과정이 제거되어 I/O를 감소시킬 수 있다.

6. [TO-BE] 개선 방안

1) 포괄(Include) 열이 있는 인덱스 생성

[tid] 컬럼을 인덱스 포괄 열로 포함하면 필요한 모든 컬럼이 인덱스에 포함되기 때문에 Key Lookup 과정 없이 인덱스 탐색으로만 수행된다.

■ 인덱스 생성 구문

```
CREATE INDEX NIDX02_Keyup1 ON TB_Keyup1(no1, type) INCLUDE (tid)
GO
```

■ SQL 구문

```
SELECT type, no1, tid
FROM TB_Keyup1
WHERE no1 = 4 AND type = 'J'
GO
```

· 실행 계획

Rows	Executes	StmtText
54	1	SELECT [type],[no1],[tid] FROM [TB_Keyup1] WHERE [no1]=@1 AND [type]=@2
54	1	|--Index Seek(OBJECT:([tuning].[dbo].[TB_Keyup1].[NIDX02_Keyup1]), SEEK:([tuning].[dbo].[TB_Keyup1].[no1]=CONVERT_IMPLICIT(int,[@1],0) AND [tuning].[dbo].[TB_Keyup1].[type]=CONVERT_IMPLICIT(nvarchar(4000),[@2],0)) Ordered Forward)

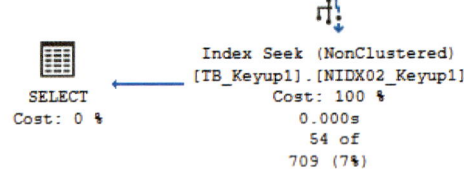

테이블 'TB_Keyup1'. 검색 수 1, 논리적 읽기 수 3
SQL Server 실행 시간:
CPU 시간 = 0ms, 경과 시간 = 0ms

7. 개선 효과

· 리소스 사용률 비교

	CPU Time (ms)	Elapse Time (ms)	Logical Reads
AS-IS	0	0	177
TO-BE	0	0	3

4. 인덱스 부재로 인한 성능 이슈

인덱스 부재로 인해 테이블을 전체 스캔하면서 I/O가 발생하는 사례이다.

1. 사전 구성 스크립트

```sql
SELECT rownum AS seq
     , CASE WHEN rownum/3=0 THEN 'SE' WHEN rownum/3=1 THEN 'CS'
       WHEN rownum/3=2 THEN 'QA' ELSE 'SA' END AS class_cd
     , NEWID() AS main_code
     , DATEADD(ss, rownum, '2020-01-01 00:00:00.000') AS date
     , NEWID() AS no2 INTO TB_Maind4
FROM (SELECT ROW_NUMBER() OVER (ORDER BY a.number) AS rownum, a.number
      FROM master..spt_values a
      JOIN master..spt_values b ON a.type = 'P' AND b.type = 'P'
      AND a.number <=1000 AND b.number <= 1000
) a
GO
```

2. [AS-IS] SQL 구문 및 실행 계획

■ SQL 구문

```sql
SELECT seq, class_cd, main_code
FROM TB_Maind4
WHERE class_cd = 'SE'
GO
```

· 실행 계획

Rows	Executes	StmtText
2	1	SELECT [seq],[class_cd],[main_code] FROM [TB_Maind4] WHERE [class_cd]=@1
2	1	|--Parallelism(Gather Streams)
2	8	|--Table Scan(OBJECT:([tuning].[dbo].[TB_Maind4]), WHERE:([tuning].[dbo].[TB_Maind4].[class_cd]=[@1]))

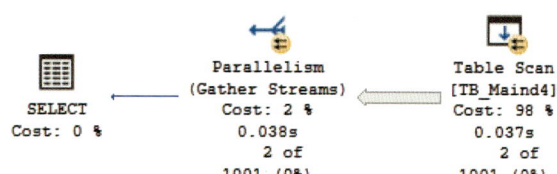

테이블 'TB_Maind4'. 스캔 수 9, 논리적 읽기 7833
SQL Server 실행 시간:
CPU 시간 = 236ms, 경과 시간 = 34ms

3. [AS-IS] 통계 정보

- 인덱스 정보 없음

4. [AS-IS] 구문 설명

[TB_Maind4] 테이블에서 [class_cd] 컬럼 값이 'SE' 인 데이터를 조회하는 구문이다. [TB_Maind4] 테이블의 전체 데이터는 100만 건이며 이 중 [class_cd] = 'SE' 조건에 부합하는 데이터는 2건에 해당한다. 조건절에 사용된 [class_cd] 컬럼이 키로 구성된 인덱스가 존재하지 않기 때문에 100만 건의 데이터 전체를 스캔하면서 높은 I/O 비용이 발생된다.

5. [TO-BE] 튜닝 포인트

인덱스 없이 테이블을 스캔할 경우 테이블의 모든 데이터를 읽고 조건절에 일치하는 값을 추출한다. 이때 불필요한 데이터까지 모두 읽게 되어 높은 I/O 비용이 발생한다. 조건절에 있는 컬럼 기준으로 필요한 데이터만 읽도록 인덱스를 생성하면 I/O를 감소시킬 수 있다.

6. [TO-BE] 개선 방안

1) [class_cd] 컬럼이 키로 구성된 신규 인덱스 생성

조건에 해당하는 데이터만 읽도록 [class_cd] 컬럼이 키로 구성된 인덱스를 생성한다.

■ 인덱스 생성 구문

```sql
CREATE INDEX NIDX_Maind401 ON TB_Maind4(class_cd)
GO
```

■ SQL 구문

```sql
SELECT seq, class_cd, main_code
FROM TB_Maind4
WHERE class_cd = 'SE'
GO
```

- **실행 계획**

Rows	Executes	StmtText
2	1	SELECT [seq],[class_cd],[main_code] FROM [TB_Maind4] WHERE [class_cd]=@1
2	1	|--Nested Loops(INNER JOIN, OUTER REFERENCES:([Bmk1000]))
2	1	|--Index Seek(OBJECT:([tuning].[dbo].[TB_Maind4].[NIDX_Maind401]), SEEK:([tuning].[dbo].[TB_Maind4].[class_cd]='SE') Ordered Forward)
2	2	|--RID Lookup(OBJECT:([tuning].[dbo].[TB_Maind4]), SEEK:([Bmk1000]=[Bmk1000]) LOOKUP Ordered Forward)

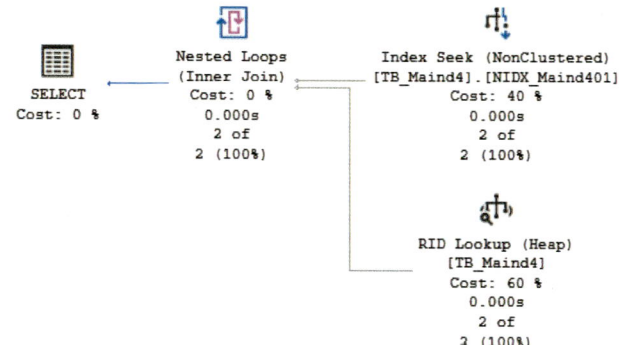

테이블 'TB_Maind4'. 스캔 수 1, 논리적 읽기 5
SQL Server 실행 시간:
CPU 시간 = 0ms, 경과 시간 = 0ms

7. 개선 효과

- **리소스 사용률 비교**

	CPU Time (ms)	Elapse Time (ms)	Logical Reads
AS-IS	236	34	7,833
TO-BE	0	0	5

5 인덱스 키 누락으로 인한 성능 이슈

조건절에서 사용된 컬럼의 일부가 인덱스에 포함되지 않아 스캔 범위가 많아지면서 불필요한 I/O가 발생되는 사례이다.

1. 사전 구성 스크립트

```sql
SELECT number, type, status, LEFT(type,1)+CAST(number AS VARCHAR) AS uid
INTO TB_Store
FROM master..spt_values
WHERE type = 'P' AND number BETWEEN 1 AND 10

SELECT *, DATEADD(HH, -a.seq, '2020-09-19 00:00:00.000') AS logtime
INTO TB_Storelog
FROM (SELECT ROW_NUMBER() OVER (ORDER BY b.number) AS seq
        FROM master..spt_values b
        JOIN master..spt_values c
          ON b.type = c.type
       WHERE b.type = 'P' AND b.number BETWEEN 1 AND 1000
         AND c.type = 'P' AND c.number BETWEEN 1 AND 100
) a, TB_Store

CREATE INDEX NIDX01_Storelog ON TB_Storelog(number) include(logtime)
GO
```

2. [AS-IS] SQL 구문 및 실행 계획

- **SQL 구문**

```sql
SELECT a.uid, COUNT(b.number) AS cnt
FROM TB_Store a JOIN TB_Storelog b ON a.number = b.number
WHERE b.logtime BETWEEN '2020-01-01' AND '2020-12-31'
GROUP BY a.uid
GO
```

- **실행 계획**

Rows	Executes	StmtText
10	1	SELECT a.uid, COUNT(b.number) AS cnt FROM TB_Store a JOIN TB_Storelog b ON a.number = b.number WHERE b.logtime BETWEEN '2020-01-01' AND '2020-12-31' GROUP BY a.uid
0	0	|--Compute Scalar(DEFINE:([Expr1004]=CONVERT_IMPLICIT(int,[globalagg1006],0)))
10	1	|--Stream Aggregate(GROUP BY:([a].[uid]) DEFINE:([globalagg1006]=SUM([partialagg1005])))
10	1	|--Nested Loops(INNER JOIN, WHERE:([tuning].[dbo].[TB_Storelog].[number] as [b].[number]=[tuning].[dbo].[TB_Store].[number] as [a].[number]))
10	1	|--Sort(ORDER BY:([a].[uid] ASC))
10	1	| |--Table Scan(OBJECT:([tuning].[dbo].[TB_Store] AS [a]))
100	10	|--Table Spool
10	1	|--Stream Aggregate(GROUP BY:([b].[number]) DEFINE:([partialagg1005]=Count(*)))
62880	1	|--Index Scan(OBJECT:([tuning].[dbo].[TB_Storelog].[NIDX01_Storelog] AS [b]), WHERE:([tuning].[dbo].[TB_Storelog].[logtime] as [b].[logtime]>='2020-01-01 00:00:00.000' AND [tuning].[dbo].[TB_Storelog].[logtime] as [b].[logtime]<='2020-12-31 00:00:00.000') Ordered Forward)

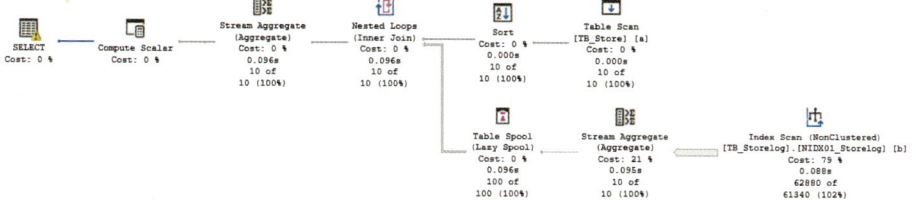

```
테이블 'TB_Storelog'. 검색 수 1, 논리적 읽기 수 3227
테이블 'Worktable'. 검색 수 1, 논리적 읽기 수 39
테이블 'TB_Store'. 검색 수 1, 논리적 읽기 수 1
SQL Server 실행 시간:
CPU 시간 = 94ms, 경과 시간 = 105ms
```

3. [AS-IS] 통계 정보

· 인덱스 정보

Table_Name	Index_Name	Type_Desc	Is_Unique	Key_List	Include_List
TB_Storelog	NIDX01_Storelog	NONCLUSTERED	0	number	logtime

4. [AS-IS] 구문 설명

[TB_Store] 테이블 10건의 데이터를 [TB_Storelog] 테이블의 2020년도 데이터와 조인하여 [uid] 컬럼을 기준으로 집계한 데이터 행 수를 조회하는 구문이다. [TB_Storelog] 테이블의 조인 조건으로 사용된 [number] 컬럼에 인덱스가 존재함에도 전체 데이터를 읽어내면서 불필요한 I/O를 사용하는데, 원인은 [number] 컬럼으로만 인덱스 탐색을 하게 되면 [logtime] 조건절에 의해 결과 집합에 포함되지 않는 불필요한 데이터를 반복적으로 읽어내기 때문이다. 이를 대신하여 처음 조인이 시도될 때 전체 데이터를 [number] 컬럼을 기준으로 미리 집계하고 Spool에 저장하여 이후 조인에 대해선 Spool과 조인하도록 수행된 것이다.

5. [TO-BE] 튜닝 포인트

[TB_Storelog] 테이블의 조건절로 사용된 [logtime] 컬럼이 인덱스 키에 포함되지 않아 탐색 범위가 많아지는 것이 원인이다. 조인 조건과 조건절이 모두 키로 구성된 인덱스를 생성하면 필요한 범위만 읽어내면서 I/O를 개선할 수 있다.

6. [TO-BE] 개선 방안

1) [TB_Storelog] 테이블의 [number] 컬럼과 [logtime] 컬럼이 키로 구성된 신규 인덱스 생성

[number], [logtime] 컬럼이 키로 구성된 인덱스를 생성하면 조인이 수행될 때마다 필요한 범위만 인덱스로 탐색하기 때문에 I/O가 개선된다.

■ 인덱스 생성 구문

```
CREATE INDEX NIDX02_Storelog ON TB_Storelog(number, logtime)
GO
```

■ SQL 구문

```
SELECT a.uid, COUNT(b.number) AS cnt
FROM TB_Store a
JOIN TB_Storelog b ON a.number = b.number
WHERE b.logtime BETWEEN '2020-01-01' AND '2020-12-31'
GROUP BY a.uid
GO
```

· 실행 계획

Rows	Executes	StmtText
10	1	SELECT a.uid, COUNT(b.number) AS cnt FROM TB_Store a JOIN TB_Storelog b ON a.number = b.number WHERE b.logtime BETWEEN '2020-01-01' AND '2020-12-31' GROUP BY a.uid
0	0	|--Compute Scalar(DEFINE:([Expr1004]=CONVERT_IMPLICIT(int,[Expr1007],0)))
10	1	|--Stream Aggregate(GROUP BY:([a].[uid]) DEFINE:([Expr1007]=Count(*)))
62880	1	|--Nested Loops(INNER JOIN, OUTER REFERENCES:([a].[number]))
10	1	|--Sort(ORDER BY:([a].[uid] ASC))
10	1	| |--Table Scan(OBJECT:([tuning].[dbo].[TB_Store] AS [a]))
62880	10	|--Index Seek(OBJECT:([tuning].[dbo].[TB_Storelog].[NIDX02_Storelog] AS [b]), SEEK:([b].[number]=[tuning].[dbo].[TB_Store].[number] as [a].[number] AND [b].[logtime] >= '2020-01-01 00:00:00.000' AND [b].[logtime] <= '2020-12-31 00:00:00.000') Ordered Forward)

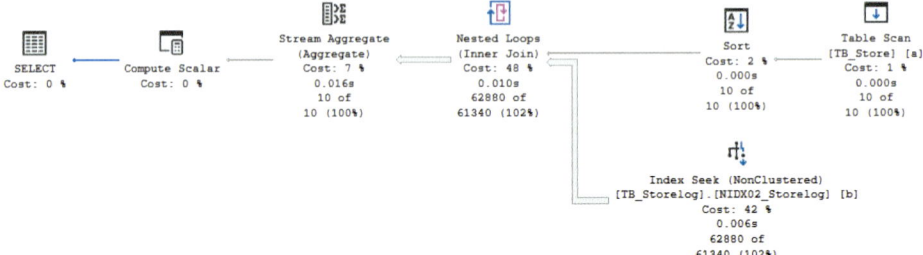

```
테이블 'TB_Storelog'. 검색 수 10, 논리적 읽기 수 242
테이블 'Worktable'. 검색 수 0, 논리적 읽기 수 0
테이블 'TB_Store'. 검색 수 1, 논리적 읽기 수 1
SQL Server 실행 시간:
CPU 시간 = 15ms, 경과 시간 = 15ms
```

7. 개선 효과

- 리소스 사용률 비교

	CPU Time (ms)	Elapse Time (ms)	Logical Reads
AS-IS	94	105	3,267
TO-BE	15	15	242

6 인덱스 페이지 분할에 의한 성능 이슈

인덱스 키값을 업데이트할 때 발생하는 페이지 분할로 인해 I/O가 증가되는 사례이다.

1. 사전 구성 스크립트

```sql
SELECT B.number AS NUM, CONVERT(NVARCHAR(10), A.number )AS CODE
INTO TB_PGSPLIT
FROM master..spt_values A, (SELECT number
                            FROM master..spt_values B
                            WHERE type ='P' AND number <= 500) B
WHERE A.type = 'P'

CREATE INDEX NIDX01_PGSPLIT ON TB_PGSPLIT(NUM, CODE)
GO
```

2. [AS-IS] SQL 구문 및 실행 계획

■ SQL 구문

```sql
SELECT NUM, CODE
FROM TB_PGSPLIT
WHERE NUM>300

UPDATE A
SET CODE = ABS(NUM-CODE)
FROM TB_PGSPLIT A

SELECT NUM, CODE
FROM TB_PGSPLIT
WHERE NUM>300
GO
```

- **실행 계획 (UPDATE 전 SELECT 구문)**

Rows	Executes	StmtText
409600	1	SELECT [NUM],[CODE] FROM [TB_PGSPLIT] WHERE [NUM]>@1
409600	1	|--Index Seek(OBJECT:([Tuning].[dbo].[TB_PGSPLIT].[NIDX01_PGSPLIT]), SEEK:([Tuning].[dbo].[TB_PGSPLIT].[NUM] > CONVERT_IMPLICIT(int,[@1],0)) Ordered Forward)

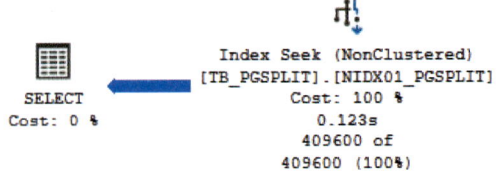

테이블 'TB_PGSPLIT'. 검색 수 1, 논리적 읽기 수 1482
SQL Server 실행 시간:
CPU 시간 = 125ms, 경과 시간 = 3377ms

- **실행 계획 (UPDATE 후 SELECT 구문)**

Rows	Executes	StmtText
409600	1	SELECT [NUM],[CODE] FROM [TB_PGSPLIT] WHERE [NUM]>@1
409600	1	|--Index Seek(OBJECT:([Tuning].[dbo].[TB_PGSPLIT].[NIDX01_PGSPLIT]), SEEK:([Tuning].[dbo].[TB_PGSPLIT].[NUM] > CONVERT_IMPLICIT(int,[@1],0)) Ordered Forward)

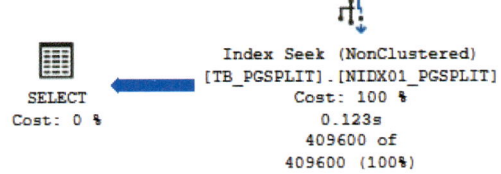

테이블 'TB_PGSPLIT'. 검색 수 1, 논리적 읽기 수 4595
SQL Server 실행 시간:
CPU 시간 = 125ms, 경과 시간 = 3663ms

3. [AS-IS] 통계 정보

- **인덱스 정보**

Table_Name	Index_Name	Type_Desc	Is_Unique	Key_List	Include_List
TB_PGSPLIT	NIDX01_PGSPLIT	NONCLUSTERED	0	NUM, CODE	-

4. [AS-IS] 구문 설명

[TB_PGSPLIT] 테이블의 [NUM] 컬럼이 300 초과인 데이터를 조회할 때 [CODE] 컬럼을 업데이트하기 전

과 후의 I/O를 비교하는 구문이다. UPDATE 수행 이후에 SELECT를 수행할 때 많은 양의 I/O가 사용되는데, 원인은 SELECT할 때 사용된 인덱스의 [CODE] 컬럼이 UPDATE로 인해 값이 변경될 때 정렬된 값을 유지하기 위해 페이지 중간에 삽입되면서 분할이 발생되고 이로 인해 페이지 양이 많아졌기 때문이다.

5. [TO-BE] 튜닝 포인트

[CODE] 컬럼은 SELECT 구문에서 조건절로 사용되지 않고 조회용으로만 사용되기 때문에 포괄 열로 하는 인덱스 생성을 고려할 수 있다. 포괄 열로 구성하게 되면 정렬을 하지 않기 때문에 UPDATE 구문에 의해 페이지 내에 중간에 삽입될 확률이 낮아지면서 페이지 분할 발생량이 적어진다.

6. [TO-BE] 개선 방안

1) [CODE] 컬럼을 포괄 열로 하는 인덱스를 생성한다.

[CODE] 컬럼을 포괄 열로 하는 [NIDX02_PGSPLIT] 인덱스를 신규로 생성한 뒤 업데이트하면 [CODE] 컬럼에 정렬이 필요하지 않아 페이지 분할이 적게 발생되고, 이후 SELECT 구문을 수행해도 해당 인덱스를 통해 적은 I/O가 사용된다.

■ 인덱스 생성 구문

```sql
CREATE INDEX NIDX02_PGSPLIT ON TB_PGSPLIT(NUM) INCLUDE (CODE)
GO
```

■ SQL 구문

```sql
SELECT NUM, CODE
FROM TB_PGSPLIT
WHERE NUM>300

UPDATE A
SET CODE = ABS(NUM-CODE)
FROM TB_PGSPLIT A

SELECT NUM, CODE
FROM TB_PGSPLIT
WHERE NUM>300
GO
```

· 실행 계획 (UPDATE 전 SELECT 구문)

Rows	Executes	StmtText
409600	1	SELECT [NUM],[CODE] FROM [TB_PGSPLIT] WHERE [NUM]>@1
409600	1	|--Index Seek(OBJECT:([Tuning].[dbo].[TB_PGSPLIT].[NIDX02_PGSPLIT]), SEEK:([Tuning].[dbo].[TB_PGSPLIT].[NUM] > CONVERT_IMPLICIT(int,[@1],0)) Ordered Forward)

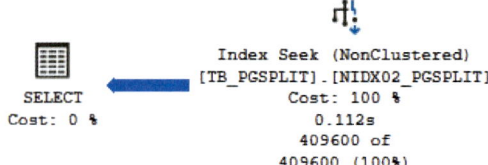

테이블 'TB_PGSPLIT'. 검색 수 1, 논리적 읽기 수 1475
SQL Server 실행 시간:
CPU 시간 = 62ms, 경과 시간 = 3399ms

· 실행 계획 (UPDATE 후 SELECT 구문)

Rows	Executes	StmtText
409600	1	SELECT [NUM],[CODE] FROM [TB_PGSPLIT] WHERE [NUM]>@1
409600	1	|--Index Seek(OBJECT:([Tuning].[dbo].[TB_PGSPLIT].[NIDX02_PGSPLIT]), SEEK:([Tuning].[dbo].[TB_PGSPLIT].[NUM] > CONVERT_IMPLICIT(int,[@1],0)) Ordered Forward)

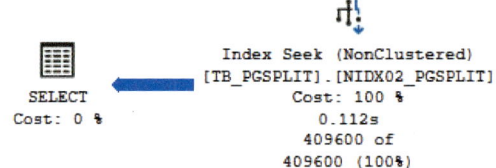

테이블 'TB_PGSPLIT'. 검색 수 1, 논리적 읽기 수 1743
SQL Server 실행 시간:
CPU 시간 = 78ms, 경과 시간 = 3458ms

7. 개선 효과

· 리소스 사용률 비교

	CPU Time (ms)	Elapse Time (ms)	Logical Reads
AS-IS	125	3,663	4,595
TO-BE	78	3,458	1,743

7 인덱스를 사용하지 못하는 이슈

조건절에 사용된 컬럼을 키로 하는 인덱스가 존재함에도 테이블을 전체 스캔하여 과다한 I/O를 사용한 사례이다.

1. 사전 구성 스크립트

```sql
SELECT num
     , num%10 AS no
     , CONVERT(NVARCHAR(36), NEWID()) AS txt
  , GETDATE() AS date INTO TB_Data01
FROM (SELECT ROW_NUMBER() OVER ( ORDER BY a.number ) AS num
        FROM master..spt_values a, master..spt_values b
        WHERE a.type = 'P'
        AND a.number BETWEEN 1 AND 3
        AND b.type = 'P'
        AND b.number BETWEEN 1 AND 1000
) c

SELECT c.num
     , c.num%10 AS no
     , CONVERT(NVARCHAR(36), NEWID()) AS txt
  , GETDATE() AS date
INTO TB_Data02
FROM (SELECT ROW_NUMBER() OVER ( ORDER BY a.number) num
        FROM master..spt_values a, master..spt_values b
        WHERE a.type = 'P'
        AND a.number BETWEEN 1 AND 1000
        AND b.type = 'P'
        AND b.number BETWEEN 1 AND 5
) c, master..spt_values d
WHERE d.type = 'P'
AND d.number BETWEEN 1 AND 100

CREATE INDEX NIDX01_Data02 ON TB_Data02(NUM)
GO
```

2. [AS-IS] SQL 구문 및 실행 계획

■ SQL 구문

```sql
SELECT A.*, B.num, B.no
FROM TB_Data01 A INNER JOIN TB_Data02 B
ON A.num=B.num AND B.num<30
GO
```

- 실행 계획

Rows	Executes	StmtText
2900	1	SELECT A.*, B.num, B.no FROM TB_Data01 A INNER JOIN TB_Data02 B ON A.num=B.num AND B.num<30
2900	1	|--Parallelism(Gather Streams)
2900	12	|--Hash Match(INNER JOIN, HASH:([A].[num])=([B].[num]), RESIDUAL:([Tuning].[dbo].[TB_Data01].[num] as [A].[num]=[Tuning].[dbo].[TB_Data02].[num] as [B].[num]))
348	12	|--Parallelism(Distribute Streams, Broadcast Partitioning)
29	1	|--Table Scan(OBJECT:([Tuning].[dbo].[TB_Data01] AS [A]), WHERE:([Tuning].[dbo].[TB_Data01].[num] as [A].[num]<(30)))
2900	12	|--Table Scan(OBJECT:([Tuning].[dbo].[TB_Data02] AS [B]), WHERE:([Tuning].[dbo].[TB_Data02].[num] as [B].[num]<(30)))

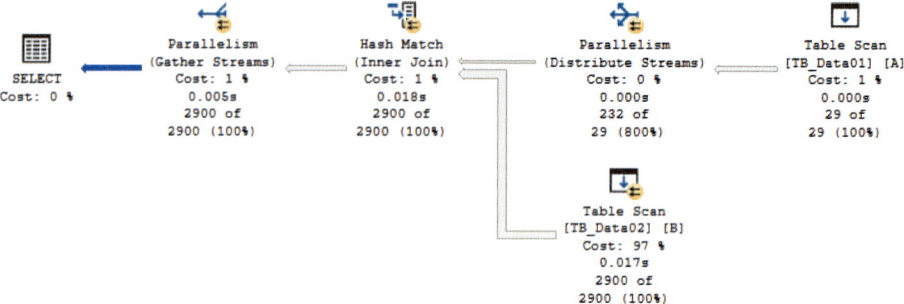

테이블 'TB_Data01'. 검색 수 1, 논리적 읽기 수 41
테이블 'Workfile'. 검색 수 0, 논리적 읽기 수 0
테이블 'Worktable'. 검색 수 0, 논리적 읽기 수 0
테이블 'TB_Data02'. 검색 수 13, 논리적 읽기 수 6765
테이블 'Worktable'. 검색 수 0, 논리적 읽기 수 0
SQL Server 실행 시간:
CPU 시간 = 155ms, 경과 시간 = 158ms

3. [AS-IS] 통계 정보

- 인덱스 정보

Table_Name	Index_Name	Type_Desc	Is_Unique	Key_List	Include_List
TB_DATA02	NIDX01_DATA02	NONCLUSTERED	0	NUM	-

4. [AS-IS] 구문 설명

[TB_Data02] 테이블의 [num] 컬럼 값이 30 미만인 데이터를 [TB_Data01] 테이블과 조인하는 구문이다. [TB_Data02] 테이블에는 필터 조건인 [num] 컬럼을 키로 하는 인덱스가 존재하지만 인덱스 탐색이 아닌 테이블 전체 스캔으로 실행 계획이 생성되었다. 원인은 SELECT 절에서 [no] 컬럼을 사용하지만 인덱스에는 [no] 컬럼이 포함되어 있지 않아 RID Lookup 연산이 추가적으로 필요하기 때문에 인덱스를 사용하는 것이 더 비효율적이라 판단한 것이다.

5. [TO-BE] 튜닝 포인트

다음 구문을 개선하기 위해 두 가지 방안을 고려할 수 있다.

첫째, 기존 인덱스에 포괄(Include) 열을 추가하여 RID Lookup이 발생되지 않도록 한다.
둘째, 클러스터형 인덱스를 생성하여 기존 인덱스에 키값이 포함되도록 한다.

첫 번째 방법은 필요한 컬럼을 기존 인덱스의 포괄 열로 추가시키는 방법이다. 포괄 열을 사용하면 해당 컬럼은 정렬되지 않은 상태로 인덱스에 데이터만을 포함한다. [no] 컬럼을 포괄 열로 추가하면 RID Lookup 이 필요하지 않기 때문에 인덱스 탐색으로 I/O를 개선할 수 있다.

두 번째 방법은 [no] 컬럼을 클러스터 인덱스 키로 생성하는 것이다. 클러스터 인덱스를 생성하게 되면 모든 비 클러스터 인덱스는 클러스터 인덱스의 키가 포함된다. 첫 번째 방법과 동일한 맥락으로 Key Lookup이 필요하지 않기 때문에 인덱스 탐색으로 I/O를 개선할 수 있다.

6. [TO-BE] 개선 방안

1) 기존 인덱스에 포괄(Include) 열을 추가하여 RID Lookup이 발생되지 않도록 한다.

테이블 [TB_Data02]의 기존 인덱스 [NIDX01_Data02]에 [no] 컬럼을 포괄 열로 포함하여 재 생성한다. 별도의 RID Lookup 연산이 요구되지 않기 때문에 인덱스 탐색을 통해 I/O 비용을 개선할 수 있다.

■ 인덱스 생성 구문

```
DROP INDEX NIDX01_Data02 ON TB_Data02
CREATE INDEX NIDX01_Data02 ON TB_Data02(num) INCLUDE (no)
GO
```

■ SQL 구문

```
SELECT A.*, B.num, B.no
FROM TB_Data01 A INNER JOIN TB_Data02 B
ON A.num=B.num AND B.num<30
GO
```

- **실행 계획**

Rows	Executes	StmtText
2900	1	SELECT A.*, B.num, B.no FROM TB_Data01 A INNER JOIN TB_Data02 B ON A.num=B.num AND B.num<30
2900	1	|--Merge Join(INNER JOIN, MANY-TO-MANY MERGE:([B].[num])=([A].[num]), RESIDUAL:([Tuning].[dbo].[TB_Data01].[num] as [A].[num]=[Tuning].[dbo].[TB_Data02].[num] as [B].[num]))
2900	1	|--Index Seek(OBJECT:([Tuning].[dbo].[TB_Data02].[NIDX01_Data02] AS [B]), SEEK:([B].[num] < (30)) Ordered Forward)
29	1	|--Sort(ORDER BY:([A].[num] ASC))
29	1	|--Table Scan(OBJECT:([Tuning].[dbo].[TB_Data01] AS [A]), WHERE:([Tuning].[dbo].[TB_Data01].[num] as [A].[num]<(30)))

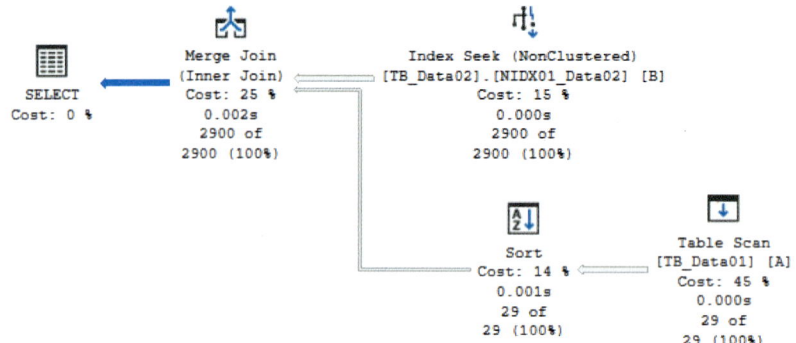

테이블 'Worktable'. 검색 수 0, 논리적 읽기 수 0
테이블 'TB_Data01'. 검색 수 1, 논리적 읽기 수 41
테이블 'TB_Data02'. 검색 수 1, 논리적 읽기 수 14
SQL Server 실행 시간:
CPU 시간 = 0ms, 경과 시간 = 155ms

2) 클러스터형 인덱스를 생성하여 기존 인덱스에 키값이 포함되도록 한다.

[no] 컬럼을 키로 클러스터형 인덱스를 생성한다. 비 클러스터형 인덱스는 클러스터형 인덱스의 키를 포함하고 있어 [no] 컬럼 값을 얻기 위한 Key Lookup 비용이 별도로 발생하지 않기 때문에 인덱스 탐색을 통해 I/O를 개선할 수 있다.

■ 인덱스 생성 구문

```
DROP INDEX NIDX01_Data02 ON TB_Data02 --TOBE(1)에서 생성한 인덱스 삭제
CREATE INDEX NIDX01_Data02 ON TB_DATA02(num) --ASIS 기존 인덱스 생성

CREATE CLUSTERED INDEX CIDX_Data02 ON TB_Data02 (no)
GO
```

■ SQL 구문

```
SELECT A.*, B.num, B.no
FROM TB_Data01 A INNER JOIN TB_Data02 B
ON A.num=B.num AND B.num<30
GO
```

· **실행계획**

Rows	Executes	StmtText
2900	1	SELECT A.*, B.num, B.no FROM TB_Data01 A INNER JOIN TB_Data02 B ON A.num=B.num AND B.num<30
2900	1	|--Merge Join(INNER JOIN, MANY-TO-MANY MERGE:([B].[num])=([A].[num]), RESIDUAL:([Tuning].[dbo].[TB_Data01].[num] as [A].[num]=[Tuning].[dbo].[TB_Data02].[num] as [B].[num]))
2900	1	|--Index Seek(OBJECT:([Tuning].[dbo].[TB_Data02].[NIDX01_Data02] AS [B]), SEEK:([B].[num] < (30)) Ordered Forward)
29	1	|--Sort(ORDER BY:([A].[num] ASC))
29	1	|--Table Scan(OBJECT:([Tuning].[dbo].[TB_Data01] AS [A]), WHERE:([Tuning].[dbo].[TB_Data01].[num] as [A].[num]<(30)))

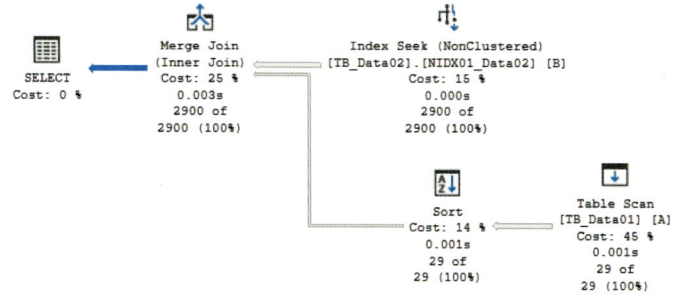

```
테이블 'Worktable'. 검색 수 0, 논리적 읽기 수 0
테이블 'TB_Data01'. 검색 수 1, 논리적 읽기 수 41
테이블 'TB_Data02'. 검색 수 1, 논리적 읽기 수 14
SQL Server 실행 시간:
CPU 시간 = 0ms, 경과 시간 = 155ms
```

7. 개선 효과

· **리소스 사용률 비교**

	CPU Time (ms)	Elapse Time (ms)	Logical Reads
AS-IS	155	158	6,806
TO-BE (1)	0	155	55
TO-BE (2)	0	155	55

8 CROSS APPLY를 이용한 부분 범위 처리

조인 조건으로 전달받는 값마다 상위 N개의 데이터를 출력할 때 많은 스캔 범위로 인하여 불필요한 I/O가 발생되는 사례이다.

1. 사전 구성 스크립트

```sql
SELECT number id
     , CASE WHEN number <= 50 THEN 1 ELSE 2 END gid
     , DATEADD(dd,number,'2020-01-01') date
INTO   TB_CAFirst
FROM master..spt_values
WHERE type = 'P'
AND number BETWEEN 1 AND 100
GO

ALTER TABLE TB_CAFirst ADD CONSTRAINT PK_CAFirst PRIMARY KEY(id)
GO

WITH w_values AS
    (SELECT number
     FROM master..spt_values
     WHERE type = 'P'
     AND number BETWEEN 1 AND 100)
SELECT a.number id
     , DATEADD(dd,B.number,'2020-01-01') date
     , NEWID() code INTO TB_CASecond
FROM w_values a, w_values b, w_values c
GO

ALTER TABLE TB_CASecond ADD CONSTRAINT FK_CASecond FOREIGN KEY (ID)
      REFERENCES TB_CAFirst (ID)
GO

CREATE INDEX NIDX01_CAFirst ON TB_CAFirst (gid) INCLUDE (id)
CREATE INDEX NIDX01_CASecond ON TB_CASecond (id,date) INCLUDE (code)
GO
```

2. [AS-IS] SQL 구문 및 실행 계획

■ SQL 구문

```sql
SELECT id, code, date
FROM (SELECT f.id
           , s.code
           , s.date
           , ROW_NUMBER() OVER (PARTITION BY s.id ORDER BY s.date DESC) rn
      FROM TB_CAFirst f
      INNER JOIN TB_CASecond s
      ON f.id = s.id
      WHERE f.gid = 1
) a
WHERE a.rn <= 5
GO
```

· 실행 계획

Rows	Executes	StmtText
250	1	SELECT id, code, date FROM (SELECT f.id, s.code, s.date, ROW_NUMBER() OVER (PARTITION BY s.id ORDER BY s.date DESC) rn FROM TB_CAFirst f INNER JOIN TB_CASecond s ON f.id = s.id WHERE f.gid = 1) a WHERE a.rn <= 5
250	1	|--Filter(WHERE:([Expr1003]<=(5)))
500000	1	|--Sequence Project(DEFINE:([Expr1003]=row_number))
500000	1	|--Segment
500000	1	|--Nested Loops(INNER JOIN, OUTER REFERENCES:([f].[id], [Expr1004]) WITH ORDERED PREFETCH)
50	1	|--Index Seek(OBJECT:([Tuning].[dbo].[TB_CAFirst].[NIDX01_CAFirst] AS [f]), SEEK:([f].[gid]=(1)) Ordered Forward)
500000	50	|--Index Seek(OBJECT:([Tuning].[dbo].[TB_CASecond].[NIDX01_CASecond] AS [s]), SEEK:([s].[id]=[Tuning].[dbo].[TB_CAFirst].[id] as [f].[id]) ORDERED Backward)

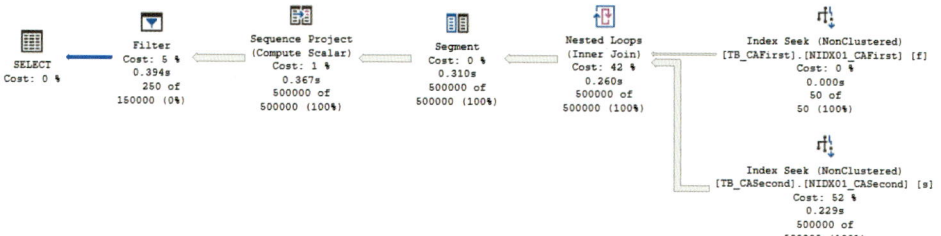

테이블 'TB_CASecond'. 검색 수 50, 논리적 읽기 수 2854
테이블 'TB_CAFirst'. 검색 수 1, 논리적 읽기 수 2
SQL Server 실행 시간:
CPU 시간 = 188ms, 경과 시간 = 199ms

3. [AS-IS] 통계 정보

· 인덱스 정보

Table_Name	Index_Name	Type_Desc	Is_Unique	Key_List	Include_List
TB_CAFirst	NIDX01_CAFirst	NONCLUSTERED	0	gid	id
TB_CAFirst	PK_CAFirst	CLUSTERED	1	id	-
TB_CASecond	NIDX01_CASecond	NONCLUSTERED	0	id, date	code

· 외래 키 정보

Table_Name	Constraint_Type	Constraint_Name	Constraint_Keys
TB_CASecond	FOREIGN KEY	FK_CASecond	id (REFERENCES Tuning.dbo.TB_CAFirst (id))

4. [AS-IS] 구문 설명

[TB_CAFirst] 테이블의 [gid] = 1인 데이터와 [TB_CASecond] 테이블을 조인한 결과 중 [id] 별로 가장 최근의 데이터 5건씩만 출력시키는 구문이다. 조인 조건에 사용된 [id] 컬럼은 [TB_CAFirst] 테이블과 [TB_CASecond] 테이블 간에 1:N 관계를 가지며 [TB_CASecond] 테이블은 [id] 값마다 10,000

건의 행이 존재한다. 이 구문의 선행되는 테이블에서 [gid] = 1인 조건에 해당하는 데이터는 50건이므로 최종적으로 출력되는 데이터는 최대 250(50건*5)건이 된다. [id] 컬럼의 값마다 5건의 데이터만 요구되지만 두 테이블의 조인이 완료된 뒤 Filter 연산자를 통해 5개의 값을 추출하기 때문에 499,750(50*10000-250)건만큼의 불필요한 데이터까지 읽어내는 문제가 발생된다.

5. [TO-BE] 튜닝 포인트

[id] 컬럼 하나의 값에 대해 10,000건의 데이터를 읽고 상위 5건의 데이터를 필터 하는 방식이 아닌 TOP N 쿼리를 통해서 상위 5건만 읽어낼 수 있도록 구문을 변경하는 것이 좋다. SQL Server에서는 CROSS APPLY 조인 방식을 지원하는데 이는 인라인 뷰(FROM 절의 서브 쿼리)에서 조인 조건으로 전달받을 값을 뷰 안에서 사용할 수 있도록 지원하는 조인 방식이다. 이 조인 방식을 통해 TOP N 쿼리를 이용하면 상위 5건의 데이터만 읽고 처리하는 것이 가능해진다.

6. [TO-BE] 개선 방안

1) CROSS APPLY으로 변경하여 TOP N 쿼리를 활용한다.

[TB_CASecond] 테이블을 인라인 뷰로 정의하여 [date] 컬럼의 값이 가장 높은 데이터 기준으로 TOP 5건을 읽어내도록 변경한다. 이때 CROSS APPLY을 사용하면 [TB_CAFirst] 테이블의 [id] 값을 인라인 뷰 내부에 전달하여 [id] 값마다 TOP 5건의 데이터를 출력할 수 있다.

■ 변경된 SQL 구문

```sql
SELECT f.id, s.code, s.date
FROM TB_CAFirst f CROSS APPLY (SELECT TOP 5 code, date
                                FROM TB_CASecond s
                                WHERE f.id = s.id
                                ORDER BY date DESC) s
WHERE f.gid = 1
GO
```

• 실행 계획

Rows	Executes	StmtText
250	1	SELECT f.id, s.code,s.date FROM TB_CAFirst f cross apply (SELECT TOP 5 code,date FROM TB_CASecond s WHERE f.id = s.id ORDER BY date DESC) s WHERE f.gid = 1
250	1	|--Nested Loops(INNER JOIN, OUTER REFERENCES:([f].[id], [Expr1003]) WITH UNORDERED PREFETCH)
50	1	|--Index Seek(OBJECT:([Tuning].[dbo].[TB_CAFirst].[NIDX01_CAFirst] AS [f]), SEEK:([f].[gid]=(1)) Ordered Forward)
250	50	|--Top(TOP EXPRESSION:((5)))
250	50	|--Index Seek(OBJECT:([Tuning].[dbo].[TB_CASecond].[NIDX01_CASecond] AS [s]), SEEK:([s].[id]=[Tuning].[dbo].[TB_CAFirst].[id] as [f].[id]) ORDERED Backward)

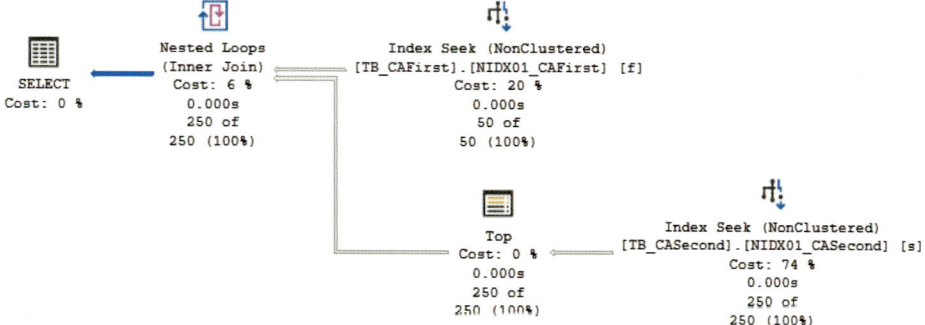

테이블 'TB_CASecond'. 검색 수 50, 논리적 읽기 수 186
테이블 'TB_CAFirst'. 검색 수 1, 논리적 읽기 수 2
SQL Server 실행 시간:
CPU 시간 = 0ms, 경과 시간 = 0ms

7. 개선 효과

• 리소스 사용률 비교

	CPU Time (ms)	Elapse Time (ms)	Logical Reads
AS-IS	188	199	2,856
TO-BE	0	0	188

9 CROSS JOIN으로 반복 사용된 테이블 통합

기간별 합계를 구하기 위해 동일한 테이블을 반복 조인하여 불필요한 I/O가 발생된 사례이다.

1. 사전 구성 스크립트

```sql
SELECT ROW_NUMBER() OVER (ORDER BY a.number) seq
     , CONVERT(INT, RIGHT(a.number*b.number*a.high,2)) AS value
     , NEWID() txt
     , DATEADD(dd,b.number,'2020-01-01') date
INTO TB_Sum
FROM master..spt_values a, master..spt_values b
WHERE a.type = 'P'
AND b.type = 'P'
AND a.number BETWEEN 1 AND 1000
AND b.number BETWEEN 1 AND 1000

CREATE CLUSTERED INDEX CIDX_CNT ON TB_Sum(date)
GO
```

2. [AS-IS] SQL 구문 및 실행 계획

■ SQL 구문

```sql
SELECT sum_total, sum_1, sum_2, sum_3, sum_4
FROM (SELECT SUM(value) sum_total
        FROM TB_Sum
       WHERE date BETWEEN '2020-01-01' AND '2020-12-31') a
CROSS JOIN
     (SELECT SUM(value) sum_1
        FROM TB_Sum
       WHERE date BETWEEN '2020-01-01' AND '2020-03-31') b
CROSS JOIN
     (SELECT SUM(value) sum_2
        FROM TB_Sum
       WHERE date BETWEEN '2020-04-01' AND '2020-06-30') c
CROSS JOIN
     (SELECT SUM(value) sum_3
        FROM TB_Sum
       WHERE date BETWEEN '2020-07-01' AND '2020-09-30') d
CROSS JOIN
     (SELECT SUM(value) sum_4
        FROM TB_Sum
       WHERE date BETWEEN '2020-10-01' AND '2020-12-31') e
GO
```

• 실행 계획

Rows	Executes	StmtText
1	1	SELECT sum_total, sum_1, sum_2, sum_3, sum_4 FROM (SELECT SUM(value) sum_total FROM TB_Sum WHERE date BETWEEN '2020-01-01' AND '2020-12-31') a CROSS JOIN (SELECT SUM(value) sum_1 FROM TB_Sum WHERE date BETWEEN '2020-01-01' AND '2020-03-31') b CROSS JOIN (SELECT SUM(value) sum_2 FROM TB_Sum WHERE date BETWEEN '2020-04-01' AND '2020-06-30') c CROSS JOIN (SELECT SUM(value) sum_3 FROM TB_Sum WHERE date BETWEEN '2020-07-01' AND '2020-09-30') d CROSS JOIN (SELECT SUM(value) sum_4 FROM TB_Sum WHERE date BETWEEN '2020-10-01' AND '2020-12-31') e
1	1	|--Nested Loops(INNER JOIN)
1	1	|--Nested Loops(INNER JOIN)
1	1	|--Nested Loops(INNER JOIN)
1	1	|--Nested Loops(INNER JOIN)
0	0	|--Compute Scalar(DEFINE:([Expr1003]=CASE WHEN [Expr1040]=(0) THEN NULL ELSE [Expr1041] END))
1	1	|--Stream Aggregate(DEFINE:([Expr1040]=COUNT_BIG([Tuning].[dbo].[TB_Sum].[value]), [Expr1041]=SUM([Tuning].[dbo].[TB_Sum].[value])))
365000	1	|--Clustered Index Seek(OBJECT:([Tuning].[dbo].[TB_Sum].[CIDX_CNT]), SEEK:([Tuning].[dbo].[TB_Sum].[date] >= '2020-01-01 00:00:00.000' AND [Tuning].[dbo].[TB_Sum].[date] <= '2020-12-31 00:00:00.000') Ordered Forward)
0	0	|--Compute Scalar(DEFINE:([Expr1019]=CASE WHEN [Expr1042]=(0) THEN NULL ELSE [Expr1043] END))
1	1	|--Stream Aggregate(DEFINE:([Expr1042]=COUNT_BIG([Tuning].[dbo].[TB_Sum].[value]), [Expr1043]=SUM([Tuning].[dbo].[TB_Sum].[value])))
92000	1	|--Clustered Index Seek(OBJECT:([Tuning].[dbo].[TB_Sum].[CIDX_CNT]), SEEK:([Tuning].[dbo].[TB_Sum].[date] >= '2020-10-01 00:00:00.000' AND [Tuning].[dbo].[TB_Sum].[date] <= '2020-12-31 00:00:00.000') Ordered Forward)
0	0	|--Compute Scalar(DEFINE:([Expr1015]=CASE WHEN [Expr1044]=(0) THEN NULL ELSE [Expr1045] END))
1	1	|--Stream Aggregate(DEFINE:([Expr1044]=COUNT_BIG([Tuning].[dbo].[TB_Sum].[value]), [Expr1045]=SUM([Tuning].[dbo].[TB_Sum].[value])))
92000	1	|--Clustered Index Seek(OBJECT:([Tuning].[dbo].[TB_Sum].[CIDX_CNT]), SEEK:([Tuning].[dbo].[TB_Sum].[date] >= '2020-07-01 00:00:00.000' AND [Tuning].[dbo].[TB_Sum].[date] <= '2020-09-30 00:00:00.000') Ordered Forward)
0	0	|--Compute Scalar(DEFINE:([Expr1011]=CASE WHEN [Expr1046]=(0) THEN NULL ELSE [Expr1047] END))
1	1	|--Stream Aggregate(DEFINE:([Expr1046]=COUNT_BIG([Tuning].[dbo].[TB_Sum].[value]), [Expr1047]=SUM([Tuning].[dbo].[TB_Sum].[value])))
91000	1	|--Clustered Index Seek(OBJECT:([Tuning].[dbo].[TB_Sum].[CIDX_CNT]), SEEK:([Tuning].[dbo].[TB_Sum].[date] >= '2020-04-01 00:00:00.000' AND [Tuning].[dbo].[TB_Sum].[date] <= '2020-06-30 00:00:00.000') Ordered Forward)
0	0	|--Compute Scalar(DEFINE:([Expr1007]=CASE WHEN [Expr1048]=(0) THEN NULL ELSE [Expr1049] END))
1	1	|--Stream Aggregate(DEFINE:([Expr1048]=COUNT_BIG([Tuning].[dbo].[TB_Sum].[value]), [Expr1049]=SUM([Tuning].[dbo].[TB_Sum].[value])))
90000	1	|--Clustered Index Seek(OBJECT:([Tuning].[dbo].[TB_Sum].[CIDX_CNT]), SEEK:([Tuning].[dbo].[TB_Sum].[date] >= '2020-01-01 00:00:00.000' AND [Tuning].[dbo].[TB_Sum].[date] <= '2020-03-31 00:00:00.000') Ordered Forward)

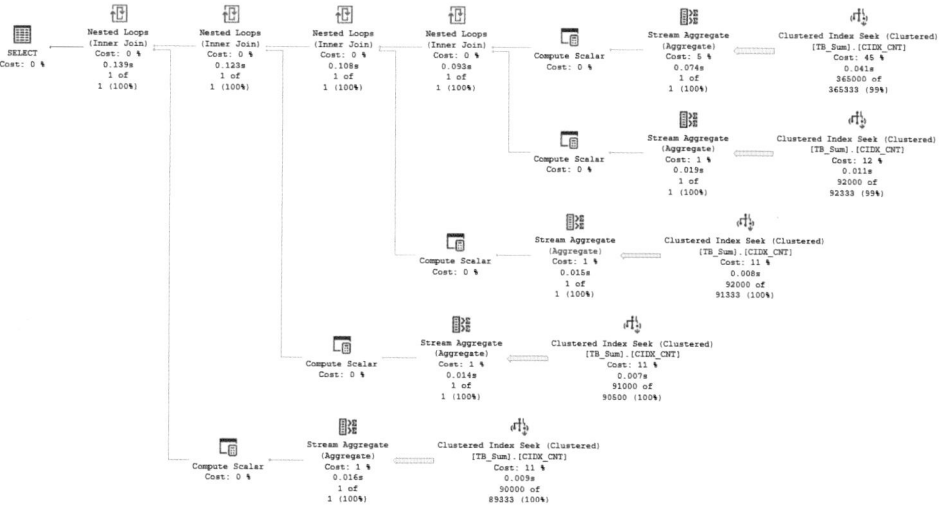

테이블 'TB_Sum'. 검색 수 5, 논리적 읽기 수 4840
SQL Server 실행 시간:
CPU 시간 = 32ms, 경과 시간 = 114ms

3. [AS-IS] 통계 정보

· 인덱스 정보

Table_Name	Index_Name	Type_Desc	Is_Unique	Key_List	Include_List
TB_Sum	CIDX_CNT	CLUSTERED	0	date	-

4. [AS-IS] 구문 설명

[TB_Sum] 테이블에서 2020년 전체에 해당하는 SUM(value) 값과 1, 2, 3, 4분기별 SUM(value) 값을 한 번에 출력하기 위해 CROSS JOIN을 활용한 구문이다. 이 구문에서는 각 기간의 값을 구하기 위해 테이블을 총 5회 읽어내고 있는데, 각 분기의 데이터는 2020년 전체 데이터에 일부로 포함되는 데이터임에도 중복된 데이터를 읽어내는 I/O가 추가로 발생된다.

5. [TO-BE] 튜닝 포인트

각 분기별 데이터를 모두 합치면 1년간의 데이터가 되기 때문에 2020년 전체 데이터를 출력하기 위해 테이블을 읽는 것은 불필요한 I/O를 사용하는 것이다. 2020년 전체 데이터를 읽어내는 인 라인 뷰를 제거하고 각 분기별 데이터를 합산하여 연간 데이터를 출력하면 I/O를 개선시킬 수 있다.

6. [TO-BE] 개선 방안

1) 각 분기 데이터를 합산하여 연간 데이터를 추출

2020년 전체 데이터를 출력하는 인 라인 뷰를 제거하고 분기 별로 출력한 데이터를 모두 합산하여 연간 데이터를 출력하도록 변경한다.

■ 변경된 SQL 구문

```sql
SELECT sum_1+sum_2+sum_3+sum_4 as sum_total, sum_1, sum_2, sum_3, sum_4
FROM (SELECT SUM(value) sum_1
        FROM TB_Sum
        WHERE date BETWEEN '2020-01-01' AND '2020-03-31') b
CROSS JOIN (SELECT SUM(value) sum_2
              FROM TB_Sum
              WHERE date BETWEEN '2020-04-01' AND '2020-06-30') c
CROSS JOIN (SELECT SUM(value) sum_3
              FROM TB_Sum
              WHERE date BETWEEN '2020-07-01' AND '2020-09-30') d
CROSS JOIN(SELECT SUM(value) sum_4
              FROM TB_Sum
              WHERE date BETWEEN '2020-10-01' AND '2020-12-31') e
GO
```

• 실행 계획

Rows	Executes	StmtText
1	1	SELECT sum_1+sum_2+sum_3+sum_4 as sum_total, sum_1, sum_2, sum_3, sum_4 FROM (SELECT SUM(value) sum_1 FROM TB_Sum WHERE date BETWEEN '2020-01-01' AND '2020-03-31') b CROSS JOIN (SELECT SUM(value) sum_2 FROM TB_Sum WHERE date BETWEEN '2020-04-01' AND '2020-06-30') c CROSS JOIN (SELECT SUM(value) sum_3 FROM TB_Sum WHERE date BETWEEN '2020-07-01' AND '2020-09-30') d CROSS JOIN (SELECT SUM(value) sum_4 FROM TB_Sum WHERE date BETWEEN '2020-10-01' AND '2020-12-31') e
0	0	|--Compute Scalar(DEFINE:([Expr1016]=[Expr1003]+[Expr1007]+[Expr1011]+[Expr1015]))
1	1	|--Nested Loops(INNER JOIN)
1	1	|--Nested Loops(INNER JOIN)
1	1	| |--Nested Loops(INNER JOIN)
0	0	| | |--Compute Scalar(DEFINE:([Expr1003]=CASE WHEN [Expr1033]=(0) THEN NULL ELSE [Expr1034] END))
1	1	| | |--Stream Aggregate(DEFINE:([Expr1033]=COUNT_BIG([Tuning].[dbo].[TB_Sum].[value]), [Expr1034]=SUM([Tuning].[dbo].[TB_Sum].[value])))
90000	1	| | | |--Clustered Index Seek(OBJECT:([Tuning].[dbo].[TB_Sum].[CIDX_CNT]), SEEK:([Tuning].[dbo].[TB_Sum].[date] >= '2020-01-01 00:00:00.000' AND [Tuning].[dbo].[TB_Sum].[date] <= '2020-03-31 00:00:00.000') Ordered Forward)
0	0	| | |--Compute Scalar(DEFINE:([Expr1015]=CASE WHEN [Expr1035]=(0) THEN NULL ELSE [Expr1036] END))
1	1	| | |--Stream Aggregate(DEFINE:([Expr1035]=COUNT_BIG([Tuning].[dbo].[TB_Sum].[value]), [Expr1036]=SUM([Tuning].[dbo].[TB_Sum].[value])))
92000	1	| | |--Clustered Index Seek(OBJECT:([Tuning].[dbo].[TB_Sum].[CIDX_CNT]), SEEK:([Tuning].[dbo].[TB_Sum].[date] >= '2020-10-01 00:00:00.000' AND [Tuning].[dbo].[TB_Sum].[date] <= '2020-12-31 00:00:00.000') Ordered Forward)
0	0	| |--Compute Scalar(DEFINE:([Expr1011]=CASE WHEN [Expr1037]=(0) THEN NULL ELSE [Expr1038] END))
1	1	| |--Stream Aggregate(DEFINE:([Expr1037]=COUNT_BIG([Tuning].[dbo].[TB_Sum].[value]), [Expr1038]=SUM([Tuning].[dbo].[TB_Sum].[value])))
92000	1	| |--Clustered Index Seek(OBJECT:([Tuning].[dbo].[TB_Sum].[CIDX_CNT]), SEEK:([Tuning].[dbo].[TB_Sum].[date] >= '2020-07-01 00:00:00.000' AND [Tuning].[dbo].[TB_Sum].[date] <= '2020-09-30 00:00:00.000') Ordered Forward)
0	0	|--Compute Scalar(DEFINE:([Expr1007]=CASE WHEN [Expr1039]=(0) THEN NULL ELSE [Expr1040] END))
1	1	|--Stream Aggregate(DEFINE:([Expr1039]=COUNT_BIG([Tuning].[dbo].[TB_Sum].[value]), [Expr1040]=SUM([Tuning].[dbo].[TB_Sum].[value])))
91000	1	|--Clustered Index Seek(OBJECT:([Tuning].[dbo].[TB_Sum].[CIDX_CNT]), SEEK:([Tuning].[dbo].[TB_Sum].[date] >= '2020-04-01 00:00:00.000' AND [Tuning].[dbo].[TB_Sum].[date] <= '2020-06-30 00:00:00.000') Ordered Forward)

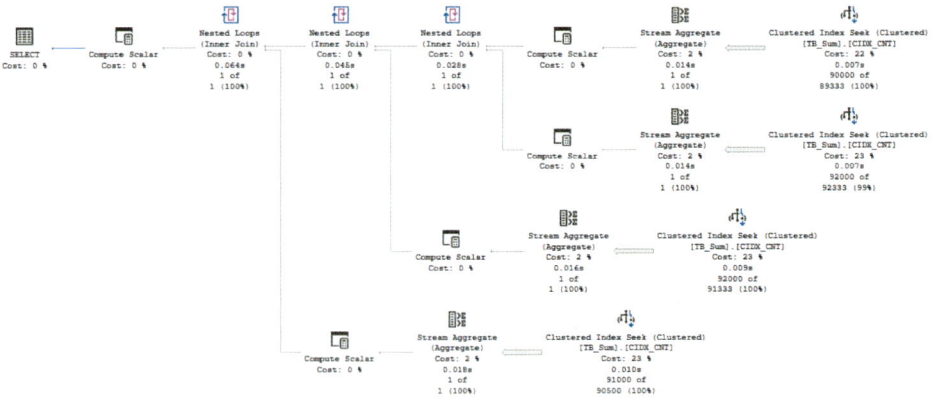

테이블 'TB_Sum'. 검색 수 4, 논리적 읽기 수 2426
SQL Server 실행 시간:
CPU 시간 = 62ms, 경과 시간 = 119ms

7. 개선 효과

· 리소스 사용률 비교

	CPU Time (ms)	Elapse Time (ms)	Logical Reads
AS-IS	32	114	4,840
TO-BE	62	119	2,426

10 내부 조인의 스캔 범위 개선

조인된 결과에서 중복 제거된 값을 출력하기 위해 내부 조인을 사용하면서 과다한 스캔 범위로 I/O가 많아진 사례이다.

1. 사전 구성 스크립트

```sql
SELECT *, CONVERT(INT, RIGHT(num,1)) AS code
INTO TB_DATA11
FROM (SELECT
            ROW_NUMBER() OVER (ORDER BY A.number) AS num
          , LEFT(CONVERT(CHAR(8), DATEADD(HH, A.number,'2020-01-01'), 112), 6) AS date
      FROM master..spt_values A, (SELECT NUMBER
                                  FROM master..spt_values B
                                  WHERE type = 'P' AND number <= 500) B
      WHERE A.type = 'P'
) C

SELECT number AS id, number +2 AS code
INTO TB_CODE
FROM master..spt_values B
WHERE type = 'P' AND number BETWEEN 1 and 10

CREATE INDEX NIDX01_DATA11 ON TB_DATA11(code,date)
CREATE INDEX NIDX01_CODE ON TB_CODE(code)
GO
```

2. [AS-IS] SQL 구문 및 실행 계획

■ SQL 구문

```sql
SELECT A.code
FROM TB_CODE A INNER JOIN TB_DATA11 B
ON A.code=B.code
AND B.date >'20200101'
GROUP BY A.code
ORDER BY A.code
GO
```

• 실행 계획

Rows	Executes	StmtText
7	1	A.code FROM TB_CODE A INNER JOIN TB_DATA11 B ON A.code=B.code AND B.date >'20200101' GROUP BY A.code ORDER BY A.code
7	1	|--Stream Aggregate(GROUP BY:([A].[code]))
457314	1	|--Nested Loops(INNER JOIN, OUTER REFERENCES:([A].[code]))
10	1	|--Index Scan(OBJECT:([Tuning].[dbo].[TB_CODE].[NIDX01_CODE] AS [A]), Ordered Forward)
457314	10	|--Index Seek(OBJECT:([Tuning].[dbo].[TB_DATA11].[NIDX01_DATA11] AS [B]), SEEK:([B].[code]=[Tuning].[dbo].[TB_CODE].[code] as [A].[code] AND [B].[date] > '20200101') Ordered Forward)

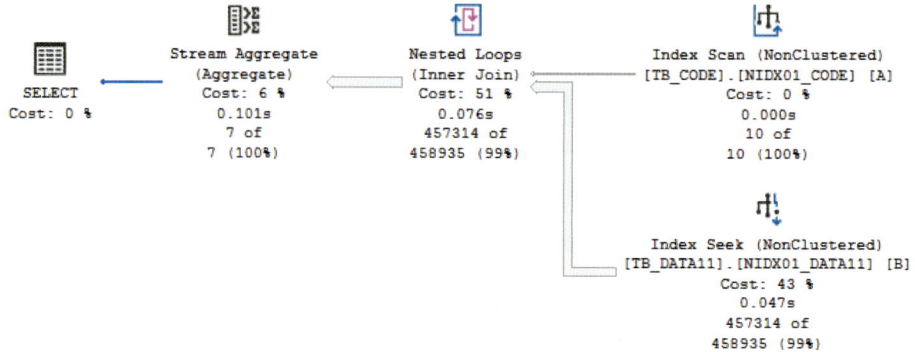

```
테이블 'TB_DATA11'. 검색 수 10, 논리적 읽기 수 1627
테이블 'TB_CODE'. 검색 수 1, 논리적 읽기 수 2
SQL Server 실행 시간:
CPU 시간 = 141ms, 경과 시간 = 160ms
```

3. [AS-IS] 통계 정보

- 인덱스 정보

Table_Name	Index_Name	Type_Desc	Is_Unique	Key_List	Include_List
TB_DATA11	NIDX01_DATA11	NONCLUSTERED	0	code, date	-
TB_CODE	NIDX01_CODE	NONCLUSTERED	0	code	-

4. [AS-IS] 구문 설명

[TB_CODE] 테이블을 기준으로 [TB_DATA11] 테이블과 [code] 컬럼으로 조인한 뒤 조인에 성공한 결과 집합에서 중복 값을 제거하고 조회하는 구문이다. [TB_CODE] 테이블의 데이터만을 출력하며 최종 행 수가 7건뿐임에도 [TB_DATA11] 테이블과 내부 조인이 수행되면서 약 45만 건의 행을 읽고 이를 GROUP BY 절로 중복 값을 제거하여 출력하게 된다.

5. [TO-BE] 튜닝 포인트

[TB_CODE] 테이블의 [code] 컬럼 값이 [TB_DATA11] 테이블에 존재하는지 여부만 확인하면 되기 때문에 EXISTS 절을 고려해 볼 수 있다. EXISTS는 Semi Join으로 수행되며 메인 쿼리 하나의 행에 대해서 서브 쿼리의 모든 행과 조인하는 것이 아닌 처음 조인에 성공하는 행을 만나면 스캔을 멈추고 해당 행을 최종 결과 셋에 포함한다. EXISTS 절을 활용하면 후행 테이블의 스캔 범위를 감소시킬 수 있고 선행 테이블의 대해서만 중복을 제거하면서 I/O를 개선할 수 있다.

6. [TO-BE] 개선 방안

1) INNER JOIN을 EXISTS 절로 변경한다.

[TB_CODE] 테이블과 [TB_DATA11] 테이블을 내부 조인하여 집계하는 구문을 EXISTS 절로 변경한다. 메인 쿼리 10건의 행을 서브 쿼리와 조인하면서 존재 유무만 확인하면 되기 때문에 I/O가 개선된다.

■ 변경된 SQL 구문

```sql
SELECT A.code
FROM TB_CODE A
WHERE EXISTS (SELECT '1'
              FROM TB_DATA11 B
              WHERE A.code=B.code
              AND B.DATE >'20200101')
GROUP BY A.code
ORDER BY A.code
GO
```

· 실행 계획

Rows	Executes	StmtText
7	1	SELECT A.code FROM TB_CODE A WHERE EXISTS (SELECT '1' FROM TB_DATA11 B WHERE A.code=B.code AND B.DATE >'20200101') GROUP BY A.code ORDER BY A.code
7	1	|--Stream Aggregate(GROUP BY:([A].[code]))
7	1	|--Nested Loops(Left Semi Join, OUTER REFERENCES:([A].[code]))
10	1	|--Index Scan(OBJECT:([tuning].[dbo].[TB_CODE].[NIDX01_CODE] AS [A]), Ordered Forward)
7	10	|--Index Seek(OBJECT:([tuning].[dbo].[TB_DATA11].[NIDX01_DATA11] AS [B]), SEEK:([B].[code]=[tuning].[dbo].[TB_CODE].[code] as [A].[code] AND [B].[date] > '20200101') Ordered Forward)

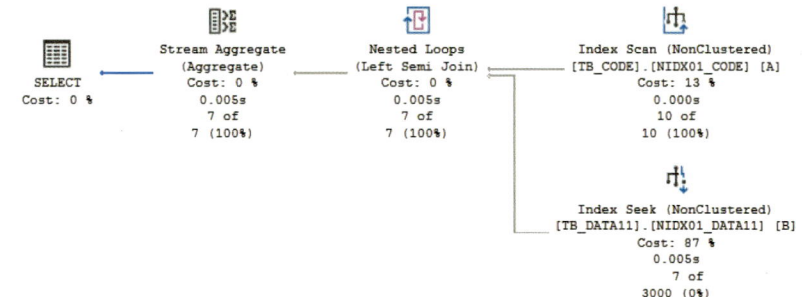

```
테이블 'TB_DATA11'. 검색 수 10, 논리적 읽기 수 30
테이블 'TB_CODE'. 검색 수 1, 논리적 읽기 수 2
SQL Server 실행 시간:
CPU 시간 = 0ms, 경과 시간 = 0ms
```

7. 개선 효과

- 리소스 사용률 비교

	CPU Time (ms)	Elapse Time (ms)	Logical Reads
AS-IS	141	160	1,629
TO-BE	0	0	32

11 BETWEEN의 인덱스 스캔 범위 개선 – 1

BETWEEN 조건을 사용했을 때 잘못된 스캔 범위로 인해 비효율적인 I/O가 발생되는 사례이다.

1. 사전 구성 스크립트

```sql
SELECT id
     , DATEADD(ss,id-1,'2020-01-01') date
     , NEWID() code
INTO TB_Date
FROM (SELECT ROW_NUMBER() OVER (ORDER BY a.number) id
        FROM master..spt_values a , (SELECT number
                                       FROM master..spt_values b
                                      WHERE type = 'P'
                                        AND number <= 500) b
       WHERE a.type = 'P'
) c

CREATE INDEX NIDX01_Date ON TB_Date (date) INCLUDE (id,code)
GO
```

2. [AS-IS] SQL 구문 및 실행 계획

■ SQL 구문

```sql
SELECT id, date,code
FROM TB_Date
WHERE date BETWEEN '2020-01-01' AND '2020-01-04'
AND SUBSTRING(CONVERT(NVARCHAR, date, 121), 12, 12) = '00:00:00.000'
GO
```

· 실행 계획

Rows	Executes	StmtText
4	1	SELECT id, date,code FROM TB_Date WHERE DATE BETWEEN '2020-01-01' AND '2020-01-04' AND SUBSTRING(CONVERT(NVARCHAR,date,121),12,12) = '00:00:00.000'
4	1	|--Index Seek(OBJECT:([tuning].[dbo].[TB_Date].[NIDX01_Date]), SEEK:([tuning].[dbo].[TB_Date].[date] >= '2020-01-01 00:00:00.000' AND [tuning].[dbo].[TB_Date].[date] <= '2020-01-04 00:00:00.000'), WHERE:(substring(CONVERT(nvarchar(30),[tuning].[dbo].[TB_Date].[date],121),(12),(12))=N'00:00:00.000') Ordered Forward)

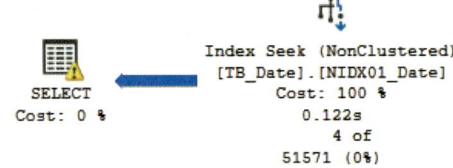

테이블 'TB_Date'. 검색 수 1, 논리적 읽기 수 1481
SQL Server 실행 시간:
CPU 시간 = 109ms, 경과 시간 = 112ms

3. [AS-IS] 통계 정보

· 인덱스 정보

Table_Name	Index_Name	Type_Desc	Is_Unique	Key_List	Include_List
TB_Date	NIDX01_Date	NONCLUSTERED	0	date	id, code

4. [AS-IS] 구문 설명

[TB_Date] 테이블에서 '2020-01-01'부터 4일간의 00시 정각 데이터를 조회하는 구문이다. 조건으로 사용된 컬럼은 초 단위로 데이터가 저장되어 있어 날짜와 시간을 별도의 조건을 주어 조회한다. 구문에 사용된 [NIDX01_Date] 인덱스에는 [Date] 컬럼이 키로 구성되어 있지만 시간을 구분하는 조건절이 함수로 가공되어 있어 인덱스 탐색 조건에 사용되지 못하고 날짜 간 사이에 존재하는 모든 초 단위 데이터가 스캔 범위에 포함되는 비효율이 생긴다.

다음 그림은 [Date] 컬럼의 인덱스 탐색에 대한 스캔 범위를 나타낸다.

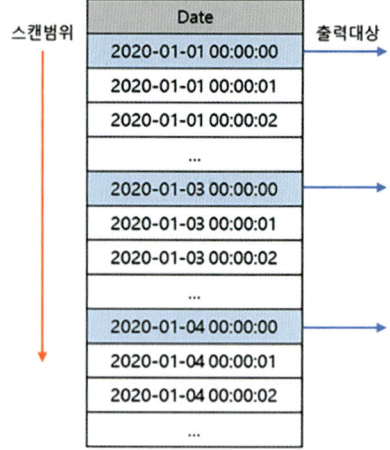

5. [TO-BE] 튜닝 포인트

이 구문은 특정 날짜와 시간만을 요구하기 때문에 IN 절로 변경하여 Equal 조건으로 탐색하는 것을 고려할 수 있다. IN 절 사용 시 나열된 조건 개수에 따라 인덱스를 재 탐색해야 하는 비효율이 존재하지만 요구되는 날짜의 범위가 길지 않기 때문에 성능상의 이점을 가질 수 있다.

다음은 개선된 인덱스 스캔 범위를 나타낸다.

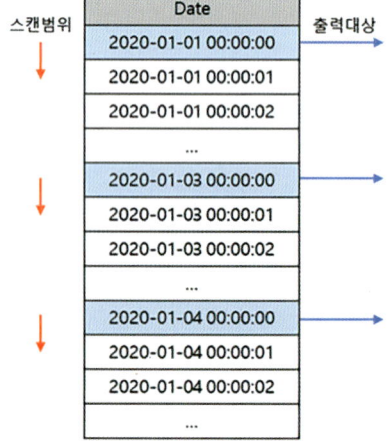

6. [TO-BE] 개선 방안

1) 날짜와 시간의 조건을 하나의 IN 절로 통합하여 구문 변경

날짜와 시간을 하나의 조건으로 통합하고 IN 절의 값으로 나열한다. 각 조건마다 OR 절로 구분되어 Equal 조건으로 수행되며 인덱스 스캔 범위를 효과적으로 개선할 수 있다.

■ 변경된 SQL 구문

```sql
SELECT id,date,code
FROM TB_Date
WHERE date IN ('2020-01-01 00:00:00.000'
              ,'2020-01-02 00:00:00.000'
              ,'2020-01-03 00:00:00.000'
              ,'2020-01-04 00:00:00.000')
GO
```

· 실행 계획

Rows	Executes	StmtText
4	1	SELECT id,date,code FROM TB_Date WHERE date IN ('2020-01-01 00:00:00.000', '2020-01-02 00:00:00.000', '2020-01-03 00:00:00.000', '2020-01-04 00:00:00.000')
4	1	|--Index Seek(OBJECT:([tuning].[dbo].[TB_Date].[NIDX01_Date]), SEEK:([tuning].[dbo].[TB_Date].[date]='2020-01-01 00:00:00.000' OR [tuning].[dbo].[TB_Date].[date]='2020-01-02 00:00:00.000' OR [tuning].[dbo].[TB_Date].[date]='2020-01-03 00:00:00.000' OR [tuning].[dbo].[TB_Date].[date]='2020-01-04 00:00:00.000') Ordered Forward)

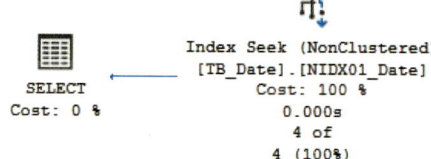

```
테이블 'TB_Date'. 검색 수 4, 논리적 읽기 수 12
SQL Server 실행 시간:
CPU 시간 = 0ms, 경과 시간 = 0ms
```

7. 개선 효과

· 리소스 사용률 비교

	CPU Time (ms)	Elapse Time (ms)	Logical Reads
AS-IS	109	112	1,481
TO-BE	0	0	12

12 BETWEEN의 인덱스 스캔 범위 개선 - 2

범위 조건을 사용할 때 인덱스 키 순서에 따라서 탐색하는 범위의 비효율이 발생된다.

1. 사전 구성 스크립트

```sql
SELECT *, CASE WHEN RIGHT(Num,1) = 1 THEN 1 ELSE 2 END Code
INTO TB_DATA10
FROM (SELECT ROW_NUMBER() OVER (ORDER BY A.number) Num
            , LEFT(CONVERT(CHAR(8), DATEADD(hh, A.number, '2020-01-01'), 112), 6) Date
      FROM master..spt_values A, (SELECT number
                                    FROM master..spt_values B
                                    WHERE type = 'P' AND number <= 500) B
      WHERE A.type ='P'
) C

CREATE INDEX NIDX01_DATA10 ON TB_DATA10(Date, Code)
GO
```

2. [AS-IS] SQL 구문 및 실행 계획

■ SQL 구문

```sql
SELECT COUNT(*)
FROM TB_DATA10
WHERE Code ='1' AND Date BETWEEN '202001' AND '202002'
GO
```

· 실행 계획

Rows	Executes	StmtText
1	1	SELECT COUNT(*) FROM [TB_DATA10] WHERE [Code]=@1 AND [Date]>=@2 AND [Date]<=@3
0	0	|--Compute Scalar(DEFINE:([Expr1003]=CONVERT_IMPLICIT(int,[Expr1005],0)))
1	1	|--Stream Aggregate(DEFINE:([Expr1005]=Count(*)))
72144	1	|--Index Seek(OBJECT:([Tuning].[dbo].[TB_DATA10].[NIDX01_DATA10]), SEEK:(([Tuning].[dbo].[TB_DATA10].[Date], [Tuning].[dbo].[TB_DATA10].[Code]) >= ([@2], CONVERT_IMPLICIT(int,[@1],0)) AND ([Tuning].[dbo].[TB_DATA10].[Date], [Tuning].[dbo].[TB_DATA10].[Code]) <= ([@3], CONVERT_IMPLICIT(int,[@1],0))), WHERE:([Tuning].[dbo].[TB_DATA10].[Code]=CONVERT_IMPLICIT(int,[@1],0)) Ordered Forward)

```
테이블 'TB_DATA10'. 검색 수 1, 논리적 읽기 수 1420
SQL Server 실행 시간:
CPU 시간 = 31ms, 경과 시간 = 32ms
```

3. [AS-IS] 통계 정보

- 인덱스 정보

Table_Name	Index_Name	Type_Desc	Is_Unique	Key_List	Include_List
TB_DATA10	NIDX01_DATA10	NONCLUSTERED	0	Date, Code	-

4. [AS-IS] 구문 설명

[TB_DATA10] 테이블에서 2020년 1월, 2월 데이터 중 [Code] 컬럼의 값이 1인 행의 수를 구하는 구문이다. 조건에 사용된 모든 컬럼은 [NIDX01_DATA10] 인덱스의 키로 포함되어 있지만 선두 컬럼인 [Date]가 범위 조건으로 사용되고 있어 [Code] 컬럼은 인덱스 탐색 조건으로 사용될 수 없는 문제가 생긴다. 따라서 그림과 같이 검색 조건에 해당하지 않는 데이터까지 읽는 비효율이 발생한다.

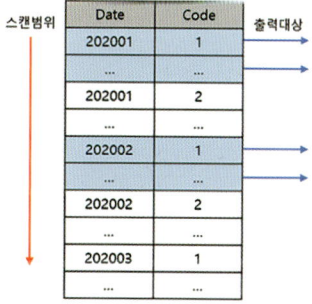

5. [TO-BE] 튜닝 포인트

다음 구문을 개선하기 위해 두 가지 방안을 고려할 수 있다.
첫째, BETWEEN 조건을 IN 절로 변경하여 인덱스 스캔 범위를 줄인다.
둘째, Equal 조건으로 사용된 컬럼을 선두 키로 하여 신규 인덱스를 생성한다.

첫 번째 방법은 인덱스 선두 컬럼인 [Date]의 BETWEEN 조건을 IN 절로 변경하여 [Code] 컬럼을 인덱스 탐색 조건에 포함되도록 하는 방법이다. IN 절은 OR 연산자를 통해 나열된 항목마다 각각 탐색되지만 Equal 조건으로 수행되기 때문에 다음에 오는 [Code] 컬럼도 인덱스 탐색에 포함시킬 수 있다.

두 번째 방법은 Equal 조건으로 사용된 [Code] 컬럼을 선두 컬럼으로 하여 인덱스를 생성하는 방법이다. 범위 조건이 인덱스 선두 컬럼으로 사용되면 후행으로 오는 컬럼은 인덱스 탐색 조건으로 사용되지 못한다. 이를 고려하여 키 컬럼 순서가 변경된 인덱스를 생성하면 두 컬럼 모두 탐색 조건으로 사용되어 I/O를 개선할 수 있다.

6. [TO-BE] 개선 방안

1) BETWEEN 조건을 IN 절로 변경하여 인덱스 스캔 범위를 줄인다.

[Code] 컬럼이 인덱스 탐색에 사용될 수 있도록 선행되는 [Date] 컬럼을 BETWEEN 범위 조건에서 IN 절로 변경한다. IN 절에 포함된 조건 '202001' 과 '202002'를 각각 탐색하기 때문에 총 2회의 탐색이 발생되지만 [Code] 컬럼이 탐색 조건에 포함되면서 필요한 데이터만 읽어 내기 때문에 I/O를 개선시킬 수 있다.

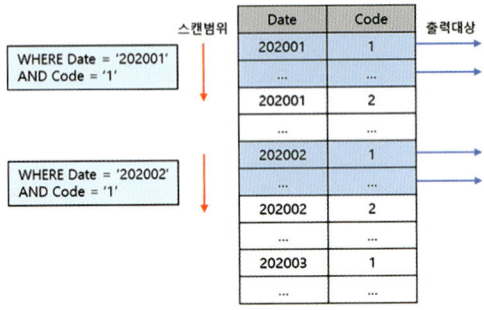

■ 변경된 SQL 구문

```sql
SELECT COUNT(*)
FROM TB_DATA10
WHERE Code ='1' AND Date IN ('202001','202002')
GO
```

· 실행 계획

Rows	Executes	StmtText
1	1	SELECT COUNT(*) FROM TB_DATA10 WHERE Code ='1' AND Date in ('202001','202002')
1	1	|--Compute Scalar(DEFINE:([Expr1003]=CONVERT_IMPLICIT(int,[Expr1006],0)))
1	1	|--Stream Aggregate(DEFINE:([Expr1006]=Count(*)))
72144	1	|--Index Seek(OBJECT:([Tuning].[dbo].[TB_DATA10].[NIDX01_DATA10]), SEEK:([Tuning].[dbo].[TB_DATA10].[Date]='202001' AND [Tuning].[dbo].[TB_DATA10].[Code]=(1) OR [Tuning].[dbo].[TB_DATA10].[Date]='202002' AND [Tuning].[dbo].[TB_DATA10].[Code]=(1)) Ordered Forward)

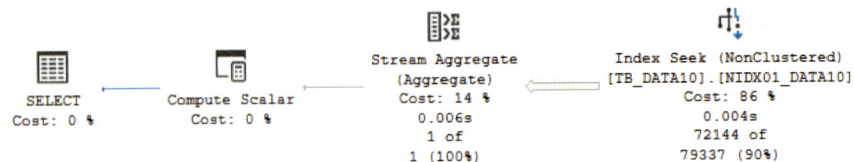

테이블 'TB_DATA10'. 검색 수 2, 논리적 읽기 수 258
SQL Server 실행 시간:
CPU 시간 = 0ms, 경과 시간 = 3ms

2) Equal 조건으로 사용된 컬럼을 선두 키로 하여 신규 인덱스를 생성한다.

기존 쿼리의 변경 없이 신규 인덱스 생성만으로 개선하는 방법이다. [NIDX01_DATA10] 인덱스는 선두 컬럼 [Date]가 범위 조건으로 사용되었기 때문에 후행으로 오는 [Code] 컬럼이 인덱스의 탐색 조건으로 사용되지 못했다. Equal 조건으로 사용되는 [Code] 컬럼을 선두 키로 하여 신규 인덱스를 생성하면 두 조건 모두 인덱스를 탐색하게 되어 I/O를 개선시킬 수 있다.

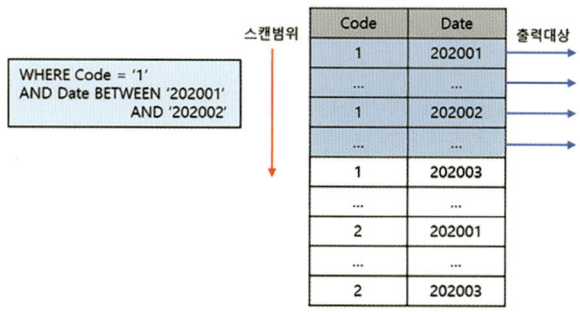

■ 인덱스 생성 구문

```sql
CREATE INDEX NIDX02_DATA10 ON TB_DATA10(Code,Date)
GO
```

■ SQL 구문

```sql
SELECT COUNT(*)
FROM TB_DATA10
WHERE Code ='1' AND Date BETWEEN '202001' AND '202002'
GO
```

· 실행 계획

Rows	Executes	StmtText
1	1	SELECT COUNT(*) FROM [TB_DATA10] WHERE [Code]=@1 AND [Date]>=@2 AND [Date]<=@3
0	0	|--Compute Scalar(DEFINE:([Expr1003]=CONVERT_IMPLICIT(int,[Expr1005],0)))
1	1	|--Stream Aggregate(DEFINE:([Expr1005]=Count(*)))
72144	1	|--Index Seek(OBJECT:([Tuning].[dbo].[TB_DATA10].[NIDX02_DATA10]),SEEK:([Tuning].[dbo].[TB_DATA10].[Code]=CONVERT_IMPLICIT(int,[@1],0) AND [Tuning].[dbo].[TB_DATA10].[Date] >= [@2] AND [Tuning].[dbo].[TB_DATA10].[Date] <= [@3]) Ordered Forward)

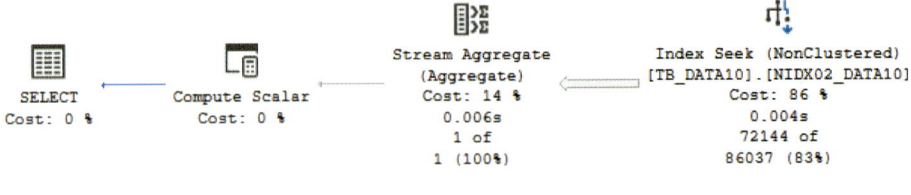

테이블 'TB_DATA10'. 검색 수 1, 논리적 읽기 수 254
SQL Server 실행 시간:
CPU 시간 = 0ms, 경과 시간 = 5ms

7. 개선 효과

· 리소스 사용률 비교

	CPU Time (ms)	Elapse Time (ms)	Logical Reads
AS-IS	31	32	1,420
TO-BE (1)	0	3	258
TO-B2 (2)	0	5	254

13. IN 조건절의 성능 이슈

두 테이블이 NL로 조인되는 과정에서 후행 테이블에 존재하는 IN 조건절로 인해 인덱스로 탐색하는 횟수가 과다하게 증가되는 사례이다.

1. 사전 구성 스크립트

```sql
CREATE TABLE TB_ORFirst (seq INT, date DATETIME)
CREATE TABLE TB_ORSecond (seq INT , gid INT, txt NVARCHAR(36) DEFAULT (NEWID() ) )

INSERT INTO TB_ORFirst
SELECT ROW_NUMBER() OVER (ORDER BY a.number) seq
     , DATEADD(d, a.number, '2020-01-01') date
FROM master..spt_values a (NOLOCK) ,(SELECT number
                                     FROM master..spt_values (NOLOCK)
                                     WHERE type ='p' AND number < 20) b
WHERE type = 'p'
AND a.number <= 365

INSERT INTO TB_ORSecond
SELECT b.seq, a.number, NEWID()
FROM master..spt_values a (NOLOCK), TB_ORFirst b
WHERE type = 'P'
AND number%2 = 1
AND number <= 100

CREATE CLUSTERED INDEX CIDX01_ORFirst ON TB_ORFirst(date)
CREATE INDEX NIDX01_ORSecond ON TB_ORSecond(seq, gid) INCLUDE (txt)
GO
```

2. [AS-IS] SQL 구문 및 실행 계획

■ SQL 구문

```sql
SELECT f.date, s.txt
FROM TB_ORFirst f INNER JOIN TB_ORSecond s
ON f.seq = s.seq
WHERE f.date BETWEEN '2020-01-01' AND '2020-02-28'
AND s.gid IN (1,2,3,7,8,9,13,14,15,19,20,21,25,26,27,31,32,33)
GO
```

· 실행 계획

Rows	Executes	StmtText
14160	1	SELECT f.date, s.txt FROM TB_ORFirst f INNER JOIN TB_ORSecond s ON f.seq = s.seq WHERE f.date BETWEEN '2020-01-01' AND '2020-02-28' AND s.gid IN (1,2,3,7,8,9,13,14,15,19,20,21,25,26,27,31,32,33)
14160	1	|--Nested Loops(INNER JOIN, OUTER REFERENCES:([f].[seq], [Expr1004]) WITH UNORDERED PREFETCH)
1180	1	|--Clustered Index Seek(OBJECT:([Tuning].[dbo].[TB_ORFirst].[NIDX01_ORFirst] AS [f]), SEEK:([f].[date] >= '2020-01-01 00:00:00.000' AND [f].[date] <= '2020-02-28 00:00:00.000') Ordered Forward)
14160	1180	|--Index Seek(OBJECT:([Tuning].[dbo].[TB_ORSecond].[NIDX01_ORSecond] AS [s]), SEEK:([s].[seq]=[Tuning].[dbo].[TB_ORFirst].[seq] as [f].[seq] AND [s].[gid]=(1) OR [s].[seq]=[Tuning].[dbo].[TB_ORFirst].[seq] as [f].[seq] AND [s].[gid]=(2) OR [s].[seq]=[Tuning].[dbo].[TB_ORFirst].[seq] as [f].[seq] AND [s].[gid]=(3) OR [s].[seq]=[Tuning].[dbo].[TB_ORFirst].[seq] as [f].[seq] AND [s].[gid]=(7) OR [s].[seq]=[Tuning].[dbo].[TB_ORFirst].[seq] as [f].[seq] AND [s].[gid]=(8) OR [s].[seq]=[Tuning].[dbo].[TB_ORFirst].[seq] as [f].[seq] AND [s].[gid]=(9) OR [s].[seq]=[Tuning].[dbo].[TB_ORFirst].[seq] as [f].[seq] AND [s].[gid]=(13) OR [s].[seq]=[Tuning].[dbo].[TB_ORFirst].[seq] as [f].[seq] AND [s].[gid]=(14) OR [s].[seq]=[Tuning].[dbo].[TB_ORFirst].[seq] as [f].[seq] AND [s].[gid]=(15) OR [s].[seq]=[Tuning].[dbo].[TB_ORFirst].[seq] as [f].[seq] AND [s].[gid]=(19) OR [s].[seq]=[Tuning].[dbo].[TB_ORFirst].[seq] as [f].[seq] AND [s].[gid]=(20) OR [s].[seq]=[Tuning].[dbo].[TB_ORFirst].[seq] as [f].[seq] AND [s].[gid]=(21) OR [s].[seq]=[Tuning].[dbo].[TB_ORFirst].[seq] as [f].[seq] AND [s].[gid]=(25) OR [s].[seq]=[Tuning].[dbo].[TB_ORFirst].[seq] as [f].[seq] AND [s].[gid]=(26) OR [s].[seq]=[Tuning].[dbo].[TB_ORFirst].[seq] as [f].[seq] AND [s].[gid]=(27) OR [s].[seq]=[Tuning].[dbo].[TB_ORFirst].[seq] as [f].[seq] AND [s].[gid]=(31) OR [s].[seq]=[Tuning].[dbo].[TB_ORFirst].[seq] as [f].[seq] AND [s].[gid]=(32) OR [s].[seq]=[Tuning].[dbo].[TB_ORFirst].[seq] as [f].[seq] AND [s].[gid]=(33) Ordered Forward)

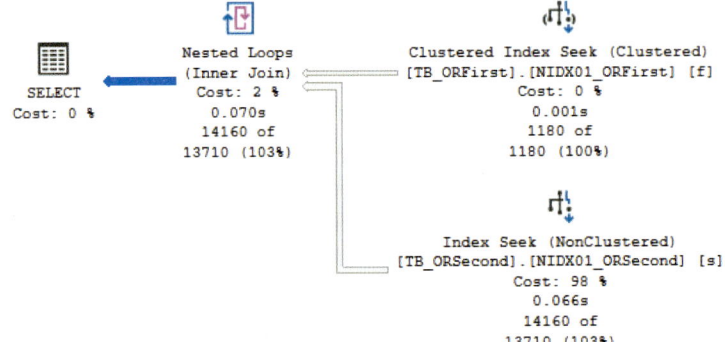

테이블 'TB_ORSecond'. 검색 수 21240, 논리적 읽기 수 64397
테이블 'TB_ORFirst'. 검색 수 1, 논리적 읽기 수 7
SQL Server 실행 시간:
CPU 시간 = 47ms, 경과 시간 = 56ms

3. [AS-IS] 통계 정보

· 인덱스 정보

Table_Name	Index_Name	Type_Desc	Is_Unique	Key_List	Include_List
TB_ORFirst	CIDX01_ORFirst	CLUSTERED	0	date	-
TB_ORSecond	NIDX01_ORSecond	NONCLUSTERED	0	seq, gid	txt

4. [AS-IS] 구문 설명

선행 테이블 [TB_ORFirst]과 후행 테이블 [TB_ORSecond]이 NL Join으로 수행될 때 후행 테이블의 조인 조건과 IN 조건절 컬럼이 인덱스 키로 생성되어 있어 인덱스로 탐색하는 횟수가 과다하게 많아지는 현상이다. NL Join으로 인해 선행 테이블의 결과 집합 건수 (1,180) 만큼 후행 테이블을 참조하며 그 결과 집합은 1건당 IN 절의 조건 개수 (18) 만큼 인덱스를 탐색하게 되면서 다음과 같은 테이블 검색 수를 보이게 된다.

[테이블 검색 수 = 선행 테이블의 데이터 건수 * IN 조건절 개수 = 1,180 * 18 = 21,240]

5. [TO-BE] 튜닝 포인트

다음 구문을 개선하기 위한 두 가지 방안을 고려할 수 있다.
첫째, IN 조건절이 인덱스 탐색 조건의 대상이 되지 못하도록 컬럼을 고의적으로 가공한다.
둘째, Hash Join으로 유도하여 테이블 검색 수를 최소화한다.

첫 번째 방법은 [seq] 컬럼으로만 인덱스 탐색하는 것이 유리할 때 고려할 수 있다. IN 절의 조건들은 OR 절로 동작하여 각 조건마다 매번 Page를 새로 탐색하게 되고, 인덱스의 트리 구조의 깊이가 깊어질수록 더 많은 I/O를 유발하게 된다. 여기서 [seq] 컬럼만을 인덱스로 탐색한 데이터와 IN 조건절까지 모두 탐색한 데이터의 차이가 크지 않다면 IN 절에 사용된 컬럼을 가공하여 [seq] 컬럼으로만 탐색하도록 하는 것이 오히려 I/O가 더 감소될 수 있다.

두 번째 방법은 조인 방식을 Hash Join으로 변경하여 각 테이블이 참조되는 수를 줄이는 방법이다. Hash Join으로 변경할 경우 후행 테이블은 IN 절에 사용된 조건 수만큼만 인덱스 탐색을 수행하고, 선행 테이블 데이터 건수의 영향을 받지 않기 때문에 반복해서 읽는 과정이 제거되어 I/O를 감소시킬 수 있다.

6. [TO-BE] 개선 방안

1) IN 조건절이 인덱스 탐색의 대상이 되지 못하도록 컬럼을 고의적으로 가공한다.

후행 테이블인 [TB_ORSecond] 테이블의 IN 절로 사용된 [gid] 컬럼을 고의적으로 가공하여 인덱스 탐색의 대상이 되지 못하도록 변경한다. [gid] 컬럼은 데이터 타입이 INT형이므로 데이터가 변하지 않는 값 (+0) 을 추가하여 가공한다. 후행 테이블은 선행 테이블의 결과 집합 1,180건 만큼만 검색되며 [seq] 컬럼으로 인덱스를 탐색한 뒤 IN 절의 조건은 Filter 연산자를 통해 동작하는 것을 확인할 수 있다.

■ 변경된 SQL 구문

```sql
SELECT f.date, s.txt
FROM TB_ORFirst f INNER JOIN TB_ORSecond s
ON f.seq = s.seq
WHERE f.date BETWEEN '2020-01-01' AND '2020-02-28'
AND s.gid + 0 IN (1,2,3,7,8,9,13,14,15,19,20,21,25,26,27,31,32,33)
GO
```

· 실행 계획

Rows	Executes	StmtText
14160	1	SELECT f.date, s.txt FROM TB_ORFirst f INNER JOIN TB_ORSecond s ON f.seq = s.seq WHERE f.date BETWEEN '2020-01-01' AND '2020-02-28' AND s.gid+0 IN (1,2,3,7,8,9,13,14,15,19,20,21,25,26,27,31,32,33)
14160	1	|--Nested Loops(INNER JOIN, OUTER REFERENCES:([f].[seq], [Expr1005]) WITH UNORDERED PREFETCH)
1180	1	|--Clustered Index Seek(OBJECT:([Tuning].[dbo].[TB_ORFirst].[NIDX01_ORFirst] AS [f]), SEEK:([f].[date] >= '2020-01-01 00:00:00.000' AND [f].[date] <= '2020-02-28 00:00:00.000') Ordered Forward)
14160	1180	|--Filter(WHERE:((([Tuning].[dbo].[TB_ORSecond].[gid] as [s].[gid]+(0))=(33) OR ([Tuning].[dbo].[TB_ORSecond].[gid] as [s].[gid]+(0))=(32) OR ([Tuning].[dbo].[TB_ORSecond].[gid] as [s].[gid]+(0))=(31) OR ([Tuning].[dbo].[TB_ORSecond].[gid] as [s].[gid]+(0))=(27) OR ([Tuning].[dbo].[TB_ORSecond].[gid] as [s].[gid]+(0))=(26) OR ([Tuning].[dbo].[TB_ORSecond].[gid] as [s].[gid]+(0))=(25) OR ([Tuning].[dbo].[TB_ORSecond].[gid] as [s].[gid]+(0))=(21) OR ([Tuning].[dbo].[TB_ORSecond].[gid] as [s].[gid]+(0))=(20) OR ([Tuning].[dbo].[TB_ORSecond].[gid] as [s].[gid]+(0))=(19) OR ([Tuning].[dbo].[TB_ORSecond].[gid] as [s].[gid]+(0))=(15) OR ([Tuning].[dbo].[TB_ORSecond].[gid] as [s].[gid]+(0))=(14) OR ([Tuning].[dbo].[TB_ORSecond].[gid] as [s].[gid]+(0))=(13) OR ([Tuning].[dbo].[TB_ORSecond].[gid] as [s].[gid]+(0))=(9) OR ([Tuning].[dbo].[TB_ORSecond].[gid] as [s].[gid]+(0))=(8) OR ([Tuning].[dbo].[TB_ORSecond].[gid] as [s].[gid]+(0))=(7) OR ([Tuning].[dbo].[TB_ORSecond].[gid] as [s].[gid]+(0))=(3) OR ([Tuning].[dbo].[TB_ORSecond].[gid] as [s].[gid]+(0))=(2) OR ([Tuning].[dbo].[TB_ORSecond].[gid] as [s].[gid]+(0))=(1)))
59000	1180	|--Index Seek(OBJECT:([Tuning].[dbo].[TB_ORSecond].[NIDX01_ORSecond] AS [s]), SEEK:([s].[seq]=[Tuning].[dbo].[TB_ORFirst].[seq] as [f].[seq]) Ordered Forward)

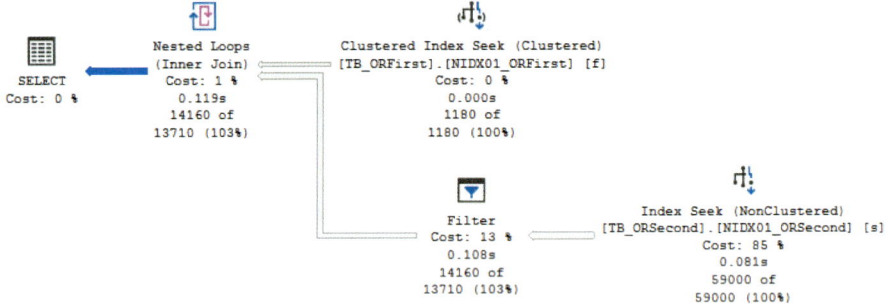

```
테이블 'TB_ORSecond'. 검색 수 1180, 논리적 읽기 수 4533
테이블 'TB_ORFirst'. 검색 수 1, 논리적 읽기 수 7
SQL Server 실행 시간:
CPU 시간 = 32ms, 경과 시간 = 37ms
```

2) Hash Join으로 유도하여 테이블의 검색 수를 최소화한다.

조인 조건을 제외한 조건절의 컬럼을 키로 인덱스를 생성하여 Hash Join으로 유도한다. IN 절의 조건절 개수만큼만 인덱스로 탐색을 수행하기 때문에 검색 횟수가 감소되며 조건절을 탐색하는 스캔 범위에 따라 I/O가 결정된다.

■ 인덱스 생성 구문

```
CREATE INDEX NIDX02_ORSecond ON TB_ORSecond(gid) INCLUDE (seq,txt)
GO
```

■ SQL 구문

```
SELECT f.date, s.txt
FROM TB_ORFirst f INNER JOIN TB_ORSecond s
ON f.seq = s.seq
WHERE f.date BETWEEN '2020-01-01' AND '2020-02-28'
AND s.gid IN (1,2,3,7,8,9,13,14,15,19,20,21,25,26,27,31,32,33)
GO
```

· 실행 계획

Rows	Executes	StmtText
14160	1	SELECT f.date, s.txt FROM TB_ORFirst f INNER JOIN TB_ORSecond s ON f.seq = s.seq WHERE f.date BETWEEN '2020-01-01' AND '2020-02-28' AND s.gid IN (1,2,3,7,8,9,13,14,15,19,20,21,25,26,27,31,32,33)
14160	1	|--Hash Match(INNER JOIN, HASH:([f].[seq])=([s].[seq]), RESIDUAL:([Tuning].[dbo].[TB_ORSecond].[seq] as [s].[seq]=[Tuning].[dbo].[TB_ORFirst].[seq] as [f].[seq]))
1180	1	| Clustered Index Seek(OBJECT:([Tuning].[dbo].[TB_ORFirst].[NIDX01_ORFirst] AS [f]), SEEK:([f].[date] >= '2020-01-01 00:00:00.000' AND [f].[date] <= '2020-02-28 00:00:00.000') Ordered Forward)
87840	1	|--Index Seek(OBJECT:([Tuning].[dbo].[TB_ORSecond].[NIDX02_ORSecond] AS [s]), SEEK:([s].[gid]=(1) OR [s].[gid]=(2) OR [s].[gid]=(3) OR [s].[gid]=(7) OR [s].[gid]=(8) OR [s].[gid]=(9) OR [s].[gid]=(13) OR [s].[gid]=(14) OR [s].[gid]=(15) OR [s].[gid]=(19) OR [s].[gid]=(20) OR [s].[gid]=(21) OR [s].[gid]=(25) OR [s].[gid]=(26) OR [s].[gid]=(27) OR [s].[gid]=(31) OR [s].[gid]=(32) OR [s].[gid]=(33)) Ordered Forward)

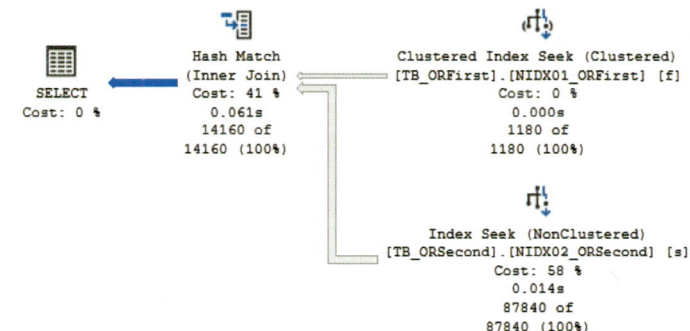

```
테이블 'Workfile'. 검색 수 0, 논리적 읽기 수 0
테이블 'Worktable'. 검색 수 0, 논리적 읽기 수 0
테이블 'TB_ORSecond'. 검색 수 18, 논리적 읽기 수 1145
테이블 'TB_ORFirst'. 검색 수 1, 논리적 읽기 수 7
SQL Server 실행 시간:
CPU 시간 = 15ms, 경과 시간 = 24ms
```

7. 개선 효과

- 리소스 사용률 비교

	CPU Time (ms)	Elapse Time (ms)	Logical Reads
AS-IS	47	56	64,404
TO-BE (1)	32	37	4,540
TO-BE (2)	15	24	1,152

14 조건절 컬럼이 가공됐을 때의 영향

조건절에 사용된 컬럼이 가공되어 인덱스를 사용하지 못하는 사례이다.

1. 사전 구성 스크립트

```sql
SELECT CASE WHEN RIGHT(CONVERT(VARCHAR,a.number),1) <= 8 THEN 'A'
       ELSE 'B' END Col1
     , CONVERT(VARCHAR,a.number) Col2
     , CONVERT(VARCHAR,b.number) Col3
     , DATEADD(dd,a.number,'2020-01-01') Col4
INTO TB_cost
FROM master..spt_values a, (SELECT number
                              FROM master..spt_values
                              WHERE type ='P'
                              and number <= 500) b
WHERE a.type = 'P'

CREATE UNIQUE INDEX UIDX01_cost ON TB_cost (Col1, Col2, Col3)
GO
```

2. [AS-IS] SQL 구문 및 실행 계획

■ SQL 구문

```sql
SELECT Col4
FROM TB_cost
WHERE Col1 = 'A'
AND Col2 + Col3 = '00'
GO
```

• 실행 계획

Rows	Executes	StmtText
1	1	SELECT [Col4] FROM [TB_cost] WHERE [Col1]=@1 AND ([Col2]+[Col3])=@2
1	1	|--Parallelism(Gather Streams)
1	8	|--Table Scan(OBJECT:([tuning].[dbo].[TB_cost]), WHERE:([tuning].[dbo].[TB_cost].[Col1]='A' AND ([tuning].[dbo].[TB_cost].[Col2]+[tuning].[dbo].[TB_cost].[Col3])='00'))

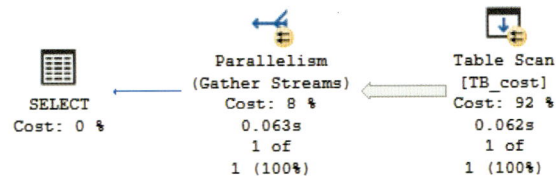

테이블 'TB_cost'. 검색 수 9, 논리적 읽기 수 4097
SQL Server 실행 시간:
CPU 시간 = 545ms, 경과 시간 = 75ms

3. [AS-IS] 통계 정보

• 인덱스 정보

Table_Name	Index_Name	Type_Desc	Is_Unique	Key_List	Include_List
TB_cost	UIDX01_cost	NONCLUSTERED	1	Col1, Col2, Col3	-

• Selectivity

	All density	Average Length	Columns
1	0.5	1	Col1
2	0.0004882813	4.458008	Col1, Col2
3	9.746133E-07	7.238447	Col1, Col2, Col3

• Histogram

	RANGE_HI_KEY	RANGE_ROWS	EQ_ROWS	DISTINCT_RANGE_ROWS	AVG_RANGE_ROWS
1	A	0	923844	0	1
2	B	0	102204	0	1

4. [AS-IS] 구문 설명

    [TB_cost] 테이블의 [Col1], [Col2], [Col3] 컬럼에 대해 Equal 조건으로 하여 [Col4] 컬럼의 데이터를 조회하는 구문이다. 조건절에 사용된 세 컬럼은 유니크 한 값이기 때문에 1건의 데이터만을 요구함에도 테이블 전체를 읽어내는 것으로 실행 계획이 생성되었다. 이유는 조건절에서 사용된 [Col2],

[Col3] 두 컬럼이 가공되었기 때문인데 인덱스를 활용할 경우 [Col1] = 'A'의 조건에 대해서만 인덱스 탐색을 수행할 수 있고 해당 조건에 부합하는 데이터는 100만 건 중 약 90만 건에 해당된다. 최종 출력을 위한 [Col4] 컬럼이 인덱스에 포함되어 있지 않기 때문에 조건에 해당하는 90만 건의 데이터가 RID Lookup될 것을 고려하여 테이블 전체 스캔으로 선택된 것이다.

5. [TO-BE] 튜닝 포인트

[Col1], [Col2], [Col3] 세 컬럼은 유니크한 값을 갖기 때문에 [Col2]와 [Col3] 컬럼이 인덱스 탐색의 조건으로 활용될 수 있도록 가공되지 않은 구문으로 변경한다.

6. [TO-BE] 개선 방안

1) [Col2], [Col3] 컬럼에 사용된 연결 연산자(+)를 제거

[Col2] 컬럼과 [Col3] 컬럼에 사용된 연결 연산자를 제거하고 각각 Equal 조건으로 활용될 수 있도록 구문을 변경한다. 모든 컬럼이 인덱스를 탐색할 수 있는 상태가 되기 때문에 유니크 인덱스를 통해서 단 1건을 위한 탐색 비용만 발생한다.

■ 변경된 SQL 구문

```sql
SELECT Col4
FROM TB_cost
WHERE Col1 = 'A'
AND Col2 = '0'
AND Col3 = '0'
GO
```

· 실행 계획

Rows	Executes	StmtText
1	1	SELECT [Col4] FROM [TB_cost] WHERE [col1]=@1 AND [Col2]=@2 AND [Col3]=@3
1	1	|--Nested Loops(INNER JOIN, OUTER REFERENCES:([Bmk1000]))
1	1	|--Index Seek(OBJECT:([Tuning].[dbo].[TB_cost].[UIDX01_cost]), SEEK:([Tuning].[dbo].[TB_cost].[Col1]=[@1] AND [Tuning].[dbo].[TB_cost].[Col2]=[@2] AND [Tuning].[dbo].[TB_cost].[Col3]=[@3]) Ordered Forward)
1	1	|--RID Lookup(OBJECT:([Tuning].[dbo].[TB_cost]), SEEK:([Bmk1000]=[Bmk1000]) LOOKUP Ordered Forward)

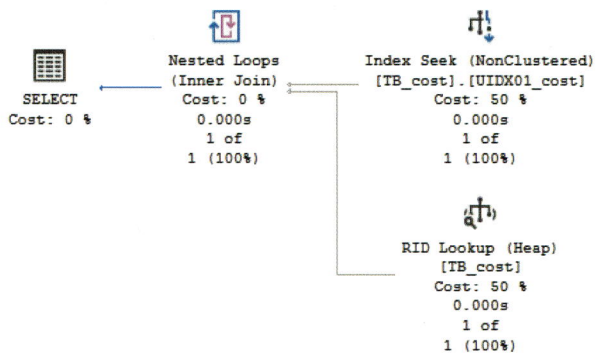

```
테이블 'TB_cost'. 검색 수 0, 논리적 읽기 수 4
SQL Server 실행 시간:
CPU 시간 = 0ms, 경과 시간 = 0ms
```

7. 개선 효과

- **리소스 사용률 비교**

	CPU Time (ms)	Elapse Time (ms)	Logical Reads
AS-IS	545	75	4,097
TO-BE	0	0	4

15 SPOOL 연산자 성능 개선 – 1

NL Join을 수행하는 구문에 인덱스 부재로 인해 Index Spool (Lazy Spool)을 포함한 전체 스캔이 반복되면서 I/O가 많아진 사례이다.

1. 사전 구성 스크립트

```sql
SELECT a.number id , NEWID() txt, DATEADD(dd,a.number-1,'2020-01-01') date
INTO TB_FSpool02
FROM master..spt_values a, master..spt_values b
WHERE a.type = 'P'
AND a.number BETWEEN 1 AND 10
AND b.type = 'P'
AND b.number BETWEEN 1 AND 5


SELECT ROW_NUMBER() OVER (ORDER BY a.number) id
     , CAST(LEFT(a.number*b.high,2) AS INT) value
INTO TB_SSpool02
FROM master..spt_values a, master..spt_values b
WHERE a.type = 'P'
AND a.number BETWEEN 1 AND 1000
AND b.type = 'P'
AND b.number BETWEEN 1 AND 1000

CREATE CLUSTERED INDEX CIDX_FSpool02 ON TB_FSpool02 (date)
GO
```

2. [AS-IS] SQL 구문 및 실행 계획

■ SQL 구문

```sql
SELECT f.id , f.txt, (SELECT s.value
                      FROM TB_SSpool02 s
                      WHERE f.id = s.id) value
FROM TB_FSpool02 f
WHERE date BETWEEN '2020-01-01' AND '2020-01-02'
GO
```

- **실행 계획**

Rows	Executes	StmtText
10	1	SELECT f.id, f.txt, (SELECT s.value FROM TB_SSpool02 s WHERE f.id = s.id) value FROM TB_FSpool02 f WHERE date BETWEEN '2020-01-01' AND '2020-01-02'
0	0	|--Compute Scalar(DEFINE:([Expr1005]=[Expr1007]))
10	1	|--Nested Loops(LEFT OUTER JOIN, OUTER REFERENCES:([f].[id]))
10	1	|--Clustered Index Seek(OBJECT:([tuning].[dbo].[TB_FSpool02].[CIDX_FSpool02] AS [f]), SEEK:([f].[date] >= '2020-01-01 00:00:00.000' AND [f].[date] <= '2020-01-02 00:00:00.000') Ordered Forward)
10	10	|--Index Spool(SEEK:([f].[id]=[tuning].[dbo].[TB_FSpool02].[id] as [f].[id]))
2	2	|--Assert(WHERE:(CASE WHEN [Expr1006]>(1) THEN (0) ELSE NULL END))
2	2	|--Stream Aggregate(DEFINE:([Expr1006]=Count(*), [Expr1007]=ANY([tuning].[dbo].[TB_SSpool02].[value] as [s].[value])))
2	2	|--Table Scan(OBJECT:([tuning].[dbo].[TB_SSpool02] AS [s]), WHERE:([tuning].[dbo].[TB_SSpool02].[id] as [f].[id]=[tuning].[dbo].[TB_SSpool02].[id] as [s].[id]))

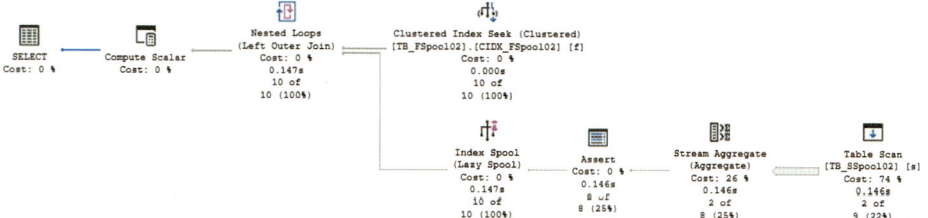

테이블 'Worktable'. 검색 수 12, 논리적 읽기 수 29
테이블 'TB_SSpool02'. 검색 수 2, 논리적 읽기 수 5196
테이블 'TB_FSpool02'. 검색 수 1, 논리적 읽기 수 2
SQL Server 실행 시간:
CPU 시간 = 63ms, 경과 시간 = 75ms

3. [AS-IS] 통계 정보

- **인덱스 정보**

Table_Name	Index_Name	Type_Desc	Is_Unique	Key_List	Include_List
TB_FSpool02	CIDX_FSpool02	CLUSTERED	0	date	-

- **Selectivity**

	All density	Average Length	Columns
1	0.1	4	id

- **Histogram**

	RANGE_HI_KEY	RANGE_ROWS	EQ_ROWS	DISTINCT_RANGE_ROWS	AVG_RANGE_ROWS
1	1	0	5	0	1
2	3	5	5	1	5
3	5	5	5	1	5
4	7	5	5	1	5
5	9	5	5	1	5
6	10	0	5	0	1

4. [AS-IS] 구문 설명

[TB_FSpool02] 테이블에서 [date] 컬럼 조건이 '2020-01-01 ~ 2020-01-02' 범위에 해당되는 데이터를 서브 쿼리인 [TB_SSpool02] 테이블에 조인하여 [value] 값을 출력하는 구문이다. [TB_FSpool02] 테이블에서 [date] 컬럼 범위 조건에 해당하는 [id] 값은 1 또는 2로 중복되어 있으며 서브 쿼리에 동일한 값으로 반복되어 조인된다. 조인하는 과정에서 서브 쿼리의 인덱스 부재로 인해 Index Spool (Lazy Spool)을 동반한 전체 스캔이 반복되면서 I/O가 높게 사용된다.

Index Spool (Lazy Spool)은 쿼리가 수행되는 동안에만 반복적으로 사용될 데이터를 임시 테이블에 저장한다. 반복적으로 읽어야 하는 테이블을 매번 전체 스캔하는 대신 값이 전달될 때 조인된 결과를 Spool에 추가하고 동일한 값이 전달되면 기존에 생성한 Spool과 조인하면서 읽는 범위를 최소화 한다. 이렇게 생성된 Spool에 내부적으로 비 클러스터형 인덱스를 생성하여 데이터를 재사용할 때 인덱스 탐색으로 수행한다.

5. [TO-BE] 튜닝 포인트

Index Spool (Lazy Spool)은 데이터를 반복해서 읽어야 하는 구문에서 인덱스가 부재인 경우에 나타날 수 있다. 필요한 데이터만 인덱스 탐색할 수 있도록 후행 테이블인 [TB_SSpool02]의 조인 조건 컬럼에 인덱스를 생성하면 읽어내는 I/O를 최소화할 수 있다.

6. [TO-BE] 개선 방안

1) [TB_SSpool02] 테이블의 조인 조건 컬럼에 인덱스 생성

[TB_SSpool02] 테이블의 조인 조건 컬럼 [id]를 키로 [value] 컬럼이 포괄 열로 포함된 인덱스를 생성하면 인덱스 탐색으로 I/O를 감소시킬 수 있다.

■ 인덱스 생성 구문

```
CREATE INDEX NIDX01_SSpool02 ON TB_SSpool02 (id) INCLUDE (value)
GO
```

■ SQL 구문

```sql
SELECT f.id , f.txt, (SELECT s.value
                      FROM TB_SSpool02 s
                      WHERE f.id = s.id) value
FROM TB_FSpool02 f
WHERE date BETWEEN '2020-01-01' AND '2020-01-02'
GO
```

· 실행 계획

Rows	Executes	StmtText
10	1	SELECT f.id, f.txt, (SELECT s.value FROM TB_SSpool02 s WHERE f.id = s.id) value FROM TB_FSpool02 f WHERE date BETWEEN '2020-01-01' AND '2020-01-02'
0	0	|--Compute Scalar(DEFINE:([Expr1005]=[Expr1007]))
10	1	|--Nested Loops(LEFT OUTER JOIN, OUTER REFERENCES:([f].[id]))
10	1	|--Clustered Index Seek(OBJECT:([tuning].[dbo].[TB_FSpool02].[CIDX_FSpool02] AS [f]), SEEK:([f].[date] >= '2020-01-01 00:00:00.000' AND [f].[date] <= '2020-01-02 00:00:00.000') Ordered Forward)
10	10	|--Assert(WHERE:(CASE WHEN [Expr1006]>(1) THEN (0) ELSE NULL END))
10	10	|--Stream Aggregate(DEFINE:([Expr1006]=Count(*), [Expr1007]=ANY([tuning].[dbo].[TB_SSpool02].[value] as [s].[value])))
10	10	|--Index Seek(OBJECT:([tuning].[dbo].[TB_SSpool02].[NIDX01_SSpool02] AS [s]), SEEK:([s].[id]=[tuning].[dbo].[TB_FSpool02].[id] as [f].[id]) Ordered Forward)

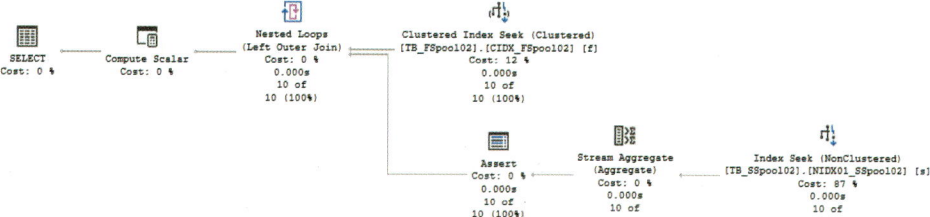

```
테이블 'TB_SSpool02'. 검색 수 10, 논리적 읽기 수 30
테이블 'TB_FSpool02'. 검색 수 1, 논리적 읽기 수 2
SQL Server 실행 시간:
CPU 시간 = 0ms, 경과 시간 = 0ms
```

7. 개선 효과

· 리소스 사용률 비교

	CPU Time (ms)	Elapse Time (ms)	Logical Reads
AS-IS	63	75	5,227
TO-BE	0	0	32

16 SPOOL 연산자 성능 개선 – 2

2개의 서로 다른 컬럼을 각각 중복 제거된 값으로 행 수를 조회할 때 Table Spool (Eager Spool)이 사용되면서 I/O 비용이 높아진 사례이다.

1. 사전 구성 스크립트

```sql
SELECT a.number num
     , CHAR(LEFT(b.high, 1) + 64) txt
     , LEFT(a.low,1) group_id
INTO TB_FSpool03
FROM master..spt_values a, master..spt_values b
WHERE a.type = 'P'
AND a.number BETWEEN 1 AND 100
AND b.type = 'P'
AND b.number BETWEEN 1 AND 1000

CREATE INDEX NIDX01_FSpool03 on TB_FSpool03 (group_id) INCLUDE (num, txt)
GO
```

2. [AS-IS] SQL 구문 및 실행 계획

■ SQL 구문

```sql
SELECT COUNT(DISTINCT num) num_cnt
      ,COUNT(DISTINCT txt) txt_cnt
FROM TB_FSpool03
WHERE group_id = '7'
GO
```

• 실행 계획

Rows	Executes	StmtText
1	1	SELECT COUNT(DISTINCT [num]) [num_cnt],COUNT(DISTINCT [txt]) [txt_cnt] FROM [TB_FSpool03] WHERE [group_id]=@1
1	1	|--Nested Loops(INNER JOIN)
0	0	|--Compute Scalar(DEFINE:([Expr1003]=CONVERT_IMPLICIT(int,[Expr1009],0)))
1	1	| |--Stream Aggregate(DEFINE:([Expr1009]=Count(*)))
8	1	| |--Hash Match(Aggregate, HASH:([Tuning].[dbo].[TB_FSpool03].[num]))
8000	1	| |--Table Spool
8000	1	| |--Index Seek(OBJECT:([Tuning].[dbo].[TB_FSpool03].[NIDX01_FSpool03]), SEEK:([Tuning].[dbo].[TB_FSpool03].[group_id]='7') Ordered Forward)
0	0	|--Compute Scalar(DEFINE:([Expr1004]=CONVERT_IMPLICIT(int,[Expr1010],0)))
1	1	| |--Stream Aggregate(DEFINE:([Expr1010]=COUNT([Tuning].[dbo].[TB_FSpool03].[txt])))
6	1	| |--Hash Match(Aggregate, HASH:([Tuning].[dbo].[TB_FSpool03].[txt]), RESIDUAL:([Tuning].[dbo].[TB_FSpool03].[txt] = [Tuning].[dbo].[TB_FSpool03].[txt]))
8000	1	| |--Table Spool

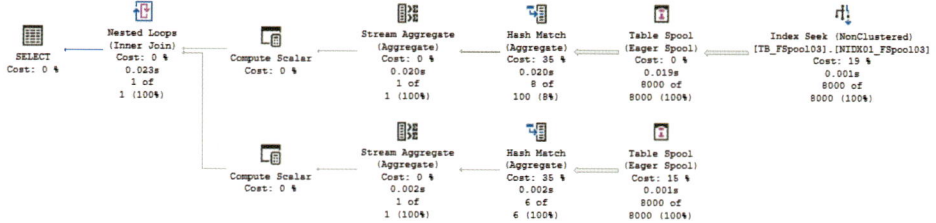

```
테이블 'Worktable'. 검색 수 2, 논리적 읽기 수 16151
테이블 'Workfile'. 검색 수 0, 논리적 읽기 수 0
테이블 'TB_FSpool03'. 검색 수 1, 논리적 읽기 수 28
SQL Server 실행 시간:
CPU 시간 = 0ms, 경과 시간 = 14ms
```

3. [AS-IS] 통계 정보

· 인덱스 정보

Table_Name	Index_Name	Type_Desc	Is_Unique	Key_List	Include_List
TB_FSpool03	NIDX01_FSpool03	NONCLUSTERED	0	group_id	num, txt

4. [AS-IS] 구문 설명

[TB_FSpool03] 테이블의 [group_id] 컬럼 값이 '7' 인 데이터에서 [num] 컬럼과 [txt] 컬럼에 대해 각각 중복 값을 제거한 행 수를 출력하는 구문이다. 각 컬럼 별로 중복 제거된 행을 추출하기 위해선 컬럼마다 데이터를 새로 읽어내야 하는데, 이를 위해서 조건절로 탐색된 8천 건의 데이터를 임시 테이블로 저장하고 이를 재사용하면서 결과값을 추출한다. 중간 결과 집합 전체를 임시 테이블로 저장하고 재사용 하기 위해 Table Spool (Eager Spool)이 사용되는데 수행하는 과정에서 임시 테이블에 대한 I/O 비용이 높게 발생한다.

5. [TO-BE] 튜닝 포인트

두 컬럼에 대해 중복 값이 제거된 행을 추출하기 위해 인덱스로 탐색된 8천 건의 데이터를 임시 테이블로 저장하고 재사용하면서 많은 I/O가 사용되었다. COUNT(DISTINCT num)와 COUNT(DISTINCT txt)의 값을 각각 조회하도록 구문을 분리하고 두 결과를 조인하도록 변경하면 임시 데이터를 만들고 사용하는 비용을 제거할 수 있기 때문에 I/O를 개선할 수 있다.

6. [TO-BE] 개선 방안

1) 중복 값이 제거된 행 수의 추출 구문을 각 컬럼 별로 분리하여 조인하도록 구문 변경

[num], [txt] 각 컬럼의 중복 제거된 행 수를 각각 조회하고 두 데이터를 CROSS JOIN한다. 인덱스를 통해 8천 건의 데이터를 탐색하는 비용만 2회 발생되기 때문에 전체적인 I/O 비용을 개선할 수 있다.

■ 변경된 SQL 구문

```sql
SELECT num_cnt, txt_cnt
FROM (SELECT COUNT(DISTINCT num) num_cnt
        FROM TB_FSpool03
        WHERE group_id = '7') a,
     (SELECT COUNT(DISTINCT txt) txt_cnt
        FROM TB_FSpool03
        WHERE group_id = '7') b
GO
```

· 실행 계획

Rows	Executes	StmtText
1	1	SELECT num_cnt, txt_cnt FROM (SELECT COUNT(DISTINCT num) num_cnt FROM TB_FSpool03 WHERE group_id = '7') a, (SELECT COUNT(DISTINCT txt) txt_cnt FROM TB_FSpool03 WHERE group_id = '7') b
1	1	|--Nested Loops(INNER JOIN)
0	0	|--Compute Scalar(DEFINE:([Expr1003]=CONVERT_IMPLICIT(int,[Expr1012],0)))
1	1	|--Stream Aggregate(DEFINE:([Expr1012]=Count(*)))
8	1	|--Hash Match(Aggregate, HASH:([Tuning].[dbo].[TB_FSpool03].[num]))
8000	1	|--Index Seek(OBJECT:([Tuning].[dbo].[TB_FSpool03].[NIDX01_FSpool03]), SEEK:([Tuning].[dbo].[TB_FSpool03].[group_id]='7') Ordered Forward)
0	0	|--Compute Scalar(DEFINE:([Expr1007]=CONVERT_IMPLICIT(int,[Expr1013],0)))
1	1	|--Stream Aggregate(DEFINE:([Expr1013]=COUNT([Tuning].[dbo].[TB_FSpool03].[txt])))
6	1	|--Hash Match(Aggregate, HASH:([Tuning].[dbo].[TB_FSpool03].[txt]), RESIDUAL:([Tuning].[dbo].[TB_FSpool03].[txt] = [Tuning].[dbo].[TB_FSpool03].[txt]))
8000	1	|--Index Seek(OBJECT:([Tuning].[dbo].[TB_FSpool03].[NIDX01_FSpool03]), SEEK:([Tuning].[dbo].[TB_FSpool03].[group_id]='7') Ordered Forward)

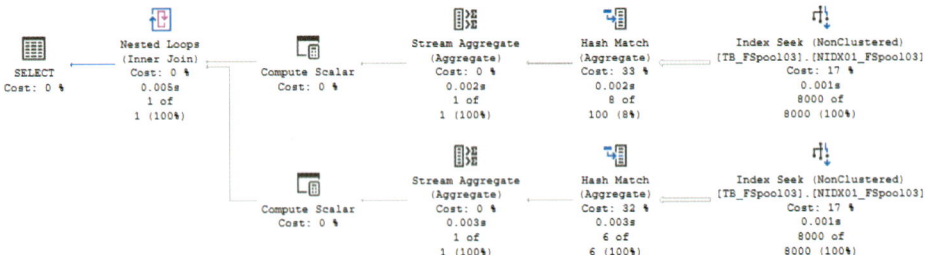

테이블 'Worktable'. 검색 수 0, 논리적 읽기 수 0
테이블 'Workfile'. 검색 수 0, 논리적 읽기 수 0
테이블 'TB_FSpool03'. 검색 수 2, 논리적 읽기 수 56
SQL Server 실행 시간:
CPU 시간 = 0ms, 경과 시간 = 2ms

7. 개선 효과

- **리소스 사용률 비교**

	CPU Time (ms)	Elapse Time (ms)	Logical Reads
AS-IS	0	14	16,179
TO-BE	0	2	56

17 SPOOL 연산자 성능 개선 – 3

스칼라 서브 쿼리에 반복적으로 조인될 때 인덱스 부재로 인해 Index Spool (Eager Spool)이 사용되면서 I/O가 많아진 사례이다.

1. 사전 구성 스크립트

```sql
SELECT a.number id , NEWID() txt, DATEADD(dd,a.number-1,'2020-01-01') date INTO TB_FSpool04
FROM master..spt_values a
WHERE a.type = 'P'
AND a.number BETWEEN 1 AND 1000

SELECT ROW_NUMBER() OVER (ORDER BY a.number) id
     , CHAR(LEFT(CONVERT(NVARCHAR(4), high), 1) + 64) code
     , RIGHT(number * high * low, 2) value
INTO TB_SSpool04
FROM master..spt_values a
WHERE a.type = 'P'
AND a.number BETWEEN 1 AND 1000

CREATE CLUSTERED INDEX CIDX_FSpool04 ON TB_FSpool04 (date)
GO
```

2. [AS-IS] SQL 구문 및 실행 계획

■ SQL 구문

```sql
SELECT f.id, f.txt, (SELECT value
                     FROM TB_SSpool04 s
                     WHERE f.id=s.id
                     AND s.code ='A') value
FROM TB_FSpool04 f
WHERE f.date BETWEEN '2020-01-01' AND '2020-01-31'
GO
```

- **실행 계획**

Rows	Executes	StmtText
31	1	SELECT f.id, f.txt, (SELECT value FROM TB_SSpool04 s WHERE f.id=s.id AND s.code ='A') value FROM TB_FSpool04 f WHERE f.date BETWEEN '2020-01-01' AND '2020-01-31'
0	0	|--Compute Scalar(DEFINE:([Expr1005]=[Expr1007]))
31	1	|--Nested Loops(LEFT OUTER JOIN, OUTER REFERENCES:([f].[id]))
31	1	|--Clustered Index Seek(OBJECT:([Tuning].[dbo].[TB_FSpool04].[CIDX_FSpool04] AS [f]), SEEK:([f].[date] >= '2020-01-01 00:00:00.000' AND [f].[date] <= '2020-01-31 00:00:00.000') Ordered Forward)
31	31	|--Assert(WHERE:(CASE WHEN [Expr1006]>(1) THEN (0) ELSE NULL END))
31	31	|--Stream Aggregate(DEFINE:([Expr1006]=Count(*), [Expr1007]=ANY([Tuning].[dbo].[TB_SSpool04].[value] as [s].[value])))
11	31	|--Index Spool(SEEK:([s].[id]=[Tuning].[dbo].[TB_FSpool04].[id] as [f].[id] AND [s].[code]='A'))
1000	1	|--Table Scan(OBJECT:([Tuning].[dbo].[TB_SSpool04] AS [s]))

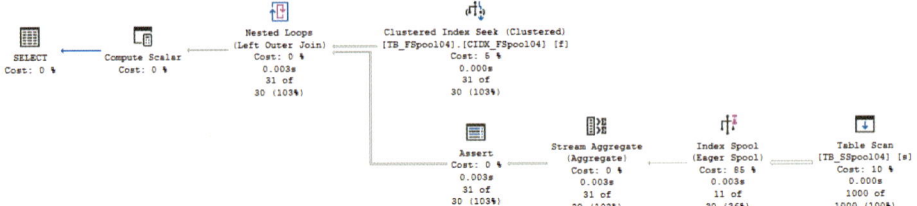

```
테이블 'Worktable'. 검색 수 31, 논리적 읽기 수 2077
테이블 'TB_SSpool04'. 검색 수 1, 논리적 읽기 수 3
테이블 'TB_FSpool04'. 검색 수 1, 논리적 읽기 수 2
SQL Server 실행 시간:
CPU 시간 = 0ms, 경과 시간 = 1ms
```

3. [AS-IS] 통계 정보

- **인덱스 정보**

Table_Name	Index_Name	Type_Desc	Is_Unique	Key_List	Include_List
TB_FSpool04	CIDX_FSpool04	CLUSTERED	0	date	-

4. [AS-IS] 구문 설명

[TB_FSpool04] 테이블에서 [date] 컬럼이 2020년 1월 범위에 해당되는 데이터의 [id] 컬럼 기준으로 [TB_SSpool04] 테이블에 조인하고 [code] 컬럼이 'A'값에 일치하는 데이터의 [value] 값을 같이 출력되도록 서브 쿼리로 작성된 구문이다. 서브 쿼리인 [TB_SSpool04] 테이블에는 인덱스가 존재하지 않기 때문에 [TB_FSpool04] 테이블의 결과 건수만큼 테이블 전체 스캔을 반복해야 하는데, 매번 모든 데이터를 읽어내는 대신 테이블 전체를 읽어 Worktable(임시 테이블)에 저장하고 내부적으로 비 클러스터형 인덱스를 생성하여 이후 입력 값에 대해선 Spool에 인덱스로 탐색하는 것을 반복한다. Spool은 임시 테이블에 저장되고 사용되며 이로 인해 Worktable에 대한 I/O가 높게 사용된다.

5. [TO-BE] 튜닝 포인트

NL Join이 수행되면서 [TB_SSpool04] 테이블을 매번 전체 스캔해야 하기 때문에 이를 대신하여 Spool이 사용되었다. 조인 조건에 사용된 [id] 컬럼과 조건절인 [code] 컬럼에 인덱스를 생성하면 조인이 수행될 때 필요한 데이터만 인덱스로 탐색하기 때문에 Spool을 통해 저장하고 재사용하는 과정을 제거할 수 있다.

6. [TO-BE] 개선 방안

1) [TB_SSpool04] 테이블의 조건 컬럼에 신규 인덱스 생성

[TB_SSpool04] 테이블의 [id]와 [code] 컬럼에 인덱스를 생성하여 인덱스 탐색을 통해 읽어내는 I/O를 최소화한다.

■ 인덱스 생성 구문

```sql
CREATE INDEX NIDX01_SSpool04 ON TB_SSpool04 (id, code) INCLUDE (value)
GO
```

■ SQL 구문

```sql
SELECT f.id, f.txt, ( SELECT value
                      FROM TB_SSpool04 s
                      WHERE f.id=s.id
                      AND s.code ='A') value
FROM TB_FSpool04 f
WHERE f.date BETWEEN '2020-01-01' AND '2020-01-31'
GO
```

· 실행 계획

Rows	Executes	StmtText
31	1	SELECT f.id, f.txt, (SELECT value FROM TB_SSpool04 s WHERE f.id=s.id AND s.code ='A') value FROM TB_FSpool04 f WHERE f.date BETWEEN '2020-01-01' AND '2020-01-31'
0	0	|--Compute Scalar(DEFINE:([Expr1005]=[Expr1007]))
31	1	|--Nested Loops(LEFT OUTER JOIN, OUTER REFERENCES:([f].[id]))
31	1	|--Clustered Index Seek(OBJECT:([Tuning].[dbo].[TB_FSpool04].[CIDX_FSpool04] AS [f]), SEEK:([f].[date] >= '2020-01-01 00:00:00.000' AND [f].[date] <= '2020-01-31 00:00:00.000') Ordered Forward)
31	31	|--Assert(WHERE:(CASE WHEN [Expr1006]>(1) THEN (0) ELSE NULL END))
31	31	|--Stream Aggregate(DEFINE:([Expr1006]=Count(*), [Expr1007]=ANY([Tuning].[dbo].[TB_SSpool04].[value] as [s].[value])))
11	31	|--Index Seek(OBJECT:([Tuning].[dbo].[TB_SSpool04].[NIDX01_SSpool04] AS [s]), SEEK:([s].[id]=[Tuning].[dbo].[TB_FSpool04].[id] as [f].[id] AND [s].[code]='A') Ordered Forward)

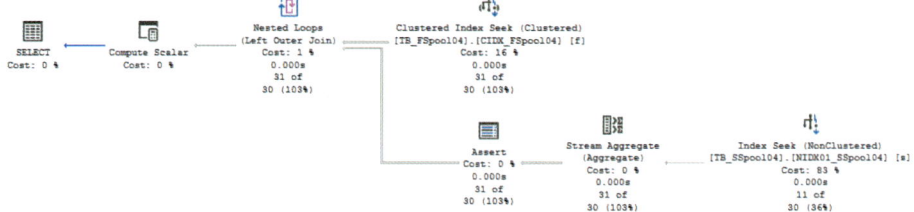

```
테이블 'TB_SSpool04'. 검색 수 31, 논리적 읽기 수 62
테이블 'TB_FSpool04'. 검색 수 1, 논리적 읽기 수 2
SQL Server 실행 시간:
CPU 시간 = 0ms, 경과 시간 = 0ms
```

7. 개선 효과

- 리소스 사용률 비교

	CPU Time (ms)	Elapse Time (ms)	Logical Reads
AS-IS	0	1	2,082
TO-BE	0	0	64

18 TOP EXPRESSION (SUBQUERY)

스칼라 서브 쿼리를 사용하여 가장 큰 값을 조회할 때 인덱스 부재로 인해 전체 데이터를 읽어 내면서 I/O 비용이 높아진 사례이다.

1. 사전 구성 스크립트

```sql
SELECT DISTINCT type
INTO TB_Type
FROM master..spt_values

SELECT a.*
INTO TB_Value
FROM master..spt_values a, master..spt_values b
WHERE a.number <= 1000 AND b.number <= 1000

CREATE INDEX NIDX01_Type ON TB_Type(type)
GO
```

2. [AS-IS] SQL 구문 및 실행 계획

■ SQL 구문

```sql
SELECT a.type, (SELECT MAX(number)
                FROM TB_Value b
                WHERE a.type = b.type) AS max_number
FROM TB_Type a
GO
```

• 실행 계획

Rows	Executes	StmtText
29	1	SELECT a.type, (SELECT MAX(number) FROM TB_Value b WHERE a.type = b.type) AS max_number FROM TB_Type a
0	0	|--Compute Scalar(DEFINE:([Expr1006]=[Expr1004]))
29	1	|--Parallelism(Gather Streams)
29	8	|--Merge Join(Right Outer Join, MERGE:([b].[type])=([a].[type]), RESIDUAL:([tuning].[dbo].[TB_Type].[type] as [a].[type]=[tuning].[dbo].[TB_Value].[type] as [b].[type]))
25	8	|--Stream Aggregate(GROUP BY:([b].[type]) DEFINE:([Expr1004]=MAX([partialagg1007])))
117	8	|--Sort(ORDER BY:([b].[type] ASC))
117	8	|--Parallelism(Repartition Streams, Hash Partitioning, PARTITION COLUMNS:([b].[type]))
117	8	|--Hash Match(Partial Aggregate, HASH:([b].[type]), RESIDUAL:([tuning].[dbo].[TB_Value].[type] as [b].[type] = [tuning].[dbo].[TB_Value].[type] as [b].[type]) DEFINE:([partialagg1007]=MAX([tuning].[dbo].[TB_Value].[number] as [b].[number])))
1483524	8	|--Table Scan(OBJECT:([tuning].[dbo].[TB_Value] AS [b]))
29	8	|--Parallelism(Distribute Streams, Hash Partitioning, PARTITION COLUMNS:([a].[type]))
29	1	|--Index Scan(OBJECT:([tuning].[dbo].[TB_Type].[NIDX01_Type] AS [a]), Ordered Forward)

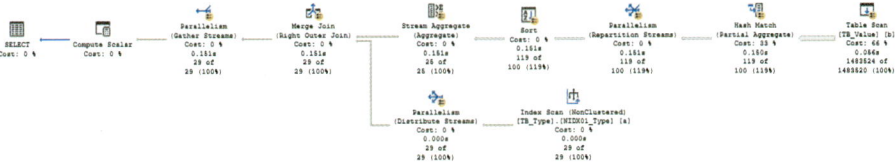

테이블 'Worktable'. 검색 수 0, 논리적 읽기 수 0
테이블 'Workfile'. 검색 수 0, 논리적 읽기 수 0
테이블 'TB_Value'. 검색 수 9, 논리적 읽기 수 6540
테이블 'TB_Type'. 검색 수 1, 논리적 읽기 수 2
테이블 'Worktable'. 검색 수 0, 논리적 읽기 수 0
SQL Server 실행 시간:
CPU 시간 = 813ms, 경과 시간 = 123ms

3. [AS-IS] 통계 정보

• 인덱스 정보

Table_Name	Index_Name	Type_Desc	Is_Unique	Key_List	Include_List
TB_Type	NIDX01_Type	NONCLUSTERED	0	type	-

4. [AS-IS] 구문 설명

[TB_Type] 테이블을 [TB_Value] 테이블과 [type] 컬럼으로 조인하여 [TB_Type] 테이블의 각 행에 대해 가장 큰 [number] 값을 조회하는 구문이다. 후행으로 조인되는 [TB_Value] 테이블에는 인덱스가 존재하지 않아 모든 데이터를 읽어내면서 I/O가 높게 발생된다.

5. [TO-BE] 튜닝 포인트

[TB_Value] 테이블의 조인 조건인 [type] 컬럼과 MAX 값 추출을 위한 [number] 컬럼에 인덱스가 부재된 것이 원인이다. [type], [number] 컬럼이 키로 구성된 인덱스를 사용하면 [type] 컬럼 기준으로 조인된 결과 집합이 [number] 컬럼 기준으로 정렬된 상태이기 때문에 가장 큰 값을 추출하기 위해 모든 데이터를 읽지 않아도 [type] 별 상위 1건씩만 읽어내어 I/O를 감소시킬 수 있다.

6. [TO-BE] 개선 방안

1) [TB_Value] 테이블의 [type], [number] 컬럼이 키로 구성된 인덱스를 생성

신규 인덱스를 사용하여 [TB_Type] 테이블의 데이터 29건에 대해 [TB_Value] 테이블을 TOP Expression 연산을 통해 1건씩만 읽어내어 개선된 것을 확인할 수 있다.

■ 인덱스 생성 구문

```sql
CREATE INDEX NIDX01_Value on TB_Value(type, number)
GO
```

■ SQL 구문

```sql
SELECT a.type, (SELECT MAX(number)
                  FROM TB_Value b
                 WHERE a.type = b.type) AS max_number
  FROM TB_Type a
GO
```

- **실행 계획**

Rows	Executes	StmtText
29	1	SELECT a.type, (SELECT MAX(number) FROM TB_Value b WHERE a.type = b.type) AS max_number FROM TB_Type a
0	0	|--Compute Scalar(DEFINE:([Expr1006]=[Tuning].[dbo].[TB_Value].[number] as [b].[number]))
29	1	|--Nested Loops(LEFT OUTER JOIN, OUTER REFERENCES:([a].[type]))
29	1	|--Index Scan(OBJECT:([Tuning].[dbo].[TB_Type].[NIDX01_Type] AS [a]))
25	29	|--Top(TOP EXPRESSION:((1)))
25	29	|--Index Seek(OBJECT:([Tuning].[dbo].[TB_Value].[IDX01_Value] AS [b]), SEEK:([b].[type]=[Tuning].[dbo].[TB_Type].[type] as [a].[type]) ORDERED Backward)

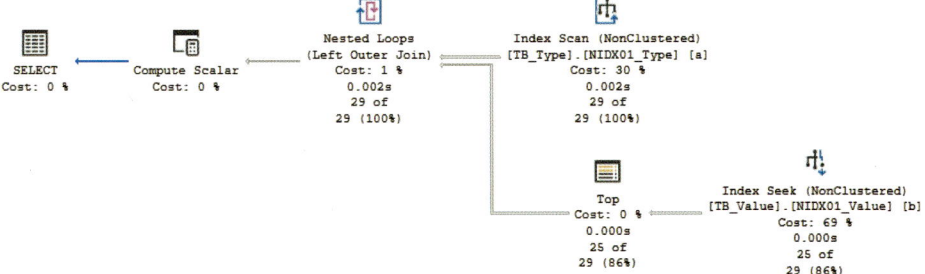

테이블 'TB_Value'. 스캔 수 29, 논리적 읽기 87
테이블 'TB_Type'. 스캔 수 1, 논리적 읽기 2
SQL Server 실행 시간:
CPU 시간 = 0ms, 경과 시간 = 0ms

7. 개선 효과

- **리소스 사용률 비교**

	CPU Time (ms)	Elapse Time (ms)	Logical Reads
AS-IS	813	123	6,542
TO-BE	0	0	89

19 TOP N EXPRESSION (NOT EXISTS)

NOT EXISTS 구문을 수행할 때 인덱스 부재로 인해 스캔 범위가 많아지면서 높은 I/O 비용이 사용된 사례이다.

1. 사전 구성 스크립트

```sql
CREATE TABLE TB_Exist (no INT, name VARCHAR(20))
INSERT INTO TB_Exist VALUES (1,'대한민국'), (2,'중국'), (3,'미국'), (4,'일본'),
                            (5,'러시아'),(6,'런던'), (7,'프랑스'), (8,'베트남'),
                            (9,'필리핀'), (10,'호주')
SELECT CASE WHEN (c.number%10+1)=6 THEN '' ELSE (SELECT name
                                                   FROM TB_Exist
                                                   WHERE no = c.number%10+1) END AS NAME
INTO TB_List
FROM (SELECT ROW_NUMBER() OVER(ORDER BY a.name) AS number
        FROM master..spt_values a, master..spt_values b
        WHERE a.type = 'P' AND b.type='P'
        AND a.number < 1000 AND b.number < 1000
) c
GO
```

2. [AS-IS] SQL 구문 및 실행 계획

■ **SQL 구문**

```sql
SELECT a.name
FROM TB_Exist a
WHERE NOT EXISTS (SELECT name
                    FROM TB_List b
                    WHERE b.name = a.name)
GO
```

· **실행 계획**

Rows	Executes	StmtText
1	1	SELECT a.name FROM TB_Exist a WHERE NOT EXISTS (SELECT name FROM TB_List b WHERE b.name = a.name)
1	1	|--Nested Loops(Left Anti Semi Join, OUTER REFERENCES:([a].[name]))
10	1	|--Table Scan(OBJECT:([tuning].[dbo].[TB_Exist] AS [a]))
9	10	|--Top(TOP EXPRESSION:((1)))
9	10	|--Table Scan(OBJECT:([tuning].[dbo].[TB_List] AS [b]), WHERE:([tuning].[dbo].[TB_List].[NAME] as [b].[NAME]=[tuning].[dbo].[TB_Exist].[name] as [a].[name]))

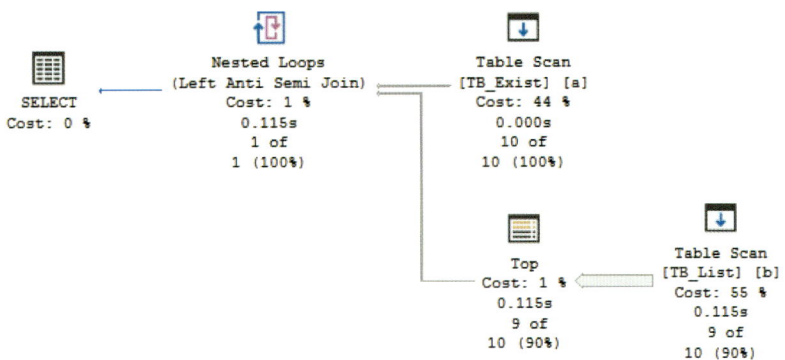

```
테이블 'TB_List'. 검색 수 1, 논리적 읽기 수 2359
테이블 'TB_Exist'. 검색 수 1, 논리적 읽기 수 1
SQL Server 실행 시간:
CPU 시간 = 110ms, 경과 시간 = 115ms
```

3. [AS-IS] 통계 정보

· 인덱스 정보 없음

4. [AS-IS] 구문 설명

　[TB_Exist] 테이블 10건의 데이터를 [TB_List] 테이블에 NOT EXISTS 절을 이용하여 조인에 실패하는 데이터를 출력하는 구문이다. NOT EXISTS 구문은 Anti Semi Join으로 수행되는데, 이는 메인 테이블 하나의 행에 대해 조인에 성공하는 행을 만날 때까지 서브 테이블을 탐색하는 방식이며 그 중 조인에 실패하는 행을 최종 결과 집합으로 포함한다. [TB_Exist] 테이블 10건에 대해 [TB_List] 테이블로 조인에 실패하는 행은 1건이며 해당 행을 찾기 위해 모든 데이터를 읽어내면서 높은 I/O를 사용하게 된다.

5. [TO-BE] 튜닝 포인트

　NOT EXISTS 절의 서브 테이블로 사용된 [TB_List] 테이블의 데이터가 정렬되어 있지 않기 때문에 조인에 성공하는 행을 만날 때까지 모든 행들을 읽어내면서 I/O가 높게 사용되는 것이다. 조인 조건에 사용되는 [name] 컬럼에 인덱스를 생성하여 정렬된 데이터를 사용하면 인덱스로 탐색되는 데이터 상위 1건만으로 조인의 성공 실패 유무를 확인할 수 있기 때문에 I/O를 개선할 수 있다.

6. [TO-BE] 개선 방안

1) [TB_List] 테이블의 [name] 컬럼이 키로 구성된 인덱스 생성

인덱스를 통한 탐색만으로 조인의 성공 실패 유무가 확인되어 I/O가 개선된다.

■ **인덱스 생성 구문**

```
CREATE INDEX NIDX01_List ON TB_List(name)
GO
```

■ **SQL 구문**

```
SELECT a.name
FROM TB_Exist a
WHERE NOT EXISTS (SELECT name
                  FROM TB_List b
                  WHERE b.name = a.name)
GO
```

· **실행 계획**

Rows	Executes	StmtText
1	1	SELECT a.name FROM TB_Exist a WHERE NOT EXISTS (SELECT name FROM TB_List b WHERE b.name = a.name)
1	1	|--Nested Loops(Left Anti Semi Join, OUTER REFERENCES:([a].[name]))
10	1	|--Table Scan(OBJECT:([tuning].[dbo].[TB_Exist] AS [a]))
9	10	|--Top(TOP EXPRESSION:((1)))
9	10	|--Index Seek(OBJECT:([tuning].[dbo].[TB_List].[NIDX01_List] AS [b]), SEEK:([b].[NAME]=[tuning].[dbo].[TB_Exist].[name] as [a].[name]) Ordered Forward)

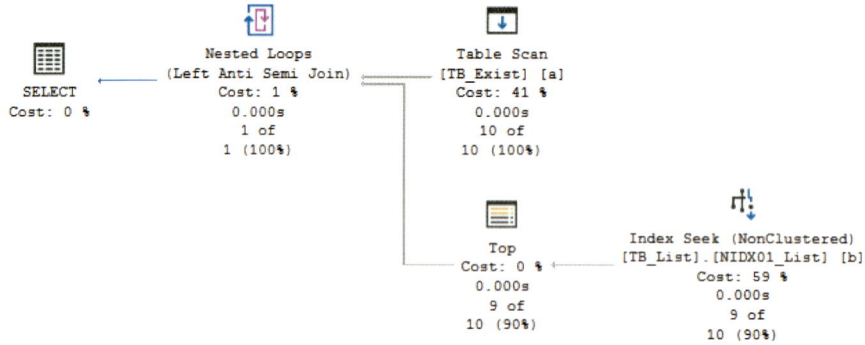

```
테이블 'TB_List'. 검색 수 10, 논리적 읽기 수 40
테이블 'TB_Exist'. 검색 수 1, 논리적 읽기 수 1
SQL Server 실행 시간:
CPU 시간 = 0ms, 경과 시간 = 0ms
```

7. 개선 효과

- 리소스 사용률 비교

	CPU Time (ms)	Elapse Time (ms)	Logical Reads
AS-IS	110	115	2,360
TO-BE	0	0	41

20 TOP N EXPRESSION의 성능 이슈

TOP N 구문을 수행할 때 인덱스 누락으로 인해 높은 I/O 비용이 발생된 사례이다.

1. 사전 구성 스크립트

```sql
CREATE TABLE TB_People(num INT IDENTITY(1,1)
    , secureNo INT
    , cardno VARCHAR(50) DEFAULT NEWID())

INSERT INTO TB_People (secureNo)
SELECT ROW_NUMBER() over(ORDER BY a.number) as secureNo
FROM master..spt_values a, (SELECT number
                            FROM master..spt_values
                            WHERE number < 100
                            AND type = 'P') b
WHERE a.type = 'P'
GO
```

2. [AS-IS] SQL 구문 및 실행 계획

■ SQL 구문

```sql
SELECT TOP 1 *
FROM TB_People
ORDER BY secureNo
GO
```

- 실행 계획

Rows	Executes	StmtText
1	1	SELECT TOP 1 * FROM TB_People ORDER BY secureNo
1	1	|--Top(TOP EXPRESSION:((1)))
1	1	|--Parallelism(Gather Streams, ORDER BY:([tuning].[dbo].[TB_People].[secureNo] ASC))
8	8	|--Sort(TOP 1, ORDER BY:([tuning].[dbo].[TB_People].[secureNo] ASC))
204800	8	|--Table Scan(OBJECT:([tuning].[dbo].[TB_People]))

```
테이블 'TB_People'. 스캔 수 9, 논리적 읽기 1443
SQL Server 실행 시간:
CPU 시간 = 111ms, 경과 시간 = 26ms
```

3. [AS-IS] 통계 정보

· 인덱스 없음

4. [AS-IS] 구문 설명

[TB_People] 테이블에서 [secureNo] 컬럼 기준으로 가장 작은 값 1건을 출력하는 구문이다. [secureNo] 컬럼에는 인덱스가 존재하지 않아 데이터가 정렬되지 않은 상태이다. 이 같은 상황에서 가장 작은 값의 판별을 위해 모든 데이터를 읽으면서 정렬이 수행되고 읽어내야 하는 데이터가 많아지면서 높은 I/O 비용이 사용된다.

5. [TO-BE] 튜닝 포인트

[secureNo] 컬럼의 데이터가 정렬되어 있다면 첫 행만 읽어내도 가장 작은 값을 판별할 수 있다. 인덱스 생성하여 데이터를 정렬하고 읽어내는 범위를 개선한다.

6. [TO-BE] 개선 방안

1) [secureNo] 컬럼이 키로 구성된 인덱스를 생성

인덱스를 생성하면 키를 기준으로 데이터가 정렬된다. ORDER BY 절에 사용된 [secureNo] 컬럼이 정렬된 상태이기 때문에 첫 행만 읽어내면서 가장 작은 값을 추출할 수 있다.

■ 인덱스 생성 구문

```
CREATE INDEX NIDX01_People ON TB_People(secureNo)
GO
```

■ SQL 구문

```
SELECT TOP 1 *
FROM TB_People
ORDER BY secureNo
GO
```

· 실행 계획

Rows	Executes	StmtText
1	1	SELECT TOP 1 * FROM TB_People ORDER BY secureNo
1	1	|--Top(TOP EXPRESSION:((1)))
1	1	|--Nested Loops(INNER JOIN, OUTER REFERENCES:([Bmk1000], [Expr1003]) WITH ORDERED PREFETCH)
1	1	|--Index Scan(OBJECT:([Tuning].[dbo].[TB_People].[NIDX01_People]), Ordered Forward)
1	1	|--RID Lookup(OBJECT:([Tuning].[dbo].[TB_People]), SEEK:([Bmk1000]=[Bmk1000]) LOOKUP Ordered Forward)

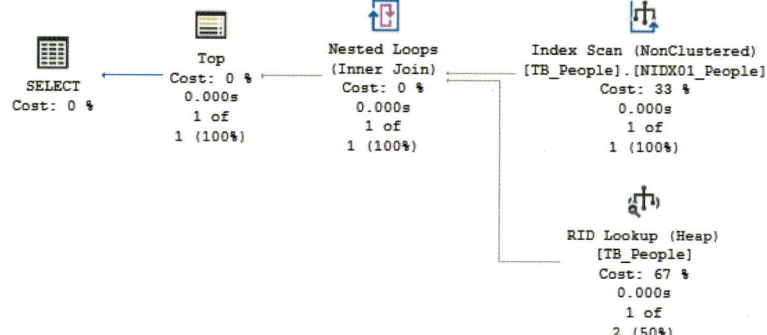

```
테이블 'TB_People'. 스캔 수 1, 논리적 읽기 4
SQL Server 실행 시간:
CPU 시간 = 0ms, 경과 시간 = 0ms
```

7. 개선 효과

· 리소스 사용률 비교

	CPU Time (ms)	Elapse Time (ms)	Logical Reads
AS-IS	111	26	1,443
TO-BE	0	0	4

21　중복된 서브 쿼리 사용으로 테이블을 여러 번 읽는 이슈

동일한 조건으로 이뤄진 서브 쿼리로 인해 테이블을 여러 번 읽어내면서 불필요한 I/O가 발생한 사례이다.

1. 사전 구성 스크립트

```sql
SELECT a.seq
, a.seq%7 AS no1
, a.seq%13 AS no2 INTO TB_Subupdate
FROM (SELECT ROW_NUMBER() OVER (ORDER BY a.number) AS seq
        FROM master..spt_values a
        JOIN master..spt_values b
        ON a.type = 'P' AND b.type = 'P'
        AND a.number BETWEEN 1 AND 100 AND b.number BETWEEN 1 AND 10
) a

SELECT a.seq
     , DATEPART(YY, DATEADD(YY, -b.number%100, '2020-09-10 00:00:00.000')) AS year
     , low AS no1
     , high AS no2 INTO TB_Sublist
FROM TB_Subupdate a, master..spt_values b
WHERE b.type = 'P' and b.number BETWEEN 100 AND 110

CREATE CLUSTERED INDEX CIDX_Subupdate ON TB_Subupdate (seq)
CREATE CLUSTERED INDEX CIDX_Sublist ON TB_Sublist(year, seq)
GO
```

2. [AS-IS] SQL 구문 및 실행 계획

■ SQL 구문

```sql
UPDATE TB_Subupdate
SET no1=(SELECT no1 FROM TB_Sublist b WHERE b.seq=a.seq AND year = 2019),
    no2=(SELECT no2 FROM TB_Sublist b WHERE b.seq=a.seq AND year = 2019)
FROM TB_Subupdate a
GO
```

- **실행 계획**

Rows	Executes	StmtText
1000	1	UPDATE TB_Subupdate SET no1=(SELECT no1 FROM TB_Sublist b WHERE b.seq=a.seq AND year = 2019), no2=(SELECT no2 FROM TB_Sublist b WHERE b.seq=a.seq AND year = 2019) FROM TB_Subupdate a
1000	1	|--Clustered Index Update(OBJECT:([tuning].[dbo].[TB_Subupdate].[CIDX_Subupdate]), SET:([tuning].[dbo].[TB_Subupdate].[no1] = [Expr1005],[tuning].[dbo].[TB_Subupdate].[no2] = [Expr1009]))
0	0	|--Compute Scalar(DEFINE:([Expr1005]=CONVERT_IMPLICIT(bigint,[Expr1016],0), [Expr1009]=CONVERT_IMPLICIT(bigint,[Expr1018],0)))
1000	1	|--Nested Loops(LEFT OUTER JOIN, OUTER REFERENCES:([a].[seq]))
1000	1	|--Nested Loops(LEFT OUTER JOIN, OUTER REFERENCES:([a].[seq]))
1000	1	|--Clustered Index Scan(OBJECT:([tuning].[dbo].[TB_Subupdate].[CIDX_Subupdate] AS [a]))
1000	1000	|--Assert(WHERE:(CASE WHEN [Expr1015]>(1) THEN (0) ELSE NULL END))
1000	1000	|--Stream Aggregate(DEFINE:([Expr1015]=Count(*), [Expr1016]=ANY([tuning].[dbo].[TB_Sublist].[no1] as [b].[no1])))
1000	1000	|--Clustered Index Seek(OBJECT:([tuning].[dbo].[TB_Sublist].[CIDX_Sublist] AS [b]), SEEK:([b].[seq]=[tuning].[dbo].[TB_Subupdate].[seq] as [a].[seq] AND [b].[year]=(2019)) Ordered Forward)
1000	1000	|--Assert(WHERE:(CASE WHEN [Expr1017]>(1) THEN (0) ELSE NULL END))
1000	1000	|--Stream Aggregate(DEFINE:([Expr1017]=Count(*), [Expr1018]=ANY([tuning].[dbo].[TB_Sublist].[no2] as [b].[no2])))
1000	1000	|--Clustered Index Seek(OBJECT:([tuning].[dbo].[TB_Sublist].[CIDX_Sublist] AS [b]), SEEK:([b].[seq]=[tuning].[dbo].[TB_Subupdate].[seq] as [a].[seq] AND [b].[year]=(2019)) Ordered Forward)

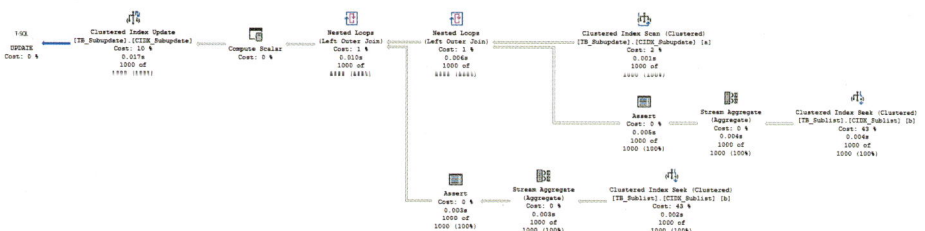

```
테이블 'TB_Subupdate'. 검색 수 1, 논리적 읽기 수 7
테이블 'TB_Sublist'. 검색 수 2000, 논리적 읽기 수 4012
SQL Server 실행 시간:
CPU 시간 = 0ms, 경과 시간 = 8ms
```

3. [AS-IS] 통계 정보

- **인덱스 정보**

Table_Name	Index_Name	Type_Desc	Is_Unique	Key_List	Include_List
TB_Sublist	CIDX_Sublist	CLUSTERED	0	year, seq	-
TB_Subupdate	CIDX_Subupdate	CLUSTERED	0	seq	-

4. [AS-IS] 구문 설명

[TB_Subupdate] 테이블의 [no1], [no2] 컬럼 데이터를 [TB_Sublist] 테이블로 조인하여 업데이트하는 구문이다. 각 컬럼 별로 동일 조건의 서브 쿼리를 사용하여 업데이트를 수행하는데, NL Join으로 수행되면서 [TB_Sublist] 테이블을 반복적으로 탐색하게 되고 [no1], [no2] 두 컬럼에 대해 서브 쿼리가 각각 조인되기 때문에 같은 테이블이 반복 사용되면서 불필요한 I/O가 발생한다.

5. [TO-BE] 튜닝 포인트

동일 조건의 [TB_Sublist] 테이블을 서브 쿼리로 여러 번 사용하면서 불필요한 I/O가 사용된다. 조인문으로 구문을 변경하면 테이블을 한 번만 사용하면서 모든 컬럼을 업데이트할 수 있고, 두 테이블은 조인 조건에 클러스터 인덱스 키가 존재하기 때문에 정렬을 생략한 Merge Join으로 수행하여 반복 탐색하는 비용도 개선할 수 있다.

6. [TO-BE] 개선 방안

1) 서브 쿼리를 조인문으로 변경

[TB_Subupdate] 테이블과 [TB_Sublist] 테이블을 LEFT OUTER JOIN 구문으로 변경하여 각 테이블을 한 번만 읽어내도록 개선한다.

■ 변경된 SQL 구문

```sql
UPDATE a
SET no1 = b.no1
    ,no2 = b.no2
FROM TB_Subupdate a
LEFT OUTER JOIN TB_Sublist b
ON a.seq=b.seq
WHERE b.year = 2019
GO
```

· 실행 계획

Rows	Executes	StmtText
1000	1	UPDATE a SET no1 = b.no1, no2 = b.no2 FROM TB_Subupdate a LEFT OUTER JOIN TB_Sublist b ON a.seq=b.seq WHERE b.year = 2019
1000	1	|--Clustered Index Update(OBJECT:([tuning].[dbo].[TB_Subupdate].[CIDX_Subupdate] AS [a]), SET:([tuning].[dbo].[TB_Subupdate].[no1] as [a].[no1] = [Expr1004],[tuning].[dbo].[TB_Subupdate].[no2] as [a].[no2] = [Expr1005]))
0	0	|--Compute Scalar(DEFINE:([Expr1004]=CONVERT_IMPLICIT(bigint,[tuning].[dbo].[TB_Sublist].[no1] as [b].[no1],0), [Expr1005]=CONVERT_IMPLICIT(bigint,[tuning].[dbo].[TB_Sublist].[no2] as [b].[no2],0)))
1000	1	|--Merge Join(INNER JOIN, MERGE:([b].[seq])=([a].[seq]), RESIDUAL:([tuning].[dbo].[TB_Sublist].[seq] as [b].[seq]=[tuning].[dbo].[TB_Subupdate].[seq] as [a].[seq]))
1000	1	|--Stream Aggregate(GROUP BY:([b].[seq]) DEFINE:([b].[no1]=ANY([tuning].[dbo].[TB_Sublist].[no1] as [b].[no1]), [b].[no2]=ANY([tuning].[dbo].[TB_Sublist].[no2] as [b].[no2])))
1000	1	| |--Clustered Index Seek(OBJECT:([tuning].[dbo].[TB_Sublist].[CIDX_Sublist] AS [b]), SEEK:([b].[year]=(2019)) Ordered Forward)
1000	1	|--Clustered Index Scan(OBJECT:([tuning].[dbo].[TB_Subupdate].[CIDX_Subupdate] AS [a]), Ordered Forward)

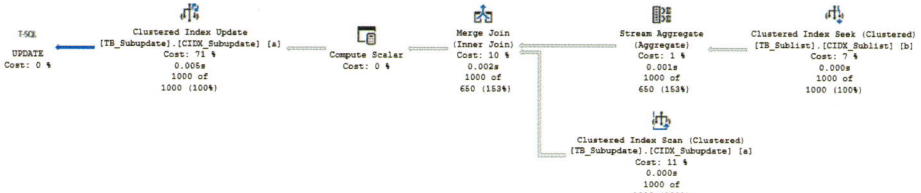

```
테이블 'TB_Subupdate'. 검색 수 1, 논리적 읽기 수 7
테이블 'TB_Sublist'. 검색 수 1, 논리적 읽기 수 6
SQL Server 실행 시간:
CPU 시간 = 0ms, 경과 시간 = 2ms
```

7. 개선 효과

- **리소스 사용률 비교**

	CPU Time (ms)	Elapse Time (ms)	Logical Reads
AS-IS	0	8	4,019
TO-BE	0	2	13

22 스칼라 서브 쿼리 성능 이슈

스칼라 서브 쿼리가 NL Join으로 반복 호출되면서 많은 I/O가 사용된 사례이다.

1. 사전 구성 스크립트

```sql
SELECT rownum AS seq
     , NEWID() AS sub_code
     , DATEADD(ss,rownum,'2020-01-01 00:00:00.000') AS date
INTO TB_Sub05
FROM (SELECT ROW_NUMBER() OVER (ORDER BY A.number) AS rownum, A.number
        FROM master..spt_values A
        JOIN master..spt_values B
          ON A.type = 'P' AND B.type = 'P' AND A.number <= 1000 AND B.number <= 1000
     ) A

SELECT sub_code AS main_code
     , CASE WHEN seq < 30000 THEN 11 ELSE CAST(seq%10 AS INT) END AS value
INTO TB_Main05
FROM TB_Sub05

CREATE CLUSTERED INDEX CIDX_Main05 ON TB_Main05(main_code)
CREATE INDEX NIDX01_Main05 ON TB_Main05(value)
CREATE CLUSTERED INDEX CIDX_Sub05 ON TB_Sub05(date)
GO
```

2. [AS-IS] SQL 구문 및 실행 계획

■ SQL 구문

```sql
SELECT *, (SELECT sub_code
             FROM TB_Sub05
            WHERE sub_code = A.main_code
              AND date BETWEEN '2020-01-01 00:09:00.000' AND '2020-01-01 00:20:00.000')
FROM TB_Main05 A
WHERE A.value = 11
GO
```

· 실행 계획

Rows	Executes	StmtText
29999	1	SELECT *, (SELECT sub_code FROM TB_Sub05 WHERE sub_code = A.main_code AND date BETWEEN '2020-01-01 00:09:00.000' AND '2020-01-01 00:20:00.000') FROM TB_Main05 A WHERE A.value = 11
0	0	|--Compute Scalar(DEFINE:([Expr1006]=[Expr1008]))
29999	1	|--Nested Loops(LEFT OUTER JOIN, OUTER REFERENCES:([A].[main_code]))
29999	1	|--Index Seek(OBJECT:([Tuning].[dbo].[TB_Main05].[NIDX05_Main05] AS [A]), SEEK:([A].[value]=(11)) Ordered Forward)
29999	29999	|--Assert(WHERE:(CASE WHEN [Expr1007]>(1) THEN (0) ELSE NULL END))
29999	29999	|--Stream Aggregate(DEFINE:([Expr1007]=Count(*), [Expr1008]=ANY([Tuning].[dbo].[TB_Sub05].[sub_code])))
661	29999	|--Clustered Index Seek(OBJECT:([Tuning].[dbo].[TB_Sub05].[CIDX_Sub05]), SEEK:([Tuning].[dbo].[TB_Sub05].[date] >= '2020-01-01 00:09:00.000' AND [Tuning].[dbo].[TB_Sub05].[date] <= '2020-01-01 00:20:00.000'), WHERE:([Tuning].[dbo].[TB_Sub05].[sub_code]=[Tuning].[dbo].[TB_Main05].[main_code] as [A].[main_code]) Ordered Forward)

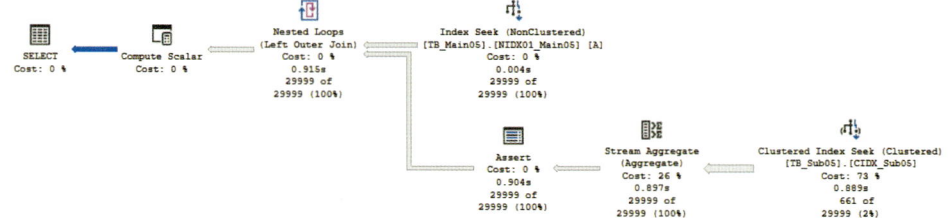

```
테이블 'TB_Sub05'. 스캔 수 29999, 논리적 읽기 239992
테이블 'TB_Main05'. 스캔 수 1, 논리적 읽기 100
SQL Server 실행 시간:
CPU 시간 = 937ms, 경과 시간 = 1034ms
```

3. [AS-IS] 통계 정보

- 인덱스 정보

Table_Name	Index_Name	Type_Desc	Is_Unique	Key_List	Include_List
TB_Main05	CIDX_Main05	CLUSTERED	0	main_code	-
TB_Main05	NIDX01_Main05	NONCLUSTERED	0	value	-
TB_Sub05	CIDX_Sub05	CLUSTERED	0	date	-

4. [AS-IS] 구문 설명

[TB_Main05] 테이블의 [value] 컬럼 값이 11인 데이터를 스칼라 서브 쿼리 내의 [TB_Sub05] 테이블과 조인하여 [date] 컬럼 '2020-01-01 00:09:00.000'부터 '2020-01-01 00:20:00.000'까지 범위 안에 포함된 데이터가 존재하면 함께 출력하는 구문이다. 스칼라 서브 쿼리는 하나의 입력 값에 대해 출력되는 결과로 2개 이상을 가질 수 없는데, 데이터가 유일한 값이라는 것을 보장할 수 없기 때문에 데이터 검증을 위해 NL Join으로 수행된다. 이로 인해서 메인 쿼리의 결과 집합인 약 3만 건의 데이터가 스칼라 서브 쿼리로 반복 호출되기 때문에 많은 I/O가 사용된다.

5. [TO-BE] 튜닝 포인트

다음 구문을 개선하기 위해 두 가지 방안을 고려할 수 있다.

첫째, 스칼라 서브 쿼리 구문에 DISTINCT 추가
둘째, 스칼라 서브 쿼리를 LEFT OUTER JOIN으로 구문 변경

첫 번째 방법은 스칼라 서브 쿼리 구문에 [TB_Sub05] 테이블의 [sub_code] 컬럼 값에 중복 값이 없지만 DISTINCT를 추가하여 [sub_code] 값이 유일한 값임을 정의하여 NL Join이 아닌 Merge Join 방식으로 수행되도록 유도하는 방법이다.

두 번째 방법은 스칼라 서브 쿼리로 작성된 구문을 LEFT OUTER JOIN 문으로 변경하여 다른 조인 방식으로 수행되도록 유도하는 방법이다. [TB_Sub05] 테이블의 [sub_code] 컬럼 값에 중복 값이 있는 경우라면 전체 건수의 차이가 발생됨으로 주의하여야 한다.

6. [TO-BE] 개선 방안

1) 스칼라 서브 쿼리 구문에 DISTINCT를 추가

스칼라 서브 쿼리 구문에 DISTINCT 추가로 유일한 값을 보장하여 Merge Join을 통해 반복 수행으로 인한 I/O를 개선한다.

■ 변경된 SQL 구문

```sql
SELECT *, (SELECT DISTINCT sub_code
           FROM TB_Sub05
           WHERE sub_code = A.main_code
             AND date BETWEEN '2020-01-01 00:09:00.000' AND '2020-01-01 00:20:00.000')
FROM TB_Main05 A
WHERE A.value = 11
GO
```

· 실행 계획

Rows	Executes	StmtText
29999	1	SELECT *, (SELECT DISTINCT sub_code FROM TB_Sub05 WHERE sub_code = A.main_code AND date BETWEEN '2020-01-01 00:09:00.000' AND '2020-01-01 00:20:00.000') FROM TB_Main05 A WHERE A.value = 11
0	0	|--Compute Scalar(DEFINE:([Expr1006]=[Tuning].[dbo].[TB_Sub05].[sub_code]))
29999	1	|--Merge Join(Right Outer Join, MERGE:([Tuning].[dbo].[TB_Sub05].[sub_code])=([A].[main_code]), RESIDUAL:([Tuning].[dbo].[TB_Sub05].[sub_code]=[Tuning].[dbo].[TB_Main05].[main_code] as [A].[main_code]))
661	1	|--Sort(DISTINCT ORDER BY:([Tuning].[dbo].[TB_Sub05].[sub_code] ASC))
0	0	| |--Compute Scalar(DEFINE:([Expr1005]=[Tuning].[dbo].[TB_Sub05].[sub_code]))
661	1	| |--Clustered Index Seek(OBJECT:([Tuning].[dbo].[TB_Sub05].[CIDX_Sub05]), SEEK:([Tuning].[dbo].[TB_Sub05].[date] >= '2020-01-01 00:09:00.000' AND [Tuning].[dbo].[TB_Sub05].[date] <= '2020-01-01 00:20:00.000') Ordered Forward)
29999	1	|--Index Seek(OBJECT:([Tuning].[dbo].[TB_Main05].[NIDX05_Main05] AS [A]), SEEK:([A].[value]=(11)) Ordered Forward)

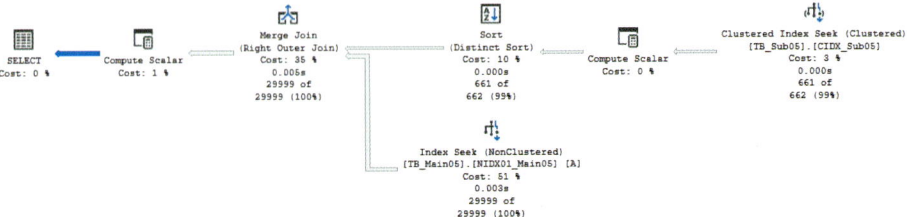

```
테이블 'TB_Main05'. 검색 수 1, 논리적 읽기 수 100
테이블 'Worktable'. 검색 수 0, 논리적 읽기 수 0
테이블 'TB_Sub05'. 검색 수 1, 논리적 읽기 수 8
SQL Server 실행 시간:
CPU 시간 = 0ms, 경과 시간 = 447ms
```

2) 스칼라 서브 쿼리를 LEFT OUTER JOIN으로 구문 변경

스칼라 서브 쿼리를 LEFT OUTER JOIN으로 구문을 변경하여 Hash Join을 통해 [TB_Sub05] 테이블을 반복적으로 읽으면서 발생된 I/O 비용을 개선한다.

■ 변경된 SQL 구문

```sql
SELECT *
FROM TB_Main05 A
LEFT OUTER JOIN (SELECT sub_code
                 FROM TB_Sub05
                 WHERE date BETWEEN '2020-01-01 00:09:00.000'
                     AND '2020-01-01 00:20:00.000') B
ON A.main_code = B.sub_code
WHERE A.value = 11
GO
```

· 실행 계획

Rows	Executes	StmtText
29999	1	SELECT * FROM TB_Main05 A LEFT OUTER JOIN (SELECT sub_code FROM TB_Sub05 WHERE date BETWEEN '2020-01-01 00:09:00.000' AND '2020-01-01 00:20:00.000') B ON A.main_code = B.sub_code WHERE A.value = 11
29999	1	|--Hash Match(Right Outer Join, HASH:([Tuning].[dbo].[TB_Sub05].[sub_code])=([A].[main_code]), RESIDUAL:([Tuning].[dbo].[TB_Main05].[main_code] as [A].[main_code]=[Tuning].[dbo].[TB_Sub05].[sub_code]))
0	0	|--Compute Scalar(DEFINE:([Expr1005]=[Tuning].[dbo].[TB_Sub05].[sub_code]))
661	1	| |--Clustered Index Seek(OBJECT:([Tuning].[dbo].[TB_Sub05].[CIDX_Sub05]), SEEK:([Tuning].[dbo].[TB_Sub05].[date] >= '2020-01-01 00:09:00.000' AND [Tuning].[dbo].[TB_Sub05].[date] <= '2020-01-01 00:20:00.000') Ordered Forward)
29999	1	|--Index Seek(OBJECT:([Tuning].[dbo].[TB_Main05].[NIDX05_Main05] AS [A]), SEEK:([A].[value]=(11)) Ordered Forward)

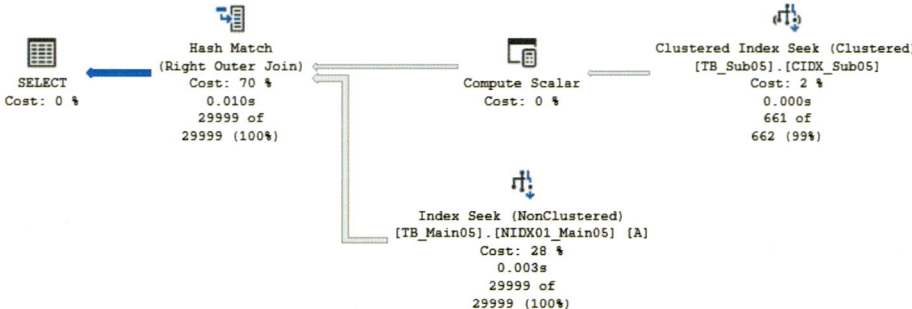

테이블 'Workfile'. 스캔 수 0, 논리적 읽기 0
테이블 'Worktable'. 스캔 수 0, 논리적 읽기 0
테이블 'TB_Main05'. 스캔 수 1, 논리적 읽기 100
테이블 'TB_Sub05'. 스캔 수 1, 논리적 읽기 8
SQL Server 실행 시간:
CPU 시간 = 16ms, 경과 시간 = 436ms

7. 개선 효과

- 리소스 사용률 비교

	CPU Time (ms)	Elapse Time (ms)	Logical Reads
AS-IS	937	1,034	240,092
TO-BE (1)	0	447	108
TO-BE (2)	16	436	108

23 NOT IN 조건으로 사용된 서브 쿼리 성능 이슈

NOT IN 조건에 서브 쿼리를 사용할 때 NL Join으로 인해 반복되는 조인 시도로 높은 I/O 비용이 발생된 사례이다.

1. 사전 구성 스크립트

```sql
SELECT c.id
     , CASE WHEN c.id <= 5 THEN 1
            WHEN c.id <= 10 THEN 2
            WHEN c.id <= 15 THEN 3
            WHEN c.id <= 20 THEN 4
            ELSE 5 END gid
     , NEWid() code1
     , NEWid() code2 INTO TB_Maind8
FROM (SELECT ROW_NUMBER() OVER ( ORDER BY a.number ) id
        FROM master..spt_values A, master..spt_values B
       WHERE a.type = 'P' AND a.number BETWEEN 1 AND 100
         AND b.type = 'P' AND b.number BETWEEN 1 AND 100
     ) c

SELECT a.* INTO TB_Subd8
FROM TB_Maind8 a

CREATE CLUSTERED INDEX CIDX_Maind8 ON TB_Maind8(gid)
CREATE INDEX NIDX01_Subd8 ON TB_Subd8(id)
GO
```

2. [AS-IS] SQL 구문 및 실행 계획

■ SQL 구문

```sql
SELECT COUNT(id)
FROM TB_Subd8 a
WHERE id NOT IN (SELECT DISTINCT id
                 FROM TB_Maind8
                 WHERE gid BETWEEN 2 AND 4)
GO
```

· 실행 계획

Rows	Executes	StmtText
1	1	SELECT COUNT(id) FROM TB_Subd8 a WHERE id NOT IN (SELECT DISTINCT id FROM TB_Maind8 WHERE gid BETWEEN 2 AND 4)
0	0	|--Compute Scalar(DEFINE:([Expr1005]=CONVERT_IMPLICIT(int,[Expr1008],0)))
1	1	|--Stream Aggregate(DEFINE:([Expr1008]=COUNT([Tuning].[dbo].[TB_Subd8].[id] as [a].[id])))
9985	1	|--Nested Loops(Left Anti Semi Join, WHERE:([Tuning].[dbo].[TB_Subd8].[id] as [a].[id] IS NULL OR [Tuning].[dbo].[TB_Maind8].[id] IS NULL OR [Tuning].[dbo].[TB_Subd8].[id] as [a].[id]=[Tuning].[dbo].[TB_Maind8].[id]))
10000	1	|--Index Scan(OBJECT:([Tuning].[dbo].[TB_Subd8].[NIDX01_Subd8] AS [a]))
149895	10000	|--Table Spool
15	1	| Clustered Index Seek(OBJECT:([Tuning].[dbo].[TB_Maind8].[CIDX_Maind8]), SEEK:([Tuning].[dbo].[TB_Maind8].[gid] >= (2) AND [Tuning].[dbo].[TB_Maind8].[gid] <= (4)) Ordered Forward)

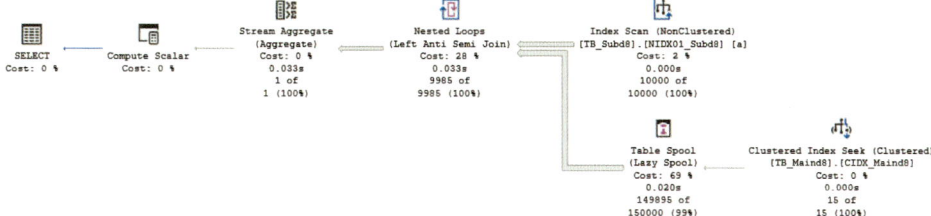

```
테이블 'TB_Maind8'. 스캔 수 1, 논리적 읽기 2
테이블 'Worktable'. 스캔 수 1, 논리적 읽기 20029
테이블 'TB_Subd8'. 스캔 수 1, 논리적 읽기 30
SQL Server 실행 시간:
CPU 시간 = 31ms, 경과 시간 = 33ms
```

3. [AS-IS] 통계 정보

· 인덱스 정보

Table_Name	Index_Name	Type_Desc	Is_Unique	Key_List	Include_List
TB_Maind8	CIDX_Maind8	CLUSTERED	0	gid	-
TB_Subd8	NIDX01_Subd8	NONCLUSTERED	0	id	-

4. [AS-IS] 구문 설명

[TB_Subd8] 테이블의 [id] 컬럼을 기준으로 [TB_Maind8] 테이블 [gid] 컬럼 값이 2부터 4사이인 데이터의 [id] 값을 제외한 결과 행 수를 출력하는 구문이다. 데이터를 제외하기 위해 NOT IN 절이 사용되는데 두 테이블의 데이터를 비교하는 과정에서 NL Join으로 수행되어 선행 테이블 [TB_Subd8]의 결과 집합 10,000건에 대해 후행 테이블인 [TB_Maind8]에 반복 조인되면서 많은 I/O 비용이 발생된다.

5. [TO-BE] 튜닝 포인트

두 테이블을 LEFT OUTER JOIN으로 구문을 변경하여 다른 조인 방식으로 수행되도록 유도한다. [TB_Subd8] 테이블은 조인 키에 해당되는 [id] 컬럼이 인덱스로 인해 이미 정렬되어 있는 상태이며 [TB_Maind8] 테이블은 DISTINCT로 정렬을 선행하기 때문에 테이블을 한 번씩 읽어내면서 정렬된 데이터로 조인하는 Merge Join으로 성능을 개선할 수 있다.

추가적으로, 개선 전 구문에서는 [TB_Maind8] 테이블에 NULL 값이 포함되어 있을 경우 두 데이터 간의 비교가 불가능하여 데이터가 출력되지 않는데, 이와 같은 상황을 방지하기 위해 [id] 컬럼에 IS NOT NULL 조건을 명시하거나 NOT NULL 제약조건 적용 혹은 구문에 조인 조건을 명시하여 요구사항에 명확한 구문으로 작성해야 하며 이를 통해서도 좀 더 나은 실행 계획이 수립될 수 있다.

6. [TO-BE] 개선 방안

1) LEFT OUTER JOIN으로 구문 변경

NOT IN 절을 LEFT OUTER JOIN 구문으로 변경하여 Merge Join을 통해 [TB_Maind8] 테이블을 반복적으로 읽으면서 발생된 I/O 비용을 개선한다.

■ 변경된 SQL 구문

```sql
SELECT COUNT(a.id)
FROM TB_Subd8 a
LEFT OUTER JOIN (SELECT DISTINCT id
                 FROM TB_Maind8
                 WHERE gid BETWEEN 2 AND 4) b
ON a.id = b.id
WHERE b.id IS NULL
GO
```

· 실행 계획

Rows	Executes	StmtText
1	1	SELECT COUNT(a.id) FROM TB_Subd8 a LEFT OUTER JOIN (SELECT DISTINCT id FROM TB_Maind8 WHERE gid BETWEEN 2 AND 4) b ON a.id = b.id WHERE b.id IS NULL
0	0	¦--Compute Scalar(DEFINE:([Expr1006]=CONVERT_IMPLICIT(int,[Expr1009],0)))
1	1	¦--Stream Aggregate(DEFINE:([Expr1009]=COUNT([Tuning].[dbo].[TB_Subd8].[id] as [a].[id])))
9985	1	¦--Filter(WHERE:([Expr1005] IS NULL))
10000	1	¦--Merge Join(Right Outer Join, MERGE:([Expr1005])=([a].[id]), RESIDUAL:([Tuning].[dbo].[TB_Subd8].[id] as [a].[id]=[Expr1005]))
15	1	¦--Sort(DISTINCT ORDER BY:([Expr1005] ASC))
0	0	¦ ¦--Compute Scalar(DEFINE:([Expr1005]=[Tuning].[dbo].[TB_Maind8].[id]))
15	1	¦ ¦--Clustered Index Seek(OBJECT:([Tuning].[dbo].[TB_Maind8].[CIDX_Maind8]), SEEK:([Tuning].[dbo].[TB_Maind8].[gid] >= (2) AND [Tuning].[dbo].[TB_Maind8].[gid] <= (4)) Ordered Forward)
10000	1	¦--Index Scan(OBJECT:([Tuning].[dbo].[TB_Subd8].[NIDX01_Subd8] AS [a]), Ordered Forward)

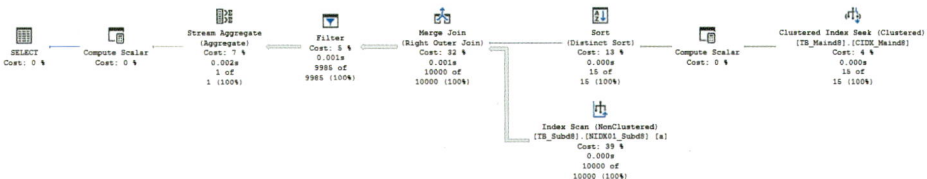

테이블 'TB_Subd8'. 스캔 수 1, 논리적 읽기 30
테이블 'Worktable'. 스캔 수 0, 논리적 읽기 0
테이블 'TB_Maind8'. 스캔 수 1, 논리적 읽기 2
SQL Server 실행 시간:
CPU 시간 = 0ms, 경과 시간 = 1ms

7. 개선 효과

· 리소스 사용률 비교

	CPU Time (ms)	Elapse Time (ms)	Logical Reads
AS-IS	31	33	20,061
TO-BE	0	1	32

24 WITH 절의 성능 이슈

WITH 절로 선언된 내부 구문이 반복적으로 수행되면서 I/O가 증가된 사례이다.

1. 사전 구성 스크립트

```sql
SELECT std_no
     , CASE WHEN std_no <= 1000 THEN '1'
            WHEN std_no <= 2000 THEN '2'
            WHEN std_no <= 3000 THEN '3'
            WHEN std_no <= 4000 THEN '4'
            ELSE '5' END class_cd
     , CONVERT(NVARCHAR(36),NEWID()) code INTO TB_Std
FROM (
    SELECT ROW_NUMBER() OVER ( ORDER BY a.number) std_no
    FROM master..spt_values a , master..spt_values b
    WHERE a.type = 'P'
    AND a.number BETWEEN 1 AND 1000
    AND b.type = 'P'
    AND b.number BETWEEN 1 AND 5
) c

SELECT a.std_no
     , CHAR(b.number+64) sbjt_cd
     , CASE WHEN a.std_no = 1 THEN 100
            ELSE CONVERT(INT,RIGHT(std_no * ASCII(CONVERT(NVARCHAR(36), NEWID())), 2))
       END point
INTO TB_Point
FROM TB_Std a , master..spt_values b
WHERE b.type = 'P' AND b.number BETWEEN 1 AND 26

CREATE INDEX NIDX01_Std ON TB_Std ( class_cd , std_no )
GO
```

2. [AS-IS] SQL 구문 및 실행 계획

■ SQL 구문

```sql
WITH WT_Rank
AS (SELECT s.class_cd, s.std_no, SUM(p.point) total_point
    FROM TB_Std s INNER JOIN TB_Point p
    ON s.std_no = p.std_no
    WHERE s.class_cd = '1'
    GROUP BY s.class_cd, s.std_no)

SELECT class_cd, std_no, std_rank, total_point, total_std_cnt
FROM (SELECT class_cd, std_no, total_point
           , RANK() OVER (ORDER BY total_point DESC) std_rank
      FROM WT_Rank
) a, (SELECT COUNT(*) total_std_cnt FROM WT_Rank) b
WHERE a.std_rank = 1
GO
```

• 실행 계획

Rows	Executes	StmtText
1	1	WITH WT_Rank AS (SELECT s.class_cd, s.std_no, SUM(p.point) total_point FROM TB_Std s INNER JOIN TB_Point p ON s.std_no = p.std_no WHERE s.class_cd = '1' GROUP BY s.class_cd, s.std_no) SELECT class_cd, std_no, std_rank, total_point, total_std_cnt FROM (SELECT class_cd, std_no, total_point, RANK() OVER (ORDER BY total_point DESC) std_rank FROM WT_Rank) a, (SELECT COUNT(*) total_std_cnt FROM WT_Rank) b WHERE a.std_rank = 1
1	1	|--Nested Loops(INNER JOIN)
0	0	|--Compute Scalar(DEFINE:([Expr1011]=CONVERT_IMPLICIT(int,[Expr1018],0)))
1	1	|--Stream Aggregate(DEFINE:([Expr1018]=Count(*)))
1000	1	|--Sort(DISTINCT ORDER BY:([s].[std_no] ASC))
1000	1	|--Hash Match(INNER JOIN, HASH:([s].[std_no])=([p].[std_no]), RESIDUAL:([Tuning].[dbo].[TB_Point].[std_no] as [p].[std_no]=[Tuning].[dbo].[TB_Std].[std_no] as [s].[std_no]))
1000	1	|--Index Seek(OBJECT:([Tuning].[dbo].[TB_Std].[NIDX01_Std] AS [s]), SEEK:([s].[class_cd]='1') Ordered Forward)
5000	1	|--Hash Match(Aggregate, HASH:([p].[std_no]), RESIDUAL:([Tuning].[dbo].[TB_Point].[std_no] as [p].[std_no] = [Tuning].[dbo].[TB_Point].[std_no] as [p].[std_no]))
130000	1	|--Table Scan(OBJECT:([Tuning].[dbo].[TB_Point] AS [p]))
1	1	|--Filter(WHERE:([Expr1005]=(1)))
1000	1	|--Sequence Project(DEFINE:([Expr1005]=rank))
1000	1	|--Segment
1000	1	|--Segment
1000	1	|--Sort(ORDER BY:([Expr1004] DESC))
0	0	|--Compute Scalar(DEFINE:([Expr1004]=CASE WHEN [globalagg1013]=(0) THEN NULL ELSE [globalagg1015] END))
1000	1	|--Stream Aggregate(GROUP BY:([s].[std_no]) DEFINE:([globalagg1013]=SUM([partialagg1012]), [globalagg1015]=SUM([partialagg1014]), [s].[class_cd]=ANY([Tuning].[dbo].[TB_Std].[class_cd] as [s].[class_cd])))
1000	1	|--Sort(ORDER BY:([s].[std_no] ASC))
1000	1	|--Hash Match(INNER JOIN, HASH:([s].[std_no])=([p].[std_no]), RESIDUAL:([Tuning].[dbo].[TB_Point].[std_no] as [p].[std_no]=[Tuning].[dbo].[TB_Std].[std_no] as [s].[std_no]))
1000	1	|--Index Seek(OBJECT:([Tuning].[dbo].[TB_Std].[NIDX01_Std] AS [s]), SEEK:([s].[class_cd]='1') Ordered Forward)
5000	1	|--Hash Match(Aggregate, HASH:([p].[std_no]), RESIDUAL:([Tuning].[dbo].[TB_Point].[std_no] as [p].[std_no] = [Tuning].[dbo].[TB_Point].[std_no] as [p].[std_no]) DEFINE:([partialagg1012]=COUNT_BIG([Tuning].[dbo].[TB_Point].[point] as [p].[point]), [partialagg1014]=SUM([Tuning].[dbo].[TB_Point].[point] as [p].[point])))
130000	1	|--Table Scan(OBJECT:([Tuning].[dbo].[TB_Point] AS [p]))

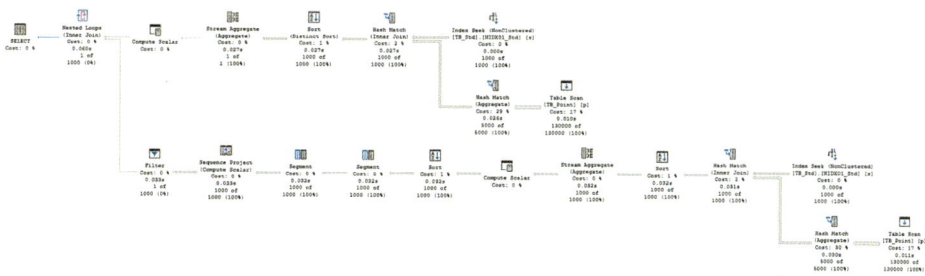

테이블 'Worktable'. 검색 수 0, 논리적 읽기 수 0
테이블 'Workfile'. 검색 수 0, 논리적 읽기 수 0
테이블 'TB_Point'. 검색 수 2, 논리적 읽기 수 726
테이블 'TB_Std'. 검색 수 2, 논리적 읽기 수 12
SQL Server 실행 시간:
CPU 시간 = 47ms, 경과 시간 = 54ms

3. [AS-IS] 통계 정보

• 인덱스 정보

Table_Name	Index_Name	Type_Desc	Is_Unique	Key_List	Include_List
TB_Std	NIDX01_Std	NONCLUSTERED	0	class_cd, std_no	-

4. [AS-IS] 구문 설명

WITH 절에서 [TB_Std] 테이블과 [TB_Point] 테이블을 조인하여 각 [std_no] 컬럼 값마다 [point]의 합계를 구하고 하위 구문에서 합계가 1순위인 데이터와 전체 행 수를 구해 조인하는 구문이다. 순위 데이터와 행 수 데이터를 출력하기 위해 각각 WITH 절을 호출하여 사용하는데 이로 인해 WITH 절 내부 구문이 반복 수행되면서 I/O 비용이 2배로 발생한다.

5. [TO-BE] 튜닝 포인트

WITH 절은 하위 쿼리에서 호출된 수만큼 반복 수행되기 때문에 다수의 호출이 필요한 경우 내부 구문에서 발생하는 비용에 따라 더 많은 비효율이 포함될 수 있다. WITH 절 구문이 수행된 결과 데이터가 크지 않다면 해당 데이터를 임시 테이블에 저장하여 재사용이 필요할 때 임시로 저장된 데이터만 읽어내면서 I/O 비용을 감소시킬 수 있다.

6. [TO-BE] 개선 방안

1) 임시 테이블을 사용하여 WITH 절의 중간 결과 집합을 저장

WITH 절 결과 데이터를 임시 테이블에 저장하고 해당 데이터를 재사용하여 전체적인 I/O 비용을 감소시킨다.

■ 변경된 SQL 구문

```sql
SELECT s.class_cd, s.std_no, SUM(p.point) total_point
INTO #TMP_Rank
FROM TB_Std s INNER JOIN TB_Point p
ON s.std_no = p.std_no
WHERE s.class_cd = '1'
GROUP BY s.class_cd, s.std_no

SELECT class_cd, std_no, std_rank, total_point, total_std_cnt
FROM (SELECT class_cd, std_no, total_point
           , RANK() OVER ( ORDER BY total_point DESC) std_rank
      FROM #TMP_Rank
) a, (SELECT COUNT(*) total_std_cnt FROM #TMP_Rank) b
WHERE a.std_rank = 1
GO
```

· 실행 계획 (Temp Table 생성)

Rows	Executes	StmtText
1000	1	SELECT s.class_cd, s.std_no, SUM(p.point) total_point INTO #TMP_Rank FROM TB_Std s INNER JOIN TB_Point p ON s.std_no = p.std_no WHERE s.class_cd = '1' GROUP BY s.class_cd, s.std_no
1000	1	|--Table INSERT(OBJECT:([#TMP_Rank]), SET:([#TMP_Rank].[class_cd] = [Tuning].[dbo].[TB_Std].[class_cd] as [s].[class_cd], [#TMP_Rank].[std_no] = [Tuning].[dbo].[TB_Std].[std_no] as [s].[std_no],[#TMP_Rank].[total_point] = [Expr1007]))
0	0	|--Compute Scalar(DEFINE:([Expr1007]=CASE WHEN [globalagg1009]=(0) THEN NULL ELSE [globalagg1011] END))
1000	1	|--Stream Aggregate(GROUP BY:([s].[std_no]) DEFINE:([globalagg1009]=SUM([partialagg1008]), [globalagg1011]=SUM([partialagg1010]), [s].[class_cd]=ANY([Tuning].[dbo].[TB_Std].[class_cd] as [s].[class_cd])))
1000	1	|--Sort(ORDER BY:([s].[std_no] ASC))
1000	1	|--Hash Match(INNER JOIN, HASH:([s].[std_no])=([p].[std_no]), RESIDUAL:([Tuning].[dbo].[TB_Point].[std_no] as [p].[std_no]=[Tuning].[dbo].[TB_Std].[std_no] as [s].[std_no]))
1000	1	|--Index Seek(OBJECT:([Tuning].[dbo].[TB_Std].[NIDX01_Std] AS [s]), SEEK:([s].[class_cd]='1') Ordered Forward)
5000	1	|--Hash Match(Aggregate, HASH:([p].[std_no]), RESIDUAL:([Tuning].[dbo].[TB_Point].[std_no] as [p].[std_no] = [Tuning].[dbo].[TB_Point].[std_no] as [p].[std_no]) DEFINE:([partialagg1008]=COUNT_BIG([Tuning].[dbo].[TB_Point].[point] as [p].[point]), [partialagg1010]=SUM([Tuning].[dbo].[TB_Point].[point] as [p].[point])))
130000	1	|--Table Scan(OBJECT:([Tuning].[dbo].[TB_Point] AS [p]))

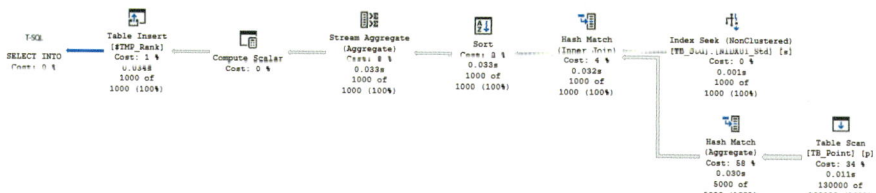

테이블 'Worktable'. 검색 수 0, 논리적 읽기 수 0
테이블 'Workfile'. 검색 수 0, 논리적 읽기 수 0
테이블 'TB_Point'. 검색 수 1, 논리적 읽기 수 363
테이블 'TB_Std'. 검색 수 1, 논리적 읽기 수 6
SQL Server 실행 시간:
CPU 시간 = 16ms, 경과 시간 = 25ms

· 실행 계획 (Temp Table 사용)

Rows	Executes	StmtText
1	1	SELECT class_cd, std_no, std_rank, total_point, total_std_cnt FROM (SELECT class_cd, std_no, total_point, RANK() OVER (ORDER BY total_point DESC) std_rank FROM #TMP_Rank) a, (SELECT COUNT(*) total_std_cnt FROM #TMP_Rank) b WHERE a.std_rank = 1
1	1	|--Nested Loops(INNER JOIN)
0	0	|--Compute Scalar(DEFINE:([Expr1007]=CONVERT_IMPLICIT(int,[Expr1010],0)))
1	1	|--Stream Aggregate(DEFINE:([Expr1010]=Count(*)))
1000	1	|--Table Scan(OBJECT:([tempdb].[dbo].[#TMP_Rank]))
1	1	|--Filter(WHERE:([Expr1003]=(1)))
1000	1	|--Sequence Project(DEFINE:([Expr1003]=rank))
1000	1	|--Segment
1000	1	|--Segment
1000	1	|--Sort(ORDER BY:([tempdb].[dbo].[#TMP_Rank].[total_point] DESC))
1000	1	|--Table Scan(OBJECT:([tempdb].[dbo].[#TMP_Rank]))

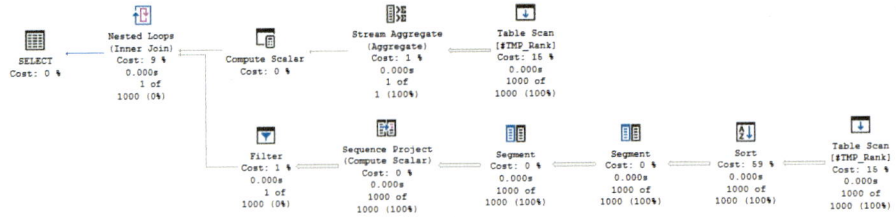

```
테이블 'Worktable'. 검색 수 0, 논리적 읽기 수 0
테이블 '#TMP_Rank___000000000022'. 검색 수 2, 논리적 읽기 수 8
SQL Server 실행 시간:
CPU 시간 = 0ms, 경과 시간 = 0ms
```

7. 개선 효과

- 리소스 사용률 비교

	CPU Time (ms)	Elapse Time (ms)	Logical Reads
AS-IS	47	54	738
TO-BE	16	25	377

25 EXCEPT 구문 성능 이슈

EXCEPT를 사용한 구문에서 인덱스에 키 컬럼이 누락되어 과도한 스캔 범위로 I/O가 높아진 사례이다.

1. 사전 구성 스크립트

```sql
SELECT number custid
     , NEWID() code
     , CASE WHEN number <= 10  THEN 5
            WHEN number <= 110 THEN 4
            WHEN number <= 410 THEN 3
            WHEN number <= 710 THEN 2
            ELSE 1 END level
INTO TB_Cust01
FROM master..spt_values
WHERE type = 'P'
AND number BETWEEN 1 AND 1000

SELECT a.custid, DATEADD(dd,b.number,'2000-01-01') date
INTO TB_Pay01
FROM TB_Cust01 a, master..spt_values b
WHERE b.type = 'P'
AND b.number BETWEEN 1 AND 1000
AND ((level IN (5,4) AND custid%2=0) OR (level IN (3,2,1) AND custid%100<>0 ))

CREATE INDEX NIDX01_Cust01 ON TB_Cust01 (level) INCLUDE (custid)
CREATE INDEX NIDX01_Pay01 ON TB_Pay01 (date) INCLUDE (custid)
GO
```

2. [AS-IS] SQL 구문 및 실행 계획

■ SQL 구문

```
SELECT custid
FROM TB_Cust01
WHERE level = 2
EXCEPT
SELECT custid
FROM TB_Pay01
WHERE date >= '2000-01-01'
GO
```

· 실행 계획

Rows	Executes	StmtText
3	1	SELECT custid FROM TB_Cust01 WHERE level = 2 EXCEPT SELECT custid FROM TB_Pay01 WHERE date >= '2000-01-01'
3	1	|--Nested Loops(Left Anti Semi Join, OUTER REFERENCES:([tuning].[dbo].[TB_Cust01].[custid]))
300	1	|--Sort(DISTINCT ORDER BY:([tuning].[dbo].[TB_Cust01].[custid] ASC))
300	1	|--Index Seek(OBJECT:([tuning].[dbo].[TB_Cust01].[NIDX01_Cust01]), SEEK:([tuning].[dbo].[TB_Cust01].[level]=(2)) Ordered Forward)
297	300	|--Top(TOP EXPRESSION:((1)))
297	300	|--Index Seek(OBJECT:([tuning].[dbo].[TB_Pay01].[NIDX01_Pay01]), SEEK:([tuning].[dbo].[TB_Pay01].[date] >= '2000-01-01 00:00:00.000'), WHERE:([tuning].[dbo].[TB_Cust01].[custid]=[tuning].[dbo].[TB_Pay01].[custid]) Ordered Forward)

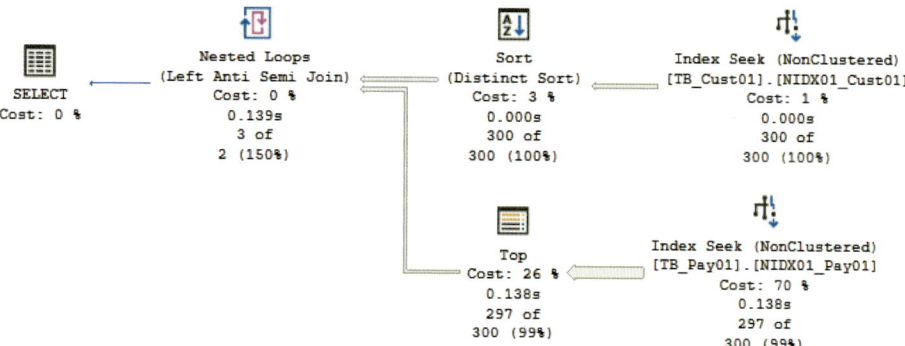

테이블 'TB_Pay01'. 검색 수 300, 논리적 읽기 수 12882
테이블 'Worktable'. 검색 수 0, 논리적 읽기 수 0
테이블 'TB_Cust01'. 검색 수 1, 논리적 읽기 수 3
SQL Server 실행 시간:
CPU 시간 = 109ms, 경과 시간 = 110ms

3. [AS-IS] 통계 정보

· 인덱스 정보

Table_Name	Index_Name	Type_Desc	Is_Unique	Key_List	Include_List
TB_Cust01	NIDX01_Cust01	NONCLUSTERED	0	level	custid
TB_Pay01	NIDX01_Pay01	NONCLUSTERED	0	date	custid

4. [AS-IS] 구문 설명

[TB_Cust01] 테이블에서 [level] 컬럼이 2인 데이터 중 [TB_Pay01] 테이블에 '2000-01-01' 이후 이력이 없는 [custid]를 출력하는 구문이다. [TB_Cust01] 테이블에서 [TB_Pay01] 테이블의 데이터를 제외하기 위해 조건절을 필터하고 정렬을 수행한 뒤 Anti Semi Join으로 조인에 성공하지 못하는 데이터만을 최종 출력한다. [TB_Pay01] 테이블에서 사용된 인덱스에는 조인 조건인 [custid] 컬럼이 키로 구성되어 있지 않기 때문에 [date] >= '2000-01-01' 조건만 인덱스로 탐색되며 선행 테이블의 결과 집합 각 행마다 조인에 성공하는 데이터를 찾을 때까지 읽게 되면서 I/O가 높게 사용된다.

5. [TO-BE] 튜닝 포인트

NOT EXISTS로 구문으로 변경하면 동일한 결과를 도출하면서 불필요한 정렬 과정을 제거할 수 있다. NOT EXISTS도 Anti Semi Join으로 수행되며 조인에 성공하는 데이터를 찾으면 해당 지점에서 중단하지만 조인에 성공하는 데이터를 찾지 못한다면 모든 데이터를 읽어내야 하기 때문에 많은 I/O가 사용될 수 있다. [TB_Pay01] 테이블의 조인 조건인 [custid] 컬럼이 인덱스에 선행 키로 포함되어 있다면 데이터가 정렬된 상태로 유지되기 때문에 첫 행만 읽어내도 조인되는 데이터가 있는지에 대한 판별이 가능하여 I/O를 개선할 수 있다

6. [TO-BE] 개선 방안

1) NOT EXISTS 구문 변경과 [custid] 컬럼이 포함된 신규 인덱스 생성

NOT EXISTS로 변경된 구문에 [custid], [date] 컬럼으로 구성된 인덱스를 생성하면 [TB_Cust01] 테이블의 결과 집합 각 행에 대해 [TB_Pay01] 테이블의 데이터 1건씩만을 탐색하여 I/O가 개선된다.

■ 인덱스 생성 구문

```sql
CREATE INDEX NIDX02_Pay01 ON TB_Pay01 (custid,date)
GO
```

■ 변경된 SQL 구문

```
SELECT custid
FROM TB_Cust01 a
WHERE level = 2
AND NOT EXISTS (SELECT 'x'
                FROM TB_Pay01 b
                WHERE a.custid = b.custid
                AND date >= '2000-01-01')
GO
```

· 실행 계획

Rows	Executes	StmtText
3	1	SELECT custid FROM TB_Cust01 a WHERE level = 2 AND NOT EXISTS (SELECT 'x' FROM TB_Pay01 b WHERE a.custid = b.custid AND date >= '2000-01-01')
3	1	|--Nested Loops(Left Anti Semi Join, OUTER REFERENCES:([a].[custid], [Expr1005]) WITH UNORDERED PREFETCH)
300	1	|--Index Seek(OBJECT:([tuning].[dbo].[TB_Cust01].[NIDX01_Cust01] AS [a]), SEEK:([a].[level]=(2)) Ordered Forward)
297	300	|--Top(TOP EXPRESSION:((1)))
297	300	|--Index Seek(OBJECT:([tuning].[dbo].[TB_Pay01].[NIDX02_Pay01] AS [b]), SEEK:([b].[custid]=[tuning].[dbo].[TB_Cust01].[custid] as [a].[custid] AND [b].[date] >= '2000-01-01 00:00:00.000') Ordered Forward)

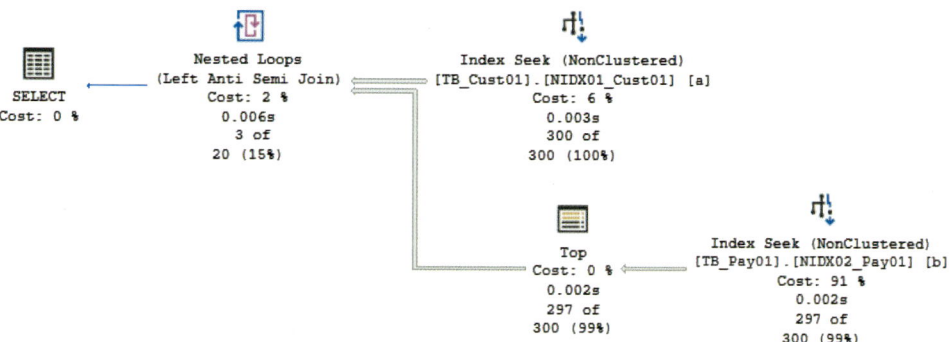

테이블 'TB_Pay01'. 검색 수 300, 논리적 읽기 수 983
테이블 'TB_Cust01'. 검색 수 1, 논리적 읽기 수 3
SQL Server 실행 시간:
CPU 시간 = 0ms, 경과 시간 = 0ms

7. 개선 효과

· 리소스 사용률 비교

	CPU Time (ms)	Elapse Time (ms)	Logical Reads
AS-IS	109	110	12,885
TO-BE	0	0	986

26 INTERSECT 구문 성능 이슈

INTERSECT를 사용한 구문에서 인덱스에 키 컬럼이 누락되어 과도한 스캔 범위로 I/O가 많아진 사례이다.

1. 사전 구성 스크립트

```sql
SELECT number custid
     , NEWID() code
     , CASE WHEN number <= 10  THEN 5
         WHEN number <= 110 THEN 4
         WHEN number <= 410 THEN 3
         WHEN number <= 710 THEN 2
         ELSE 1 END level
INTO TB_Cust02
FROM master..spt_values
WHERE type = 'P'
AND number BETWEEN 1 AND 1000

SELECT a.custid, DATEADD(dd,b.number,'2000-01-01') date
INTO TB_Pay02
FROM TB_Cust02 a, master..spt_values b
WHERE b.type = 'P'
AND b.number BETWEEN 1 AND 1000
AND ((level IN (5,4) AND custid%2=0) OR (level IN (3,2,1) AND custid%100<>0 ))

CREATE INDEX NIDX01_Cust02 ON TB_Cust02 (level) INCLUDE (custid)
CREATE INDEX NIDX01_Pay02 ON TB_Pay02 (date) INCLUDE (custid)
GO
```

2. [AS-IS] SQL 구문 및 실행 계획

■ SQL 구문

```sql
SELECT custid
FROM TB_Cust02
WHERE level = 5
INTERSECT
SELECT custid
FROM TB_Pay02
WHERE date >= '2001-01-01'
GO
```

- **실행 계획**

Rows	Executes	StmtText
5	1	SELECT custid FROM TB_Cust02 WHERE level = 5 INTERSECT SELECT custid FROM TB_Pay02 WHERE date >= '2001-01-01'
5	1	|--Hash Match(Left Semi Join, HASH:([tuning].[dbo].[TB_Cust02].[custid])=([tuning].[dbo].[TB_Pay02].[custid]))
10	1	|--Sort(DISTINCT ORDER BY:([tuning].[dbo].[TB_Cust02].[custid] ASC))
10	1	| |--Index Seek(OBJECT:([tuning].[dbo].[TB_Cust02].[NIDX01_Cust02]), SEEK:([tuning].[dbo].[TB_Cust02].[level]=(5)) Ordered Forward)
594360	1	|--Index Seek(OBJECT:([tuning].[dbo].[TB_Pay02].[NIDX01_Pay02]), SEEK:([tuning].[dbo].[TB_Pay02].[date] >= '2001-01-01 00:00:00.000') Ordered Forward)

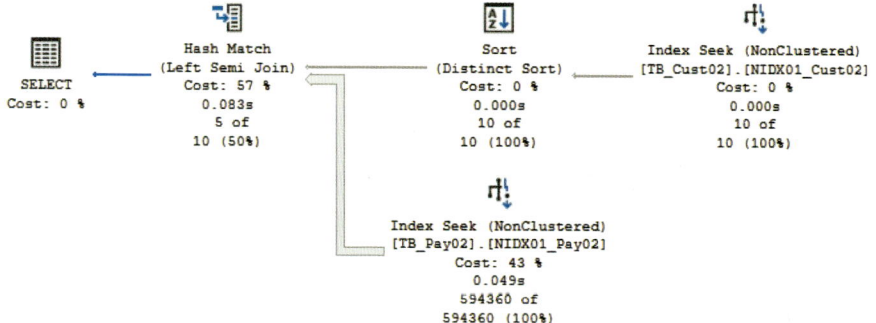

```
테이블 'Workfile'. 검색 수 0, 논리적 읽기 수 0
테이블 'Worktable'. 검색 수 0, 논리적 읽기 수 0
테이블 'TB_Pay02'. 검색 수 1, 논리적 읽기 수 1923
테이블 'TB_Cust02'. 검색 수 1, 논리적 읽기 수 2
SQL Server 실행 시간:
CPU 시간 = 31ms, 경과 시간 = 44ms
```

3. [AS-IS] 통계 정보

- **인덱스 정보**

Table_Name	Index_Name	Type_Desc	Is_Unique	Key_List	Include_List
TB_Cust02	NIDX01_Cust02	NONCLUSTERED	0	level	custid
TB_Pay02	NIDX01_Pay02	NONCLUSTERED	0	date	custid

4. [AS-IS] 구문 설명

[TB_Cust02] 테이블의 [level] 컬럼이 5인 데이터 기준으로 [TB_Pay02] 테이블에 '2001-01-01' 이후 이력이 존재하는 [custid]를 출력하는 구문이다. [TB_Pay02] 테이블의 데이터 존재 유무를 확인하기 위해 조건절을 필터하고 정렬을 수행한 뒤 Semi Join으로 조인에 성공한 데이터만 최종 출력한다. [TB_Pay02] 테이블에서 사용된 인덱스에는 조인 조건인 [custid] 컬럼이 키로 구성되어 있지 않기 때문에 [date] 컬럼만 인덱스로 탐색하여 Hash Join으로 수행되었다. [date] 컬럼 조건에 해당되는 약 60만 건의 데이터를 읽어내면서 불필요한 I/O가 사용된다.

5. [TO-BE] 튜닝 포인트

INTERSECT는 비교 대상 두 테이블을 정렬한 뒤 Semi Join으로 수행되며 조인 조건은 SELECT 절에 기술된 컬럼이 된다. 최종적으로는 INTERSECT를 기준으로 상단 구문의 데이터만 출력되기 때문에 EXISTS로 구문을 변경하면 정렬 과정을 제거할 수 있고 조인 조건에 해당하는 [custid] 컬럼을 인덱스 키로 포함하면 인덱스 탐색 범위를 줄일 수 있다.

6. [TO-BE] 개선 방안

1) EXISTS 구문 변경과 [custid] 컬럼이 포함된 신규 인덱스 생성

EXISTS 구문은 서브 쿼리의 조인되는 데이터가 존재하는지 여부만 판단하기 때문에 정렬하는 과정을 필요로 하지 않는다. 변경된 구문에 [custid], [date] 컬럼으로 구성된 인덱스를 생성하면[TB_Cust02] 테이블의 결과 집합 각 행에 대해 [TB_Pay02] 테이블의 데이터 1건씩만을 탐색하여 I/O를 개선할 수 있다.

■ 인덱스 생성 구문

```sql
CREATE INDEX NIDX02_Pay02 ON TB_Pay02 (custid,date)
GO
```

■ 변경된 SQL 구문

```sql
SELECT custid
FROM TB_Cust02 c
WHERE level = 5
AND EXISTS (SELECT 'x'
            FROM TB_Pay02 p
            WHERE c.custid = p.custid
            AND date >= '2001-01-01')
GO
```

· 실행 계획

Rows	Executes	StmtText
5	1	SELECT custid FROM TB_Cust02 c WHERE level = 5 AND EXISTS (SELECT 'x' FROM TB_Pay02 p WHERE c.custid = p.custid AND date >= '2001-01-01')
5	1	|--Nested Loops(Left Semi Join, OUTER REFERENCES:([c].[custid]))
10	1	|--Index Seek(OBJECT:([tuning].[dbo].[TB_Cust02].[NIDX01_Cust02] AS [c]), SEEK:([c].[level]=(5)) Ordered Forward)
5	10	|--Index Seek(OBJECT:([tuning].[dbo].[TB_Pay02].[NIDX02_Pay02] AS [p]), SEEK:([p].[custid]=[tuning].[dbo].[TB_Cust02].[custid] as [c].[custid] AND [p].[date] >= '2001-01-01 00:00:00.000') Ordered Forward)

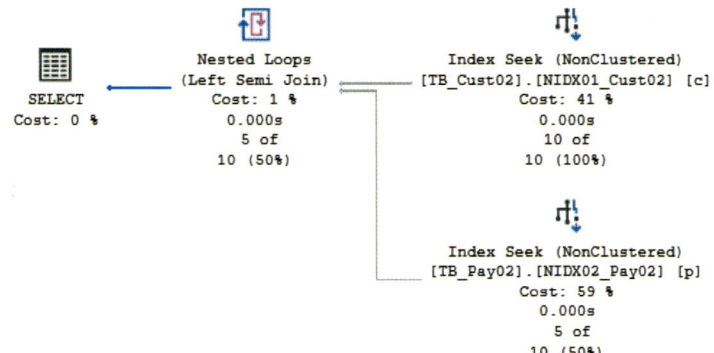

```
테이블 'TB_Pay02'. 검색 수 10, 논리적 읽기 수 30
테이블 'TB_Cust02'. 검색 수 1, 논리적 읽기 수 2
SQL Server 실행 시간:
CPU 시간 = 0ms, 경과 시간 = 0ms
```

7. 개선 효과

· 리소스 사용률 비교

	CPU Time (ms)	Elapse Time (ms)	Logical Reads
AS-IS	31	44	1,925
TO-BE	0	0	32

27 데이터 중복 제거에 대한 스캔 범위 개선

데이터의 중복된 값을 제거하기 위해 모든 데이터를 읽어내면서 I/O가 높게 발생하는 사례이다.

1. 사전 구성 스크립트

```sql
CREATE TABLE TB_Vip01 (level INT, logtime DATETIME, fileId VARCHAR(50))

INSERT INTO TB_Vip01
SELECT seq%59+1 AS level
     , CASE WHEN (seq%59+1)%2=0 THEN DATEADD(SS, -seq, '2020-08-09 00:00:00.000')
       ELSE DATEADD(SS, -seq, '2020-09-09 00:00:00.000') END AS logtime
     , NEWID() AS fileId
FROM (SELECT ROW_NUMBER() OVER (ORDER BY a.number) AS seq
      FROM master..spt_values a JOIN master..spt_values b
      ON a.type ='P'
      AND b.type ='P'
      AND a.number < 1000
      AND b.number < 1000
) c

CREATE INDEX IDX01_Vip01 ON TB_Vip01(logtime,level)
GO
```

2. [AS-IS] SQL 구문 및 실행 계획

■ SQL 구문

```sql
SELECT DISTINCT level
FROM TB_Vip01
WHERE logtime BETWEEN '20200901' AND '20200908'
ORDER BY level
GO
```

· 실행 계획

Rows	Executes	StmtText
30	1	SELECT DISTINCT level FROM TB_Vip01 WHERE logtime BETWEEN '20200901' AND '20200908' ORDER BY level
30	1	|--Sort(ORDER BY:([tuning].[dbo].[TB_Vip01].[level] ASC))
30	1	|--Hash Match(Aggregate, HASH:([tuning].[dbo].[TB_Vip01].[level]), RESIDUAL:([tuning].[dbo].[TB_Vip01].[level] = [tuning].[dbo].[TB_Vip01].[level]))
307526	1	|--Index Seek(OBJECT:([tuning].[dbo].[TB_Vip01].[IDX01_Vip01]), SEEK:([tuning].[dbo].[TB_Vip01].[logtime] >= '2020-09-01 00:00:00.000' AND [tuning].[dbo].[TB_Vip01].[logtime] <= '2020-09-08 00:00:00.000') Ordered Forward)

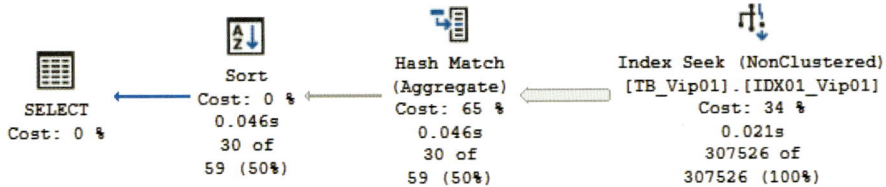

```
테이블 'Worktable'. 스캔 수 0, 논리적 읽기 0
테이블 'Workfile'. 스캔 수 0, 논리적 읽기 0
테이블 'TB_Vip01'. 스캔 수 11, 논리적 읽기 998
SQL Server 실행 시간:
   CPU 시간 = 62ms, 경과 시간 = 67ms
```

3. [AS-IS] 통계 정보

· 인덱스 정보

Table_Name	Index_Name	Type_Desc	Is_Unique	Key_List	Include_List
TB_Vip01	IDX01_Vip01	NONCLUSTERED	0	logtime, level	-

4. [AS-IS] 구문 설명

[TB_Vip01] 테이블의 [logtime] 컬럼 값이 '20200901'부터 '20200908'사이에 해당하는 데이터를 [level] 컬럼으로 데이터를 중복 제거하여 조회하는 구문이다. [TB_Vip01] 테이블의 [level] 컬럼은 1부터 60까지 구성되어 있으며 그 중 중복 값이 제거된 최종 30건이 출력된다. 인덱스를 통해 조건절에 부합하는 데이터를 탐색한 후에 중복 제거가 수행되기 때문에 탐색된 30만 건의 데이터를 읽어내면서 불필요한 I/O가 발생한다.

5. [TO-BE] 튜닝 포인트

범위 조건 내에서 중복 값을 포함한 30만 건의 데이터를 모두 읽어내는 것에서 많은 I/O가 사용된다. 중복된 데이터를 모두 읽지 않도록 하는 방법으로 EXISTS 문을 고려할 수 있는데, [level] 컬럼 값의 범위에 해당되는 1부터 60까지의 데이터를 별도로 구성하여 [TB_Vip01] 테이블에 EXISTS 문으로 조인하면 각 입력 값은 조인되는 첫 행을 만나는 순간 스캔을 중단하고 결과 집합에 포함한다. 중복된 데이터를 모두 읽어내지 않는 부분에서 많은 I/O를 개선할 수 있다.

6. [TO-BE] 개선 방안

1) EXISTS로 구문 변경 및 신규 인덱스 생성

시스템 테이블(master..spt_values)을 이용하여 1부터 60까지의 데이터 리스트를 구성하고, EXISTS 문을 통해 [TB_Vip01] 테이블에 조인하는 것으로 구문을 변경한다. [TB_Vip01] 테이블의 조건에 해당되는 [level] 컬럼과 [logtime] 컬럼을 신규 인덱스 키로 생성하면 1부터 60까지의 값에 대해 [TB_Vip01] 테이블의 데이터 존재 유무를 인덱스로 탐색하기 때문에 전체적인 I/O를 감소시킬 수 있다.

■ 인덱스 생성 구문

```
CREATE INDEX NIDX02_Vip01 ON TB_Vip01(level, logtime)
GO
```

■ 변경된 SQL 구문

```
SELECT a.level
FROM (SELECT number as level
      FROM master..spt_values WITH(NOLOCK)
      WHERE type = 'P' AND number BETWEEN 1 AND 60) a
WHERE EXISTS (SELECT level
              FROM TB_Vip01
              WHERE level = a.level AND logtime BETWEEN '20200901' AND '20200908')
ORDER BY a.level
GO
```

· 실행 계획

Rows	Executes	StmtText
30	1	SELECT a.level FROM (SELECT number as level FROM master..spt_values WITH(nolock) WHERE type = 'P' AND number BETWEEN 1 and 60) a WHERE EXISTS (SELECT level FROM TB_Vip01 WHERE level = a.level and logtime BETWEEN '20200901' AND '20200908') ORDER BY a.level
30	1	|--Nested Loops(Left Semi Join, OUTER REFERENCES:([mssqlsystemresource].[sys].[spt_values].[number], [Expr1008]) WITH ORDERED PREFETCH)
60	1	|--Index Seek(OBJECT:([mssqlsystemresource].[sys].[spt_values].[ix2_spt_values_nu_nc]), SEEK:([mssqlsystemresource].[sys].[spt_values].[number] >= (1) AND [mssqlsystemresource].[sys].[spt_values].[number] <= (60)),WHERE:(CONVERT(nchar(3),[mssqlsystemresource].[sys].[spt_values].[type],0)=N'P') Ordered Forward)
30	60	|--Index Seek(OBJECT:([tuning].[dbo].[TB_Vip01].[IDX02_Vip01]), SEEK:([tuning].[dbo].[TB_Vip01].[level]=[mssqlsystemresource].[sys].[spt_values].[number] AND [tuning].[dbo].[TB_Vip01].[logtime] >= '2020-09-01 00:00:00.000' AND [tuning].[dbo].[TB_Vip01].[logtime] <= '2020-09-08 00:00:00.000'), WHERE:([tuning].[dbo].[TB_Vip01].[level]>=(1) AND [tuning].[dbo].[TB_Vip01].[level]<=(60)) Ordered Forward)

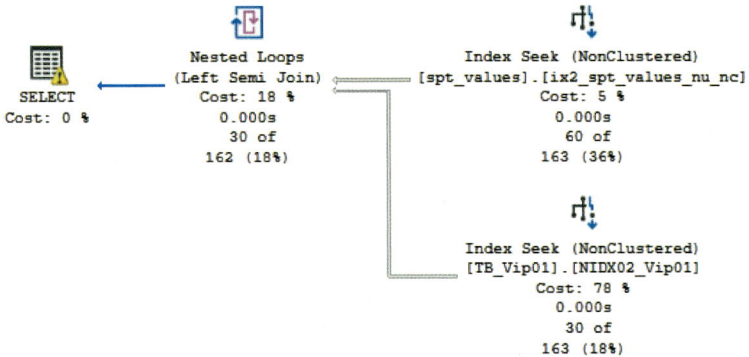

```
테이블 'TB_Vip01'. 스캔 수 60, 논리적 읽기 220
테이블 'spt_values'. 스캔 수 1, 논리적 읽기 4
SQL Server 실행 시간:
CPU 시간 = 0ms, 경과 시간 = 0ms
```

7. 개선 효과

- 리소스 사용률 비교

	CPU Time (ms)	Elapse Time (ms)	Logical Reads
AS-IS	62	67	998
TO-BE	0	0	224

28 변수 테이블의 통계 개선 - 1

변수 테이블을 사용했을 때 부정확한 통계 정보로 인해 잘못된 실행 계획이 수립된 사례이다.

1. 사전 구성 스크립트

```sql
SELECT ROW_NUMBER() OVER (ORDER BY a.number) seq
     , NEWID() main_code
INTO TB_Main01
FROM master..spt_values a , (SELECT number
                              FROM master..spt_values
                              WHERE type = 'P' AND number < 10) b
WHERE a.type = 'P'
AND a.number BETWEEN 1 AND 1000

SELECT c.sub_code, ASCII(SUBSTRING(sub_code,1,1))*c.number value
INTO TB_Sub01
FROM (SELECT b.number,CONVERT(NVARCHAR(36),main_code) sub_code
      FROM TB_Main01 a, (SELECT number
                          FROM master..spt_values
                          WHERE type = 'P'
                          AND number BETWEEN 1 AND 40) b
      WHERE a.seq%2 = 0
) c
GO
```

2. [AS-IS] SQL 구문 및 실행 계획

■ SQL 구문

```sql
DECLARE @Main TABLE (seq INT,  main_code NVARCHAR(50)
INDEX CIDX_Main CLUSTERED(seq,main_code) )

DECLARE @Sub TABLE (sub_code NVARCHAR(50), value INT
INDEX CIDX_Sub CLUSTERED(sub_code,value) )

INSERT INTO @Main SELECT * FROM TB_Main01
INSERT INTO @Sub SELECT * FROM TB_Sub01

SELECT a.seq, a.main_code, MAX(b.value) max_value
FROM @Main a INNER JOIN @Sub b
ON a.main_code = b.sub_code
GROUP BY a.seq, a.main_code
GO
```

• 실행 계획 (INSERT 구문 제외)

Rows	Executes	StmtText	EstimateRows
5000	1	SELECT a.seq, a.main_code, MAX(b.value) max_value FROM @Main a INNER JOIN @Sub b ON a.main_code = b.sub_code GROUP BY a.seq, a.main_code	1
5000	1	¦--Stream Aggregate(GROUP BY:([a].[seq], [a].[main_code]) DEFINE:([Expr1004]=MAX(@Sub.[value] as [b].[value])))	1
200000	1	¦--Nested Loops(INNER JOIN, OUTER REFERENCES:([a].[main_code]))	1
10000	1	¦--Clustered Index Scan(OBJECT:(@Main AS [a]), Ordered Forward)	1
200000	10000	¦--Clustered Index Seek(OBJECT:(@Sub AS [b]), SEEK:([b].[sub_code]=@Main.[main_code] as [a].[main_code]) Ordered Forward)	1

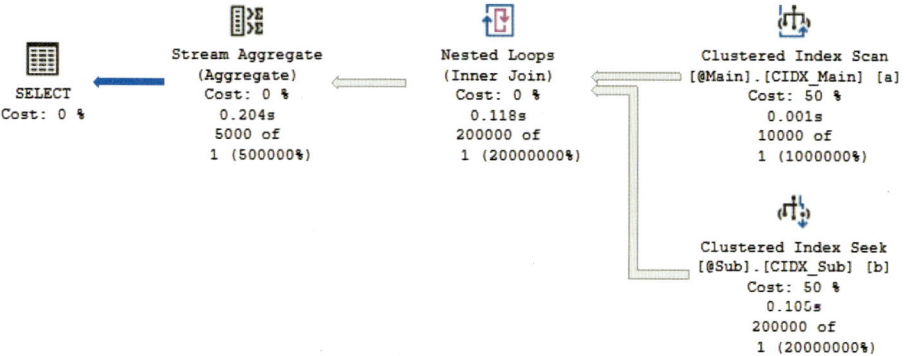

테이블 '#A2C4BB92'. 검색 수 10000, 논리적 읽기 수 33145
테이블 '#A1D09759'. 검색 수 1, 논리적 읽기 수 118
SQL Server 실행 시간:
CPU 시간 = 250ms, 경과 시간 = 272ms

3. [AS-IS] 통계 정보

• 인덱스 정보

Table_Name	Index_Name	Type_Desc	Is_Unique	Key_List	Include_List
@Main	CIDX_Main	CLUSTERED	0	seq, main_code	-
@Sub	CIDX_Sub	CLUSTERED	0	sub_code, value	-

4. [AS-IS] 구문 설명

[TB_Main01] 테이블과 [TB_Sub01] 테이블을 각각 변수 테이블인 [@Main]과 [@Sub]에 삽입하고 두 변수 테이블을 조인하여 [seq], [main_code] 컬럼의 데이터마다 MAX(value) 값을 구하는 구문이다. 별도의 조건절이 제공되지 않았기 때문에 선행 테이블의 모든 행을 읽고 처리를 하는데 실행 계획이 NL Join으로 수행되면서 후행 테이블로 10,000번의 조인 시도를 하게 된다. 여기서 NL Join으로 수행되는 이유는 변수 테이블의 통계 정보를 활용할 수 없기 때문이다. 변수 테이블은 통계 정보를 생성하지 않고 실행 계획을 생성하기 때문에 많은 양의 데이터를 처리하는 구문에서는 변수 테이블의 사용을 주의하여야 한다.

5. [TO-BE] 튜닝 포인트

변수 테이블을 사용할 경우 통계 정보를 생성하지 않으며 CREATE INDEX 구문도 사용이 제한된다. 반면 임시 테이블은 CREATE INDEX 및 통계 정보를 생성하여 관리하기 때문에 카디널리티 추정이 가능해진다.

6. [TO-BE] 개선 방안

1) 변수 테이블을 임시 테이블로 변경

변수 테이블을 임시 테이블로 변경하여 통계 정보를 활용한 실행 계획을 생성할 수 있도록 유도한다.

■ 변경된 SQL 구문

```sql
CREATE TABLE #Main (seq INT, Main_Code nvarchar(50))
INSERT INTO #Main SELECT * FROM TB_Main01

CREATE TABLE #Sub (Sub_Code NVARCHAR(50), value INT)
INSERT INTO #Sub SELECT * FROM TB_Sub01

CREATE CLUSTERED INDEX CIDX_Main ON #Main(seq, main_code)
CREATE CLUSTERED INDEX CIDX_Sub ON #Sub(Sub_Code, value)

SELECT a.seq, a.main_code, MAX(b.value) max_value
FROM #Main a INNER JOIN #Sub b
ON a.main_code = b.sub_code
GROUP BY a.seq, a.main_code
GO
```

· 실행 계획 (INSERT 구문 제외)

Rows	Executes	StmtText	EstimateRows
5000	1	SELECT a.seq, a.main_code, MAX(b.value) max_value FROM #Main a INNER JOIN #Sub b ON a.main_code = b.sub_code GROUP BY a.seq, a.main_code	4999
5000	1	|--Stream Aggregate(GROUP BY:([a].[Main_Code], [a].[seq]) DEFINE:([Expr1004]=MAX([partialagg1005])))	4999
5000	1	|--Sort(ORDER BY:([a].[Main_Code] ASC, [a].[seq] ASC))	4999
5000	1	|--Hash Match(INNER JOIN, HASH:([b].[Sub_Code])=([a].[Main_Code]), RESIDUAL:([tempdb].[dbo].[#Sub].[Sub_Code] as [b].[Sub_Code]=[tempdb].[dbo].[#Main].[Main_Code] as [a].[Main_Code]))	4999
5000	1	|--Stream Aggregate(GROUP BY:([b].[Sub_Code]) DEFINE:([partialagg1005]=MAX([tempdb].[dbo].[#Sub].[value] as [b].[value])))	5000
200000	1	|--Clustered Index Scan(OBJECT:([tempdb].[dbo].[#Sub] AS [b]), Ordered Forward)	200000
10000	1	|--Clustered Index Scan(OBJECT:([tempdb].[dbo].[#Main] AS [a]))	10000

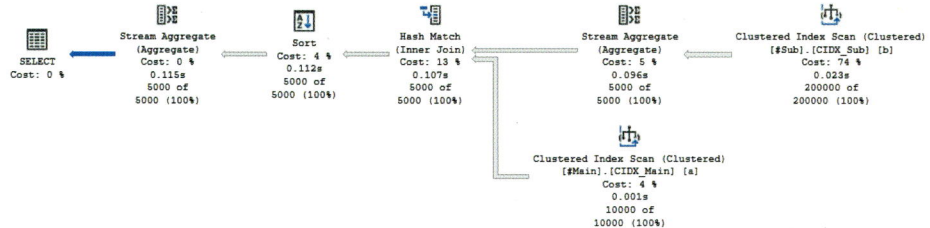

```
테이블 'Worktable'. 검색 수 0, 논리적 읽기 수 0
테이블 'Workfile'. 검색 수 0, 논리적 읽기 수 0
테이블 '#Main__0000000000E0'. 검색 수 1, 논리적 읽기 수 117
테이블 '#Sub___0000000000E1'. 검색 수 1, 논리적 읽기 수 2302
SQL Server 실행 시간:
CPU 시간 = 203ms, 경과 시간 = 204ms
```

7. 개선 효과

- 리소스 사용률 비교

	CPU Time (ms)	Elapse Time (ms)	Logical Reads
AS-IS	250	272	33,263
TO-BE	203	204	2,419

29 변수 테이블의 통계 개선 - 2

변수 테이블을 사용했을 때 부정확한 통계 정보로 인해 잘못된 실행 계획이 수립된 사례이다.

1. 사전 구성 스크립트

```sql
SELECT id, CONVERT(NVARCHAR,id)+CONVERT(NVARCHAR(50),NEWID()) main_code
INTO TB_Main02
FROM (SELECT ROW_NUMBER() OVER (ORDER BY a.number) id
        FROM master..spt_values a, (SELECT number
                                    FROM master..spt_values
                                    WHERE type = 'P' AND number BETWEEN 1 AND 1000) b
       WHERE a.type = 'P'
         AND a.number BETWEEN 1 AND 1000
) c
GO
```

2. [AS-IS] SQL 구문 및 실행 계획

■ SQL 구문

```
DECLARE @Main TABLE (id INT, main_code NVARCHAR(50) INDEX NIDX01_Main NONCLUSTERED
(id))
INSERT INTO @Main SELECT * FROM TB_Main02

SELECT a.id, a.main_code AS code
FROM @Main a
WHERE a.id = 127
GO
```

· 실행 계획 (INSERT 구문 제외)

Rows	Executes	StmtText	EstimateRows
1	1	SELECT a.id, a.main_code AS code FROM @Main a WHERE a.id = 127	1
1	1	|--Table Scan(OBJECT:(@Main AS [a]), WHERE:(@Main.[id] as [a].[id]=(127)))	1

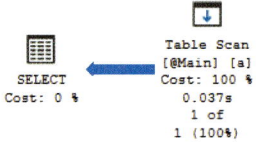

테이블 '#AAB827D7'. 검색 수 1, 논리적 읽기 수 12482
SQL Server 실행 시간:
CPU 시간 = 78ms, 경과 시간 = 98ms

3. [AS-IS] 통계 정보

· 인덱스 정보

Table_Name	Index_Name	Type_Desc	Is_Unique	Key_List	Include_List
@Main	NIDX01_Main	NONCLUSTERED	0	Id	-

· 데이터 건수

	table_name	rowcnt
1	TB_Main02	1000000

4. [AS-IS] 구문 설명

[TB_Main02] 테이블을 변수 테이블인 [@Main]에 삽입하여 [id] = 127인 데이터를 출력하는 구문이다. [id] 컬럼이 키로 구성된 인덱스가 존재하며 조건에 해당하는 결과는 1건임에도 테이블 전체를 스캔하면서 불필요한 I/O 비용을 사용하였다. 변수 테이블은 통계 정보를 관리하지 않으며 테이블 내의 행

이 없다고 가정하기 때문에 인덱스를 탐색하여 RID Lookup을 수행하는 것보다 테이블 전체를 읽는 것이 더 효율적이라 판단한 것이다.

5. [TO-BE] 튜닝 포인트

[@Main] 테이블의 총 데이터는 100만 건이며 그 중 [id] = 127 조건에 해당하는 데이터는 1건이다. 임시 테이블은 이러한 통계 정보들을 관리하기 때문에 테이블 전체를 읽어내는 것보다 하나의 행을 인덱스로 탐색하여 RID Lookup을 수행하는 것이 효율적인 것을 판단할 수 있다.

6. [TO-BE] 개선 방안

1) 변수 테이블을 임시 테이블로 변경

변수 테이블을 임시 테이블로 변경하여 통계 정보를 활용한 실행 계획을 생성할 수 있도록 유도한다.

■ **변경된 SQL 구문**

```sql
CREATE TABLE #Main (id INT,  main_code NVARCHAR(50))
INSERT INTO #Main SELECT * FROM TB_Main02

CREATE INDEX NIDX01_main ON #Main(id)

SELECT a.id, a.main_code AS code
FROM #Main a
WHERE a.id = 127
GO
```

· 실행 계획 (INSERT 구문 제외)

Rows	Executes	StmtText	EstimateRows
1	1	SELECT a.id, a.main_code AS code FROM #Main a WHERE a.id = 127	1
1	1	|--Nested Loops(INNER JOIN, OUTER REFERENCES:([Bmk1000]) OPTIMIZED)	1
0	0	|--Compute Scalar(DEFINE:([Expr1002]=BmkToPage([Bmk1000])))	1
1	1	| |--Index Seek(OBJECT:([tempdb].[dbo].[#Main] AS [a]), SEEK:([a].[id]=(127)) Ordered Forward)	1
1	1	|--RID Lookup(OBJECT:([tempdb].[dbo].[#Main] AS [a]), SEEK:([Bmk1000]=[Bmk1000]) LOOKUP Ordered Forward)	1

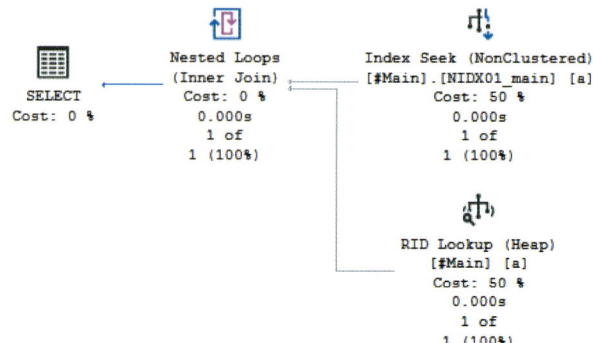

```
테이블 '#Main___000000000103'. 검색 수 1, 논리적 읽기 수 4
SQL Server 실행 시간:
CPU 시간 = 0ms, 경과 시간 = 0ms
```

7. 개선 효과

- 리소스 사용률 비교

	CPU Time (ms)	Elapse Time (ms)	Logical Reads
AS-IS	78	98	12,482
TO-BE	0	0	4

30 변수 테이블의 기능 제약 개선

변수 테이블의 전체 데이터를 삭제할 때 DELETE 명령으로 인해 성능이 저하되는 사례이다.

1. 사전 구성 스크립트

```sql
SELECT a.number, a.type, a.low, a.high, a.status INTO TB_Del
FROM master..spt_values a, (SELECT number
                             FROM master..spt_values
                             WHERE type = 'P') b
WHERE a.type = 'P'
GO
```

2. [AS-IS] SQL 구문 및 실행 계획

■ SQL 구문

```sql
DECLARE @Del TABLE (number INT,   type NVARCHAR(50), low INT, high INT, status INT )
INSERT INTO @Del SELECT * FROM TB_Del

DELETE FROM @Del
GO
```

· 실행 계획 (INSERT 구문 제외)

Rows	Executes	StmtText
4194304	1	DELETE FROM @Del
4194304	1	|--Table Delete(OBJECT:(@Del))
4194304	1	|--Table Scan(OBJECT:(@Del))

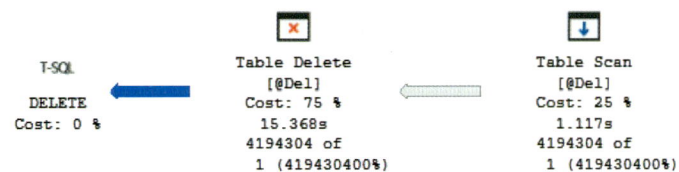

```
테이블 '#BAEE8FA0'. 검색 수 1, 논리적 읽기 수 4212462
SQL Server 실행 시간:
CPU 시간 = 20469ms, 경과 시간 = 23031ms
```

3. [AS-IS] 통계 정보

· 인덱스 없음

· 데이터 건수

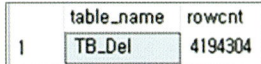

4. [AS-IS] 구문 설명

[@Del]에 삽입된 전체 데이터를 삭제하는 구문이다. 변수 테이블은 TRUNCATE 구문이 지원되지 않기 때문에 전체 데이터를 삭제하기 위해선 DELETE 구문으로 수행해야 한다. DELETE 구문은 데이터를 삭제 함에 따라 트랜잭션 로그를 기록하며 삭제 대상 데이터를 검색하고 제거하는 과정에서 많은 I/O가 사용된다.

5. [TO-BE] 튜닝 포인트

전체 데이터를 삭제하는 것이 목적이기 때문에 DELETE 구문보다 최소한의 로그만으로 데이터를 일괄 삭제하는 TRUNCATE 구문을 사용하는 것이 효율적이다. 변수 테이블은 TRUNCATE 구문을 지원하지 않기 때문에 임시 테이블로 구문을 변경하는 것이 좋다.

6. [TO-BE] 개선 방안

1) 변수 테이블을 임시 테이블로 변경

임시 테이블로 변경하여 데이터를 TRUNCATE 구문으로 삭제한다.

■ 변경된 SQL 구문

```
CREATE TABLE #Del (number INT,  type NVARCHAR(50), low INT, high INT, status INT )
INSERT INTO #Del SELECT * FROM TB_Del

TRUNCATE TABLE #Del
GO
```

· 실행 계획 (INSERT 구문 제외)

EventClass	TextData	CPU	Duration	Reads	RowCounts
SQL:BatchCompleted	SET STATISTICS XML ON	0	0	0	0
SQL:BatchCompleted	TRUNCATE TABLE #Del	0	0	41	0
SQL:BatchCompleted	SET STATISTICS XML OFF	0	0	0	0

TRUNCATE TABLE #Del

```
테이블 '#Del'. 논리적 읽기 수 41
SQL Server 실행 시간:
CPU 시간 = 0ms, 경과 시간 = 0ms
```

7. 개선 효과

· 리소스 사용률 비교

	CPU Time (ms)	Elapse Time (ms)	Logical Reads
AS-IS	20,469	23,031	4,212,462
TO-BE	0	0	41

31 변수가 사용된 OR 절의 성능 이슈

입력되는 바인드 값에 따라 OR 절에 의해 서로 다른 조건이 사용되는 것을 의도한 구문에서 좋지 않은 실행 계획으로 고정되어 성능적 이슈가 발생되는 사례이다.

1. 사전 구성 스크립트

```sql
SELECT ROW_NUMBER() OVER (ORDER BY a.number) AS userid
     , NEWID() AS txt
     , DATEADD(dd,a.number,'2020-01-01') AS date
INTO TB_OR
FROM master..spt_values a, master..spt_values b
WHERE a.type = 'P'
AND b.type = 'P'
AND a.number BETWEEN 1 AND 1000
AND b.number BETWEEN 1 AND 1000

CREATE INDEX NIDX01_OR on TB_OR (userid)
GO
```

2. [AS-IS] SQL 구문 및 실행 계획

■ SQL 구문

```sql
DECLARE @userid INT = 555
SELECT COUNT(*)
FROM TB_OR
WHERE (@userid IS NULL)
    OR (@userid IS NOT NULL AND userid = @userid)
GO
```

· 실행 계획

Rows	Executes	StmtText
1	1	SELECT COUNT(*) FROM TB_OR WHERE (@userid IS NULL) OR (@userid IS NOT NULL AND userid = @userid)
0	0	|--Compute Scalar(DEFINE:([Expr1003]=CONVERT_IMPLICIT(int,[Expr1009],0)))
1	1	|--Stream Aggregate(DEFINE:([Expr1009]=Count(*)))
1	1	|--Index Scan(OBJECT:([Tuning].[dbo].[TB_OR].[NIDX01_OR]), WHERE:([@userid] IS NULL OR [@userid] IS NOT NULL AND [Tuning].[dbo].[TB_OR].[userid]=CONVERT_IMPLICIT(bigint,[@userid],0)))

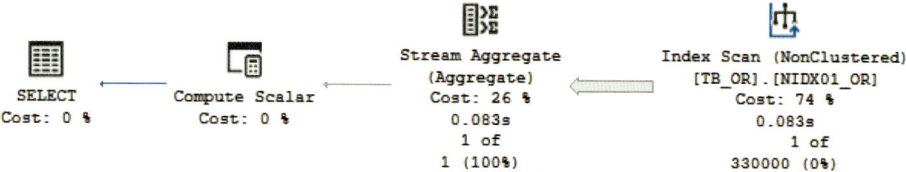

테이블 'TB_OR'. 검색 수 1, 논리적 읽기 수 2730
SQL Server 실행 시간:
CPU 시간 = 93ms, 경과 시간 = 115ms

3. [AS-IS] 통계 정보

- 인덱스 정보

Table_Name	Index_Name	Type_Desc	Is_Unique	Key_List	Include_List
TB_OR	NIDX01_OR	NONCLUSTERED	0	userid	-

4. [AS-IS] 구문 설명

조건문에 사용된 변수 @userid가 NULL이면 전체 데이터의 행 수를 출력하고, 특정 값이 지정되면 [userid] 컬럼 값에 해당하는 행의 수만 구하는 구문이다. 변수값에 따라 서로 다른 조건으로 실행 계획 수립이 필요한데, 이 중 하나의 실행 계획을 생성해야 하기 때문에 인덱스를 전체 스캔하는 것으로 계획이 고정된다. 1건의 [userid]를 필터하더라도 인덱스 전체를 스캔하기 때문에 성능 저하의 원인이 된다.

5. [TO-BE] 튜닝 포인트

변수값에 따라 인덱스 전체 스캔과 일부를 탐색하는 것을 구분할 수 있도록 구문을 변경해야 한다. UNION ALL을 통해 특정 [userid]를 검색하는 것과 전체 데이터를 스캔하는 구문을 분리하면 1건을 검색하기 위해 모든 데이터를 스캔하는 상황을 피할 수 있다.

6. [TO-BE] 개선 방안

1) UNION ALL을 사용하여 변수값에 따라 해당되는 조건의 구문이 수행될 수 있도록 변경

@userid 값에 따라 서로 다른 조건을 실행할 수 있도록 UNION ALL을 사용한다. UNION ALL로 연결된 두 구문이 실행되어 테이블을 두 번 액세스하는 것처럼 보이나 @userid에 특정 값이 존재할 때는 @userid IS NULL 조건에 해당하는 테이블은 참조하지 않는다. @userid가 NULL인 경우에는 [userid] 컬럼에 대한 조건이 존재하지 않아 인덱스 전체 스캔으로 수행되며, @userid가 NULL이 아닌 경우에는 [userid] = @userid 조건에 의해 인덱스 탐색으로 수행되기 때문에 잘못된 실행 계획으로 인한 비효율 I/O가 발생되는 것을 방지할 수 있다.

■ 변경된 SQL 구문

```sql
DECLARE @userid INT = 555
SELECT SUM(cnt) cnt
FROM (SELECT COUNT(*) cnt
      FROM TB_OR
      WHERE ( @userid IS NULL)
      UNION ALL
      SELECT COUNT(*) cnt
      FROM TB_OR
      WHERE ( @userid IS NOT NULL AND userid = @userid)
) a
GO
```

· 실행 계획

Rows	Executes	StmtText
1	1	SELECT SUM(cnt) cnt FROM (SELECT COUNT(*) cnt FROM TB_OR WHERE (@userid IS NULL) UNION ALL SELECT COUNT(*) cnt FROM TB_OR WHERE (@userid IS NOT NULL AND userid = @userid)) a
0	0	|--Compute Scalar(DEFINE:([Expr1009]=CASE WHEN [Expr1023]=(0) THEN NULL ELSE [Expr1024] END))
1	1	|--Stream Aggregate(DEFINE:([Expr1023]=COUNT_BIG([Union1008]), [Expr1024]=SUM([Union1008])))
2	1	|--Concatenation
0	0	|--Compute Scalar(DEFINE:([Expr1003]=CONVERT_IMPLICIT(int,[Expr1021],0)))
1	1	|--Stream Aggregate(DEFINE:([Expr1021]=Count(*)))
0	1	|--Filter(WHERE:(STARTUP EXPR([@userid] IS NULL)))
0	0	|--Index Scan(OBJECT:([Tuning].[dbo].[TB_OR].[NIDX01_OR]))
0	0	|--Compute Scalar(DEFINE:([Expr1007]=CONVERT_IMPLICIT(int,[Expr1022],0)))
1	1	|--Stream Aggregate(DEFINE:([Expr1022]=Count(*)))
1	1	|--Filter(WHERE:(STARTUP EXPR([@userid] IS NOT NULL)))
1	1	|--Index Seek(OBJECT:([Tuning].[dbo].[TB_OR].[NIDX01_OR]), SEEK:([Tuning].[dbo].[TB_OR].[userid]=CONVERT_IMPLICIT(bigint,[@userid],0)) Ordered Forward)

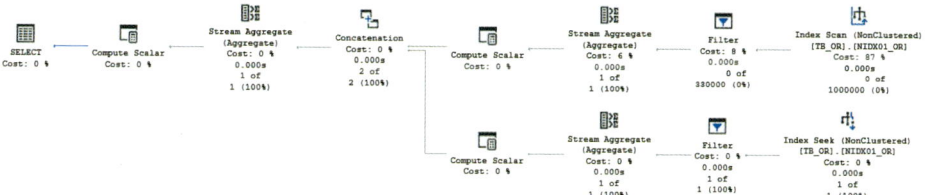

```
테이블 'TB_OR'. 검색 수 1, 논리적 읽기 수 3
테이블 'Worktable'. 검색 수 0, 논리적 읽기 수 0
SQL Server 실행 시간:
CPU 시간 = 0ms, 경과 시간 = 0ms
```

7. 개선 효과

· 리소스 사용률 비교

	CPU Time (ms)	Elapse Time (ms)	Logical Reads
AS-IS	93	115	2,730
TO-BE	0	0	3

32 변수 사용에 따른 카디널리티 추정 이슈

변수를 사용한 SQL의 잘못된 카디널리티로 인해 성능이 저하되는 사례이다.

1. 사전 구성 스크립트

```sql
SELECT CASE WHEN seq  = 1 THEN 1
       WHEN seq <= 11 THEN 2
       WHEN seq <= 111 THEN 3
       WHEN seq <= 1111 THEN 4
       WHEN seq <= 11111 THEN 5
       WHEN seq <= 111111 THEN 6
       WHEN seq <= 1111111 THEN 7
       END AS gid
     , NEWID() AS txt
     , GETDATE() AS date INTO TB_Hist
FROM (SELECT ROW_NUMBER() OVER ( ORDER BY a.number) seq
     FROM master..spt_values a, (SELECT number
              FROM master..spt_values
              WHERE type = 'P'
              AND number BETWEEN 1 AND 1000) b
     WHERE a.type = 'P'
     AND a.number BETWEEN 1 AND 1200) c
WHERE seq BETWEEN 1 AND 1111111

CREATE INDEX NIDX01_Hist ON TB_Hist(gid)
GO
```

2. [AS-IS] SQL 구문 및 실행 계획

■ SQL 구문

```sql
DECLARE @int INT
SET @int = 1

SELECT gid, txt
FROM TB_Hist
WHERE gid = @int
GO
```

· 실행 계획

Rows	Executes	StmtText	EstimateRows
1	1	SELECT gid, txt FROM TB_Hist WHERE gid = @int	158730.1
1	1	|--Parallelism(Gather Streams)	158730.1
1	12	|--Table Scan(OBJECT:([Tuning].[dbo].[TB_Hist]), WHERE:([Tuning].[dbo].[TB_Hist].[gid]=[@int]))	158730.1

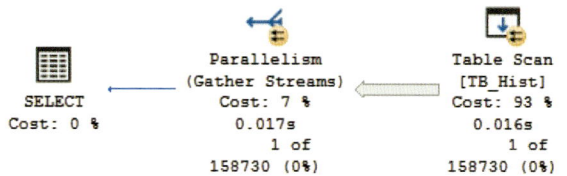

```
테이블 'TB_Hist'. 검색 수 13, 논리적 읽기 수 5097
SQL Server 실행 시간:
CPU 시간 = 173ms, 경과 시간 = 7ms
```

3. [AS-IS] 통계 정보

· 인덱스 정보

Table_Name	Index_Name	Type_Desc	Is_Unique	Key_List	Include_List
TB_Hist	NIDX01_Hist	NONCLUSTERED	0	gid	

· **SELECTIVITY**

	All density	Average Length	Columns
1	0.1428571	4	gid

· **HISTOGRAM**

	RANGE_HI_KEY	RANGE_ROWS	EQ_ROWS	DISTINCT_RANGE_ROWS	AVG_RANGE_ROWS
1	1	0	1	0	1
2	2	0	10	0	1
3	3	0	100	0	1
4	4	0	1000	0	1
5	5	0	10000	0	1
6	6	0	100000	0	1
7	7	0	1000000	0	1

4. [AS-IS] 구문 설명

　[TB_Hist] 테이블에서 [gid] 컬럼 값을 바인드 변수로 입력받아 조회하는 구문이다. [gid] 컬럼이 키로 구성된 인덱스가 존재하며 [gid] = 1에 해당하는 행은 1건이지만 테이블 전체를 스캔하는 실행 계획으로 수행되었다. 이는 바인드 변수가 사용되어 Histogram 데이터를 활용하지 못하고 카디널리티가 계산된 약 15만 건의 결과 집합이 생성될 것이라 예상되었으며 인덱스에 포함되어 있지 않은 [txt] 컬럼을 출력하기 위해 RID Lookup이 15만 번 수행될 것으로 예상하여 테이블 전체를 스캔하였다.

5. [TO-BE] 튜닝 포인트

카디널리티가 계산되어 많은 양의 데이터가 RID Lookup으로 수행될 것을 예상했기 때문에 최적의 실행 계획을 수립하지 못했다. 이를 개선하기 위해선 Histogram을 활용할 수 있도록 저장 프로시저를 사용하는 방법과 UNION ALL 연산을 통해 바인드 값에 따라 다른 구문으로 처리될 수 있도록 변경하는 방법, [txt] 컬럼을 인덱스에 포함시켜 RID Lookup이 발생되지 않도록 하는 방법을 고려해 볼 수 있다.

6. [TO-BE] 개선 방안

1) 저장 프로시저를 생성하여 HISTOGRAM을 활용

저장 프로시저는 매개변수로 전달된 값을 가공하지 않는다면 Histogram을 참조할 수 있다. 통계를 활용할 수 있기 때문에 [gid] = 1에 해당하는 데이터가 1건이라는 것을 확인하여 더 나은 실행 계획을 생성한다.

■ 저장 프로시저 생성

```sql
CREATE PROC USP_Hist @int INT
WITH RECOMPILE
AS
SELECT gid, txt
FROM TB_Hist
WHERE gid = @int
GO
```

■ 저장 프로시저 실행 구문

```sql
EXEC USP_Hist 1
GO
```

· 실행 계획

Rows	Executes	StmtText	EstimateRows
1	1	SELECT gid, txt FROM TB_Hist WHERE gid = @int	1
1	1	|--Nested Loops(INNER JOIN, OUTER REFERENCES:([Bmk1000]))	1
1	1	|--Index Seek(OBJECT:([Tuning].[dbo].[TB_Hist].[NIDX01_Hist]), SEEK:([Tuning].[dbo].[TB_Hist].[gid]=[@int]) Ordered Forward)	1
1	1	|--RID Lookup(OBJECT:([Tuning].[dbo].[TB_Hist]), SEEK:([Bmk1000]=[Bmk1000]) LOOKUP Ordered Forward)	1

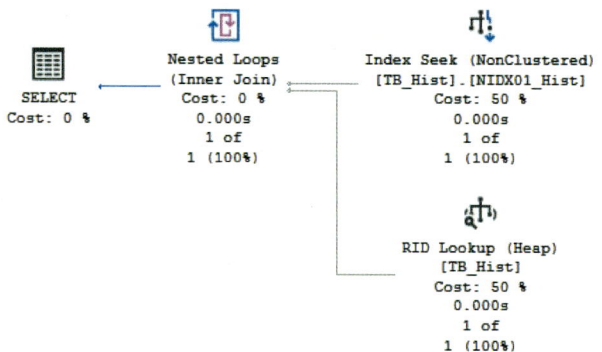

```
테이블 'TB_Hist'. 검색 수 1, 논리적 읽기 수 4
SQL Server 실행 시간:
CPU 시간 = 0ms, 경과 시간 = 0ms
```

2) UNION ALL을 사용해 바인드 값에 따른 다른 구문 처리

UNION ALL을 사용하여 [gid] 컬럼의 데이터 분포도에 따라 다른 처리 방식으로 수행될 수 있도록 구문을 변경한다. UNION ALL을 기준으로 상단의 구문은 [gid] IN (1,2,3) 조건을 통해 카디널리티가 다시 계산되면서 약 37건의 행을 예상하여 인덱스 탐색을 선택하고, 하단의 구문은 [gid] NOT IN (1,2,3) 조건으로 약 27만 건의 데이터를 예상하여 테이블 전체를 스캔하는 실행 계획으로 수립된다.

※ 카디널리티 계산 (1 / DISTINCT Count * Rows)
- [gid] IN (1,2,3) : 1/3 * 111 Rows = 37 Rows
- [gid] NOT IN (1,2,3) : 1/4 * 1,111,000 Rows = 277,750 Rows

■ 변경된 SQL 구문

```sql
DECLARE @int INT
SET @int = 1

SELECT gid, txt
FROM TB_Hist
WHERE gid IN (1, 2, 3) AND gid = @int
UNION ALL
SELECT gid, txt
FROM TB_Hist
WHERE gid NOT IN (1, 2, 3) AND gid = @int
GO
```

· 실행 계획

Rows	Executes	StmtText	EstimateRows
1	1	SELECT gid, txt FROM TB_Hist WHERE gid in (1,2,3) AND gid = @int UNION ALL SELECT gid, txt FROM TB_Hist WHERE gid NOT IN (1,2,3) AND gid = @int	277787
1	1	|--Concatenation	277787
1	1	|--Filter(WHERE:(STARTUP EXPR([@int]=(1) OR [@int]=(2) OR [@int]=(3))))	37
1	1	|--Nested Loops(INNER JOIN, OUTER REFERENCES:([Bmk1000], [Expr1009]) WITH UNORDERED PREFETCH)	37
1	1	|--Index Seek(OBJECT:([Tuning].[dbo].[TB_Hist].[NIDX01_Hist]), SEEK:([Tuning].[dbo].[TB_Hist].[gid]=[@int]), WHERE:([Tuning].[dbo].[TB_Hist].[gid]=(1) OR [Tuning].[dbo].[TB_Hist].[gid]=(2) OR [Tuning].[dbo].[TB_Hist].[gid]=(3)) Ordered Forward)	37
1	1	|--RID Lookup(OBJECT:([Tuning].[dbo].[TB_Hist]), SEEK:([Bmk1000]=[Bmk1000]) LOOKUP Ordered Forward)	1
0	1	|--Filter(WHERE:(STARTUP EXPR([@int]<>(1) AND [@int]<>(2) AND [@int]<>(3))))	277750
0	0	|--Table Scan(OBJECT:([Tuning].[dbo].[TB_Hist]), WHERE:([Tuning].[dbo].[TB_Hist].[gid]=[@int] AND [Tuning].[dbo].[TB_Hist].[gid]<>(1) AND [Tuning].[dbo].[TB_Hist].[gid]<>(2) AND [Tuning].[dbo].[TB_Hist].[gid]<>(3)))	277750

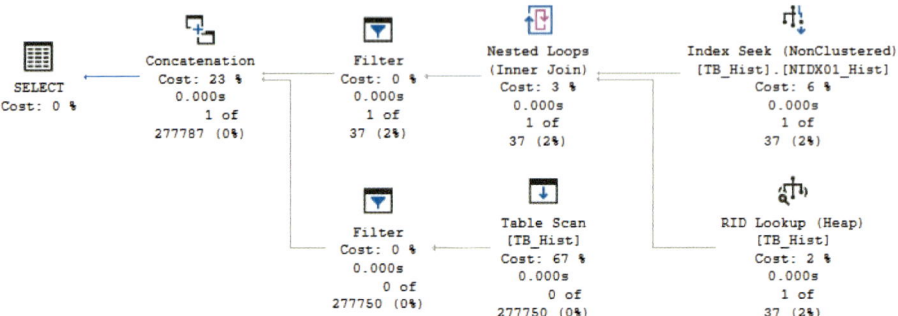

```
테이블 'Worktable'. 검색 수 0, 논리적 읽기 수 0
테이블 'TB_Hist'. 검색 수 1, 논리적 읽기 수 5
SQL Server 실행 시간:
CPU 시간 = 0ms, 경과 시간 = 0ms
```

3) [txt] 컬럼이 포함된 인덱스로 재생성

RID Lookup 하는 과정을 생략할 수 있도록 인덱스에 누락된 [txt] 컬럼을 포함하여 재생성한다. 예상 행 수가 부정확하더라도 인덱스를 활용하기 때문에 I/O가 개선될 수 있다.

■ 인덱스 재생성

```
DROP INDEX NIDX01_Hist ON TB_Hist
CREATE INDEX NIDX01_Hist ON TB_Hist (gid) INCLUDE (txt)
GO
```

■ **SQL 구문**

```
DECLARE @int INT
SET @int = 1

SELECT gid, txt
FROM TB_Hist
WHERE gid = @int
GO
```

· **변경된 SQL 구문**

Rows	Executes	StmtText	EstimateRows
1	1	SELECT gid, txt FROM TB_Hist WHERE gid = @int	158730.1
1	1	|--Index Seek(OBJECT:([tuning].[dbo].[TB_Hist].[NIDX01_Hist]), SEEK:([tuning].[dbo].[TB_Hist].[gid]=[@int]) Ordered Forward)	158730.1

```
                            Index Seek (NonClustered)
                            [TB_Hist].[NIDX01_Hist]
    SELECT          ←       Cost: 100 %
    Cost: 0 %               0.000s
                            1 of
                            158730 (0%)
```

테이블 'TB_Hist'. 검색 수 1, 논리적 읽기 수 4
SQL Server 실행 시간:
CPU 시간 = 0ms, 경과 시간 = 0ms

7. 개선 효과

· **리소스 사용률 비교**

	CPU Time (ms)	Elapse Time (ms)	Logical Reads
AS-IS	173	7	5,097
TO-BE (1)	0	0	4
TO-BE (2)	0	0	5
TO-BE (3)	0	0	4

33 CURSOR 성능 이슈 - 1

CURSOR로 인해 테이블을 반복적으로 읽어내면서 많은 I/O 비용이 사용된 사례이다.

1. 사전 구성 스크립트

```sql
SELECT number id
     , CONVERT (NVARCHAR(36),NEWID()) code
INTO TB_Classlist
FROM master..spt_values
WHERE type = 'P' AND number BETWEEN 1 AND 500

SELECT id
     , code
     , GETDATE() date
INTO TB_Classstu
FROM TB_Classlist a, master..spt_values b
WHERE b.type = 'P' AND b.number BETWEEN 1 AND 100

CREATE INDEX NIDX01_Classlist ON TB_Classlist(id)
CREATE INDEX NIDX01_Classstu ON TB_Classstu(id) INCLUDE (code)
GO
```

2. [AS-IS] SQL 구문 및 실행 계획

■ SQL 구문

```sql
CREATE TABLE #tmp (id int, code nvarchar(36))

DECLARE @id VARCHAR(8)
DECLARE CUR CURSOR FOR SELECT id FROM TB_Classlist
OPEN CUR FETCH NEXT FROM CUR INTO @id

WHILE @@FETCH_STATUS = 0
BEGIN
INSERT INTO #tmp
SELECT id,code
FROM TB_Classstu
WHERE id = @id

FETCH NEXT FROM CUR INTO @id
END
CLOSE CUR
DEALLOCATE CUR

SELECT COUNT(*) FROM #tmp
GO
```

• 수행 비용 (Profiler)

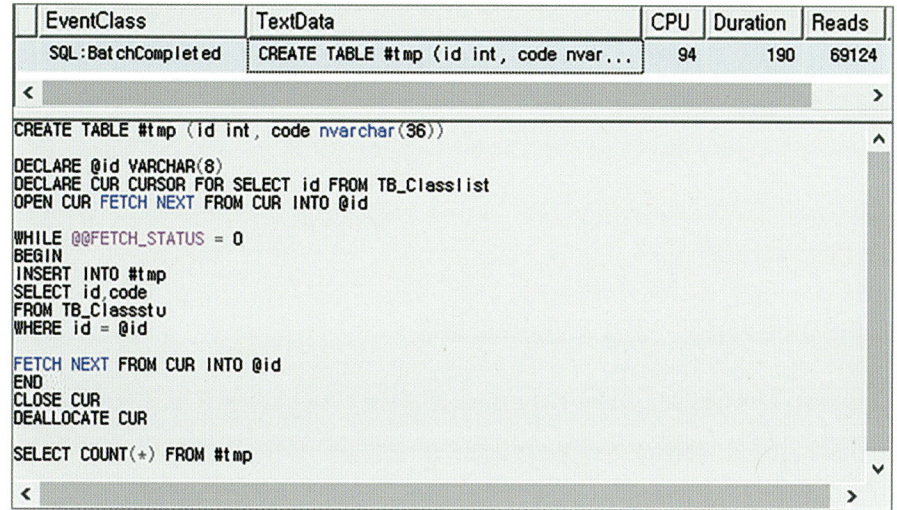

논리적 읽기 수 69124
SQL Server 실행 시간:
CPU 시간 = 94ms, 경과 시간 = 190ms

3. [AS-IS] 통계 정보

• 인덱스 정보

Table_Name	Index_Name	Type_Desc	Is_Unique	Key_List	Include_List
TB_Classlist	NIDX01_Classlist	NONCLUSTERED	0	id	-
TB_Classstu	NIDX01_Classstu	NONCLUSTERED	0	id	code

4. [AS-IS] 구문 설명

CURSOR로 선언된 [TB_Classlist] 테이블의 [id] 컬럼 값 전체를 [TB_Classstu] 테이블에 조건으로 탐색하고 결과 집합을 임시 테이블로 저장하여 저장된 누적 건수를 출력하는 구문이다. [TB_Classstu] 테이블의 [id] 컬럼은 하나의 입력 값에 대해 100건의 결과 집합을 추출하여 임시 테이블에 삽입하는데, 이런 과정이 [TB_Classlist] 테이블의 결과 건수(500건) 만큼 반복 수행되면서 많은 I/O를 사용하게 된다.

5. [TO-BE] 튜닝 포인트

CURSOR로 인해 [TB_Classstu] 테이블을 반복하여 탐색하고 각 결과 집합을 임시 테이블에 삽입하는 과정에서 많은 I/O 비용이 사용되었다. 불필요한 CURSOR를 제거하고 [TB_Classlist] 테이블과

[TB_Classstu] 테이블을 조인하는 구문으로 변경하면 두 테이블의 조인 조건으로 사용될 [id] 컬럼에 인덱스가 존재하기 때문에 정렬하는 과정이 생략되어 Merge Join으로 유도할 수 있다. 구문 변경으로 인해 반복적인 탐색에 의한 I/O 비용이 개선되며 테이블을 직접 조인하고 출력하기 때문에 임시 테이블의 비용도 제거할 수 있다.

6. [TO-BE] 개선 방안

1) CURSOR로 사용된 구문을 조인문으로 변경

[TB_Classlist] 테이블의 [id] 컬럼과 [TB_Classstu] 테이블의 [id] 컬럼을 조인 조건으로 한 조인문으로 변경한다. 정렬된 데이터로 인해 Merge Join으로 수행되며, 테이블을 한 번씩 읽고 처리하게 되면서 전체적인 I/O가 개선된다.

■ 변경된 SQL 구문

```
SELECT COUNT(*)
FROM TB_Classlist a INNER JOIN TB_Classstu b
ON a.id = b.id
GO
```

· 실행 계획

Rows	Executes	StmtText
1	1	SELECT COUNT(*) FROM TB_Classlist a INNER JOIN TB_Classstu b ON a.id = b.id
0	0	¦--Compute Scalar(DEFINE:([Expr1004]=CONVERT_IMPLICIT(int,[globalagg1006],0)))
1	1	¦--Stream Aggregate(DEFINE:([globalagg1006]=SUM([partialagg1005])))
500	1	¦--Merge Join(INNER JOIN, MERGE:([b].[id])=([a].[id]), RESIDUAL:([Tuning].[dbo].[TB_Classstu].[id] as [b].[id]=[Tuning].[dbo].[TB_Classlist].[id] as [a].[id]))
500	1	¦--Stream Aggregate(GROUP BY:([b].[id]) DEFINE:([partialagg1005]=Count(*)))
50000	1	¦ ¦--Index Scan(OBJECT:([Tuning].[dbo].[TB_Classstu].[NIDX01_Classstu] AS [b]), Ordered Forward)
500	1	¦--Index Scan(OBJECT:([Tuning].[dbo].[TB_Classlist].[NIDX01_Classlist] AS [a]), Ordered Forward)

```
테이블 'TB_Classlist'. 검색 수 1, 논리적 읽기 수 4
테이블 'TB_Classstu'. 검색 수 1, 논리적 읽기 수 597
SQL Server 실행 시간: CPU 시간 = 0ms, 경과 시간 = 3ms
```

7. 개선 효과

- **리소스 사용률 비교**

	CPU Time (ms)	Elapse Time (ms)	Logical Reads
AS-IS	94	190	69,124
TO-BE	0	3	601

34 CURSOR 성능 이슈 - 2

CURSOR로 인해 테이블을 반복적으로 읽어내면서 많은 I/O 비용이 사용된 사례이다.

1. 사전 구성 스크립트

```sql
SELECT rownum AS seq
     , NEWID() AS main_code
     , DATEADD(MINUTE, rownum, '2020-01-01 00:00:00.000') AS date
INTO TB_CURSOR001
FROM (SELECT ROW_NUMBER() OVER (ORDER BY a.number) AS rownum
           , a.number
      FROM master..spt_values a JOIN master..spt_values b
      ON a.type = 'P' AND b.type = 'P' AND a.number <= 1000 AND b.number <= 1000
) a

SELECT TOP 100000 main_code AS sub_code
     , CASE WHEN seq % 5 = 1 THEN seq
            WHEN seq % 5 = 2 THEN seq
            ELSE seq % 100 END AS value
     , CASE WHEN seq % 5 = 2 THEN seq
            ELSE seq % 200 END AS value02
INTO TB_CURSOR002
FROM TB_CURSOR001
ORDER BY seq

INSERT INTO TB_CURSOR002 SELECT * FROM TB_CURSOR002 WHERE value02 > 100
INSERT INTO TB_CURSOR002 SELECT * FROM TB_CURSOR002 WHERE value02 > 500

CREATE CLUSTERED INDEX CIDX_CURSOR001 ON TB_CURSOR001(main_code)
CREATE CLUSTERED INDEX CIDX_CURSOR002 ON TB_CURSOR002(sub_code)
CREATE INDEX NIDX01_CURSOR002 ON TB_CURSOR002 (value,value02)
GO
```

2. [AS-IS] SQL 구문 및 실행 계획

· SQL 구문

```sql
DECLARE @SEQ INT
DECLARE @SUB_CODE VARCHAR(50)
DECLARE @VALUE INT
DECLARE @VALUE02 INT

DECLARE CUR CURSOR FOR
      SELECT DISTINCT value, value02
      FROM TB_CURSOR001 A
      INNER JOIN TB_CURSOR002 B
      ON A.main_code = B.sub_code

OPEN CUR

FETCH NEXT FROM CUR INTO @VALUE, @VALUE02

WHILE @@FETCH_STATUS = 0

BEGIN
      DECLARE @CNT INT

      SELECT @CNT = COUNT(*)
      FROM TB_CURSOR002
      WHERE value = @VALUE
      AND value02 = @VALUE02

      IF @CNT = 1
      BEGIN
            UPDATE A
            SET value = 0
            FROM TB_CURSOR002 A
            WHERE value = @VALUE AND value02 = @VALUE02
      END
FETCH NEXT FROM CUR INTO @VALUE, @VALUE02

END

CLOSE CUR
DEALLOCATE CUR
GO
```

- **수행 비용 (Profiler)**

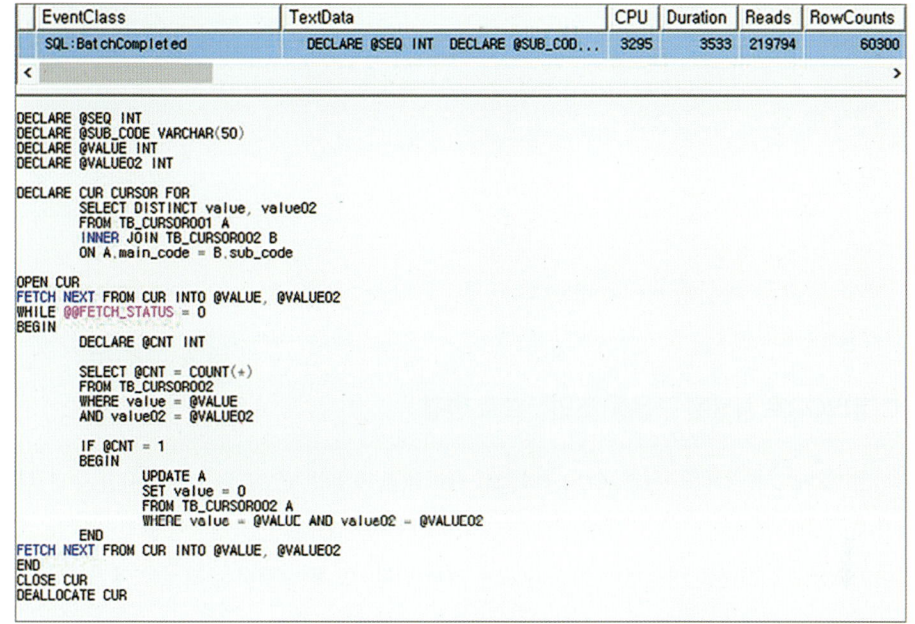

논리적 읽기 수 219794
SQL Server 실행 시간:
CPU 시간 = 3295ms, 경과 시간 = 3533ms

3. [AS-IS] 통계 정보

- **인덱스 정보**

Table_Name	Index_Name	Type_Desc	Is_Unique	Key_List	Include_List
TB_CURSOR001	CIDX_CURSOR001	CLUSTERED	0	main_code	-
TB_CURSOR002	CIDX_CURSOR002	CLUSTERED	0	sub_code	-
TB_CURSOR002	NIDX01_CURSOR002	NONCLUSTERED	0	value,value02	-

4. [AS-IS] 구문 설명

[TB_CURSOR001] 테이블과 [TB_CURSOR002] 테이블을 조인한 결과 집합의 [value], [value02] 컬럼에 대해 CURSOR로 선언하고, 각 행마다 [TB_CURSOR002] 테이블에 조건으로 검색한 결과가 1행인 경우 [value]를 0으로 업데이트하는 구문이다. [TB_CURSOR002] 테이블을 조건 검색 후 집계하는 구문과 업데이트하는 구문이 CURSOR의 행 수만큼 반복 수행되면서 I/O가 과다하게 발생한다.

5. [TO-BE] 튜닝 포인트

CURSOR를 사용하는 대신 두 테이블을 조인하면서 동일 값에 대한 행 수를 구하고, 행이 1개인 데이터를 기반으로 [TB_CURSOR002] 테이블을 업데이트하도록 구문을 변경하는 것을 고려할 수 있다. 구문을 변경하게 되면 CURSOR에 의해 반복적으로 수행되는 과정을 제거할 수 있기 때문에 전체적인 비용을 개선할 수 있다.

6. [TO-BE] 개선 방안

1) CURSOR로 사용된 구문을 조인문으로 변경

[TB_CURSOR001] 테이블과 [TB_CURSOR002] 테이블을 조인한 뒤 집계하여 행 수를 구한 데이터를 임시 테이블로 저장하고, 임시 테이블과 [TB_CURSOR002] 테이블을 조인하여 조건에 맞는 데이터를 업데이트하도록 구문을 변경한다. CURSOR에 의해 반복적으로 수행하는 과정을 제거하면서 전체적인 비용을 개선할 수 있다.

■ 변경된 SQL 구문

```sql
SELECT B.value, B.value02
INTO #TEMP_CURSOR
FROM TB_CURSOR001 A
INNER JOIN TB_CURSOR002 B
ON A.main_code=B.sub_code
GROUP BY B.value, B.value02
HAVING COUNT(*) = 1

UPDATE A SET A.value = 0
FROM TB_CURSOR002 A
INNER JOIN #TEMP_CURSOR B
ON A.value=B.value AND A.value02=B.value02
GO
```

- **실행 계획 (임시 테이블 생성문)**

Rows	Executes	StmtText
20	1	SELECT B.value, B.value02 INTO #TEMP_CURSOR FROM TB_CURSOR001 A INNER JOIN TB_CURSOR002 B ON A.main_code=B.sub_code GROUP BY B.value, B.value02 HAVING COUNT(*) = 1
20	1	|--Parallelism(Gather Streams)
20	8	|--Table Insert(OBJECT:([#TEMP_CURSOR]), SET:([#TEMP_CURSOR].[value] = [Tuning].[dbo].[TB_CURSOR002].[value] as [B].[value],[#TEMP_CURSOR].[value02] = [Tuning].[dbo].[TB_CURSOR002].[value02] as [B].[value02]))
20	8	|--Filter(WHERE:([Expr1007]=(1)))
0	0	|--Compute Scalar(DEFINE:([Expr1007]=CONVERT_IMPLICIT(int,[Expr1011],0)))
30140	8	|--Hash Match(Aggregate, HASH:([B].[value], [B].[value02]), RESIDUAL:([Tuning].[dbo].[TB_CURSOR002].[value] as [B].[value] = [Tuning].[dbo].[TB_CURSOR002].[value] as [B].[value] AND [Tuning].[dbo].[TB_CURSOR002].[value02] as [B].[value02] = [Tuning].[dbo].[TB_CURSOR002].[value02] as [B].[value02]) DEFINE:([Expr1011]=COUNT(*)))
199280	8	|--Parallelism(Repartition Streams, Hash Partitioning, PARTITION COLUMNS:([B].[value], [B].[value02]))
199280	8	|--Hash Match(Inner Join, HASH:([B].[sub_code])=([A].[main_code]), RESIDUAL:([Tuning].[dbo].[TB_CURSOR002].[sub_code] as [B].[sub_code]=[Tuning].[dbo].[TB_CURSOR001].[main_code] as [A].[main_code]))
199280	8	|--Bitmap(HASH:([B].[sub_code]), DEFINE:([Bitmap1010]))
199280	8	|--Parallelism(Repartition Streams, Hash Partitioning, PARTITION COLUMNS:([B].[sub_code]))
199280	8	|--Index Scan(OBJECT:([Tuning].[dbo].[TB_CURSOR002].[NIDX01_CURSOR002] AS [B]))
109793	8	|--Parallelism(Repartition Streams, Hash Partitioning, PARTITION COLUMNS:([A].[main_code]))
109793	8	|--Clustered Index Scan(OBJECT:([Tuning].[dbo].[TB_CURSOR001].[CIDX_CURSOR001] AS [A]), WHERE:(PROBE([Bitmap1010], [Tuning].[dbo].[TB_CURSOR001].[main_code] as [A].[main_code])))

테이블 'TB_CURSOR002'. 검색 수 5, 논리적 읽기 수 1184
테이블 'TB_CURSOR001'. 검색 수 5, 논리적 읽기 수 5201
테이블 'Worktable'. 검색 수 0, 논리적 읽기 수 0
CPU 시간 = 296ms, 경과 시간 = 71ms

· 실행 계획 (Update문)

Rows	Executes	StmtText
20	1	UPDATE A SET A.value = 0 FROM TB_CURSOR002 A INNER JOIN #TEMP_CURSOR B ON A.value=B.value AND A.value02=B.value02
20	1	|--Clustered Index Update(OBJECT:([Tuning].[dbo].[TB_CURSOR002].[CIDX_CURSOR002] AS [A]), OBJECT:([Tuning].[dbo].[TB_CURSOR002].[NIDX01_CURSOR002] AS [A]), SET:([Tuning].[dbo].[TB_CURSOR002].[value] as [A].[value] = [Expr1004]) WITH UNORDERED PREFETCH)
20	1	|--Compute Scalar(DEFINE:([Expr1008]=[Expr1008]))
0	0	|--Compute Scalar(DEFINE:([Expr1008]=CASE WHEN [Expr1007] THEN (0) ELSE (1) END))
0	0	|--Compute Scalar(DEFINE:([Expr1004]=(0), [Expr1007]=CASE WHEN [Tuning].[dbo].[TB_CURSOR002].[value] as [A].[value] = (0) THEN (1) ELSE (0) END))
20	1	|--Sort(DISTINCT ORDER BY:([A].[sub_code] ASC, [Uniq1001] ASC))
20	1	|--Nested Loops(Inner Join, OUTER REFERENCES:([B].[value], [B].[value02]))
20	1	|--Table Scan(OBJECT:([tempdb].[dbo].[#TEMP_CURSOR] AS [B]))
20	20	|--Index Seek(OBJECT:([Tuning].[dbo].[TB_CURSOR002].[NIDX01_CURSOR002] AS [A]), SEEK:([A].[value]=[tempdb].[dbo].[#TEMP_CURSOR].[value] as [B].[value] AND [A].[value02]=[tempdb].[dbo].[#TEMP_CURSOR].[value02] as [B].[value02]) ORDERED FORWARD)

테이블 '#TEMP_CURSOR_____00000000000D'. 검색 수 1, 논리적 읽기 수 9
테이블 'TB_CURSOR002'. 검색 수 5, 논리적 읽기 수 216
테이블 'Worktable'. 검색 수 0, 논리적 읽기 수 0
SQL Server 실행 시간:
CPU 시간 = 0ms, 경과 시간 = 2ms

7. 개선 효과

· 리소스 사용률 비교

	CPU Time (ms)	Elapse Time (ms)	Logical Reads
AS-IS	3,295	3,533	219,794
TO-BE	0	2	6,610

35 CURSOR 성능 이슈 - 3

CURSOR로 인해 테이블을 반복적으로 읽어내면서 많은 I/O 비용이 사용된 사례이다.

1. 사전 구성 스크립트

```sql
SELECT rownum AS seq
     , NEWID() AS main_code
     , DATEADD(MINUTE, rownum, '2020-01-01 00:00:00.000') AS date
INTO TB_CURSOR003
FROM (SELECT ROW_NUMBER() OVER (ORDER BY a.number) AS rownum
           , a.number
      FROM master..spt_values a JOIN master..spt_values b
      ON a.type = 'P' AND b.type = 'P' AND a.number <=1000 AND b.number <= 1000
) a

SELECT TOP 100000 main_code AS sub_code
     , CASE WHEN seq % 5 = 1 THEN seq
            WHEN seq % 5 = 2 THEN seq
            ELSE seq % 100 END AS value
     , CASE WHEN seq % 5 = 2 THEN seq
            ELSE seq % 200 END AS value02
INTO TB_CURSOR004
FROM TB_CURSOR003
ORDER BY seq

INSERT INTO TB_CURSOR004 SELECT * FROM TB_CURSOR004 WHERE value02 > 100
INSERT INTO TB_CURSOR004 SELECT * FROM TB_CURSOR004 WHERE value02 > 500

CREATE CLUSTERED INDEX CIDX_CURSOR003 ON TB_CURSOR003(main_code)
CREATE CLUSTERED INDEX CIDX_CURSOR004 ON TB_CURSOR004(sub_code)
CREATE INDEX NIDX01_CURSOR004 ON TB_CURSOR004 (value,value02)
GO
```

2. [AS-IS] SQL 구문 및 실행 계획

■ SQL 구문

```sql
DECLARE @SEQ INT
DECLARE @SUB_CODE VARCHAR(50)
DECLARE @VALUE INT
DECLARE @VALUE02 INT

DECLARE CUR CURSOR FOR
      SELECT DISTINCT value, value02
      FROM TB_CURSOR003 A INNER JOIN TB_CURSOR004 B
      ON A.main_code=B.sub_code

OPEN CUR
FETCH NEXT FROM CUR INTO @VALUE, @VALUE02
WHILE @@FETCH_STATUS = 0
BEGIN
      DECLARE @CNT INT

      SELECT @CNT = COUNT(*)
      FROM TB_CURSOR004
      WHERE value = @VALUE
      AND value02 = @VALUE02

      IF @CNT = 1
      BEGIN
            UPDATE A
            SET value = 0
            FROM TB_CURSOR004 A
            WHERE value = @VALUE
            AND value02 = @VALUE02
      END

      ELSE IF @CNT = 2
      BEGIN
            UPDATE A
            SET value = -1
            FROM TB_CURSOR004 A
            WHERE value = @VALUE
            AND value02 = @VALUE02
      END

      ELSE IF @CNT = 4
      BEGIN
            UPDATE A
            SET value = -2
            FROM TB_CURSOR004 A
            WHERE value = @VALUE
            AND value02 = @VALUE02
      END

FETCH NEXT FROM CUR INTO @VALUE, @VALUE02

END
CLOSE CUR
DEALLOCATE CUR
GO
```

- 수행 비용 (Profiler)

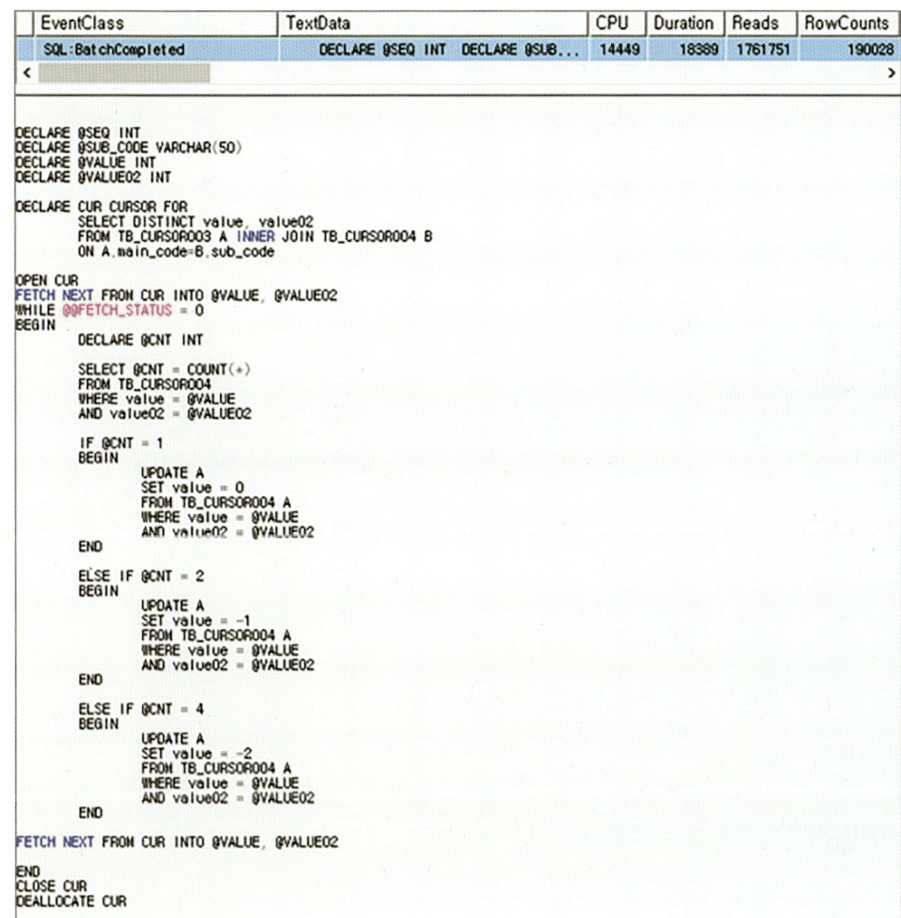

논리적 읽기 수 1761751
SQL Server 실행 시간:
CPU 시간 = 14449ms, 경과 시간 = 18389ms

3. [AS-IS] 통계 정보

- 인덱스 정보

Table_Name	Index_Name	Type_Desc	Is_Unique	Key_List	Include_List
TB_CURSOR003	CIDX_CURSOR003	CLUSTERED	0	main_code	-
TB_CURSOR004	CIDX_CURSOR004	CLUSTERED	0	sub_code	-
TB_CURSOR004	NIDX01_CURSOR004	NONCLUSTERED	0	value,value02	-

4. [AS-IS] 구문 설명

[TB_CURSOR003] 테이블과 [TB_CURSOR004] 테이블을 조인한 결과인 [value], [value02] 컬럼에 대해 CURSOR로 선언하고, 각 행마다 [TB_CURSOR004] 테이블에 조건으로 검색한 결과가 1, 2, 4행인 경우 [value] 컬럼을 각각 0, -1, -2로 업데이트하는 구문이다. [TB_CURSOR004] 테이블을 조건 검색 후 집계하는 구문과 업데이트하는 구문이 CURSOR의 행 수만큼 반복 수행되면서 I/O가 과다하게 발생하게 된다.

5. [TO-BE] 튜닝 포인트

CURSOR를 사용하는 대신 두 테이블을 조인하면서 동일 값에 대한 행 수를 구하고, 행이 1, 2, 4개인 데이터를 기반으로 [TB_CURSOR004] 테이블을 업데이트하도록 구문을 변경하는 것을 고려할 수 있다. 구문을 변경하게 되면 CURSOR에 의해 반복적으로 수행되는 과정을 제거할 수 있기 때문에 전체적인 비용을 개선할 수 있다.

6. [TO-BE] 개선 방안

1) CURSOR로 사용된 구문을 조인문으로 변경

[TB_CURSOR003] 테이블과 [TB_CURSOR004] 테이블 조인한 뒤 집계하여 행 수를 구한 데이터를 임시 테이블로 저장하고, 임시 테이블과 [TB_CURSOR004] 테이블을 조인하여 건수가 1, 2, 4인 경우에 대해서 각각 업데이트하도록 구문을 변경한다. CURSOR에 의해 반복적으로 수행하는 과정을 제거하면서 전체적인 비용을 개선할 수 있다.

■ 변경된 SQL 구문

```sql
SELECT B.value, B.value02, COUNT(*) AS CNT
INTO #TEMP_CURSOR2
FROM TB_CURSOR003 A INNER JOIN TB_CURSOR004 B
ON A.main_code=B.sub_code
GROUP BY B.value, B.value02

UPDATE A
SET A.value = 0
FROM TB_CURSOR004 A
INNER JOIN #TEMP_CURSOR2 B
ON A.value = B.value
AND A.value02=B.value02
AND B.CNT = 1

UPDATE A
SET A.value = -1
FROM TB_CURSOR004 A
INNER JOIN #TEMP_CURSOR2 B
ON A.value = B.value
AND A.value02=B.value02
AND B.CNT = 2

UPDATE A
SET A.value = -2
FROM TB_CURSOR004 A
INNER JOIN #TEMP_CURSOR2 B
ON A.value = B.value
AND A.value02=B.value02
AND B.CNT = 4
GO
```

· 수행 비용 (Profiler)

EventClass	TextData	CPU	Duration	Reads	RowCounts
SQL:BatchCompleted	SELECT B.value, B.value02, COUNT(*)...	1156	521	250286	99943

```
SELECT B.value, B.value02, COUNT(*) AS CNT
INTO #TEMP_CURSOR2
FROM TB_CURSOR003 A INNER JOIN TB_CURSOR004 B
ON A.main_code=B.sub_code
GROUP BY B.value, B.value02

UPDATE A
SET A.value = 0
FROM TB_CURSOR004 A
INNER JOIN #TEMP_CURSOR2 B
ON A.value = B.value
AND A.value02=B.value02
AND B.CNT = 1

UPDATE A
SET A.value = -1
FROM TB_CURSOR004 A
INNER JOIN #TEMP_CURSOR2 B
ON A.value = B.value
AND A.value02=B.value02
AND B.CNT = 2

UPDATE A
SET A.value = -2
FROM TB_CURSOR004 A
INNER JOIN #TEMP_CURSOR2 B
ON A.value = B.value
AND A.value02=B.value02
AND B.CNT = 4
```

논리적 읽기 수 250286
SQL Server 실행 시간:
CPU 시간 = 1156ms, 경과 시간 = 521ms

7. 개선 효과

· 리소스 사용률 비교

	CPU Time (ms)	Elapse Time (ms)	Logical Reads
AS-IS	14,449	18,389	1,761,751
TO-BE	1,156	521	250,286

36 COUNT 함수의 OVER 절 성능 이슈 - 1

COUNT 함수의 OVER 절을 사용했을 때 Spool로 인한 임시 테이블 비용이 높아진 사례이다.

1. 사전 구성 스크립트

```sql
SELECT NEWID() AS code, CAST(rownum%12 AS INT) AS value
INTO TB_OVER
FROM (SELECT ROW_NUMBER() OVER (ORDER BY a.number) AS rownum, a.number
        FROM master..spt_values a
        JOIN master..spt_values b
          ON a.type = 'P' AND b.type = 'P' AND a.number <= 1000 AND b.number <= 1000
) A

CREATE CLUSTERED INDEX CIDX_OVER ON TB_OVER(code)
CREATE INDEX NIDX01_OVER ON TB_OVER(value)
GO
```

2. [AS-IS] SQL 구문 및 실행 계획

■ SQL 구문

```sql
SELECT A.*, COUNT(1) OVER() AS 'totalcount'
FROM TB_OVER A
WHERE A.value = 11
GO
```

· 실행 계획

Rows	Executes	StmtText
83500	1	SELECT A.*, COUNT(1) OVER() AS 'totalcount' FROM TB_OVER A WHERE A.value = 11
83500	1	|--Nested Loops(INNER JOIN)
2	1	|--Table Spool
83500	1	|--Segment
83500	1	|--Index Seek(OBJECT:([Tuning].[dbo].[TB_OVER].[NIDX01_OVER] AS [A]), SEEK:([A].[value]=(11)) Ordered Forward)
83500	2	|--Nested Loops(INNER JOIN, WHERE:((1)))
0	0	|--Compute Scalar(DEFINE:([Expr1002]=CONVERT_IMPLICIT(int,[Expr1004],0)))
1	2	|--Stream Aggregate(DEFINE:([Expr1004]=Count(*)))
83500	2	|--Table Spool
83500	1	|--Table Spool

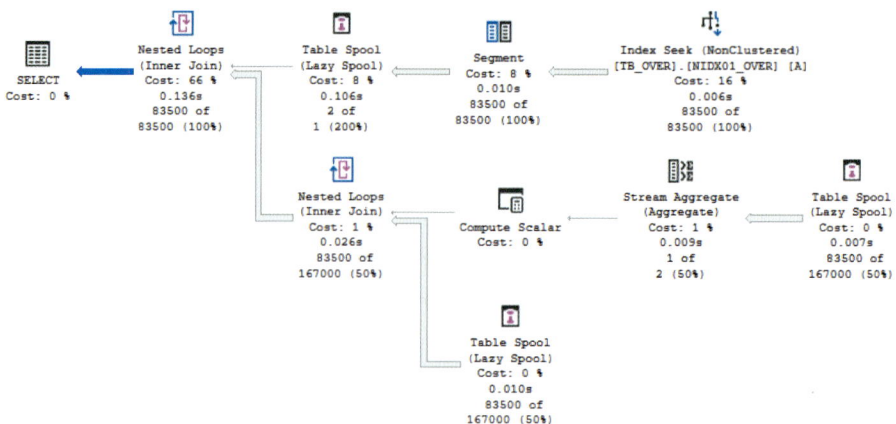

```
테이블 'Worktable'. 스캔 수 3, 논리적 읽기 169685
테이블 'TB_OVER'. 스캔 수 1, 논리적 읽기 274
SQL Server 실행 시간:
CPU 시간 = 281ms, 경과 시간 = 1285ms
```

3. [AS-IS] 통계 정보

- 인덱스 정보

Table_Name	Index_Name	Type_Desc	Is_Unique	Key_List	Include_List
TB_OVER	CIDX_OVER	CLUSTERED	0	code	-
TB_OVER	NIDX01_OVER	NONCLUSTERED	0	value	-

4. [AS-IS] 구문 설명

[TB_OVER] 테이블의 [value] 컬럼 값이 11인 모든 행에 결과 집합 전체 행 수를 동시에 출력하기 위해 OVER 절에 COUNT 함수를 사용한 구문이다. 결과 집합 모든 행에 전체 행 수를 조인하기 위해 Spool이 사용되는데, 이는 조건절에 해당하는 결과 집합을 임시 데이터로 저장하여 집합에 대한 전체 행 수를 집계할 때 임시 데이터를 재사용하기 위함이다. Spool은 내부적으로 임시 테이블을 만들어 저장하기 때문에 Spool을 생성하고 재사용하는 과정에서 임시 테이블에 대한 I/O 비용이 높게 발생된 것이다.

5. [TO-BE] 튜닝 포인트

임시 테이블에 중간 결과 집합을 저장하고 재사용하는 과정에서 I/O가 높게 사용되었다. 내부적으로 Spool을 생성하지 않도록 전체 행 수를 구하는 구문을 별도로 작성하여 CROSS JOIN을 통해 결과 집합 모든 행에 전체 행 수가 조인되도록 구문을 변경한다.

6. [TO-BE] 개선 방안

1) CROSS JOIN으로 구문을 변경

[TB_OVER] 테이블의 [value] = 11인 결과 행 수를 집계하는 구문을 별도로 작성하여 CROSS JOIN 하면 데이터를 재사용하는 과정이 제거되기 때문에 Spool 연산에 의한 I/O를 개선할 수 있다.

■ 변경된 SQL 구문

```sql
SELECT A.*, totalcount
FROM TB_OVER A
CROSS JOIN (SELECT COUNT(1) AS 'totalcount'
            FROM TB_OVER
            WHERE value = 11) B
WHERE A.value = 11
GO
```

・ 실행 계획

Rows	Executes	StmtText
83500	1	SELECT A.*, totalcount FROM TB_OVER A CROSS JOIN (SELECT COUNT(1) AS 'totalcount' FROM TB_OVER WHERE value = 11) B WHERE A.value = 11
83500	1	|--Nested Loops(INNER JOIN)
0	0	|--Compute Scalar(DEFINE:([Expr1005]=CONVERT_IMPLICIT(int,[Expr1008],0)))
1	1	| |--Stream Aggregate(DEFINE:([Expr1008]=Count(*)))
83500	1	| |--Index Seek(OBJECT:([Tuning].[dbo].[TB_OVER].[NIDX01_OVER]), SEEK:([Tuning].[dbo].[TB_OVER].[value]=(11)) Ordered Forward)
83500	1	|--Index Seek(OBJECT:([Tuning].[dbo].[TB_OVER].[NIDX01_OVER] AS [A]), SEEK:([A].[value]=(11)) Ordered Forward)

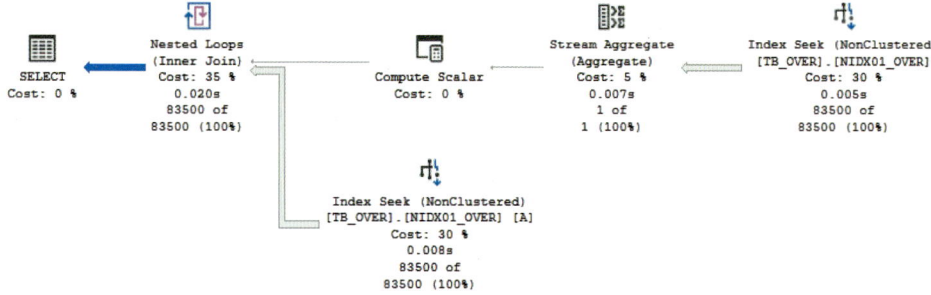

```
테이블 'TB_OVER'. 스캔 수 2, 논리적 읽기 548
SQL Server 실행 시간:
CPU 시간 = 16ms, 경과 시간 = 1046ms
```

7. 개선 효과

・ 리소스 사용률 비교

	CPU Time (ms)	Elapse Time (ms)	Logical Reads
AS-IS	281	1,285	169,959
TO-BE	16	1,046	548

37 COUNT 함수의 OVER 절 성능 이슈 - 2

COUNT 함수의 OVER 절을 사용했을 때 Spool로 인한 임시 테이블 비용이 높아진 사례이다.

1. 사전 구성 스크립트

```sql
CREATE TABLE TB_Std02 (std_no INT NOT NULL
      ,class_cd VARCHAR(2) NOT NULL
      ,code NVARCHAR(36) NOT NULL
      ,CONSTRAINT PK_Std02 PRIMARY KEY NONCLUSTERED(std_no))
CREATE TABLE TB_Point02 (std_no INT NOT NULL
      ,sbjt_cd varchar(2) NOT NULL
      ,point INT NOT NULL)
INSERT INTO TB_Std02
SELECT std_no
     , CASE WHEN std_no <= 200 THEN '1'
        WHEN std_no <= 500 THEN '2'
        WHEN std_no <= 650 THEN '3'
        ELSE '4' END class_cd
     , CONVERT(NVARCHAR(36),NEWID()) code
FROM (SELECT ROW_NUMBER() OVER ( ORDER BY a.number) std_no
      FROM master..spt_values a
      WHERE a.type = 'P'
      AND a.number BETWEEN 1 AND 1000) b

INSERT INTO TB_Point02
SELECT a.std_no, CHAR(b.number + 64) sbjt_cd
     , CASE WHEN a.std_no = 1 THEN 100
        ELSE CONVERT(INT, RIGHT(std_no * ASCII(CONVERT(NVARCHAR(36), NEWID())),2)) END point
FROM TB_Std02 a, master..spt_values b
WHERE b.type = 'P'
AND b.number BETWEEN 1 AND 4
GO
```

2. [AS-IS] SQL 구문 및 실행 계획

■ SQL 구문

```sql
SELECT s.std_no, s.class_cd
     , ISNULL(AVG(g.point),0) avg_point
     , COUNT(1) OVER (PARTITION BY class_cd) total_cnt
FROM TB_Std02 s LEFT OUTER JOIN TB_Point02 g
ON s.std_no = g.std_no
GROUP BY s.std_no,s.class_cd
ORDER BY s.class_cd, avg_point DESC, s.std_no
GO
```

• 실행 계획

Rows	Executes	StmtText
1000	1	SELECT s.std_no, s.class_cd, ISNULL(AVG(g.point),0) avg_point, COUNT(1) OVER (PARTITION BY class_cd) total_cnt FROM TB_Std02 s LEFT OUTER JOIN TB_Point02 g ON s.std_no = g.std_no GROUP BY s.std_no,s.class_cd ORDER BY s.class_cd, avg_point DESC, s.std_no
1000	1	|--Sort(ORDER BY:([s].[class_cd] ASC, [Expr1006] DESC, [s].[std_no] ASC))
0	0	|--Compute Scalar(DEFINE:([Expr1006]=isnull([Expr1004],(0))))
1000	1	|--Nested Loops(INNER JOIN)
5	1	|--Table Spool
1000	1	|--Segment
1000	1	|--Sort(ORDER BY:([s].[class_cd] ASC))
1000	1	|--Hash Match(Right Outer Join, HASH:([g].[std_no])=([s].[std_no]))
0	0	|--Compute Scalar(DEFINE:([Expr1004]=CASE WHEN [Expr1011]=(0) THEN NULL ELSE [Expr1012]/CONVERT_IMPLICIT(int,[Expr1011],0) END))
1000	1	|--Hash Match(Aggregate, HASH:([g].[std_no]) DEFINE:([Expr1011]=COUNT(*), [Expr1012]=SUM([Tuning].[dbo].[TB_Point02].[point] as [g].[point])))
4000	1	|--Table Scan(OBJECT:([Tuning].[dbo].[TB_Point02] AS [g]))
1000	1	|--Table Scan(OBJECT:([Tuning].[dbo].[TB_Std02] AS [s]))
1000	5	|--Nested Loops(INNER JOIN, WHERE:((1)))
0	0	|--Compute Scalar(DEFINE:([Expr1005]=CONVERT_IMPLICIT(int,[Expr1014],0)))
4	5	|--Stream Aggregate(DEFINE:([Expr1014]=Count(*)))
1000	5	|--Table Spool
1000	4	|--Table Spool

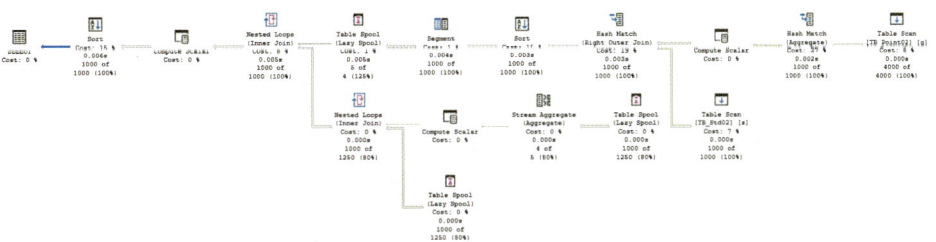

테이블 'Worktable'. 검색 수 3, 논리적 읽기 수 2029
테이블 'Workfile'. 검색 수 0, 논리적 읽기 수 0
테이블 'TB_Std02'. 검색 수 1, 논리적 읽기 수 12
테이블 'TB_Point02'. 검색 수 1, 논리적 읽기 수 11
SQL Server 실행 시간:
CPU 시간 = 16ms, 경과 시간 = 170ms

3. [AS-IS] 통계 정보

• 인덱스 정보

Table_Name	Index_Name	Type_Desc	Is_Unique	Key_List	Include_List
TB_Std02	PK_Std02	NONCLUSTERED	1	std_no	-

4. [AS-IS] 구문 설명

[TB_Std02] 테이블과 [TB_Point02] 테이블을 조인한 데이터로 [std_no], [class_cd] 컬럼을 기준하여 [point] 컬럼의 평균값을 구하고, OVER (Partition By class_cd) 절에 COUNT 함수를 적용하여

[class_cd] 그룹별로 집계한 행 수를 동시에 출력하는 구문이다. [class_cd] 컬럼을 그룹별로 집계하는 과정에서 Spool이 사용되는데, 이는 두 테이블을 조인하여 평균값이 구해진 데이터를 임시 테이블에 저장하고 다시 읽어내면서 그룹별 행을 집계하기 위해 사용된다. 이렇게 Spool은 재사용이 필요한 데이터를 저장하고 읽어내기 위해 사용되는데, 임시 테이블을 이용하기 때문에 Worktable에 대한 I/O 비용이 발생된다.

5. [TO-BE] 튜닝 포인트

해당 구문은 [TB_Std02] 테이블의 [class_cd] 그룹별 행 수를 집계하기 위해 데이터를 재사용하는 과정에서 I/O가 사용된다. COUNT 함수가 포함된 OVER 절을 사용하는 대신, [TB_Std02] 테이블을 별도로 집계하고 조인하도록 구문을 변경하면 데이터 재사용의 필요성이 없어지기 때문에 임시 테이블에 인한 I/O를 개선할 수 있다.

6. [TO-BE] 개선 방안

1) [class_cd] 그룹 별 행 수를 별도로 추출하여 조인하도록 구문 변경

[TB_Std02] 테이블의 [class_cd] 컬럼을 기준하여 그룹별 행 수를 구하고 평균 데이터를 구하는 구문에 조인한다. 재사용에 필요한 데이터를 테이블로 읽어 내기 때문에 Spool에 의한 수행 과정이 제거된다.

■ 변경된 SQL 구문

```sql
SELECT a.std_no, a.class_cd, a.avg_point, b.total_cnt
FROM (SELECT s.std_no,s.class_cd,  ISNULL(AVG(g.point), 0) avg_point
        FROM TB_Std02 s LEFT OUTER JOIN TB_Point02 g
        ON s.std_no = g.std_no
        GROUP BY s.std_no, s.class_cd) a
INNER JOIN
     (SELECT class_cd, COUNT(1) total_cnt
        FROM TB_Std02
        GROUP BY class_cd) b
ON a.class_cd = b.class_cd
ORDER BY a.class_cd, avg_point DESC, a.std_no
GO
```

• 실행 계획

Rows	Executes	StmtText
1000	1	SELECT a.std_no, a.class_cd, a.avg_point, b.total_cnt FROM (SELECT s.std_no,s.class_cd, ISNULL(AVG(g.point),0) avg_point FROM TB_Std02 s LEFT OUTER JOIN TB_Point02 g ON s.std_no = g.std_no GROUP BY s.std_no,s.class_cd) a INNER JOIN (SELECT class_cd, COUNT(1) total_cnt FROM TB_Std02 GROUP BY class_cd) b ON a.class_cd = b.class_cd ORDER BY a.class_cd, avg_point DESC, a.std_no
1000	1	|--Sort(ORDER BY:([s].[class_cd] ASC, [Expr1005] DESC, [s].[std_no] ASC))
0	0	|--Compute Scalar(DEFINE:([Expr1005]=isnull([Expr1004],(0))))
1000	1	|--Hash Match(INNER JOIN, HASH:([Tuning].[dbo].[TB_Std02].[class_cd])=([s].[class_cd]), RESIDUAL:([Tuning].[dbo].[TB_Std02].[class_cd]=[Tuning].[dbo].[TB_Std02].[class_cd] as [s].[class_cd]))
0	0	|--Compute Scalar(DEFINE:([Expr1009]=CONVERT_IMPLICIT(int,[Expr1012],0)))
4	1	|--Hash Match(Aggregate, HASH:([Tuning].[dbo].[TB_Std02].[class_cd]), RESIDUAL:([Tuning].[dbo].[TB_Std02].[class_cd] = [Tuning].[dbo].[TB_Std02].[class_cd]) DEFINE:([Expr1012]=COUNT(*)))
1000	1	|--Table Scan(OBJECT:([Tuning].[dbo].[TB_Std02]))
0	0	|--Compute Scalar(DEFINE:([Expr1004]=CASE WHEN [Expr1013]=(0) THEN NULL ELSE [Expr1014]/CONVERT_IMPLICIT(int,[Expr1013],0) END))
1000	1	|--Hash Match(Aggregate, HASH:([s].[std_no]) DEFINE:([Expr1013]=COUNT_BIG([Tuning].[dbo].[TB_Point02].[point] as [g].[point]), [Expr1014]=SUM([Tuning].[dbo].[TB_Point02].[point] as [g].[point]), [s].[class_cd]=ANY([Tuning].[dbo].[TB_Std02].[class_cd]) as [s].[class_cd])))
4000	1	|--Hash Match(LEFT OUTER JOIN, HASH:([s].[std_no])=([g].[std_no]))
1000	1	|--Table Scan(OBJECT:([Tuning].[dbo].[TB_Std02] AS [s]))
4000	1	|--Table Scan(OBJECT:([Tuning].[dbo].[TB_Point02] AS [g]))

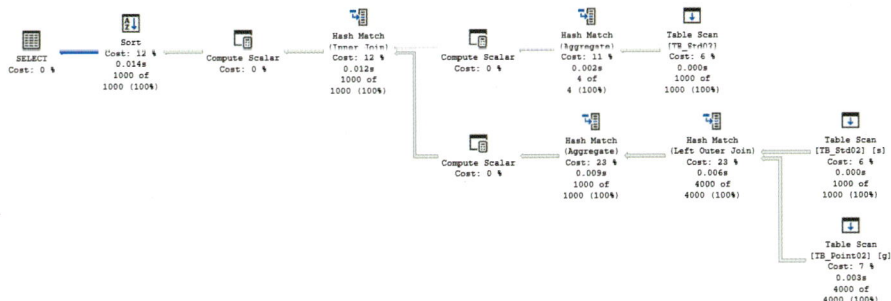

테이블 'Worktable'. 검색 수 0, 논리적 읽기 수 0
테이블 'Workfile'. 검색 수 0, 논리적 읽기 수 0
테이블 'TB_Point02'. 검색 수 1, 논리적 읽기 수 11
테이블 'TB_Std02'. 검색 수 2, 논리적 읽기 수 24
SQL Server 실행 시간:
CPU 시간 = 15ms, 경과 시간 = 143ms

7. 개선 효과

• 리소스 사용률 비교

	CPU Time (ms)	Elapse Time (ms)	Logical Reads
AS-IS	16	170	2,052
TO-BE	15	143	35

38 FUNCTION 성능 이슈 - 1

스칼라 반환 함수를 사용했을 때 인덱스 부재로 인해 테이블 전체 스캔이 반복되면서 I/O가 증가된 사례이다.

1. 사전 구성 스크립트

```sql
SELECT rownum AS seq, NEWID() AS main_code
     , DATEADD(MINUTE, rownum, '2020-01-01 00:00:00.000') AS date
INTO TB_Main04
FROM (SELECT ROW_NUMBER() OVER (ORDER BY a.number) AS rownum, a.number
        FROM master..spt_values a
        JOIN master..spt_values b
          ON a.type = 'P' AND b.type = 'P' AND a.number <= 1000 AND b.number <= 1000
) a

SELECT main_code AS sub_code, CAST(seq%5326 AS INT) AS value
INTO TB_Sub04
FROM TB_Main04

CREATE CLUSTERED INDEX CIDX_Main04 ON TB_Main04(date)
GO

/* 함수 생성문 */
CREATE FUNCTION [dbo].[FN_Code]
(@a UNIQUEIDENTIFIER)
RETURNS UNIQUEIDENTIFIER
AS
BEGIN
    DECLARE @b UNIQUEIDENTIFIER
    SELECT @b = sub_code FROM TB_Sub04 WHERE sub_code = @a
    RETURN @b
END
GO
```

2. [AS-IS] SQL 구문 및 실행 계획

■ **SQL 구문**

```sql
SELECT *, [dbo].[FN_Code](Main_Code) AS f
FROM TB_Main04 A
WHERE A.date BETWEEN '2020-01-30 00:00:00.000' AND '2020-01-30 18:59:59.000'
GO
```

· 실행 계획

Rows	Executes	StmtText
1140	1	SELECT *, [dbo].[FN_Code](Main_Code) AS f FROM TB_Main04 A WHERE A.date BETWEEN '2020-01-30 00:00:00.000' AND '2020-01-30 18:59:59.000'
1140	1	|--Compute Scalar(DEFINE:([Expr1002]=[Tuning].[dbo].[FN_Code]([Tuning].[dbo].[TB_Main04].[main_code] as [A].[main_code])))
1140	1	|--Clustered Index Seek(OBJECT:([Tuning].[dbo].[TB_Main04].[CIDX_Main04] AS [A]), SEEK:([A].[date] >= '2020-01-30 00:00:00.000' AND [A].[date] <= '2020-01-30 18:59:59.000') Ordered Forward)

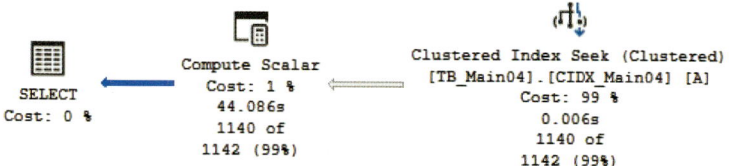

테이블 'TB_Main04'. 검색 수 1, 논리적 읽기 수 10
SQL Server 실행 시간:
CPU 시간 = 46812ms, 경과 시간 = 47878ms

· SQL 구문 (Profiler)

EventClass	TextData	CPU	Reads	Duration
SQL:StmtCompleted	SELECT *, [dbo].[FN_Code](Main_Code...	46812	4106292	47878

```
SELECT *, [dbo].[FN_Code](Main_Code) AS f
FROM TB_Main04 A
WHERE A.date BETWEEN '2020-01-30 00:00:00.000' AND '2020-01-30 18:59:59.000'
```

· 함수 내부 실행 계획 (Profiler)

Table Scan(OBJECT:([Tuning].[dbo].[TB_Sub04]), WHERE:([Tuning].[dbo].[TB_Sub04].[sub_code]=[@a]))

3. [AS-IS] 통계 정보

· 인덱스 정보

Table_Name	Index_Name	Type_Desc	Is_Unique	Key_List	Include_List
TB_Main04	CIDX_Main04	CLUSTERED	0	date	-

4. [AS-IS] 구문 설명

[TB_Main04] 테이블의 [date] 컬럼이 '2020-01-30 00:00:00.000'부터 '2020-01-30 18:59:59.000' 사이에 해당되는 Main_Code 컬럼 값을 매개변수로 [FN_Code] 스칼라 반환 함수를 호출하여 [sub_ code] 값을 함께 추출하는 구문이다. 해당 구문의 수행 시간은 40초 이상이 소요됐지만 I/O는 상당히 낮은 수치로 확인되는데, 이는 실행 계획을 포함해 함수가 사용한 비용이 출력되지 않기 때문이다. SQL Profiler를 통해 확인해 보면 함수 내부에 사용된 [TB_Sub04] 테이블에는 조건절로 사용한 컬럼에 인덱스가 존재하지 않아 테이블 전체 스캔이 발생됨을 확인할 수 있다. 선행되는 결과 집합 1,140건만큼 함수가 호출되면서 테이블의 전체 스캔이 반복되어 I/O가 과다하게 발생된 것이다.

5. [TO-BE] 튜닝 포인트

선행되는 [TB_Main04] 테이블의 결과 집합 건수만큼 함수 내부의 테이블 전체 스캔이 수행된다. 함수가 호출될 때마다 인덱스 탐색으로 수행될 수 있도록 [TB_Sub04] 테이블에 사용된 조건절에 인덱스를 생성한다.

6. [TO-BE] 개선 방안

1) [TB_Sub04] 테이블 조건절 컬럼에 인덱스를 생성한다.

함수 내부의 [TB_Sub04] 테이블 조건절인 [sub_code] 컬럼에 인덱스를 생성하면 필요한 데이터만 탐색할 수 있기 때문에 전체적인 비용을 감소시킬 수 있다.

■ 인덱스 생성 구문

```
CREATE INDEX NIDX01_Sub04 ON TB_Sub04(sub_code)
GO
```

■ SQL 구문

```
SELECT *, [dbo].[FN_Code](Main_Code) AS f
FROM TB_Main04 A
WHERE A.date BETWEEN '2020-01-30 00:00:00.000' AND '2020-01-30 18:59:59.000'
GO
```

・실행 계획

Rows	Executes	StmtText
1140	1	SELECT *, [dbo].[FN_Code](Main_Code) AS f FROM TB_Main04 A WHERE A.date BETWEEN '2020-01-30 00:00:00.000' AND '2020-01-30 18:59:59.000'
1140	1	|--Compute Scalar(DEFINE:([Expr1002]=[Tuning].[dbo].[FN_Code]([Tuning].[dbo].[TB_Main04].[main_code] as [A].[main_code])))
1140	1	|--Clustered Index Seek(OBJECT:([Tuning].[dbo].[TB_Main04].[CIDX_Main04] AS [A]), SEEK:([A].[date] >= '2020-01-30 00:00:00.000' AND [A].[date] <= '2020-01-30 18:59:59.000') Ordered Forward)

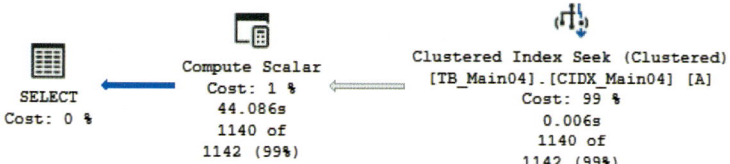

```
테이블 'TB_Main04'. 검색 수 1, 논리적 읽기 수 10
SQL Server 실행 시간:
CPU 시간 = 219ms, 경과 시간 = 3327ms
```

· **SQL 구문 (Profiler)**

EventClass	TextData	CPU	Reads	Duration
SQL:StmtCompleted	SELECT *, [dbo].[FN_Code](Main_Code...	219	3438	3327

```
SELECT *, [dbo].[FN_Code](Main_Code) AS f
FROM TB_Main04 A
WHERE A.date BETWEEN '2020-01-30 00:00:00.000' AND '2020-01-30 18:59:59.000'
```

· **함수 내부 실행 계획 (Profiler)**

```
Index Seek(OBJECT:([Tuning].[dbo].[TB_Sub04].[NIDX01_Sub04]), SEEK:([Tuning].[dbo].[TB_Sub04].[sub_code]=[@a]) ORDERED FORWARD)
```

7. 개선 효과

· **리소스 사용률 비교**

	CPU Time (ms)	Elapse Time (ms)	Logical Reads
AS-IS	46,812	47,878	4,106,292
TO-BE	219	3,327	3,438

8. 기타

　SQLServer 2019에서는 일부 함수에 대해 SQL Profiler를 사용하지 않고 SET STATISTICS PROFILE ON, SET STATISTICS IO ON 옵션만으로도 함수 내부적으로 처리되는 비용을 확인할 수 있다.

• [AS-IS] 실행 계획

Rows	Executes	StmtText
1140	1	SELECT *, [dbo].[FN_Code](Main_Code) AS f FROM TB_Main04 A WHERE A.date BETWEEN '2020-01-30 00:00:00.000' AND '2020-01-30 18:59:59.000'
0	0	|--Compute Scalar(DEFINE:([Expr1011]=CONVERT_IMPLICIT(uniqueidentifier,CASE WHEN [Expr1005]=(0) THEN NULL ELSE [Expr1006] END,0)))
1140	1	|--Nested Loops(INNER JOIN, OUTER REFERENCES:([A].[main_code]))
1140	1	|--Clustered Index Seek(OBJECT:([Tuning].[dbo].[TB_Main04].[CIDX_Main04] AS [A]), SEEK:([A].[date] >= '2020-01-30 00:00:00.000' AND [A].[date] <= '2020-01-30 18:59:59.000') Ordered Forward)
0	0	|--Compute Scalar(DEFINE:([Expr1005]=CONVERT_IMPLICIT(int,[Expr1015],0)))
1140	1140	|--Stream Aggregate(DEFINE:([Expr1015]=Count(*), [Expr1006]=ANY([Tuning].[dbo].[TB_Sub04].[sub_code])))
1140	1140	|--Index Spool(SEEK:([Tuning].[dbo].[TB_Sub04].[sub_code]=[Tuning].[dbo].[TB_Main04].[main_code] as [A].[main_code]))
1002001	1	|--Table Scan(OBJECT:([Tuning].[dbo].[TB_Sub04]))

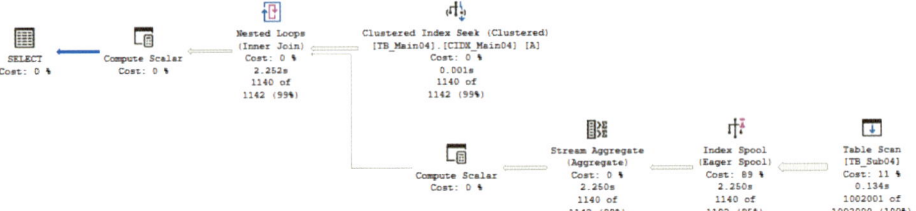

테이블 'Worktable'. 스캔 수 1140, 논리적 읽기 2964869
테이블 'TB_Sub04'. 스캔 수 1, 논리적 읽기 3595
테이블 'TB_Main04'. 스캔 수 1, 논리적 읽기 10
SQL Server 실행 시간:
CPU 시간 = 3344ms, 경과 시간 = 3483ms

• [TO-BE] 실행 계획

Rows	Executes	StmtText
1140	1	SELECT *, [dbo].[FN_Code](Main_Code) AS f FROM TB_Main04 A WHERE A.date BETWEEN '2020-01-30 00:00:00.000' AND '2020-01-30 18:59:59.000'
0	0	|--Compute Scalar(DEFINE:([Expr1011]=CONVERT_IMPLICIT(uniqueidentifier,CASE WHEN [Expr1005]=(0) THEN NULL ELSE [Expr1006] END,0)))
1140	1	|--Nested Loops(INNER JOIN, OUTER REFERENCES:([A].[main_code], [Expr1016]) WITH UNORDERED PREFETCH)
1140	1	|--Clustered Index Seek(OBJECT:([Tuning].[dbo].[TB_Main04].[CIDX_Main04] AS [A]), SEEK:([A].[date] >= '2020-01-30 00:00:00.000' AND [A].[date] <= '2020-01-30 18:59:59.000') Ordered Forward)
0	0	|--Compute Scalar(DEFINE:([Expr1005]=CONVERT_IMPLICIT(int,[Expr1015],0)))
1140	1140	|--Stream Aggregate(DEFINE:([Expr1015]=Count(*), [Expr1006]=ANY([Tuning].[dbo].[TB_Sub04].[sub_code])))
1140	1140	|--Index Seek(OBJECT:([Tuning].[dbo].[TB_Sub04].[NIDX01_Sub04]), SEEK:([Tuning].[dbo].[TB_Sub04].[sub_code]=[Tuning].[dbo].[TB_Main04].[main_code] as [A].[main_code]) Ordered Forward)

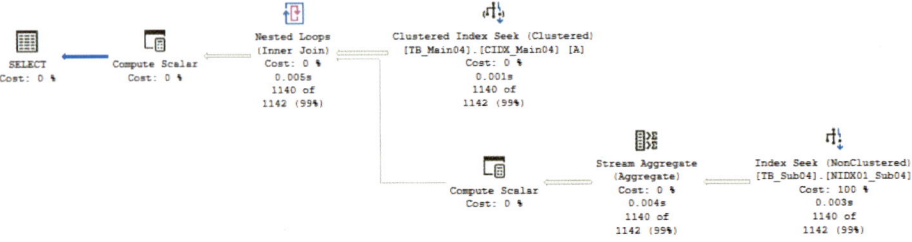

테이블 'TB_Sub04'. 스캔 수 1140, 논리적 읽기 3668
테이블 'TB_Main04'. 스캔 수 1, 논리적 읽기 10
SQL Server 실행 시간:
CPU 시간 = 16ms, 경과 시간 = 117ms

39 FUNCTION 성능 이슈 – 2

스칼라 반환 함수가 반복 호출되면서 많은 I/O가 사용된 사례이다.

1. 사전 구성 스크립트

```sql
/* 데이터 생성 */
SELECT seq
     , CONVERT(NVARCHAR(36),NEWID()) code
     , DATEADD(mi, seq-1, '2001-01-01') date
INTO TB_FMain
FROM (SELECT ROW_NUMBER() OVER (ORDER BY a.number) seq
        FROM master..spt_values a, master..spt_values b
       WHERE a.type = 'P'
         AND a.number BETWEEN 1 AND 1000
         AND b.type = 'P'
         AND b.number BETWEEN 1 AND 100
) c
SELECT seq
     , CASE WHEN seq <= 25000 THEN 1
            WHEN seq <= 50000 THEN 2
            WHEN seq <= 75000 THEN 3
            ELSE 4 END group_id
     , CONVERT(INT, LEFT(seq * num * ASCII(SUBSTRING(code, 1, 1)), 2)) value
INTO TB_FSub
FROM TB_FMain a, (SELECT 1 num UNION ALL SELECT 2 num UNION ALL SELECT 3 num) b

CREATE CLUSTERED INDEX CIDX_FMain ON TB_FMain(date)
CREATE INDEX NIDX01_FSub ON TB_FSub(group_id,seq) INCLUDE (value)
GO

/* 함수 생성문 */
CREATE FUNCTION FN_SUM_VALUE ( @seq INT )
RETURNS INT
AS
BEGIN
DECLARE @value INT
      SELECT @value = SUM(value)
        FROM TB_FSub
       WHERE seq = @seq AND group_id  IN (1,2)
      RETURN @value
END
GO
```

2. [AS-IS] SQL 구문 및 실행 계획

■ SQL 구문

```sql
SELECT f.seq, f.code, dbo.FN_SUM_VALUE(seq) sum_value
FROM TB_Fmain f
WHERE date BETWEEN '2001-01-01 00:00:00.000' AND '2001-01-31 23:59:59.997'
GO
```

· 실행 계획

Rows	Executes	StmtText
44640	1	SELECT f.seq, f.code ,dbo.FN_SUM_VALUE(seq) sum_value FROM TB_Fmain f WHERE date BETWEEN '2001-01-01 00:00:00.000' AND '2001-01-31 23:59:59.997'
44640	1	|--Compute Scalar(DEFINE:([Expr1002]=[Tuning].[dbo].[FN_SUM_VALUE]([Expr1003])))
0	0	|--Compute Scalar(DEFINE:([Expr1003]=CONVERT_IMPLICIT(int,[Tuning].[dbo].[TB_FMain].[seq] as [f].[seq],0)))
44640	1	|--Clustered Index Seek(OBJECT:([Tuning].[dbo].[TB_FMain].[CIDX_FMain] AS [f]), SEEK:([f].[date] >= '2001-01-01 00:00:00.000' AND [f].[date] <= '2001-01-31 23:59:59.997') Ordered Forward)

```
테이블 'TB_FMain'. 스캔 수 1, 논리적 읽기 577
SQL Server 실행 시간:
CPU 시간 = 1891ms, 경과 시간 = 65390ms
```

· 수행 비용 (Profiler)

EventClass	TextData	CPU	Duration	Reads	RowCounts
SP:StmtCompleted	RETURN @value	0	0	0	1
SQL:BatchCompleted	SELECT f.seq, f.code ,dbo.FN_SUM_VAL...	1891	65390	269361	133920

```sql
SELECT f.seq, f.code ,dbo.FN_SUM_VALUE(seq) sum_value
FROM TB_Fmain f
WHERE date BETWEEN '2001-01-01 00:00:00.000' AND '2001-01-31 23:59:59.997'
```

· 함수 내부 SQL 구문 (Profiler)

EventClass	TextData	CPU	Duration	Reads	RowCounts
SP:StmtCompleted	RETURN @value	0	0	0	1
SP:StmtCompleted	SELECT @value = SUM(value) FROM TB_FSub WH...	0	0	7	1

```sql
SELECT @value = SUM(value)
FROM TB_FSub
WHERE seq = @seq
AND group_id IN (1,2)
```

- **함수 내부 실행 계획 (Profiler)**

```
Execution Tree
Compute Scalar(DEFINE:([Expr1003]=CASE WHEN [Expr1009]=(0) THEN NULL ELSE [Expr1010] END))
  |--Stream Aggregate(DEFINE:([Expr1009]=COUNT_BIG([Tuning].[dbo].[TB_FSub].[value]), [Expr1010]=SUM([Tuning].[dbo].[TB_FSub].[val
ue])))
       |--Index Seek(OBJECT:([Tuning].[dbo].[TB_FSub].[NIDX01_FSub]), SEEK:([Tuning].[dbo].[TB_FSub].[group_id]=(1) AND [Tuning].[d
bo].[TB_FSub].[seq]=CONVERT_IMPLICIT(bigint,[@seq],0) OR [Tuning].[dbo].[TB_FSub].[group_id]=(2) AND [Tuning].[dbo].[TB_FSub
].[seq]=CONVERT_IMPLICIT(bigint,[@seq],0)) Ordered Forward)
```

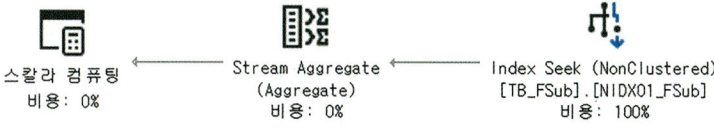

3. [AS-IS] 통계 정보

- **인덱스 정보**

Table_Name	Index_Name	Type_Desc	Is_Unique	Key_List	Include_List
TB_FMain	CIDX_FMain	CLUSTERED	0	date	-
TB_FSub	NIDX01_FSub	NONCLUSTERED	0	group_id, seq	value

4. [AS-IS] 구문 설명

[TB_FMain] 테이블의 [date] 컬럼이 '2001-01-01 00:00:00.000'부터 '2020-01-31 23:59:59.997' 사이에 해당되는 seq 컬럼 값은 매개변수로 [FN_SUM_VALUE] 스칼라 반환 함수를 호출하여 SUM(value) 값을 함께 추출하는 구문이다. 해당 구문은 I/O가 577로 상당히 적은 I/O를 사용하는 것처럼 보이지만 이는 구문에 사용된 함수가 비용에 포함되지 않았기 때문이다. SQL Profiler를 통해 확인해 보면 함수 내부에서 수행된 구문을 포함하여 약 26만의 I/O 비용이 발생된 것을 알 수 있는데, 함수가 한 번 호출될 때 사용되는 비용은 7로 적은 양이지만 선행되는 테이블의 결과 집합 약 4만 5천 건만큼 호출이 반복되면서 26만의 I/O가 사용된 것이다.

5. [TO-BE] 튜닝 포인트

스칼라 반환 함수가 NL Join과 동일한 방식으로 수행되기 때문에 반복 호출되면서 과다한 I/O를 발생시켰다. 함수 내부 구문을 스칼라 서브 쿼리로 변경하면 다른 조인 방식을 고려할 수 있고 Hash Join을 통해서 반복적인 호출에 의한 I/O 비용을 제거할 수 있다.

6. [TO-BE] 개선 방안

1) [FN_SUM_VALUE] 함수의 내부 구문을 스칼라 서브 쿼리로 변환

함수 내부 구문은 [TB_FSub] 테이블에 하나의 값을 입력받아 SUM(value) 값을 출력한다. 해당 구문을 스칼라 서브 쿼리로 변경하면 Hash Join을 통해 전체 구문에 대한 비용을 감소시킬 수 있다.

■ 변경된 SQL 구문

```sql
SELECT f.seq, f.code ,(SELECT SUM(value) sum_value
                      FROM TB_FSub s
                      WHERE s.seq = f.seq
                      AND s.group_id IN (1,2)) sum_value
FROM TB_Fmain f
WHERE date BETWEEN '2001-01-01 00:00:00.000' AND '2001-01-31 23:59:59.997'
GO
```

• 실행 계획

Rows	Executes	StmtText
44640	1	SELECT f.seq, f.code ,(SELECT SUM(value) sum_value FROM TB_FSub s WHERE s.seq = f.seq AND s.group_id IN (1,2)) sum_value FROM TB_Fmain f WHERE date BETWEEN '2001-01-01 00:00:00.000' AND '2001-01-31 23:59:59.997'
0	0	|--Compute Scalar(DEFINE:([Expr1006]=[Expr1004]))
44640	1	|--Hash Match(Right Outer Join, HASH:([s].[seq])=([f].[seq]), RESIDUAL:([Tuning].[dbo].[TB_FSub].[seq] as [s].[seq]=[Tuning].[dbo].[TB_FMain].[seq] as [f].[seq]))
0	0	|--Compute Scalar(DEFINE:([Expr1004]=CASE WHEN [Expr1011]=(0) THEN NULL ELSE [Expr1012] END))
50000	1	| |--Hash Match(Aggregate, HASH:([s].[seq]), RESIDUAL:([Tuning].[dbo].[TB_FSub].[seq] as [s].[seq] = [Tuning].[dbo].[TB_FSub].[seq] as [s].[seq]) DEFINE:([Expr1011]=COUNT_BIG([Tuning].[dbo].[TB_FSub].[value] as [s].[value]), [Expr1012]=SUM([Tuning].[dbo].[TB_FSub].[value] as [s].[value])))
150000	1	| |--Index Seek(OBJECT:([Tuning].[dbo].[TB_FSub].[NIDX01_FSub] AS [s]), SEEK:([s].[group_id]=(1) OR [s].[group_id]=(2)) Ordered Forward)
44640	1	|--Clustered Index Seek(OBJECT:([Tuning].[dbo].[TB_FMain].[CIDX_FMain] AS [f]), SEEK:([f].[date] >= '2001-01-01 00:00:00.000' AND [f].[date] <= '2001-01-31 23:59:59.997') Ordered Forward)

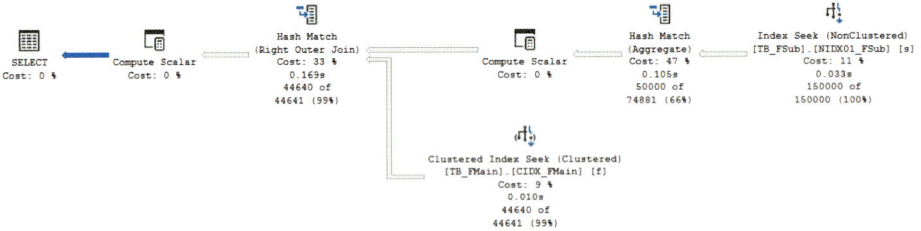

테이블 'Workfile'. 스캔 수 0, 논리적 읽기 0
테이블 'Worktable'. 스캔 수 0, 논리적 읽기 0
테이블 'TB_FMain'. 스캔 수 5, 논리적 읽기 597
테이블 'TB_FSub'. 스캔 수 7, 논리적 읽기 604
SQL Server 실행 시간: CPU 시간 = 297ms, 경과 시간 = 210ms

7. 개선 효과

· 리소스 사용률 비교

	CPU Time (ms)	Elapse Time (ms)	Logical Reads
AS-IS	1,891	65,390	269,361
TO-BE	297	210	1,201

8. 기타

SQLServer 2019에서는 일부 함수에 대해 내부적으로 쿼리 변환이 발생되며 정확한 비용에 대한 확인이 가능하다.

· [AS-IS] 실행 계획

Rows	Executes	StmtText
44640	1	SELECT f.seq, f.code ,dbo.FN_SUM_VALUE(seq) sum_value FROM TB_Fmain f WHERE date BETWEEN '2001-01-01 00:00:00.000' AND '2001-01-31 23:59:59.997'
0	0	|--Compute Scalar(DEFINE:([Expr1012]=CONVERT_IMPLICIT(int,CASE WHEN [Expr1006]=(0) THEN NULL ELSE [Expr1007] END,0)))
44640	1	|--Nested Loops(INNER JOIN, OUTER REFERENCES:([f].[seq], [Expr1023]) WITH UNORDERED PREFETCH)
44640	1	|--Clustered Index Seek(OBJECT:([Tuning].[dbo].[TB_FMain].[CIDX_FMain] AS [f]), SEEK:([f].[date] >= '2001-01-01 00:00:00.000' AND [f].[date] <= '2001-01-31 23:59:59.997') Ordered Forward)
0	0	|--Compute Scalar(DEFINE:([Expr1006]=CONVERT_IMPLICIT(int,[Expr1022],0)))
44640	44640	|--Stream Aggregate(DEFINE:([Expr1022]=Count(*), [Expr1007]=ANY([Expr1005])))
0	0	|--Compute Scalar(DEFINE:([Expr1005]=CASE WHEN [Expr1020]=(0) THEN NULL ELSE [Expr1021] END))
44640	44640	|--Stream Aggregate(DEFINE:([Expr1020]=COUNT_BIG([Tuning].[dbo].[TB_FSub].[value]), [Expr1021]=SUM([Tuning].[dbo].[TB_FSub].[value])))
133920	44640	|--Index Seek(OBJECT:([Tuning].[dbo].[TB_FSub].[NIDX01_FSub]), SEEK:([Tuning].[dbo].[TB_FSub].[group_id]=(1) AND [Tuning].[dbo].[TB_FSub].[seq]=CONVERT_IMPLICIT(bigint,CONVERT_IMPLICIT(int,[Tuning].[dbo].[TB_FMain].[seq] as [f].[seq],0),0) OR [Tuning].[dbo].[TB_FSub].[group_id]=(2) AND [Tuning].[dbo].[TB_FSub].[seq]=CONVERT_IMPLICIT(bigint,CONVERT_IMPLICIT(int,[Tuning].[dbo].[TB_FMain].[seq] as [f].[seq],0),0)) Ordered Forward)

테이블 'TB_FSub'. 스캔 수 89280, 논리적 읽기 276899
테이블 'TB_FMain'. 스캔 수 1, 논리적 읽기 577
SQL Server 실행 시간:
CPU 시간 = 219ms, 경과 시간 = 541ms

40 FUNCTION 성능 이슈 - 3

스칼라 반환 함수 내부의 조인 구문에서 테이블 전체 스캔이 반복되면서 I/O가 증가된 사례이다.

1. 사전 구성 스크립트

```sql
SELECT rownum AS seq, NEWID() AS main_code
     , DATEADD(MINUTE, rownum, '2020-01-01 00:00:00.000') AS date
INTO TB_FMain02
FROM (SELECT ROW_NUMBER() OVER (ORDER BY A.number) AS rownum, A.number
        FROM master..spt_values A
        JOIN master..spt_values B
        ON A.type = 'P' AND B.type = 'P' AND A.number <= 1000 AND B.number <= 1000
) A

SELECT main_code AS sub_code
     , CAST(seq%5326 AS INT) AS value
INTO TB_FSub02
FROM TB_FMain02

SELECT main_code AS code
INTO TB_FCode02
FROM TB_FMain02

CREATE CLUSTERED INDEX CIDX_FMain02 ON TB_FMain02(date)
CREATE INDEX NIDX01_FSub02 ON TB_FSub02(sub_code)
GO

/* 함수 생성문 */
CREATE FUNCTION [dbo].[FN_RTCode]
(@a UNIQUEIDENTIFIER)
RETURNS UNIQUEIDENTIFIER
AS
BEGIN
    DECLARE @b UNIQUEIDENTIFIER
        SELECT @b = sub_code
          FROM TB_FSub02 A INNER JOIN TB_FCode02 B
          ON A.sub_code = B.code
          WHERE A.sub_code = @a
    RETURN @b
END
GO
```

2. [AS-IS] SQL 구문 및 실행 계획

■ SQL 구문

```sql
SELECT *, [dbo].[FN_RTCode](Main_Code) AS f
FROM TB_FMain02 A
WHERE A.date BETWEEN '2020-01-30 00:00:00.000' AND '2020-01-30 05:59:59.000'
GO
```

· 실행 계획

Rows	Executes	StmtText
360	1	SELECT *, [dbo].[FN_RTCode](Main_Code) AS f FROM TB_FMain02 A WHERE A.date BETWEEN '2020-01-30 00:00:00.000' AND '2020-01-30 05:59:59.000'
360	1	|--Compute Scalar(DEFINE:([Expr1002]=[Tuning].[dbo].[FN_RTCode]([Tuning].[dbo].[TB_FMain02].[main_code] as [A].[main_code])))
360	1	|--Clustered Index Seek(OBJECT:([Tuning].[dbo].[TB_FMain02].[CIDX_FMain02] AS [A]), SEEK:([A].[date] >= '2020-01-30 00:00:00.000' AND [A].[date] <= '2020-01-30 05:59:59.000') Ordered Forward)

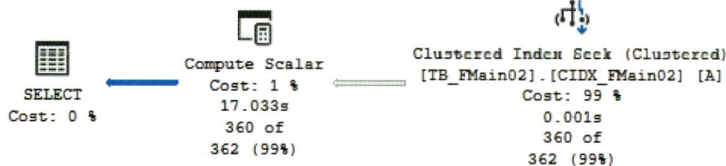

```
테이블 'TB_FMain02'. 검색 수 1, 논리적 읽기 수 6
SQL Server 실행 시간:
CPU 시간 = 136360ms, 경과 시간 = 43888ms
```

· SQL 구문 (Profiler)

EventClass	TextData	CPU	Duration	Reads	RowCounts
SQL:StmtCompleted	SELECT *, [dbo].[FN_RTCode](Ma...	136360	43888	1747449	1080
SQL:BatchCompleted	SELECT *, [dbo].[FN_RTCode](Ma...	136360	43888	1747449	1080

```
SELECT *, [dbo].[FN_RTCode](Main_Code) AS f
FROM TB_FMain02 A
WHERE A.date BETWEEN '2020-01-30 00:00:00.000' AND '2020-01-30 05:59:59.000'
```

- **함수 내부 실행 계획 (Profiler)**

```
Nested Loops(Inner Join)
 |--Index Seek(OBJECT:([Tuning].[dbo].[TB_FSub02].[NIDX01_FSub02] AS [A]), SEEK:([A].[sub_code]=[@a]) ORDERED FORWARD)
 |--Table Scan(OBJECT:([Tuning].[dbo].[TB_FCode02] AS [B]), WHERE:([Tuning].[dbo].[TB_FCode02].[code] as [B].[code]=[@a]))
```

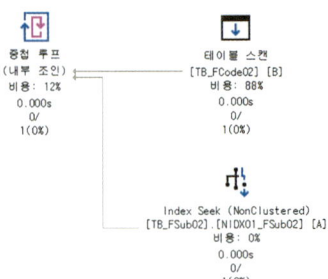

3. [AS-IS] 통계 정보

- **인덱스 정보**

Table_Name	Index_Name	Type_Desc	Is_Unique	Key_List	Include_List
TB_FMain02	CIDX_FMain02	CLUSTERED	0	date	-
TB_FSub02	NIDX01_FSub02	NONCLUSTERED	0	sub_code	-

4. [AS-IS] 구문 설명

　[TB_FMain02] 테이블의 [date] 컬럼이 '2020-01-30 00:00:00.000'부터 '2020-01-30 05:59:59.000'사이에 해당되는 데이터를 [FN_RTCode] 스칼라 반환 함수에 매개변수로 전달하여 함수 결과를 함께 추출하는 구문이다. 해당 구문은 결과 집합 360건의 데이터를 클러스터 인덱스로 탐색하면서 상당히 낮은 수치의 I/O가 발생되지만 수행되는 시간은 약 15초 소요된다. 이는 실행 계획을 포함해 함수가 사용한 비용이 출력되지 않기 때문인데, SQL Profiler를 통해 확인해 보면 함수 내부 구문에서 사용된 [TB_FCode02] 테이블에 인덱스가 존재하지 않아 테이블 전체 스캔이 발생되는 것을 확인할 수 있다. [TB_FMain02] 테이블의 결과 집합 360건만큼 함수가 호출되고 함수 내부에서 전달된 값마다 [TB_FSub02] 테이블의 조건절로 적용된 결과 건수만큼 [TB_FCode02] 테이블 전체 스캔이 반복되면서 I/O가 과다하게 발생된 것을 확인할 수 있다.

5. [TO-BE] 튜닝 포인트

선행되는 [TB_FCode02] 테이블의 결과 집합 건수만큼 함수 내부의 테이블 전체 스캔이 수행된다. 함수가 호출될 때마다 인덱스 탐색으로 수행될 수 있도록 [TB_FCode02] 테이블에 사용된 조건절에 인덱스를 생성한다.

6. [TO-BE] 개선 방안

1) [TB_FCode02] 테이블에 인덱스를 생성한다.

[TB_FCode02] 테이블의 [code] 컬럼에 인덱스를 생성하면 함수 내부에서 조인이 발생할 때 테이블 전체 스캔이 아닌 필요한 데이터만 탐색하기 때문에 비용을 감소시킬 수 있다.

■ 인덱스 생성 구문

```
CREATE INDEX NIDX01_FCode02 ON TB_FCode02(code)
GO
```

■ SQL 구문

```
SELECT *, [dbo].[FN_RTCode](Main_Code) AS f
FROM TB_FMain02 A
WHERE A.date BETWEEN '2020-01-30 00:00:00.000' AND '2020-01-30 05:59:59.000'
GO
```

· 실행 계획

Rows	Executes	StmtText
360	1	SELECT *, [dbo].[FN_RTCode](Main_Code) AS f FROM TB_FMain02 A WHERE A.date BETWEEN '2020-01-30 00:00:00.000' AND '2020-01-30 05:59:59.000'
360	1	|--Compute Scalar(DEFINE:([Expr1002]=[Tuning].[dbo].[FN_RTCode]([Tuning].[dbo].[TB_FMain02].[main_code] as [A].[main_code])))
360	1	|--Clustered Index Seek(OBJECT:([Tuning].[dbo].[TB_FMain02].[CIDX_FMain02] AS [A]), SEEK:([A].[date] >= '2020-01-30 00:00:00.000' AND [A].[date] <= '2020-01-30 05:59:59.000') Ordered Forward)

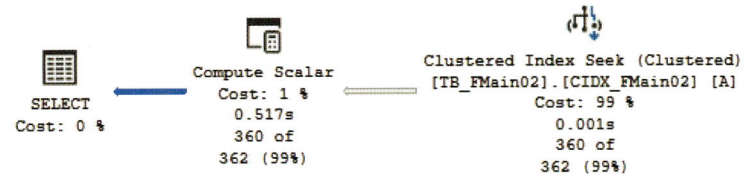

테이블 'TB_FMain02'. 검색 수 1, 논리적 읽기 수 6
SQL Server 실행 시간:
CPU 시간 = 109ms, 경과 시간 = 244ms

· **SQL 구문 (Profiler)**

EventClass	TextData	CPU	Duration	Reads	RowCounts
SQL:StmtCompleted	SELECT *, [dbo].[FN_RTCode](Ma...	109	244	2192	1080
SQL:BatchCompleted	SELECT *, [dbo].[FN_RTCode](Ma...	109	244	2192	1080

```
SELECT *, [dbo].[FN_RTCode](Main_Code) AS f
FROM TB_FMain02 A
WHERE A.date BETWEEN '2020-01-30 00:00:00,000' AND '2020-01-30 05:59:59,000'
```

· **함수 내부 실행 계획 (Profiler)**

```
Nested Loops(Inner Join)
  |--Index Seek(OBJECT:([Tuning].[dbo].[TB_FCode02].[NIDX01_FCode02] AS [B]), SEEK:([B].[code]=[@a]) ORDERED FORWARD)
  |--Index Seek(OBJECT:([Tuning].[dbo].[TB_FSub02].[NIDX01_FSub02] AS [A]), SEEK:([A].[sub_code]=[@a]) ORDERED FORWARD)
```

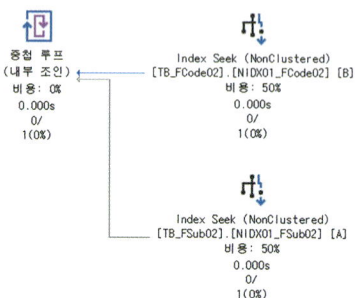

7. 개선 효과

· **리소스 사용률 비교**

	CPU Time (ms)	Elapse Time (ms)	Logical Reads
AS-IS	136,360	43,888	1,747,449
TO-BE (1)	109	244	2,192

41 FUNCTION 성능 이슈 - 4

함수가 불필요하게 많이 호출되면서 I/O 비용이 높게 발생한 사례이다.

1. 사전 구성 스크립트

```sql
SELECT ROW_NUMBER() OVER (ORDER BY a.number) AS id
     , CAST(a.number AS VARCHAR)+LEFT(a.type, 1)+CAST(b.number AS VARCHAR) AS code
INTO TB_Ptype
FROM master..spt_values A, master..spt_values B
WHERE a.type = 'P' AND b.type = 'P'
AND a.number BETWEEN 1 AND 20
AND b.number BETWEEN 1 AND 20

SELECT id
     , CAST(LEFT(id * n1* n2 * h1*36 ,2) AS INT) AS st1
     , CAST(LEFT(id * n1* n2 * h2*56 ,2) AS INT) AS st2
     , CAST(LEFT(id * n1* n2 * h1* h2*84 ,2) AS INT) AS st3
     , CASE WHEN id <= 200 THEN 'A' ELSE 'B' END AS lev
INTO TB_Stype
FROM (SELECT ROW_NUMBER() OVER (ORDER BY a.number) AS id
           , a.number AS n1
           , b.number AS n2
           , a.high AS h1
           , b.high AS h2
        FROM master..spt_values a, master..spt_values b
        WHERE a.type = 'P' AND b.type = 'P'
        AND a.number BETWEEN 1 AND 20
        AND b.number BETWEEN 1 AND 20
) a

CREATE TABLE TB_Ctype (id INT, c_name NVARCHAR(100))

INSERT INTO TB_Ctype
SELECT id
     , CASE WHEN id <= 100 THEN 'A'
            WHEN id <= 200 THEN 'B'
            WHEN id <= 300 THEN 'C'
            ELSE 'D' END AS c_name
FROM TB_Ptype

CREATE INDEX NIDX01_Ctype on TB_Ctype(id) include (c_name)
CREATE CLUSTERED INDEX CIDX_Ptype ON TB_Ptype(id)
CREATE CLUSTERED INDEX CIDX_Stype ON TB_Stype(id)
GO

CREATE FUNCTION FN_GetCname(@id INT)
RETURNS NVARCHAR(100) AS
BEGIN
    DECLARE @result NVARCHAR(100)
    SELECT @result = c_name FROM TB_Ctype WHERE id = @id
    RETURN @result
END
GO
```

2. [AS-IS] SQL 구문 및 실행 계획

■ **SQL 구문**

```
SELECT *
FROM (SELECT ROW_NUMBER() OVER (PARTITION BY c.lev ORDER BY c.st3 DESC) seq
            , c.*
        FROM (SELECT a.*
                    , b.st3
                    , b.lev
                    , dbo.FN_GetCname(a.id) AS cname
                FROM TB_Ptype a JOIN TB_Stype b
                  ON a.id = b.id
              ) c
      ) d
WHERE seq <= 5
GO
```

· **실행 계획**

Rows	Executes	StmtText
10	1	SELECT * FROM (SELECT ROW_NUMBER() OVER (PARTITION BY c.lev ORDER BY c.st3 DESC) seq, c.* FROM (SELECT a.*, b.st3, b.lev, dbo.FN_GetCname(a.id) AS cname FROM TB_Ptype a JOIN TB_Stype b ON a.id = b.id) c) d WHERE seq <= 5
10	1	|--Filter(WHERE:([Expr1005]<=(5)))
400	1	|--Sequence Project(DEFINE:([Expr1005]=row_number))
400	1	|--Segment
400	1	|--Compute Scalar(DEFINE:([Expr1004]=[tuning].[dbo].[FN_GetCname]([Expr1006])))
400	1	|--Sort(ORDER BY:([b].[lev] ASC, [b].[st3] DESC))
400	1	|--Hash Match(INNER JOIN, HASH:([b].[id])=([a].[id]), RESIDUAL:([tuning].[TB_Stype].[id] as [b].[id]=[tuning].[dbo].[TB_Ptype].[id] as [a].[id]))
400	1	|--Clustered Index Scan(OBJECT:([tuning].[dbo].[TB_Stype].[CIDX_Stype] AS [b]))
0	0	|--Compute Scalar(DEFINE:([Expr1006]=CONVERT_IMPLICIT(int,[tuning].[dbo].[TB_Ptype].[id] as [a].[id],0)))
400	1	|--Clustered Index Scan(OBJECT:([tuning].[dbo].[TB_Ptype].[CIDX_Ptype] AS [a]))

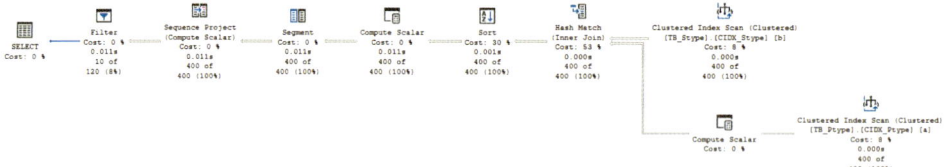

```
테이블 'Worktable'. 검색 수 0, 논리적 읽기 수 0
테이블 'Workfile'. 검색 수 0, 논리적 읽기 수 0
테이블 'TB_Ptype'. 검색 수 1, 논리적 읽기 수 4
테이블 'TB_Stype'. 검색 수 1, 논리적 읽기 수 4
SQL Server 실행 시간:
CPU 시간 = 0ms, 경과 시간 = 11ms
```

· 수행 비용 (Profiler)

EventClass	TextData	CPU	Duration	Reads	RowCounts
SQL:BatchCompleted	SELECT * FROM (SELECT ROW_NUMBE...	125	188	812	810
SQL:BatchCompleted	SET STATISTICS XML OFF	0	0	0	0

```
SELECT *
FROM (SELECT ROW_NUMBER() OVER (PARTITION BY c.lev ORDER BY c.st3 DESC) seq
            , c.*
      FROM (SELECT a.*, b.st3, b.lev, dbo.FN_GetCname(a.id) AS cname
            FROM TB_Ptype a JOIN TB_Stype b
              ON a.id = b.id) c
     ) d
WHERE seq <= 5
```

· 함수 내부 수행 비용 (Profiler)

EventClass	TextData	CPU	Duration	Reads	RowCounts
SP:StmtCompleted	SELECT @result = c_name FROM TB_Ctype WHER...	0	0	2	1
SP:StmtCompleted	RETURN @result	0	0	0	1

```
SELECT @result = c_name
FROM TB_Ctype
WHERE id = @id
```

· 함수 내부 실행 계획 (Profiler)

```
Execution Tree
Index Seek(OBJECT:([tuning].[dbo].[TB_Ctype].[NIDX01_Ctype]), SEEK:([tuning].[dbo].[TB_Ctype].[id]=[@id])
Ordered Forward)
```

3. [AS-IS] 통계 정보

· 인덱스 정보

Table_Name	Index_Name	Type_Desc	Is_Unique	Key_List	Include_List
TB_Ctype	NIDX01_Ctype	NONCLUSTERED	0	id	c_name
TB_Ptype	CIDX_Ptype	CLUSTERED	0	id	-
TB_Stype	CIDX_Stype	CLUSTERED	0	id	-

4. [AS-IS] 구문 설명

[TB_Ptype] 테이블과 [TB_Stype] 테이블을 각 [id] 컬럼으로 조인한 결과 집합에 [FN_GetCname] 함수를 적용하여 [cname] 컬럼 값을 추출하고, [lev] 컬럼의 동일한 값마다 [st3] 컬럼을 기준으로 하여 상위 5건씩 데이터를 출력하는 구문이다. 최종 출력되는 행은 10건이지만 데이터가 필터되기 전에 조인된 결과 집합 400건만큼 함수가 호출되기 때문에 불필요한 I/O가 발생된다.

5. [TO-BE] 튜닝 포인트

조인된 결과 집합(400건) 만큼 함수가 호출되는 과정에서 불필요한 I/O가 발생되기 때문에 조인 후가 아닌 최종 10건에 대해서만 함수가 호출되도록 구문을 변경한다.

6. [TO-BE] 개선 방안

1) 필터 후에 함수가 호출되도록 구문 변경

함수 호출 위치를 필터가 적용된 다음으로 변경하여 최종 결과 집합에 대해서만 함수가 호출되도록 유도한다. 함수가 최종 10건에 대해서만 호출되기 때문에 불필요한 I/O가 개선된다.

■ 변경된 SQL 구문

```sql
SELECT *, dbo.FN_GetCname(d.id) AS cname
FROM (SELECT ROW_NUMBER() OVER (PARTITION BY c.lev ORDER BY c.st3 desc ) seq
           , c.*
      FROM (SELECT a.*
                 , b.st3
                 , b.lev
            FROM TB_Ptype a JOIN TB_Stype b
            ON a.id = b.id
      ) c
) d
WHERE seq <= 5
GO
```

· 실행 계획

Rows	Executes	StmtText
10	1	SELECT *, dbo.FN_GetCname(d.id) AS cname FROM (SELECT ROW_NUMBER() OVER (PARTITION BY c.lev ORDER BY c.st3 desc) seq, c.* FROM (SELECT a.*, b.st3, b.lev FROM TB_Ptype a JOIN TB_Stype b ON a.id = b.id) c) d WHERE seq <= 5
10	1	|--Compute Scalar(DEFINE:([Expr1005]=[tuning].[dbo].[FN_GetCname]([Expr1006])))
10	1	|--Filter(WHERE:([Expr1004]<=(5)))
0	0	|--Compute Scalar(DEFINE:([Expr1006]=CONVERT_IMPLICIT(int,[tuning].[dbo].[TB_Ptype].[id] as [a].[id],0)))
400	1	|--Sequence Project(DEFINE:([Expr1004]=row_number))
400	1	|--Segment
400	1	|--Sort(ORDER BY:([b].[lev] ASC, [b].[st3] DESC))
400	1	|--Hash Match(INNER JOIN, HASH:([b].[id])=([a].[id]), RESIDUAL:([tuning].[dbo].[TB_Stype].[id] as [b].[id]=[tuning].[dbo].[TB_Ptype].[id] as [a].[id]))
400	1	|--Clustered Index Scan(OBJECT:([tuning].[dbo].[TB_Stype].[CIDX_Stype] AS [b]))
400	1	|--Clustered Index Scan(OBJECT:([tuning].[dbo].[TB_Ptype].[CIDX_Ptype] AS [a]))

테이블 'Worktable'. 검색 수 0, 논리적 읽기 수 0
테이블 'Workfile'. 검색 수 0, 논리적 읽기 수 0
테이블 'TB_Ptype'. 검색 수 1, 논리적 읽기 수 4
테이블 'TB_Stype'. 검색 수 1, 논리적 읽기 수 4
SQL Server 실행 시간:
CPU 시간 = 0ms, 경과 시간 = 13ms

· **함수 내부 수행 비용 (Profiler)**

EventClass	TextData	CPU	Duration	Reads	RowCounts
SQL:BatchCompleted	SELECT *, dbo.FN_GetCname(d.id) AS cname FR...	0	13	30	30
SQL:BatchCompleted	SET STATISTICS XML OFF	0	0	0	0

```
SELECT *, dbo.FN_GetCname(d.id) AS cname
FROM (SELECT ROW_NUMBER() OVER (PARTITION BY c.lev ORDER BY c.st3 desc ) seq
           c.*
      FROM (SELECT a.*, b.st3, b.lev
            FROM TB_Ptype a JOIN TB_Stype b
            ON a.id = b.id
           ) c
     ) d
WHERE seq <= 5
```

· **함수내부 I/O 비용 (SQL Profile)**

EventClass	TextData	CPU	Duration	Reads	RowCounts
SP:StmtCompleted	RETURN @result	0	0	0	1
SP:StmtCompleted	SELECT @result = c_name FROM TB_Ctype WHER...	0	0	2	1

```
SELECT @result = c_name
FROM TB_Ctype
WHERE id = @id
```

· **함수내부 실행 계획 (Profiler)**

```
Execution Tree

Index Seek(OBJECT:([tuning].[dbo].[TB_Ctype].[NIDX01_Ctype]), SEEK:([tuning].[dbo].[TB_Ctype].[id]=[@id])
Ordered Forward)
```

7. 개선 효과

· **리소스 사용률 비교**

	CPU Time (ms)	Elapse Time (ms)	Logical Reads
AS-IS	125	188	812
TO-BE	0	16	30

42 ISNULL() 함수가 사용된 조건절의 성능 이슈

조건절의 컬럼이 ISNULL() 함수로 가공되어 인덱스 탐색을 못하게 되면서 불필요한 I/O가 발생되는 사례이다.

1. 사전 구성 스크립트

```sql
SELECT seq
     , NEWID() AS txt
     , CASE WHEN seq = 1 THEN 0 WHEN seq = 2 THEN NULL ELSE number END AS value
INTO TB_Null
FROM (SELECT a.number, ROW_NUMBER() OVER (ORDER BY a.number) AS seq
        FROM master..spt_values a, master..spt_values b
       WHERE a.type = 'P'
         AND b.type = 'P'
         AND a.number BETWEEN 1 AND 1000
         AND b.number BETWEEN 1 AND 1000
) c

CREATE INDEX NIDX01_Null ON TB_Null ( value )
GO
```

2. [AS-IS] SQL 구문 및 실행 계획

■ SQL 구문

```sql
SELECT seq, txt
FROM TB_Null
WHERE ISNULL(value,0) = 0
GO
```

· 실행 계획

Rows	Executes	StmtText
2	1	SELECT seq, txt FROM TB_Null WHERE ISNULL(value,0) = 0
2	1	|--Nested Loops(INNER JOIN, OUTER REFERENCES:([Bmk1000]))
2	1	|--Index Scan(OBJECT:([Tuning].[dbo].[TB_Null].[NIDX01_Null]), WHERE:(isnull([Tuning].[dbo].[TB_Null].[value],(0))=(0)))
2	2	|--RID Lookup(OBJECT:([Tuning].[dbo].[TB_Null]), SEEK:([Bmk1000]=[Bmk1000]) LOOKUP Ordered Forward)

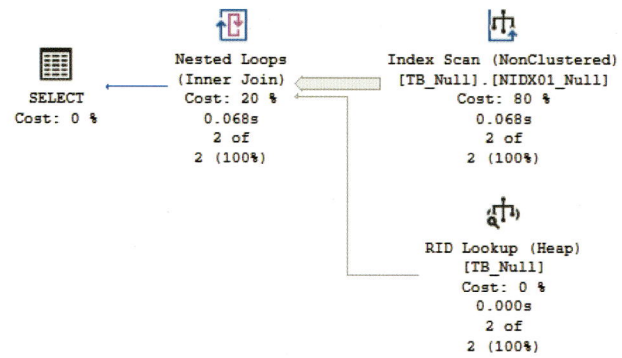

```
테이블 'TB_Null'. 검색 수 1, 논리적 읽기 수 2239
SQL Server 실행 시간:
   CPU 시간 = 78ms, 경과 시간 = 86ms
```

3. [AS-IS] 통계 정보

• 인덱스 정보

Table_Name	Index_Name	Type_Desc	Is_Unique	Key_List	Include_List
TB_Null	NIDX01_Null	NONCLUSTERED	0	value	-

4. [AS-IS] 구문 설명

[TB_Null] 테이블의 [value] 컬럼 데이터의 중 NULL 값을 0으로 치환했을 때 [value] = 0 조건에 해당되는 데이터를 출력하는 구문이다. 전체 데이터 건수는 100만 건이며 조건에 부합하는 결과 건수는 그 중 단 2건에 해당한다. 조건으로 사용되는 [value] 컬럼에는 인덱스가 존재하지만 ISNULL() 함수의 사용으로 인해 조건 컬럼이 가공되었고 이로 인해 인덱스 전체 스캔을 수행하게 되면서 불필요한 I/O를 사용하게 된다.

5. [TO-BE] 튜닝 포인트

인덱스 키로 구성된 컬럼은 스캔 범위에 큰 영향을 주기 때문에 가공하지 않는 것이 성능 면에서 좋다. 구문에 사용된 ISNULL(value,0) = 0 조건은 [value] 컬럼 값이 NULL이거나 0인 것을 의미하기 때문에 컬럼을 가공하지 않은 두 조건으로 분리할 수 있다. 구문 변경으로 조건을 분리하면 인덱스로 필요한 데이터만을 탐색할 수 있기 때문에 많은 I/O 비용을 개선할 수 있다.

6. [TO-BE] 개선 방안

1) 컬럼이 가공되지 않도록 구문 변경

ISNULL(value,0) = 0 조건을 [value] IS NULL OR [value] = 0으로 변경하면 인덱스를 통해 두 조건을 각각 탐색하여 많은 비용이 개선된다.

■ 변경된 SQL 구문

```sql
SELECT seq, txt
FROM TB_Null
WHERE value IS NULL OR value = 0
GO
```

· 실행 계획

Rows	Executes	StmtText
2	1	SELECT seq, txt FROM TB_Null WHERE value IS NULL OR value = 0
2	1	|--Nested Loops(INNER JOIN, OUTER REFERENCES:([Bmk1000]))
2	1	|--Nested Loops(INNER JOIN, OUTER REFERENCES:([Expr1009], [Expr1010], [Expr1011]))
2	1	|--Merge Interval
2	1	|--Sort(TOP 2, ORDER BY:([Expr1012] DESC, [Expr1013] ASC, [Expr1009] ASC, [Expr1014] DESC))
0	0	|--Compute Scalar(DEFINE:([Expr1012]=((4)&[Expr1011]) = (4) AND NULL = [Expr1009], [Expr1013]=(4)&[Expr1011], [Expr1014]=(16)&[Expr1011]))
2	1	|--Concatenation
0	0	|--Compute Scalar(DEFINE:([Expr1004]=NULL, [Expr1005]=NULL, [Expr1003]=(60)))
1	1	|--Constant Scan
0	0	|--Compute Scalar(DEFINE:([Expr1007]=(0), [Expr1008]=(0), [Expr1006]=(62)))
1	1	|--Constant Scan
2	2	|--Index Seek(OBJECT:([Tuning].[dbo].[TB_Null].[NIDX01_Null]), SEEK:([Tuning].[dbo].[TB_Null].[value] > [Expr1009] AND [Tuning].[dbo].[TB_Null].[value] < [Expr1010]) Ordered Forward)
2	2	|--RID Lookup(OBJECT:([Tuning].[dbo].[TB_Null]), SEEK:([Bmk1000]=[Bmk1000]) LOOKUP Ordered Forward)

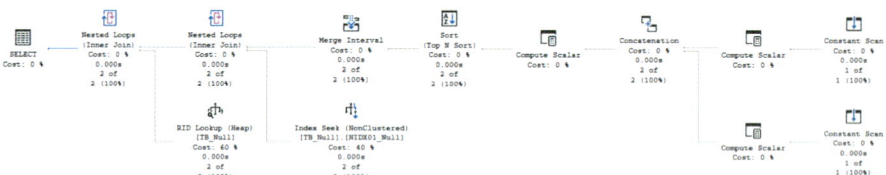

테이블 'TB_Null'. 검색 수 2, 논리적 읽기 수 8
SQL Server 실행 시간:
CPU 시간 = 0ms, 경과 시간 = 0ms

7. 개선 효과

· 리소스 사용률 비교

	CPU Time (ms)	Elapse Time (ms)	Logical Reads
AS-IS	78	86	2,239
TO-BE	0	0	8

43 MAX() 함수의 성능 개선 – 1

Max 값을 구하는 구문에서 인덱스 키가 누락되어 많은 스캔 범위로 인해 높은 I/O 비용이 발생된 사례이다.

1. 사전 구성 스크립트

```sql
SELECT CASE WHEN edge2 <= 500000 THEN 1 ELSE 2 END edge1, *
INTO TB_MaxExp
FROM (SELECT ROW_NUMBER() OVER (ORDER BY a.number) AS edge2
            , a.number*ROW_NUMBER() OVER (ORDER BY a.number)/2.0 AS area
        FROM master..spt_values a, (SELECT number
                                    FROM master..spt_values
                                    WHERE number > 0 AND number <= 1000 AND type = 'P')
b
      WHERE a.number > 0 AND a.number <= 1000 AND a.type = 'P'
) c

CREATE INDEX NIDX01_MaxExp ON TB_MaxExp(edge1) INCLUDE (area)
GO
```

2. [AS-IS] SQL 구문 및 실행 계획

■ SQL 구문

```sql
SELECT MAX(area) AS area
FROM TB_MaxExp
WHERE edge1 = 2
GO
```

· 실행 계획

Rows	Executes	StmtText
1	1	SELECT MAX([area]) [area] FROM [TB_MaxExp] WHERE [edge1]=@1
1	1	|--Stream Aggregate(DEFINE:([Expr1003]=MAX([tuning].[dbo].[TB_MaxExp].[area])))
500000	1	|--Index Seek(OBJECT:([tuning].[dbo].[TB_MaxExp].[NIDX01_MaxExp]), SEEK:([tuning].[dbo].[TB_MaxExp].[edge1]=(2)) Ordered Forward)

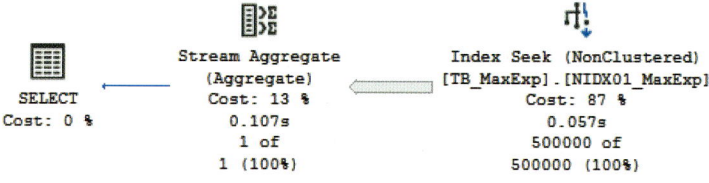

```
테이블 'TB_MaxExp'. 스캔 수 1, 논리적 읽기 1931
SQL Server 실행 시간:
CPU 시간 = 93ms, 경과 시간 = 95ms
```

3. [AS-IS] 통계 정보

• 인덱스 정보

Table_Name	Index_Name	Type_Desc	Is_Unique	Key_List	Include_List
TB_MaxExp	NIDX01_MaxExp	NONCLUSTERED	0	edge1	area

4. [AS-IS] 구문 설명

[TB_MaxExp] 테이블에서 [edge1] = 2에 해당하는 데이터 중 [area] 컬럼 값이 가장 큰 데이터를 조회하는 구문이다. 조건에 만족하는 데이터 50만 건 중 Max 데이터 1건을 추출하기 위해 해당 데이터를 모두 읽어내면서 많은 I/O를 사용하고 있다.

5. [TO-BE] 튜닝 포인트

가장 큰 값 1건을 추출하기 위해 모든 데이터를 읽어내면서 값의 크기를 비교하는 것에 문제가 있다. MAX() 함수에 사용된 컬럼을 미리 정렬시켜 둔다면 서로 비교하지 않고도 가장 큰 값을 가진 데이터를 추출해 낼 수 있다.

6. [TO-BE] 개선 방안

1) [area] 컬럼이 키로 추가된 인덱스 생성

[edge1], [area] 컬럼 순서로 신규 인덱스를 생성하면 [edge1] = 2 조건에 해당하는 데이터 내에서 [area] 컬럼 데이터가 정렬된 상태로 유지되어 모든 데이터를 비교하지 않아도 가장 큰 값을 추출할 수 있다.

■ 인덱스 생성 구문

```
CREATE INDEX NIDX02_MaxExp ON TB_MaxExp(edge1, area)
GO
```

■ **SQL 구문**

```sql
SELECT MAX(area) AS area
FROM TB_MaxExp
WHERE edge1 = 2
GO
```

· **실행 계획**

Rows	Executes	StmtText
1	1	SELECT MAX([area]) [area] FROM [TB_MaxExp] WHERE [edge1]=@1
1	1	|--Stream Aggregate(DEFINE:([Expr1003]=MAX([tuning].[dbo].[TB_MaxExp].[area])))
1	1	|--Top(TOP EXPRESSION:((1)))
1	1	|--Index Seek(OBJECT:([tuning].[dbo].[TB_MaxExp].[NIDX02_MaxExp]), SEEK:([tuning].[dbo].[TB_MaxExp].[edge1]=(2)), WHERE:([tuning].[dbo].[TB_MaxExp].[area] IS NOT NULL) ORDERED Backward)

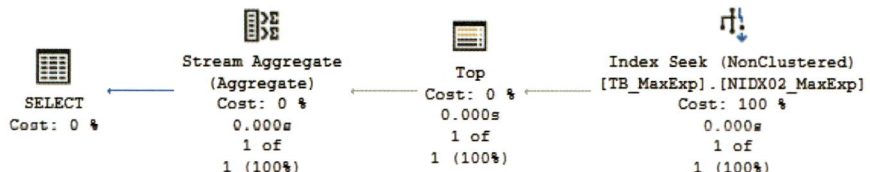

테이블 'TB_MaxExp'. 스캔 수 1, 논리적 읽기 3
SQL Server 실행 시간:
CPU 시간 = 0ms, 경과 시간 = 0ms

7. 개선 효과

· **리소스 사용률 비교**

	CPU Time (ms)	Elapse Time (ms)	Logical Reads
AS-IS	93	95	1,931
TO-BE	0	0	3

44 MAX() 함수의 성능 개선 – 2

MAX() 함수를 사용했을 때 NULL 값에 대한 처리 과정으로 인해 불필요한 I/O가 발생된 사례이다.

1. 사전 구성 스크립트

```sql
SELECT CASE WHEN a.number<10 THEN '가'
        ELSE '나' END AS A
     , ROW_NUMBER() OVER (ORDER BY a.number) AS B
INTO TB_TOP
FROM master..spt_values a
JOIN master..spt_values b
ON a.type = 'P' AND b.type = 'P' AND a.number <= 100 AND b.number <= 1000

CREATE INDEX NIDX01_TOP ON TB_TOP(A,B)
GO
```

2. [AS-IS] SQL 구문 및 실행 계획

■ SQL 구문

```sql
SELECT A,MAX(B) AS 'MAX(B)'
FROM TB_TOP
WHERE A = '나'
GROUP BY A
GO
```

· 실행 계획

Rows	Executes	StmtText
1	1	SELECT A,MAX(B) AS 'MAX(B)' FROM TB_TOP WHERE A = '나' GROUP BY A
1	1	|--Stream Aggregate(DEFINE:([Expr1003]=MAX([Tuning].[dbo].[TB_TOP].[B]), [Tuning].[dbo].[TB_TOP].[A]=ANY([Tuning].[dbo].[TB_TOP].[A])))
1	1	|--Concatenation
0	1	|--Top(TOP EXPRESSION:((1)))
0	1	| |--Index Seek(OBJECT:([Tuning].[dbo].[TB_TOP].[NIDX01_TOP]), SEEK:([Tuning].[dbo].[TB_TOP].[A]='나'), WHERE:([Tuning].[dbo].[TB_TOP].[B] IS NULL) ORDERED Backward)
1	1	|--Top(TOP EXPRESSION:((1)))
1	1	|--Index Seek(OBJECT:([Tuning].[dbo].[TB_TOP].[NIDX01_TOP]), SEEK:([Tuning].[dbo].[TB_TOP].[A]='나'), WHERE:([Tuning].[dbo].[TB_TOP].[B] IS NOT NULL) ORDERED Backward)

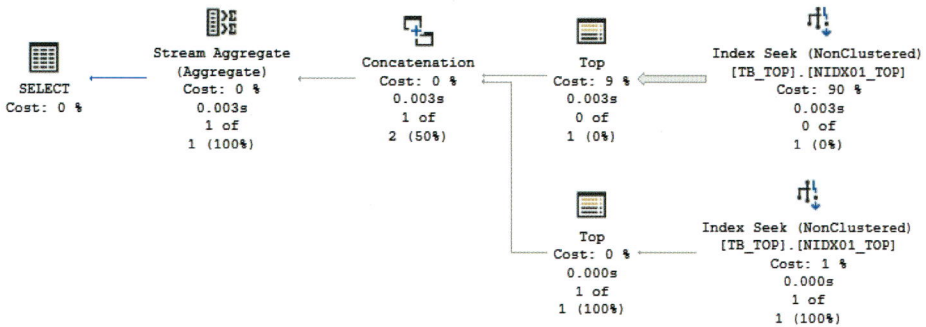

```
테이블 'TB_TOP'. 스캔 수 2, 논리적 읽기 323
SQL Server 실행 시간:
CPU 시간 = 15ms, 경과 시간 = 8ms
```

3. [AS-IS] 통계 정보

• 인덱스 정보

Table_Name	Index_Name	Type_Desc	Is_Unique	Key_List	Include_List
TB_TOP	NIDX01_TOP	NONCLUSTERED	0	A,B	-

4. [AS-IS] 구문 설명

[TB_TOP] 테이블의 [A] 컬럼이 '나' 인 데이터 중에서 [B] 컬럼의 최대값을 구하는 구문이다. 테이블의 [B] 컬럼은 NULL 값이 허용되어 있기 때문에 IS NULL과 IS NOT NULL 두 경우를 각각 실행하여 병합한다. 각각의 가장 큰 데이터 1건을 찾기 위해 인덱스를 Backward 방향으로 스캔하는데 NULL 값은 인덱스 내에서 가장 선두에 존재하기 때문에 IS NULL 조건에 해당되는 데이터를 찾는 과정에서 [A] = '나'로 탐색된 데이터를 모두 읽게 된다. 실제 NULL 값이 존재하지는 않지만 IS NULL 조건인 경우의 대한 처리로 인해 불필요한 I/O가 생기게 된다.

5. [TO-BE] 튜닝 포인트

다음 구문을 개선하기 위해 두 가지 방안을 제시한다.
첫째. [B] 컬럼에 대한 IS NOT NULL 조건을 명시한다.
둘째. [B] 컬럼에 NOT NULL 제약조건을 적용한다.

첫 번째 방법은 조건에 IS NOT NULL을 명시하여 NULL 값의 존재 유무를 고려하지 않도록 제외시킨다. 두 번째 방법은 IS NOT NULL 제약조건으로 NULL에 대한 불필요한 처리를 제거한다.

6. [TO-BE] 개선 방안

1) 조건절에 IS NOT NULL을 명시한다.

[B] 컬럼에 대한 IS NOT NULL 조건을 명시하여 IS NULL 처리 과정을 제거한다.

■ 변경된 SQL 구문

```sql
SELECT A,MAX(B) AS 'MAX(B)'
FROM TB_TOP
WHERE A = '나' AND B IS NOT NULL
GROUP BY A
GO
```

· 실행 계획

Rows	Executes	StmtText
1	1	SELECT A,MAX(B) AS 'MAX(B)' FROM TB_TOP WHERE A = '나' AND B IS NOT NULL GROUP BY A
1	1	|--Top(TOP EXPRESSION:((1)))
1	1	|--Index Seek(OBJECT:([Tuning].[dbo].[TB_TOP].[NIDX01_TOP]), SEEK:([Tuning].[dbo].[TB_TOP].[A]='나' AND [Tuning].[dbo].[TB_TOP].[B] IsNotNull) ORDERED Backward)

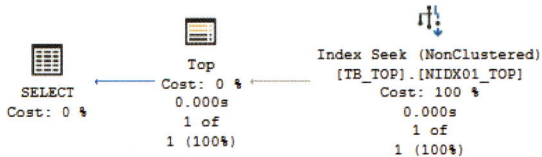

```
테이블 'TB_TOP'. 스캔 수 1, 논리적 읽기 3
SQL Server 실행 시간:
CPU 시간 = 0ms, 경과 시간 = 0ms
```

2) [B] 컬럼에 NOT NULL 제약조건을 적용한다.

[B] 컬럼에 NOT NULL 제약조건을 적용하여 NULL에 대한 고려 없이 [A] 컬럼이 '나' 인 것 중 가장 큰 [B] 값을 TOP Expression 처리하도록 한다.

■ 제약조건 추가

```sql
DROP INDEX NIDX01_TOP ON TB_TOP
ALTER TABLE TB_TOP ALTER COLUMN B INT NOT NULL
CREATE INDEX NIDX01_TOP ON TB_TOP(A,B)
GO
```

■ 변경된 SQL 구문

```sql
SELECT A,MAX(B) AS 'MAX(B)'
FROM TB_TOP
WHERE A = '나'
GROUP BY A
GO
```

· 실행 계획

Rows	Executes	StmtText
1	1	SELECT A,MAX(B) AS 'MAX(B)' FROM TB_TOP WHERE A = '나' GROUP BY A
1	1	|--Top(TOP EXPRESSION:((1)))
1	1	|--Index Seek(OBJECT:([Tuning].[dbo].[TB_TOP].[NIDX01_TOP]), SEEK:([Tuning].[dbo].[TB_TOP].[A]='나') ORDERED Backward)

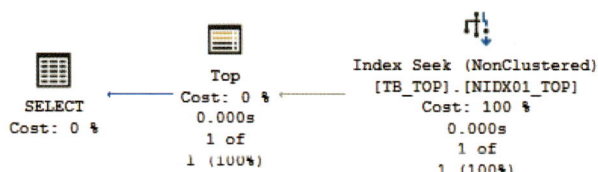

```
테이블 'TB_TOP'. 스캔 수 1, 논리적 읽기 3
SQL Server 실행 시간:
CPU 시간 = 0ms, 경과 시간 = 0ms
```

7. 개선 효과

· 리소스 사용률 비교

	CPU Time (ms)	Elapse Time (ms)	Logical Reads
AS-IS	15	8	323
TO-BE (1)	0	0	3
TO-BE (2)	0	0	3

45 MIN() 함수의 성능 개선

MIN() 함수를 사용했을 때 NULL 값에 대한 처리 과정으로 인해 불필요한 I/O가 발생된 사례이다.

1. 사전 구성 스크립트

```sql
SELECT A, ROW_NUMBER() OVER(PARTITION BY A ORDER BY number) AS B
INTO TB_TOP02
FROM (SELECT B.number, CASE WHEN B.number % 2 = 0 THEN '가' ELSE '나' END AS A
        FROM master..spt_values A, (SELECT number
                                      FROM master..spt_values
                                      WHERE type = 'P' AND number < 15) B
        WHERE A.type = 'P'
) A
CREATE INDEX NIDX01_TOP02 ON TB_TOP02(A,B)
GO
```

2. [AS-IS] SQL 구문 및 실행 계획

■ SQL 구문

```sql
SELECT A, MIN(B) AS 'MIN(B)'
FROM TB_TOP02
WHERE A = '나'
GROUP BY A
GO
```

· 실행 계획

Rows	Executes	StmtText
1	1	SELECT A, MIN(B) AS 'MIN(B)' FROM TB_TOP02 WHERE A = '나' GROUP BY A
1	1	|--Stream Aggregate(DEFINE:([Expr1003]=MIN([Tuning].[dbo].[TB_TOP02].[B])), [Tuning].[dbo].[TB_TOP02].[A]=ANY([Tuning].[dbo].[TB_TOP02].[A])))
14336	1	|--Index Seek(OBJECT:([Tuning].[dbo].[TB_TOP02].[NIDX01_TOP02]), SEEK:([Tuning].[dbo].[TB_TOP02].[A]='나') Ordered Forward)

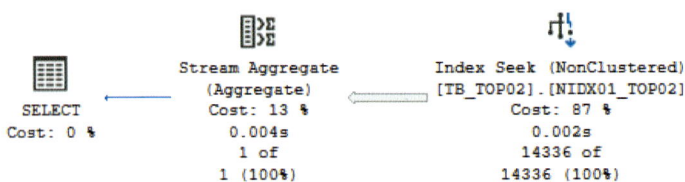

```
테이블 'TB_TOP02'. 스캔 수 1, 논리적 읽기 53
SQL Server 실행 시간:
CPU 시간 = 0ms, 경과 시간 = 8ms
```

3. [AS-IS] 통계 정보

- 인덱스 정보

Table_Name	Index_Name	Type_Desc	Is_Unique	Key_List	Include_List
TB_TOP02	NIDX01_TOP02	NONCLUSTERED	0	A, B	-

4. [AS-IS] 구문 설명

[TB_TOP02] 테이블의 [A] 컬럼이 '나' 인 데이터 중 [B] 컬럼 최소값을 구하는 구문이다. [B] 컬럼이 인덱스 키값에 포함되어 있기 때문에 정렬되어 있음에도 TOP Expression으로 수행되지 않아 인덱스를 통해 조건절로 탐색된 데이터를 전부 읽게 된다.

5. [TO-BE] 튜닝 포인트

[B] 컬럼은 NULL 값이 허용되어 있기 때문에 인덱스를 Ordered Forward로 읽어내면서 상위 1건만 읽고 제일 작은 값임을 판별할 수가 없다. [B] IS NOT NULL 조건을 명시하면 인덱스 탐색을 통해 NULL인 데이터를 배제할 수 있고, 상위 1건만으로도 제일 작은 값을 판별할 수 있기 때문에 TOP Expression으로 수행할 수 있다.

다음 구문을 개선하기 위해 두 가지 방안을 고려할 수 있다.
첫째, [B] 컬럼에 대한 IS NOT NULL 조건을 명시한다.
둘째, [B] 컬럼에 NOT NULL 제약조건을 적용한다.

첫 번째 방법은 조건에 IS NOT NULL을 명시하여 NULL 값의 존재 유무를 고려하지 않도록 제외시킨다. 두 번째 방법은 IS NOT NULL 제약조건으로 NULL에 대한 불필요한 처리를 제거한다.

6. [TO-BE] 개선 방안

1) 조건절에 IS NOT NULL을 명시한다.

[B] 컬럼에 대한 IS NOT NULL 조건을 명시하여 인덱스 탐색을 통해 NULL을 배제하고 TOP Expression으로 1건의 데이터만 탐색하도록 개선한다.

■ 변경된 SQL 구문

```sql
SELECT A, MIN(B) AS 'MIN(B)'
FROM TB_TOP02
WHERE A = '나' AND B IS NOT NULL
GROUP BY A
GO
```

· 실행 계획

Rows	Executes	StmtText
1	1	SELECT A, MIN(B) AS 'MIN(B)' FROM TB_TOP02 WHERE A = '나' AND B IS NOT NULL GROUP BY A
1	1	|--Top(TOP EXPRESSION:((1)))
1	1	|--Index Seek(OBJECT:([Tuning].[dbo].[TB_TOP02].[NIDX01_TOP02]), SEEK:([Tuning].[dbo].[TB_TOP02].[A]='나' AND [Tuning].[dbo].[TB_TOP02].[B] IsNotNull) Ordered Forward)

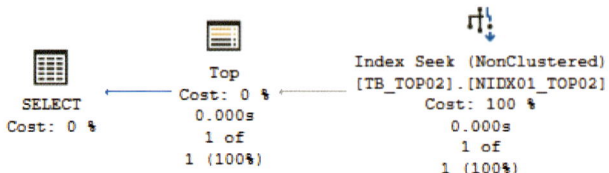

```
테이블 'TB_TOP02'. 스캔 수 1, 논리적 읽기 2
SQL Server 실행 시간:
CPU 시간 = 0ms, 경과 시간 = 0ms
```

2) 컬럼에 NOT NULL 제약조건을 적용한다.

[B] 컬럼에 NOT NULL 제약조건을 적용하여 NULL에 대한 고려 없이 [A] 컬럼이 '나' 인 것 중 가장 작은 [B] 컬럼 값을 TOP Expression으로 수행한다.

■ 제약조건 추가

```sql
DROP INDEX NIDX01_TOP02 ON TB_TOP02
ALTER TABLE TB_TOP02 ALTER COLUMN B INT NOT NULL
CREATE INDEX NIDX01_TOP02 ON TB_TOP02(A,B)
GO
```

■ SQL 구문

```sql
SELECT A, MIN(B) AS 'MIN(B)'
FROM TB_TOP02
WHERE A = '나'
GROUP BY A
GO
```

- **실행 계획**

Rows	Executes	StmtText
1	1	SELECT A, MIN(B) AS 'MIN(B)' FROM TB_TOP02 WHERE A = '나' GROUP BY A
1	1	|--Top(TOP EXPRESSION:((1)))
1	1	|--Index Seek(OBJECT:([Tuning].[dbo].[TB_TOP02].[NIDX01_TOP02]), SEEK:([Tuning].[dbo].[TB_TOP02].[A]='나') Ordered Forward)

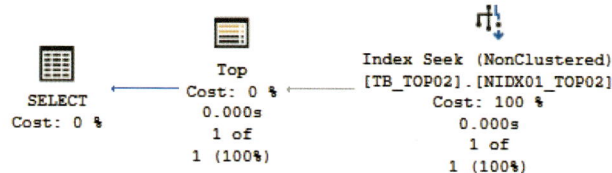

```
테이블 'TB_TOP02'. 스캔 수 1, 논리적 읽기 2
SQL Server 실행 시간:
CPU 시간 = 0ms, 경과 시간 = 0ms
```

7. 개선 효과

- **리소스 사용률 비교**

	CPU Time (ms)	Elapse Time (ms)	Logical Reads
AS-IS	0	8	53
TO-BE (1)	0	0	2
TO-BE (2)	0	0	2

46 NULL 값을 포함하지 않는 함수 개선

NULL 값을 포함하지 않도록 의도된 함수를 사용할 때 스캔 범위에 NULL 값이 포함되어 불필요한 I/O를 발생시키는 사례이다.

1. 사전 구성 스크립트

```sql
SELECT ROW_NUMBER() OVER (ORDER BY a.number) seq
     , CASE WHEN a.number = 1 THEN LEFT(a.type, 1)
       ELSE NULL END txt
INTO TB_Cnt
FROM master..spt_values a , master..spt_values b
WHERE a.TYPE= 'P'
AND a.number BETWEEN 1 AND 1000
AND b.type = 'P'
AND b.number BETWEEN 1 AND 1000

CREATE INDEX NIDX01_Cnt ON TB_Cnt (txt)
GO
```

2. [AS-IS] SQL 구문 및 실행 계획

■ SQL 구문

```
SELECT COUNT(txt) AS [count]
FROM TB_Cnt
GO
```

· 실행 계획

Rows	Executes	StmtText
1	1	SELECT COUNT(txt) AS [count] FROM TB_Cnt
0	0	|--Compute Scalar(DEFINE:([Expr1003]=CONVERT_IMPLICIT(int,[Expr1004],0)))
1	1	|--Stream Aggregate(DEFINE:([Expr1004]=COUNT([Tuning].[dbo].[TB_Cnt].[txt])))
1000000	1	|--Index Scan(OBJECT:([Tuning].[dbo].[TB_Cnt].[NIDX01_Cnt]))

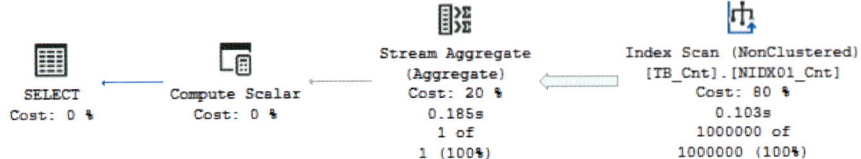

경고: 집계 또는 다른 SET 작업에 의해 Null 값이 제거되었습니다.
테이블 'TB_Cnt'. 검색 수 1, 논리적 읽기 수 1738
SQL Server 실행 시간:
CPU 시간 = 172ms, 경과 시간 = 172ms

3. [AS-IS] 통계 정보

· 인덱스 정보

Table_Name	Index_Name	Type_Desc	Is_Unique	Key_List	Include_List
TB_Cnt	NIDX01_Cnt	NONCLUSTERED	0	txt	-

· [txt] 컬럼의 데이터 분포도

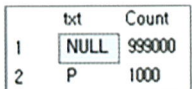

4. [AS-IS] 구문 설명

　[TB_Cnt] 테이블에서 [txt] 컬럼을 기준으로 NULL 값을 제외한 행 수를 출력하는 구문이다. [txt] 컬럼의 100만 건 데이터 중 NULL이 아닌 값은 1,000건에 해당되는데, 최종 출력에 필요한 데이터는 1,000건임에도 100만 건의 데이터를 모두 읽어내기 때문에 불필요한 I/O가 발생된다.

5. [TO-BE] 튜닝 포인트

행 수를 출력하기 위해 COUNT(컬럼명)을 사용할 때는 NULL 값을 제외한 행의 수를 출력하기 때문에 모든 데이터를 읽어낼 필요가 없다. 함수에 사용된 [txt] 컬럼이 키로 구성된 인덱스가 존재하기 때문에 조건절을 추가하여 NULL이 아닌 값을 인덱스로 탐색한다면 불필요한 I/O 비용을 제거할 수 있다.

6. [TO-BE] 개선 방안

1) IS NOT NULL 조건을 추가하여 인덱스 탐색을 수행하도록 변경

NULL이 아닌 데이터 1,000건만 읽어낼 수 있도록 [txt] 컬럼에 IS NOT NULL 조건절을 추가한다. 최종 결과에 필요한 데이터만을 미리 탐색하기 때문에 I/O 비용이 개선된다.

■ SQL 구문

```sql
SELECT COUNT(txt) AS [count]
FROM TB_Cnt
WHERE txt IS NOT NULL
GO
```

· 실행 계획

Rows	Executes	StmtText
1	1	SELECT COUNT(txt) AS [count] FROM TB_Cnt WHERE txt IS NOT NULL
0	0	|--Compute Scalar(DEFINE:([Expr1003]=CONVERT_IMPLICIT(int,[Expr1004],0)))
1	1	|--Stream Aggregate(DEFINE:([Expr1004]=Count(*)))
1000	1	|--Index Seek(OBJECT:([Tuning].[dbo].[TB_Cnt].[NIDX01_Cnt]), SEEK:([Tuning].[dbo].[TB_Cnt].[txt] IsNotNull) Ordered Forward)

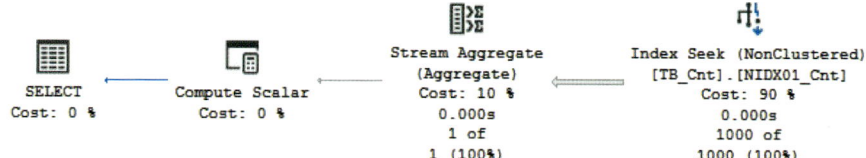

```
테이블 'TB_Cnt'. 검색 수 1, 논리적 읽기 수 6
SQL Server 실행 시간:
CPU 시간 = 0ms, 경과 시간 = 0ms
```

7. 개선 효과

· 리소스 사용률 비교

	CPU Time (ms)	Elapse Time (ms)	Logical Reads
AS-IS	172	172	1,738
TO-BE	0	0	6

47 데이터 형식 우선순위에 의한 암시적 CONVERT

두 테이블을 조인하는 과정에서 후행 테이블의 조인 조건 컬럼에 암시적 형 변환이 발생되어 성능이 저하되는 사례이다.

1. 사전 구성 스크립트

```sql
CREATE TABLE TB_Main (seq INT
                    , main_code UNIQUEIDENTIFIER
                    , date DATE )
CREATE TABLE TB_Sub (value INT NOT NULL
                   , sub_code NVARCHAR(50)
                   , date DATE
                   , txt UNIQUEIDENTIFIER )

INSERT INTO TB_Main
SELECT ROW_NUMBER() OVER (ORDER BY a.number) AS seq
     , NEWID() AS main_code
     , DATEADD(d, a.number, '2020-01-01') date
FROM master..spt_values a (NOLOCK) , (SELECT number
                                      FROM master..spt_values (NOLOCK)
                                      WHERE type = 'p' AND number < 20) b
WHERE type = 'p'
AND a.number <= 365

INSERT INTO TB_Sub
SELECT ISNULL(CONVERT(INT, RIGHT(a.seq * b.high * b.number, 2)), 0) AS value
     , CONVERT(NVARCHAR(50),a.main_code) AS sub_code
     , GETDATE() AS date
     , NEWID() AS txt
FROM TB_Main a, master..spt_values (NOLOCK) b
WHERE b.type = 'P'
AND b.number BETWEEN 1 AND 10

CREATE CLUSTERED INDEX CIDX_Main ON TB_Main(date)
CREATE INDEX NIDX01_Sub ON TB_Sub(sub_code,value)
GO
```

2. [AS-IS] SQL 구문 및 실행 계획

■ SQL 구문

```sql
SELECT m.seq, m.main_code, (SELECT MAX(value)
                            FROM TB_Sub s
                            WHERE s.sub_code = m.main_code) AS value
FROM TB_Main m
WHERE date BETWEEN '2020-01-01' AND '2020-01-07'
GO
```

· 실행 계획

Rows	Executes	StmtText
140	1	SELECT m.seq,m.main_code,(SELECT MAX(value) FROM TB_Sub s WHERE s.sub_code = m.main_code) AS value FROM TB_Main m WHERE date BETWEEN '2020-01-01' AND '2020-01-07'
0	0	|--Compute Scalar(DEFINE:([Expr1006]=[Expr1004]))
140	1	|--Nested Loops(INNER JOIN, OUTER REFERENCES:([m].[main_code]))
140	1	|--Clustered Index Seek(OBJECT:([Tuning].[dbo].[TB_Main].[CIDX_Main] AS [m]), SEEK:([m].[date] >= '2020-01-01 00:00:00.000' AND [m].[date] <= '2020-01-07 00:00:00.000') Ordered Forward)
140	140	|--Stream Aggregate(DEFINE:([Expr1004]=MAX([Tuning].[dbo].[TB_Sub].[value] as [s].[value])))
1400	140	|--Index Scan(OBJECT:([Tuning].[dbo].[TB_Sub].[NIDX01_Sub] AS [s]), WHERE:(CONVERT_IMPLICIT(uniqueidentifier,[Tuning].[dbo].[TB_Sub].[sub_code] as [s].[sub_code],0)=[Tuning].[dbo].[TB_Main].[main_code] as [m].[main_code]))

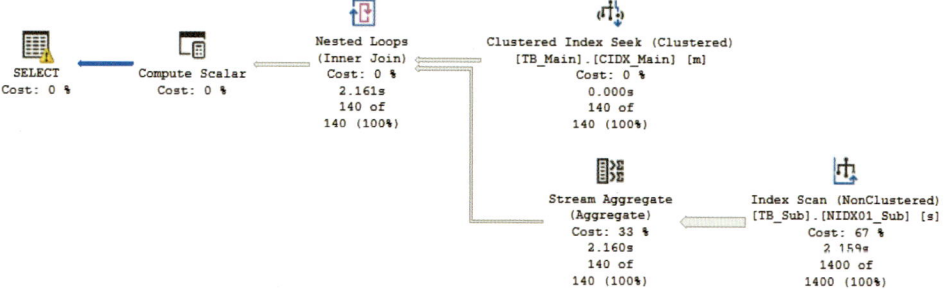

테이블 'TB_Sub'. 검색 수 140, 논리적 읽기 수 121100
테이블 'TB_Main'. 검색 수 1, 논리적 읽기 수 2
SQL Server 실행 시간:
CPU 시간 = 2531ms, 경과 시간 = 2678ms

3. [AS-IS] 통계 정보

· 인덱스 정보

Table_Name	Index_Name	Type_Desc	Is_Unique	Key_List	Include_List
TB_Main	CIDX_Main	CLUSTERED	0	date	-
TB_Sub	NIDX01_Sub	NONCLUSTERED	0	sub_code, value	-

· 데이터 타입 우선순위

우선순위	데이터 형식	우선순위	데이터 형식	우선순위	데이터 형식
1	sql_variant	11	decimal	21	image
2	xml	12	money	22	timestamp
3	datetimeoffset	13	smallmoney	23	uniqueidentifier
4	datetime2	14	bigint	24	nvarchar(nvarchar(max) 포함)
5	datetime	15	int	25	nchar
6	smalldatetime	16	smallint	26	varchar(varchar(max) 포함)
7	date	17	tinyint	27	char
8	time	18	bit	28	varbinary(varbinary(max) 포함)
9	float	19	ntext	29	binary(가장 낮음)
10	real	20	text	-	-

4. [AS-IS] 구문 설명

[TB_Main] 테이블의 [date] 컬럼이 '2020-01-01'부터 일주일간 해당되는 데이터를 서브 쿼리 [TB_Sub] 테이블에 조인하여 MAX(value) 값을 함께 출력하는 구문이다. 후행 테이블 [TB_Sub]에는 조인 조건에 해당하는 [sub_code] 컬럼과 Max 값을 찾아내기 위한 [value] 컬럼이 인덱스로 생성되어 있다. 후행 테이블에 인덱스가 존재함에도 인덱스 탐색을 하지 못하고 선행 테이블 결과 집합 140건에 대해 인덱스 전체 스캔을 반복하여 불필요한 I/O가 발생되는 현상이다.

5. [TO-BE] 튜닝 포인트

인덱스를 탐색하지 못하고 전체를 스캔하는 이유는 [sub_code] 컬럼에 CONVERT_IMPLICIT가 발생됐기 때문이다. 구문이 실행될 때 두 테이블을 조인하기 위해 조인 조건 컬럼의 데이터 타입을 동일한 형태로 변경하는데, [sub_code] (Nvarchar) 컬럼이 [main_code] (Uniqueidentifier) 컬럼보다 타입 우선순위가 낮기 때문에 [sub_code] 컬럼에 형 변환이 발생되는 것이다. 암시적 형 변환이 발생되지 않도록 [main_code] 컬럼의 데이터 타입을 명시적으로 변환하면 인덱스 탐색이 가능해지면서 I/O를 개선할 수 있다.

6. [TO-BE] 개선 방안

1) [main_code] 컬럼의 데이터 타입을 명시적으로 변경

[sub_code] 컬럼에 암시적 형 변환이 발생되지 않도록 [main_code] 컬럼을 Nvarchar 타입으로 명시적 변경한다. 인덱스를 통해 상위 1건의 데이터만을 탐색하는 비용만 발생하기 때문에 많은 I/O를 개선할 수 있다.

■ 변경된 SQL 구문

```sql
SELECT m.seq, m.main_code, (SELECT MAX(value)
                            FROM TB_Sub s
                            WHERE s.sub_code=CONVERT(NVARCHAR(50), m.main_code)
                            ) AS value
FROM TB_Main m
WHERE date BETWEEN '2020-01-01' AND '2020-01-07'
GO
```

· 실행 계획

Rows	Executes	StmtText
140	1	SELECT m.seq,m.main_code,(SELECT MAX(value) FROM TB_Sub s WHERE s.sub_code = CONVERT(NVARCHAR(50),m.main_code)) AS value FROM TB_Main m WHERE date BETWEEN '2020-01-01' AND '2020-01-07'
0	0	|--Compute Scalar(DEFINE:([Expr1006]=[Tuning].[dbo].[TB_Sub].[value] as [s].[value]))
140	1	|--Nested Loops(LEFT OUTER JOIN, OUTER REFERENCES:([Expr1007]))
0	0	|--Compute Scalar(DEFINE:([Expr1007]=CONVERT(nvarchar(50),[Tuning].[dbo].[TB_Main].[main_code] as [m].[main_code],0)))
140	1	| |--Clustered Index Seek(OBJECT:([Tuning].[dbo].[TB_Main].[CIDX_Main] AS [m]), SEEK:([m].[date] >= '2020-01-01 00:00:00.000' AND [m].[date] <= '2020-01-07 00:00:00.000') Ordered Forward)
140	140	|--Top(TOP EXPRESSION:((1)))
140	140	|--Index Seek(OBJECT:([Tuning].[dbo].[TB_Sub].[NIDX01_Sub] AS [s]), SEEK:([s].[sub_code]=[Expr1007]) ORDERED Backward)

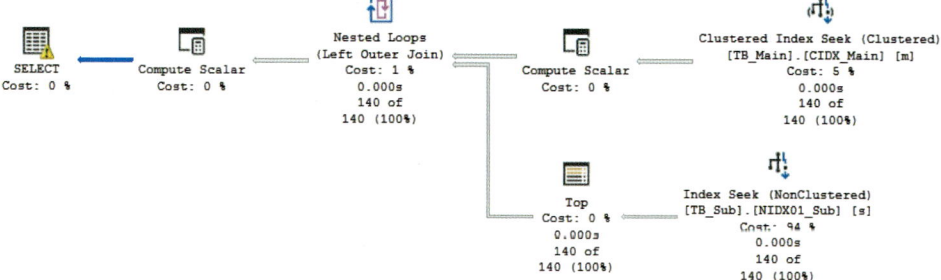

테이블 'TB_Sub'. 검색 수 140, 논리적 읽기 수 420
테이블 'TB_Main'. 검색 수 1, 논리적 읽기 수 2
SQL Server 실행 시간:
CPU 시간 = 0ms, 경과 시간 = 0ms

7. 개선 효과

· 리소스 사용률 비교

	CPU Time (ms)	Elapse Time (ms)	Logical Reads
AS-IS	2,531	2,678	121,102
TO-BE	0	0	422

48 함수를 이용한 문자열 분할 성능 개선

사용자 정의 함수(테이블 반환)를 사용하여 문자열 분할 시 성능 이슈 사례이다.

1. 사전 구성 스크립트

```sql
CREATE TABLE TB_SPLIT (Seq BIGINT, Code VARCHAR(100))

INSERT INTO TB_SPLIT
SELECT rownum, NEWID()
FROM (
    SELECT ROW_NUMBER() OVER (ORDER BY A.number) AS rownum, A.number
    FROM master..spt_values A
    JOIN master..spt_values B
    ON A.type = 'P' AND B.type = 'P' AND A.number <= 1000 AND B.number <= 100
) A

CREATE INDEX NIDX01_SPLIT ON TB_SPLIT(Code)
GO

/* 함수 생성문 */
CREATE FUNCTION [dbo].FN_SPLIT (
    @strList VARCHAR(MAX),
    @strDelimiter VARCHAR(10))
RETURNS @Array TABLE (Value varchar(4000))

BEGIN
IF @strList IS NULL RETURN

DECLARE @strLen int = LEN(@strList)
DECLARE @byLenDelimiter TINYINT

SET @byLenDelimiter = LEN(@strDelimiter)
SET @strList = @strList + @strDelimiter;

WITH WT_TRECT (RN, CUT, REMAIN) AS (
    SELECT 1 RN
        , SUBSTRING(@strList, 1, ABS(CHARINDEX (@strDelimiter, @strList) - 1)) AS CUT
        , SUBSTRING(@strList, LEN(SUBSTRING(@strList,1
        , ABS(CHARINDEX(@strDelimiter, @strList)-1)))+1+@byLenDelimiter, @strLen
        ) AS REMAIN
    UNION ALL
    SELECT RN + 1 AS RN
        , SUBSTRING(REMAIN, 1, ABS(CHARINDEX(@strDelimiter, REMAIN) - 1)) AS CUT
        , SUBSTRING(REMAIN, LEN(SUBSTRING(REMAIN, 1, ABS(CHARINDEX(@strDelimiter,
        REMAIN)-1)))+1+ @byLenDelimiter, @strLen) AS REMAIN
    FROM WT_TRECT
    WHERE CUT <> @strDelimiter AND LEN(REMAIN) > 0
)
INSERT INTO @Array SELECT CUT FROM WT_TRECT WHERE LEN(CUT) > 0 ORDER BY RN
OPTION (maxrecursion 0)
RETURN
END
GO
```

2. [AS-IS] SQL 구문 및 실행 계획

■ SQL 구문

```
SELECT Code, COUNT(*) AS Cnt
FROM TB_SPLIT A CROSS APPLY FN_SPLIT(A.Code, '-')
GROUP BY Code
GO
```

· 실행 계획

Rows	Executes	StmtText
101101	1	SELECT Code, COUNT(*) AS Cnt FROM TB_SPLIT A CROSS APPLY FN_SPLIT(A.Code, '-') GROUP BY Code
0	0	|--Compute Scalar(DEFINE:([Expr1004]=CONVERT_IMPLICIT(int,[globalagg1007],0)))
101101	1	|--Stream Aggregate(GROUP BY:([A].[Code]) DEFINE:([globalagg1007]=SUM([partialagg1006])))
101101	1	|--Stream Aggregate(GROUP BY:([A].[Code]) DEFINE:([partialagg1006]=Count(*)))
505505	1	|--Nested Loops(INNER JOIN, OUTER REFERENCES:([A].[Code]))
101101	1	|--Index Scan(OBJECT:([Tuning].[dbo].[TB_SPLIT].[NIDX01_SPLIT] AS [A]), Ordered Forward)
505505	101101	|--Table-valued function(OBJECT:([Tuning].[dbo].[FN_SPLIT]))

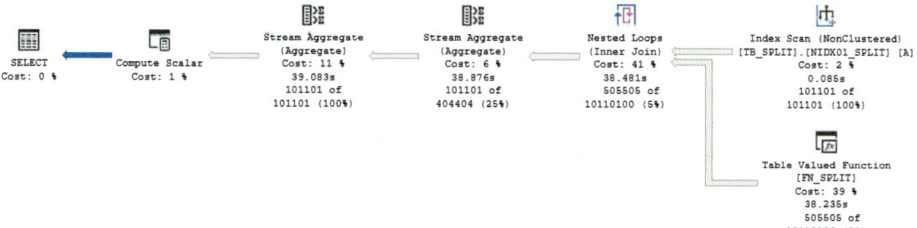

```
테이블 '#BB685E46'. 스캔 수 101101, 논리적 읽기 101101
테이블 'TB_SPLIT'. 스캔 수 1, 논리적 읽기 687
SQL Server 실행 시간:
CPU 시간 = 171515ms, 경과 시간 = 750824ms
```

· SQL 구문 (Profiler)

EventClass	TextData	CPU	Duration	Reads	RowCounts
SP:StmtCompleted	RETURN	0	0	0	0
SQL:BatchCompleted	SELECT Code, COUNT(*) AS Cnt FROM TB_SPL...	171515	750832	6168368	909909

```
SELECT Code, COUNT(*) AS Cnt
FROM TB_SPLIT A CROSS APPLY FN_SPLIT(A.Code, '-')
GROUP BY Code
```

3. [AS-IS] 통계 정보

· 인덱스 정보

Table_Name	Index_Name	Type_Desc	Is_Unique	Key_List	Include_List
TB_SPLIT	NIDX01_SPLIT	NONCLUSTERED	0	Code	-

4. [AS-IS] 구문 설명

[TB_SPLIT] 테이블을 [FN_SPLIT] 함수에 조인하여 반환되는 행 집합을 [Code] 값 별로 집계하여 행 수를 출력하는 구문이다. [FN_SPLIT] 함수는 입력되는 문자열을 특정 문자 기준으로 잘라내어 다중 행으로 반환하도록 재귀 질의로 작성되어 있다. [TB_SPLIT] 테이블 약 10만 건의 데이터에 대해 [FN_SPLIT] 함수를 반복하여 호출하고, 각 행마다 [FN_SPLIT] 함수 내에서 재귀 호출되면서 많은 I/O를 사용한다.

5. [TO-BE] 튜닝 포인트

[FN_SPLIT] 함수는 재귀 호출하면서 잘라내기 때문에 입력받은 문자열을 반복하여 읽어내면서 오랜 시간이 소요된다. SQL Server 2016 이상의 버전에서는 문자열을 적은 비용으로 처리할 수 있도록 시스템 함수가 제공되는데 구분 기호 문자가 단일 문자라면 시스템 함수를 사용하는 것으로 구문 변경을 고려할 수 있다.

6. [TO-BE] 개선 방안

1) STRING_SPLIT() 함수 사용으로 구문을 변경

사용자 정의 함수 대신 STRING_SPLIT() 시스템 함수를 사용하는 구문으로 변경하여 재귀 호출에 의한 비용을 개선한다.

■ 변경된 SQL 구문

```sql
SELECT Code, COUNT(*) AS Cnt
FROM TB_SPLIT A CROSS APPLY STRING_SPLIT(A.Code, '-')
GROUP BY Code
GO
```

· 실행 계획

Rows	Executes	StmtText
101101	1	SELECT Code, COUNT(*) AS Cnt FROM TB_SPLIT A CROSS APPLY STRING_SPLIT(a.Code, '-') GROUP BY Code
0	0	|--Compute Scalar(DEFINE:([Expr1002]=CONVERT_IMPLICIT(int,[globalagg1004],0)))
101101	1	|--Parallelism(Gather Streams)
101101	4	|--Stream Aggregate(GROUP BY:([A].[Code]) DEFINE:([globalagg1004]=SUM([partialagg1003])))
101101	4	|--Parallelism(Repartition Streams, Hash Partitioning, PARTITION COLUMNS:([A].[Code]), ORDER BY:([A].[Code] ASC))
101101	4	|--Stream Aggregate(GROUP BY:([A].[Code]) DEFINE:([partialagg1003]=Count(*)))
505505	4	|--Nested Loops(INNER JOIN, OUTER REFERENCES:([A].[Code]))
101101	4	|--Index Scan(OBJECT:([Tuning].[dbo].[TB_SPLIT].[NIDX01_SPLIT] AS [A]), Ordered Forward)
505505	101101	|--Table-valued function

```
테이블 'TB_SPLIT'. 스캔 수 5, 논리적 읽기 727
SQL Server 실행 시간:
CPU 시간 = 1547ms, 경과 시간 = 1610ms
```

· **SQL 구문 (Profiler)**

EventClass	TextData	CPU	Duration	Reads	RowCounts
ShowPlan XML	<ShowPlanXML xmlns="http://schemas.microsoft...				
SQL:BatchCompleted	SELECT Code, COUNT(*) AS Cnt FROM TB_SPLIT ...	2046	1187	724	101101

```
SELECT Code, COUNT(*) AS Cnt
FROM TB_SPLIT A CROSS APPLY STRING_SPLIT(A.Code, '-')
GROUP BY Code
```

7. 개선 효과

· **리소스 사용률 비교**

	CPU Time (ms)	Elapse Time (ms)	Logical Reads
AS-IS	171,515	750,824	6,168,368
TO-BE	2,046	1,187	724

49 스캔 범위에 따른 블로킹 이슈 - 1

두 세션이 서로 다른 행을 참조함에도 클러스터 인덱스 전체 스캔으로 인해 대기가 발생되는 사례이다.

1. 사전 구성 스크립트

```sql
CREATE TABLE TB_LOCK01 (NO INT, EmpID CHAR(900), NAME CHAR(900))

INSERT INTO TB_LOCK01 (NO, EmpID, NAME) VALUES (1, 1001, 'Ken')
INSERT INTO TB_LOCK01 (NO, EmpID, NAME) VALUES (2, 1002, 'Terri')
INSERT INTO TB_LOCK01 (NO, EmpID, NAME) VALUES (3, 1003, 'Roberto')
INSERT INTO TB_LOCK01 (NO, EmpID, NAME) VALUES (4, 1004, 'Rob')
INSERT INTO TB_LOCK01 (NO, EmpID, NAME) VALUES (5, 1101, 'Jossef')
INSERT INTO TB_LOCK01 (NO, EmpID, NAME) VALUES (6, 1102, 'Brian')
INSERT INTO TB_LOCK01 (NO, EmpID, NAME) VALUES (7, 1103, 'Michael')
INSERT INTO TB_LOCK01 (NO, EmpID, NAME) VALUES (8, 1104, 'Sharon')
INSERT INTO TB_LOCK01 (NO, EmpID, NAME) VALUES (9, 1201, 'David')
INSERT INTO TB_LOCK01 (NO, EmpID, NAME) VALUES (10, 1202, 'Kevin')
INSERT INTO TB_LOCK01 (NO, EmpID, NAME) VALUES (11, 1203, 'John')
INSERT INTO TB_LOCK01 (NO, EmpID, NAME) VALUES (12, 1204, 'Mary')

CREATE CLUSTERED INDEX CIDX_LOCK01 ON TB_LOCK01(EmpID)
CREATE INDEX NIDX01_LOCK01 ON TB_LOCK01(NO)
GO
```

2. [AS-IS] SQL 구문 및 실행 계획

- **SQL 구문**

<Session 54>	<Session 55>
BEGIN TRAN UPDATE TB_LOCK01 SET EmpID = '1501' FROM TB_LOCK01 WHERE EmpID = '1201'	SELECT NO, EmpID, NAME FROM TB_LOCK01 WHERE NO = 8

- **실행 계획**

<Session 54>

Rows	Executes	StmtText
1	1	UPDATE TB_LOCK01 SET EmpID = '1501' FROM TB_LOCK01 WHERE EmpID = '1201'
1	1	|--Clustered Index Update(OBJECT:([Tuning].[dbo].[TB_LOCK01].[CIDX_LOCK01]), OBJECT:([Tuning].[dbo].[TB_LOCK01].[NIDX01_LOCK01]), SET:([Tuning].[dbo].[TB_LOCK01].[EmpID] = [Expr1003]), DEFINE:([Expr1003]='1501'), WHERE:([Tuning].[dbo].[TB_LOCK01].[EmpID]='1201'))

테이블 'TB_LOCK01'. 스캔 수 1, 논리적 읽기 16

3. [AS-IS] 통계 및 Lock 정보

· 인덱스 정보

Table_Name	Index_Name	Type_Desc	Is_Unique	Key_List	Include_List
TB_LOCK01	CIDX_LOCK01	CLUSTERED	0	EmpID	-
TB_LOCK01	NIDX01_LOCK01	NONCLUSTERED	0	NO	-

· Lock 정보

spid	dbid	ObjId	IndId	Type	Resource	Mode	Status
54	25	0	0	DB		S	GRANT
54	25	1013578649	1	PAG	1:281	IX	GRANT
54	25	1013578649	1	PAG	1:280	IX	GRANT
54	25	1013578649	1	PAG	1:377	IX	GRANT
54	25	1013578649	1	KEY	(a52240a4b25f)	X	GRANT
54	25	1013578649	2	PAG	1:8480	IX	GRANT
54	25	1013578649	2	KEY	(9c4e8c5a017f)	X	GRANT
54	25	1013578649	0	TAB		IX	GRANT
54	25	1013578649	1	KEY	(ffaa72d2deb7)	X	GRANT
54	25	1013578649	2	KEY	(c6c6be2c6d97)	X	GRANT
55	25	0	0	DB		S	GRANT
55	25	1013578649	1	PAG	1:281	IS	GRANT
55	25	1013578649	1	KEY	(a52240a4b25f)	S	WAIT
55	25	1013578649	0	TAB		IS	GRANT

4. [AS-IS] 구문 설명

Session 54에서는 [EmpID] 컬럼이 1201인 데이터를 1501로 업데이트하는 구문이며, Session 55에서는 [NO] 컬럼이 8인 데이터의 [NO], [EmpID], [NAME] 컬럼을 조회하는 구문이다. 선행되는 Session 54에서 업데이트 구문에 의해 [EmpID] 컬럼이 1201인 데이터를 대상으로 배타 잠금(X)을 획득하게 되고 이후에 Session 55에서 조회할 때 공유 잠금(S)을 획득하기 위해 대기가 발생한다. 서로 다른 행을 참조하는데도 대기가 발생되는 이유는 Session 55에서 [NO] 컬럼에 인덱스가 존재함에도 [NAME] 컬럼에 의한 Key Lookup의 비용을 고려하여 클러스터 인덱스를 전체 스캔했기 때문이다.

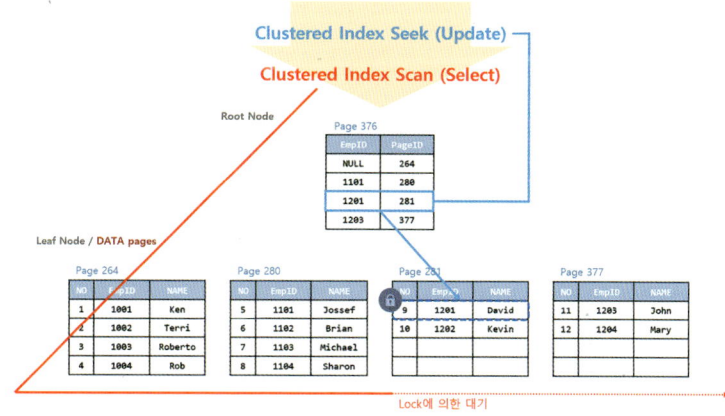

5. [TO-BE] 튜닝 포인트

다음 구문을 개선하기 위해 두 가지 방안을 고려할 수 있다.

첫째, 포괄 열이 있는 인덱스를 생성하여 클러스터 인덱스에 액세스하지 않도록 한다.

둘째, WITH(NOLOCK) 힌트를 명시한다.

첫 번째 방법은 인덱스의 포괄 열에 [NAME] 컬럼을 추가하여 클러스터 인덱스에 액세스하지 않고 비 클러스터 인덱스만을 액세스하여 블로킹을 방지하는 방법이다.

두 번째 방법은 SELECT 절에 WITH(NOLOCK) 힌트를 추가해 COMMIT 되지 않은 데이터를 읽도록 하여 블로킹을 방지하는 방법이다.

6. [TO-BE] 개선 방안

1) 포괄 열이 있는 인덱스를 생성하여 클러스터 인덱스에 액세스하지 않도록 한다.

인덱스의 포괄 열에 [NAME] 컬럼을 추가하면 Session 55가 비 클러스터 인덱스만 액세스하기 때문에 Session 54와 서로 다른 인덱스를 참조하게 되어 블로킹을 방지할 수 있다.

■ **인덱스 생성 구문**

```sql
CREATE INDEX NIDX02_LOCK01 ON TB_LOCK01(NO) INCLUDE(NAME)
GO
```

· **SQL 구문**

<Session 54>	<Session 55>
BEGIN TRAN UPDATE TB_LOCK01 SET EmpID = '1501' FROM TB_LOCK01 WHERE EmpID = '1201'	SELECT NO, EmpID, NAME FROM TB_LOCK01 WHERE NO = 8

· **Lock 정보**

spid	dbid	ObjId	IndId	Type	Resource	Mode	Status
54	25	0	0	DB		S	GRANT
54	25	1029578706	1	PAG	1:281	IX	GRANT
54	25	1029578706	1	PAG	1:280	IX	GRANT
54	25	1029578706	3	PAG	1:353	IX	GRANT
54	25	1029578706	1	PAG	1:377	IX	GRANT
54	25	1029578706	3	PAG	1:433	IX	GRANT
54	25	1029578706	1	KEY	(a52240a4b25f)	X	GRANT
54	25	1029578706	2	PAG	1:8480	IX	GRANT
54	25	1029578706	2	KEY	(9c4e8c5a017f)	X	GRANT
54	25	1029578706	3	KEY	(9c4e8c5a017f)	X	GRANT
54	25	1029578706	1	KEY	(ffaa72d2deb7)	X	GRANT
54	25	1029578706	0	TAB		IX	GRANT
54	25	1029578706	3	KEY	(c6c6be2c6d97)	X	GRANT
54	25	1029578706	2	KEY	(c6c6be2c6d97)	X	GRANT
55	25	0	0	DB		S	GRANT

· **실행 계획**

<Session 54>

Rows	Executes	StmtText
1	1	UPDATE A SET NUM = 9 FROM TB_LOCK01 A WHERE NUM=10
1	1	|--Clustered Index Update(OBJECT:([Tuning].[dbo].[TB_LOCK01].[CIDX_LOCK01] AS [A]), OBJECT:([Tuning].[dbo].[TB_LOCK01].[NIDX01_LOCK01] AS [A]), SET:([Tuning].[dbo].[TB_LOCK01].[NUM] as [A].[NUM] = [Expr1002]), DEFINE:([Expr1002]=(9)), WHERE:([Tuning].[dbo].[TB_LOCK01].[NUM]=(10)))

테이블 'TB_LOCK01'. 스캔 수 1, 논리적 읽기 19

<Session 55>

Rows	Executes	StmtText
1	1	SELECT [NO],[TXT] FROM [TB_LOCK01] WHERE [NO]=@1
1	1	|--Index Seek(OBJECT:([Tuning].[dbo].[TB_LOCK01].[NIDX02_LOCK01]), SEEK:([Tuning].[dbo].[TB_LOCK01].[NO]=CONVERT_IMPLICIT(int,[@1],0)) Ordered Forward)

테이블 'TB_LOCK01'. 스캔 수 1, 논리적 읽기 3

2) WITH(NOLOCK) 힌트를 명시한다.

Session 55에 WITH(NOLOCK) 힌트를 명시하면 아직 COMMIT 되지 않은 데이터를 읽을 수 있도록 허용하기 때문에 Session 54의 업데이트 작업과 관계없이 블로킹을 방지할 수 있다.

· **HINT가 적용된 SQL 구문**

<Session 54>	<Session 55>
BEGIN TRAN UPDATE TB_LOCK01 SET EmpID = '1501' FROM TB_LOCK01 WHERE EmpID = '1201'	SELECT NO, EmpID, NAME FROM TB_LOCK01 WITH(NOLOCK) WHERE NO = 8

· **Lock 정보**

spid	dbid	ObjId	IndId	Type	Resource	Mode	Status
54	25	0	0	DB		S	GRANT
54	25	1013578649	1	PAG	1:281	IX	GRANT
54	25	1013578649	1	PAG	1:280	IX	GRANT
54	25	1013578649	1	PAG	1:377	IX	GRANT
54	25	1013578649	1	KEY	(a52240a4b25f)	X	GRANT
54	25	1013578649	2	PAG	1:8480	IX	GRANT
54	25	1013578649	2	KEY	(9c4e8c5a017f)	X	GRANT
54	25	1013578649	0	TAB		IX	GRANT
54	25	1013578649	1	KEY	(ffaa72d2deb7)	X	GRANT
54	25	1013578649	2	KEY	(c6c6be2c6d97)	X	GRANT
55	25	0	0	DB		S	GRANT

· **실행 계획**

<Session 54>

Rows	Executes	StmtText
1	1	UPDATE TB_LOCK01 SET EmpID = '1501' FROM TB_LOCK01 WHERE EmpID = '1201'
1	1	|--Clustered Index Update(OBJECT:([Tuning].[dbo].[TB_LOCK01].[CIDX_LOCK01]), OBJECT:([Tuning].[dbo].[TB_LOCK01].[NIDX01_LOCK01]), SET:([Tuning].[dbo].[TB_LOCK01].[EmpID] = [Expr1003]), DEFINE:([Expr1003]='1501'), WHERE:([Tuning].[dbo].[TB_LOCK01].[EmpID]='1201'))

테이블 'TB_LOCK01'. 스캔 수 1, 논리적 읽기 16

<Session 55>

Rows	Executes	StmtText
1	1	SELECT [NO],[EmpID],[NAME] FROM [TB_LOCK01] WITH(nolock) WHERE [NO]=@1
1	1	|--Clustered Index Scan(OBJECT:([Tuning].[dbo].[TB_LOCK01].[CIDX_LOCK01]), WHERE:([Tuning].[dbo].[TB_LOCK01].[NO]=(8)))

테이블 'TB_LOCK01'. 스캔 수 1, 논리적 읽기 6

50 스캔 범위에 따른 블로킹 이슈 - 2

두 세션이 서로 다른 행을 참조함에도 테이블 전체 스캔으로 인해 대기가 발생되는 사례이다.

1. 사전 구성 스크립트

```sql
SELECT TOP 1000 NO, DATEADD (DD,NO,'20200101') AS DATE
INTO TB_FLock
FROM (SELECT ROW_NUMBER () OVER (ORDER BY A.number) AS NO
       FROM master..spt_values A, (SELECT number
                                   FROM master..spt_values B
                                   WHERE type = 'P' AND number <= 100) B
      WHERE A.type = 'P'
) A
GO
```

2. [AS-IS] SQL 구문 및 실행 계획

· **SQL 구문**

<Session 53>	<Session 54>
BEGIN TRAN UPDATE TB_FLock SET NO = 100 WHERE DATE = '2020-01-03 00:00:00.000'	BEGIN TRAN SELECT NO FROM TB_FLock WHERE DATE = '2020-01-05 00:00:00.000'

· **실행 계획**

<Session 53>

Rows	Executes	StmtText
1	1	UPDATE [TB_FLock] set [NO] = @1 WHERE [DATE]=@2
1	1	|--Table Update(OBJECT:([Tuning].[dbo].[TB_FLock]), SET:([Tuning].[dbo].[TB_FLock].[NO] = [Expr1003]))
0	0	|--Compute Scalar(DEFINE:([Expr1003]=CONVERT_IMPLICIT(bigint,[@1],0)))
1	1	|--Table Scan(OBJECT:([Tuning].[dbo].[TB_FLock]), WHERE:([Tuning].[dbo].[TB_FLock].[DATE] = CONVERT_IMPLICIT(datetime,[@2],0)) ORDERED)

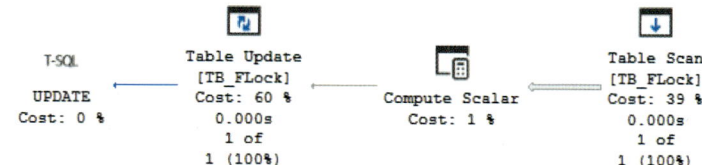

테이블 'TB_FLock'. 스캔 수 1, 논리적 읽기 4

3. [AS-IS] 통계 및 Lock 정보

· **인덱스 없음**

· **Lock 정보**

spid	dbid	ObjId	IndId	Type	Resource	Mode	Status
53	6	0	0	DB		S	GRANT
53	6	2.67E+08	0	PAG	1:155752	IX	GRANT
53	6	2.67E+08	0	RID	1:155752:1	X	GRANT
53	6	2.67E+08	0	TAB		IX	GRANT
54	6	2.67E+08	0	TAB		IS	GRANT
54	6	2.67E+08	0	RID	1:155752:1	S	WAIT
54	6	2.67E+08	0	PAG	1:155752	IS	GRANT
54	6	0	0	DB		S	GRANT

4. [AS-IS] 구문 설명

Session 53에서는 [DATE] 컬럼이 '2020-01-03 00:00:00.000' 인 데이터의 [NO] 컬럼을 100으로 업데이트하는 구문이며, Session 54에서는 [DATE] 컬럼이 '2020-01-05 00:00:00.000' 인 데이터의

[NO] 컬럼을 조회하는 구문이다. 선행되는 Session 53이 업데이트 구문을 수행하면서 조건에 해당되는 데이터에 배타 잠금(X)을 획득하게 되는데 이후에 Session 54가 업데이트 대상이 아닌 데이터를 조회함에도 공유 잠금(S)을 획득하기 위해 대기가 발생된다. 원인은 Session 54에서 데이터를 조회할 때 테이블 전체 스캔으로 수행되면서 Session 53이 배타 잠금을 획득하고 있는 행에 공유 잠금 획득을 시도하기 때문이다.

5. [TO-BE] 튜닝 포인트

다음 구문을 개선하기 위해 다음과 같은 방법을 고려할 수 있다.

첫째, 신규 인덱스 생성
둘째, READ_COMMITTED_SNAPSHOT 데이터베이스 옵션이 ON으로 설정된 READ COMMITTED 격리 수준 사용
셋째, WITH(NOLOCK) 힌트 사용
넷째, WITH(READPAST) 힌트 사용

첫 번째 방법은 [DATE] 컬럼을 키값으로 하는 신규 인덱스를 생성하는 방법이다. Session 54에서 데이터를 조회할 때 인덱스 탐색으로 수행하면 Session 53에서 업데이트 중인 행은 읽지 않기 때문에 블로킹을 방지할 수 있다.

두 번째 방법은 데이터베이스에 READ_COMMITTED_SNAPSHOT 옵션을 적용하여 업데이트된 행 버전이 유지 관리되도록 하는 방법이다. Session 53이 데이터를 변경 중이라도 Session 54에서 조회할 때 이전 버전의 행을 읽어내기 때문에 블로킹을 방지할 수 있다.

세 번째 방법은 SELECT 절에 WITH(NOLOCK) 힌트 사용으로 COMMIT 되지 않은 데이터를 읽도록 허용하여 블로킹을 방지하는 방법이다.

네 번째 방법은 SELECT 절에 WITH(READPAST) 힌트 사용으로 잠긴 행을 읽지 않도록 하여 블로킹을 방지하는 방법이다.

6. [TO-BE] 개선 방안

1) 신규 인덱스 생성

조건 절에 사용된 [DATE] 컬럼을 키값으로 인덱스를 생성하여 Session 54에서 조회 구문 수행 시 인덱스 탐색으로 필요한 데이터만 읽어내기 때문에 블로킹을 방지할 수 있다.

■ 인덱스 생성 구문

```
CREATE INDEX NIDX01_FLock ON TB_FLock(DATE)
GO
```

· **SQL 구문**

<Session 53>	<Session 54>
BEGIN TRAN UPDATE TB_FLock SET NO = 100 WHERE DATE = '2020-01-03 00:00:00.000'	BEGIN TRAN SELECT NO FROM TB_FLock WHERE DATE = '2020-01-05 00:00:00.000'

· **Lock 정보**

spid	dbid	ObjId	IndId	Type	Resource	Mode	Status
53	6	0	0	DB		S	GRANT
53	6	2.67E+08	0	TAB		IX	GRANT
53	6	2.67E+08	0	PAG	1:155752	IX	GRANT
53	6	2.67E+08	0	RID	1:155752:1	X	GRANT
54	6	0	0	DB		S	GRANT

· **실행 계획**

<Session 53>

Rows	Executes	StmtText
1	1	UPDATE [TB_FLock] set [NO] = @1 WHERE [DATE]=@2
1	1	|--Table Update(OBJECT:([Tuning].[dbo].[TB_FLock]), SET:([Tuning].[dbo].[TB_FLock].[NO] = [Expr1003]))
0	0	|--Compute Scalar(DEFINE:([Expr1003]=CONVERT_IMPLICIT(bigint,[@1],0)))
1	1	|--Index Seek(OBJECT:([Tuning].[dbo].[TB_FLock].[NIDX01_FLock]), SEEK:([Tuning].[dbo].[TB_FLock].[DATE]=CONVERT_IMPLICIT(datetime,[@2],0)) Ordered Forward)

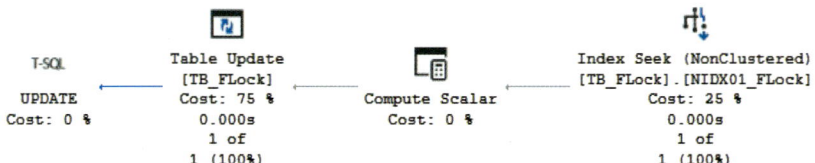

테이블 'TB_FLock'. 스캔 수 1, 논리적 읽기 3

<Session 54>

Rows	Executes	StmtText
1	1	SELECT [NO] FROM [TB_FLock] WHERE [DATE]=@1
1	1	|--Nested Loops(INNER JOIN, OUTER REFERENCES:([Bmk1000]))
1	1	|--Index Seek(OBJECT:([Tuning].[dbo].[TB_FLock].[NIDX01_FLock]), SEEK:([Tuning].[dbo].[TB_FLock].[DATE]='2020-01-05 00:00:00.000') Ordered Forward)
1	1	|--RID Lookup(OBJECT:([Tuning].[dbo].[TB_FLock]), SEEK:([Bmk1000]=[Bmk1000]) LOOKUP Ordered Forward)

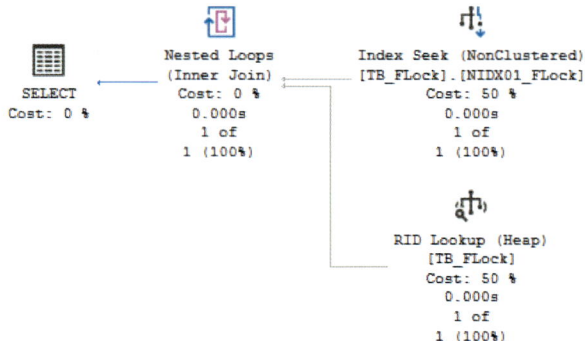

테이블 'TB_FLock'. 스캔 수 1, 논리적 읽기 3

2) READ_COMMITTED_SNAPSHOT 데이터베이스 옵션이 ON으로 설정된 READ COMMITTED 격리 수준 사용

READ_COMMITTED_SNAPSHOT 데이터베이스 옵션 활성화로 업데이트 중인 행의 이전 버전 데이터를 참조하도록 하여 블로킹을 방지할 수 있다.

■ 인덱스 삭제

```
DROP INDEX NIDX01_FLock ON TB_Flock --TOBE(1)에서 생성한 인덱스 삭제
GO
```

■ READ_COMMITTED_SNAPSHOT 옵션 활성화

```
-- READ_COMMITTED_SNAPSHOT 옵션 활성화
ALTER DATABASE Tuning SET READ_COMMITTED_SNAPSHOT ON
SET TRANSACTION ISOLATION LEVEL READ COMMITTED
GO
```

· SQL 구문

<Session 53>	<Session 54>
BEGIN TRAN UPDATE TB_FLock SET NO = 100 WHERE DATE = '2020-01-03 00:00:00.000'	BEGIN TRAN SELECT NO FROM TB_FLock WHERE DATE = '2020-01-05 00:00:00.000'

· Lock 정보

spid	dbid	ObjId	IndId	Type	Resource	Mode	Status
53	6	0	0	DB		S	GRANT
53	6	2.67E+08	0	TAB		IX	GRANT
53	6	2.67E+08	0	PAG	1:155752	IX	GRANT
53	6	2.67E+08	0	RID	1:155752:1	X	GRANT
54	6	0	0	DB		S	GRANT

- **실행 계획**

  <Session 53>

Rows	Executes	StmtText
1	1	UPDATE [TB_FLock] set [NO]=@1 WHERE [DATE]=@2
1	1	|--Table Update(OBJECT:([Tuning].[dbo].[TB_FLock]), SET:([Tuning].[dbo].[TB_FLock].[NO] = [Expr1003]))
0	0	|--Compute Scalar(DEFINE:([Expr1003]=CONVERT_IMPLICIT(bigint,[@1],0)))
1	1	|--Table Scan(OBJECT:([Tuning].[dbo].[TB_FLock]), WHERE:([Tuning].[dbo].[TB_FLock].[DATE]=CONVERT_IMPLICIT(datetime,[@2],0)) ORDERED)

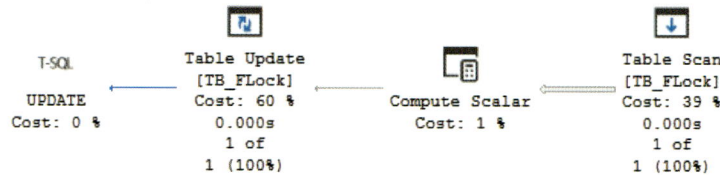

  테이블 'TB_FLock'. 스캔 수 1, 논리적 읽기 4

  <Session 54>

Rows	Executes	StmtText
1	1	SELECT [NO] FROM [TB_FLock] WHERE [DATE]=@1
1	1	|--Table Scan(OBJECT:([Tuning].[dbo].[TB_FLock]), WHERE:([Tuning].[dbo].[TB_FLock].[DATE]=CONVERT_IMPLICIT(datetime,[@1],0)))

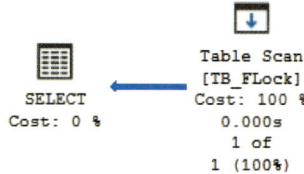

  테이블 'TB_FLock'. 스캔 수 1, 논리적 읽기 4

3) WITH (NOLOCK) 힌트 사용

Session 54에 WITH(NOLOCK) 힌트를 적용하면 COMMIT 되지 않은 데이터를 읽도록 허용하기 때문에 Session 53의 업데이트 작업과 관계없이 블로킹을 방지할 수 있다.

■ READ_COMMITTED_SNAPSHOT 옵션 비활성화

```
-- READ_COMMITTED_SNAPSHOT 옵션 비활성화
ALTER DATABASE Tuning SET READ_COMMITTED_SNAPSHOT OFF
GO
```

· **HINT가 적용된 SQL 구문**

<Session 53>	<Session 54>
BEGIN TRAN UPDATE TB_FLock SET NO = 100 WHERE DATE = '2020-01-03 00:00:00.000'	BEGIN TRAN SELECT NO FROM TB_FLock WITH(NOLOCK) WHERE DATE = '2020-01-05 00:00:00.000'

· **Lock 정보**

spid	dbid	ObjId	IndId	Type	Resource	Mode	Status
53	6	0	0	DB		S	GRANT
53	6	2.67E+08	0	TAB		IX	GRANT
53	6	2.67E+08	0	PAG	1:155752	IX	GRANT
53	6	2.67E+08	0	RID	1:155752:1	X	GRANT
54	6	0	0	DB		S	GRANT

· **실행 계획**

<Session 53>

Rows	Executes	StmtText
1	1	UPDATE [TB_FLock] set [NO]=@1 WHERE [DATE]=@2
1	1	|--Table Update(OBJECT:([Tuning].[dbo].[TB_FLock]), SET:([Tuning].[dbo].[TB_FLock].[NO] = [Expr1003]))
0	0	|--Compute Scalar(DEFINE:([Expr1003]=CONVERT_IMPLICIT(bigint,[@1],0)))
1	1	|--Table Scan(OBJECT:([Tuning].[dbo].[TB_FLock]), WHERE:([Tuning].[dbo].[TB_FLock].[DATE]=CONVERT_IMPLICIT(datetime,[@2],0)) ORDERED)

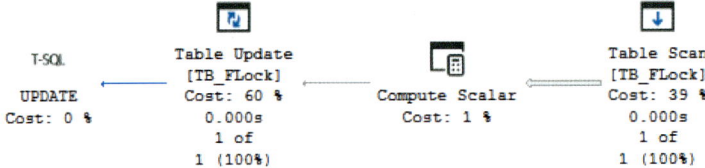

테이블 'TB_FLock'. 스캔 수 1, 논리적 읽기 4

<Session 54>

Rows	Executes	StmtText
1	1	SELECT [NO] FROM [TB_FLock] WITH(nolock) WHERE [DATE]=@1
1	1	|--Table Scan(OBJECT:([Tuning].[dbo].[TB_FLock]), WHERE:([Tuning].[dbo].[TB_FLock].[DATE]=CONVERT_IMPLICIT(datetime,[@1],0)))

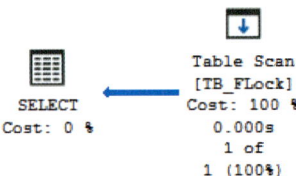

테이블 'TB_FLock'. 스캔 수 1, 논리적 읽기 4

4) WITH (READPAST) 힌트 사용

Session 54에 WITH(READPAST) 힌트를 적용하면 다른 트랜잭션에 의해 잠긴 행은 읽지 않기 때문에 블로킹을 방지할 수 있다.

· HINT가 적용된 SQL 구문

<Session 53>	<Session 54>
BEGIN TRAN UPDATE TB_FLock SET NO = 100 WHERE DATE = '2020-01-03 00:00:00.000'	BEGIN TRAN SELECT NO FROM TB_FLock WITH(READPAST) WHERE DATE = '2020-01-05 00:00:00.000'

· Lock 정보

spid	dbid	ObjId	IndId	Type	Resource	Mode	Status
53	6	0	0	DB		S	GRANT
53	6	2.67E+08	0	TAB		IX	GRANT
53	6	2.67E+08	0	PAG	1:155752	IX	GRANT
53	6	2.67E+08	0	RID	1:155752:1	X	GRANT
54	6	0	0	DB		S	GRANT

· 실행 계획

<Session 53>

Rows	Executes	StmtText
1	1	UPDATE [TB_FLock] set [NO] = @1 WHERE [DATE]=@2
1	1	|--Table Update(OBJECT:([Tuning].[dbo].[TB_FLock]), SET:([Tuning].[dbo].[TB_FLock].[NO] = [Expr1003]))
0	0	|--Compute Scalar(DEFINE:([Expr1003]=CONVERT_IMPLICIT(bigint,[@1],0)))
1	1	|--Table Scan(OBJECT:([Tuning].[dbo].[TB_FLock]), WHERE:([Tuning].[dbo].[TB_FLock].[DATE]=CONVERT_IMPLICIT(datetime,[@2],0)) ORDERED)

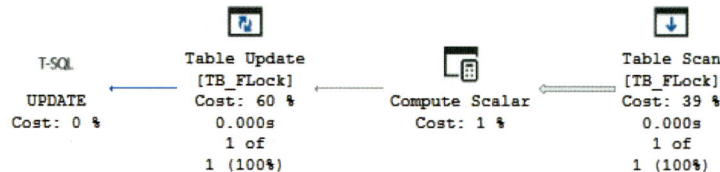

테이블 'TB_FLock'. 스캔 수 1, 논리적 읽기 4

<Session 54>

Rows	Executes	StmtText
1	1	SELECT [NO] FROM [TB_FLock] WITH(readpast) WHERE [DATE]=@1
1	1	|--Table Scan(OBJECT:([Tuning].[dbo].[TB_FLock]), WHERE:([Tuning].[dbo].[TB_FLock].[DATE]=CONVERT_IMPLICIT(datetime,[@1],0)))

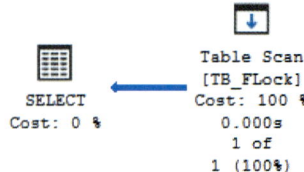

테이블 'TB_FLock'. 스캔 수 1, 논리적 읽기 4

51 DEADLOCK 이슈 - 1

동일 테이블에 대해 SELECT와 UPDATE가 수행되면서 나타나는 DeadLock 사례이다.

1. 사전 구성 스크립트

```sql
SELECT ROW_NUMBER() OVER(ORDER BY B.number) AS NO
     , RAND() * 100 AS NUM, GETDATE() AS DATE
INTO TB_DLock
FROM master..spt_values A, (SELECT number
                            FROM master..spt_values
                            WHERE type = 'P' AND number < 5) B
WHERE A.type = 'P'

CREATE CLUSTERED INDEX CIDX_DLock ON TB_DLock(DATE)
CREATE INDEX NIDX01_DLock ON TB_DLock(NO)
GO
```

2. [AS-IS] SQL 구문 및 실행 계획

· SQL 구문

<Session 54>	<Session 55>

`SET TRANSACTION`
`ISOLATION LEVEL REPEATABLE READ`
 	
`DECLARE @A INT, @B INT, @C DATETIME`
`WHILE 1=1`
`BEGIN`
  `SELECT @A = NO,@B = NUM,@C = DATE`
  `FROM TB_DLOCK`
  `WHERE NO = 7412`
`END`
`GO`
	`WHILE 1 = 1`
	`BEGIN`
	  `UPDATE TB_DLock`
	  `SET DATE = GETDATE()`
	  `WHERE NO = 7412`
	`END`
	`GO`

- **실행 계획**

  <Session 54>

Rows	Executes	StmtText
1	1	SELECT @A=NO, @B=NUM, @C=DATE FROM TB_DLOCK WHERE NO=7412
0	0	|--Compute Scalar(DEFINE:([Expr1003]=CONVERT_IMPLICIT(int,[Tuning].[dbo].[TB_DLock].[NO],0), [Expr1004]=CONVERT_IMPLICIT(int,[Tuning].[dbo].[TB_DLock].[NUM],0)))
1	1	|--Nested Loops(INNER JOIN, OUTER REFERENCES:([Uniq1001], [Tuning].[dbo].[TB_DLock].[DATE]))
1	1	|--Index Seek(OBJECT:([Tuning].[dbo].[TB_DLock].[NIDX01_DLock]), SEEK:([Tuning].[dbo].[TB_DLock].[NO]=(7412)) Ordered Forward)
1	1	|--Clustered Index Seek(OBJECT:([Tuning].[dbo].[TB_DLock].[CIDX_DLock]), SEEK:([Tuning].[dbo].[TB_DLock].[DATE]=[Tuning].[dbo].[TB_DLock].[DATE] AND [Uniq1001]=[Uniq1001]) LOOKUP Ordered Forward)

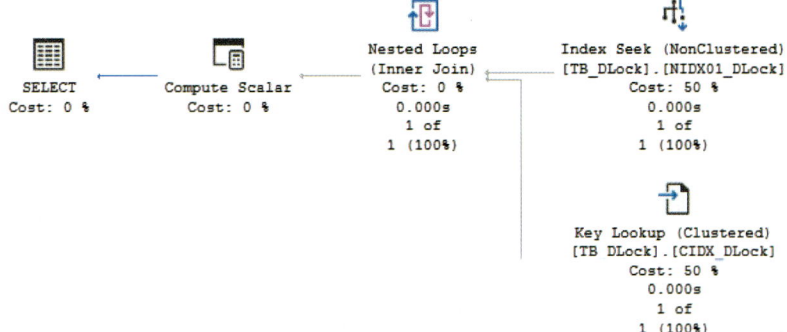

테이블 'TB_DLock'. 검색 수 1, 논리적 읽기 수 5

메시지 1205, 수준 13, 상태 51, 줄 77
트랜잭션(프로세스 ID 54)이 잠금 리소스에서 다른 프로세스와의 교착 상태가 발생하여 실행이 중지되었습니다. 트랜잭션을 다시 실행하십시오.

<Session 55>

Rows	Executes	StmtText
1	1	UPDATE [TB_DLock] set [DATE]=getdate() WHERE [NO]=@1
1	1	|--Clustered Index Update(OBJECT:([Tuning].[dbo].[TB_DLock].[CIDX_DLock]), OBJECT:([Tuning].[dbo].[TB_DLock].[NIDX01_DLock]), SET:([Tuning].[dbo].[TB_DLock].[DATE] = RaiseIfNullUpdate([Expr1003])))
0	0	|--Compute Scalar(DEFINE:([Expr1003]=getdate()))
1	1	|--Table Spool
1	1	|--Index Seek(OBJECT:([Tuning].[dbo].[TB_DLock].[NIDX01_DLock]), SEEK:([Tuning].[dbo].[TB_DLock].[NO]=(7412)) Ordered Forward)

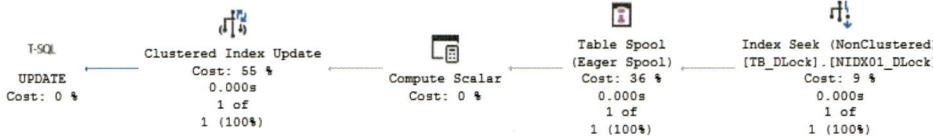

테이블 'TB_DLock'. 검색 수 1, 논리적 읽기 수 12
테이블 'Worktable'. 검색 수 1, 논리적 읽기 수 5

3. [AS-IS] 통계 정보

- 인덱스 정보

Table_Name	Index_Name	Type_Desc	Is_Unique	Key_List	Include_List
TB_DLock	CIDX_DLock	CLUSTERED	0	DATE	-
TB_DLock	NIDX01_DLock	NONCLUSTERED	0	NO	-

- Lock 정보

spid	dbid	ObjId	IndId	Type	Resource	Mode	Status
54	6	1.43E+08	2	KEY	(b7c98bb69a76)	S	GRANT
54	6	0	0	DB		S	GRANT
54	6	1.43E+08	0	TAB		IS	GRANT
54	6	1.43E+08	1	KEY	(d55bfb1ffdac)	S	WAIT
54	6	1.43E+08	1	PAG	1:127419	IS	GRANT
55	6	1.43E+08	1	PAG	1:127419	IX	GRANT
55	6	1.43E+08	2	PAG	1:112019	IX	GRANT
55	6	1.43E+08	2	PAG	1:112031	IU	GRANT
55	6	1.43E+08	1	KEY	(a37c6842c588)	X	GRANT
55	6	1.43E+08	1	KEY	(d55bfb1ffdac)	X	GRANT
55	6	1.43E+08	0	TAB		IX	GRANT
55	6	1.43E+08	2	KEY	(b7c98bb69a76)	X	CNVT
55	6	1.43E+08	2	KEY	(b7c98bb69a76)	U	GRANT
55	6	0	0	DB		S	GRANT

4. [AS-IS] 구문 설명

Session 54에서는 REPEATABLE READ 격리 수준으로 [NO] 컬럼이 7412인 데이터를 반복적으로 조회하는 구문이며, Session 55에서는 [NO] 컬럼이 7412인 데이터의 [DATE] 컬럼을 반복적으로 업데이트하는 구문이다. Session 54에서 비 클러스터 인덱스 탐색을 하면서 [NO] 컬럼이 7412인 데이터를 대상으로 공유 잠금(S)을 획득하게 되고 [NUM] 컬럼을 조회하기 위해 클러스터 인덱스에 Key Lookup이 발생하면서 공유 잠금 획득을 시도한다.

Session 55에서는 [NO] 컬럼이 7412인 데이터를 대상으로 업데이트를 하기 위해 클러스터 인덱스 키에 배타 잠금(X)을 획득하게 되고 관련된 비 클러스터 인덱스에 배타 잠금(X) 획득을 시도한다. 두 구문이 반복되면서 Session 54에서는 Session 55의 클러스터 인덱스 키 배타 잠금으로 인해, Session 55는 Session 54의 비 클러스터 인덱스 공유 잠금으로 인해 서로 대기하게 되면서 교착 상태가 발생하게 된다.

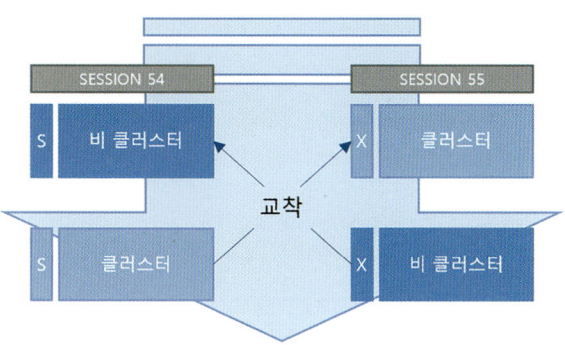

5. [TO-BE] 튜닝 포인트

Session 54에서 비 클러스터 인덱스 탐색 후 Key Lookup으로 인해 클러스터 인덱스를 참조하는 과정을 생략할 수 있다면 두 세션이 교착되는 것을 방지할 수 있다. Key Lookup이 발생되지 않도록 [NUM] 컬럼을 비 클러스터 인덱스에 포괄 열로 포함하여 클러스터 인덱스를 읽어내지 않도록 한다.

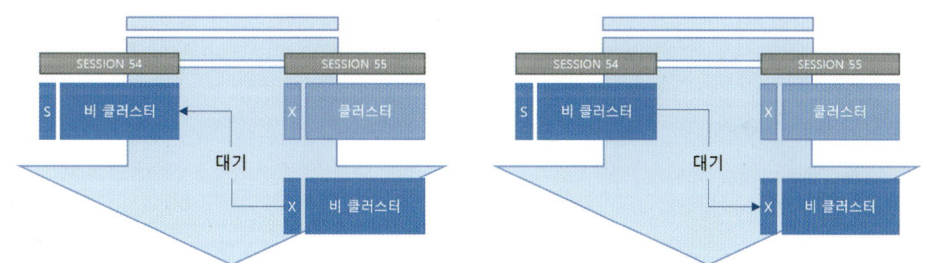

6. [TO-BE] 개선 방안

[NUM] 컬럼을 포괄 열로 하는 인덱스를 생성하고 Session 54에서 SELECT 구문을 수행할 때 해당 인덱스를 사용하면 Key Lookup에 의해 클러스터 인덱스를 참조하지 않기 때문에 Session 55와 교착 상태가 발생되지 않는다.

■ 인덱스 생성 구문

```
CREATE INDEX NIDX02_DLock ON TB_DLock(NO) INCLUDE(NUM)
GO
```

· **SQL 구문**

<Session 54>	<Session 55>

SET TRANSACTION
ISOLATION LEVEL REPEATABLE READ
 	
DECLARE @A INT, @B INT, @C DATETIME
 	
WHILE 1 = 1
BEGIN
  SELECT @A = NO,@B = NUM,@C = DATE
  FROM TB_DLOCK
  WHERE NO = 7412
END
GO
	WHILE 1 = 1
	BEGIN
	  UPDATE TB_DLock
	  SET DATE = GETDATE()
	  WHERE NO = 7412
	END
	GO

· **Lock 정보**

spid	dbid	ObjId	IndId	Type	Resource	Mode	Status
54	6	1.43E+08	3	PAG	1:127489	IS	GRANT
54	6	1.43E+08	0	TAB		IS	GRANT
54	6	1.43E+08	3	KEY	(e1e64bb5d2ec)	S	GRANT
54	6	1.43E+08	3	KEY	(3f285c7ea991)	S	GRANT
54	6	0	0	DB		S	GRANT
55	6	1.43E+08	1	PAG	1:127419	IX	GRANT
55	6	1.43E+08	3	KEY	(e1e64bb5d2ec)	U	GRANT
55	6	1.43E+08	3	KEY	(e1e64bb5d2ec)	X	CNVT
55	6	1.43E+08	2	KEY	(e1e64bb5d2ec)	X	GRANT
55	6	1.43E+08	0	TAB		IX	GRANT
55	6	1.43E+08	3	PAG	1:127489	IX	GRANT
55	6	0	0	DB		S	GRANT
55	6	1.43E+08	1	KEY	-9.42178E+11	X	GRANT
55	6	1.43E+08	2	PAG	1:112019	IX	GRANT
55	6	1.43E+08	2	PAG	1:112031	IX	GRANT
55	6	1.43E+08	1	KEY	(832e14c0348f)	X	GRANT
55	6	1.43E+08	2	KEY	(f6e928ec90e3)	X	GRANT

· **실행 계획**

<Session 54>

Rows	Executes	StmtText
1	1	SELECT @A=NO, @B=NUM, @C=DATE FROM TB_DLOCK WHERE NO=7412
0	0	|--Compute Scalar(DEFINE:([Expr1003]=CONVERT_IMPLICIT(int,[Tuning].[dbo].[TB_DLock].[NO],0), [Expr1004]=CONVERT_IMPLICIT(int,[Tuning].[dbo].[TB_DLock].[NUM],0)))
1	1	|--Index Seek(OBJECT:([Tuning].[dbo].[TB_DLock].[NIDX02_DLock]), SEEK:([Tuning].[dbo].[TB_DLock].[NO]=(7412)) Ordered Forward)

테이블 'TB_DLock'. 검색 수 1, 논리적 읽기 수 3

<Session 55>

Rows	Executes	StmtText
1	1	UPDATE [TB_DLock] set [DATE]=getdate() WHERE [NO]=@1
1	1	|--Clustered Index Update(OBJECT:([Tuning].[dbo].[TB_DLock].[CIDX_DLock]), OBJECT:([Tuning].[dbo].[TB_DLock].[NIDX01_DLock]), OBJECT:([Tuning].[dbo].[TB_DLock].[NIDX02_DLock]), SET:([Tuning].[dbo].[TB_DLock].[DATE] = RaiseIfNullUpdate([Expr1003])))
0	0	|--Compute Scalar(DEFINE:([Expr1003]=getdate()))
1	1	|--Table Spool
1	1	|--Index Seek(OBJECT:([Tuning].[dbo].[TB_DLock].[NIDX02_DLock]), SEEK:([Tuning].[dbo].[TB_DLock].[NO]=(7412)) Ordered Forward)

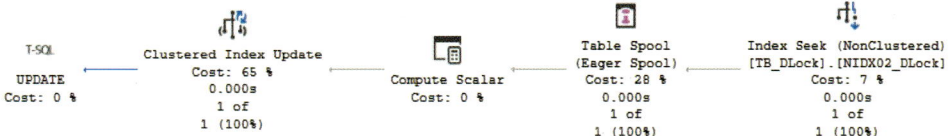

테이블 'TB_DLock'. 검색 수 1, 논리적 읽기 수 17
테이블 'Worktable'. 검색 수 1, 논리적 읽기 수 5

52 DEADLOCK 이슈 - 2

동일 테이블에 대해 SELECT와 UPDATE가 수행되면서 나타나는 DeadLock 사례이다.

1. 사전 구성 스크립트

```sql
CREATE TABLE TB_DLock02(A INT, B DATETIME, C VARCHAR(10));

DECLARE @CNT INT, @DATE CHAR(8)
SET @CNT = 1
SET @DATE = '20200101'

WHILE @CNT <11
BEGIN
INSERT INTO TB_DLock02 VALUES (@CNT, @DATE,'ABC')
SET @CNT = @CNT + 1
SET @DATE = DATEADD(DD,1,@DATE)
END

CREATE CLUSTERED INDEX CIDX_DLock02 ON TB_DLock02(A)
CREATE INDEX NIDX01_DLock02 ON TB_DLock02(B)
GO
```

2. [AS-IS] SQL 구문 및 실행 계획

· **SQL 구문**

<Session 53>	<Session 54>
SET TRANSACTION ISOLATION LEVEL REPEATABLE READ BEGIN TRAN SELECT A FROM TB_DLock02 WHERE B = '2020-01-03 00:00:00.000' WAITFOR DELAY '00:00:05' SELECT C FROM TB_DLock02 WHERE B = '2020-01-03 00:00:00.000'	BEGIN TRAN UPDATE TB_DLock02 SET A = '100' WHERE B = '2020-01-03 00:00:00.000'

· **실행 계획**

<Session 53>

Rows	Executes	StmtText
1	1	SELECT [A] FROM [TB_DLock02] WHERE [B]=@1
1	1	|--Index Seek(OBJECT:([Tuning].[dbo].[TB_DLock02].[NIDX01_DLock02]), SEEK:([Tuning].[dbo].[TB_DLock02].[B]=CONVERT_IMPLICIT(datetime,[@1],0)) Ordered Forward)

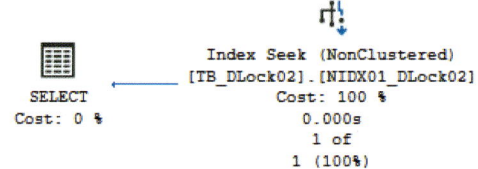

테이블 'TB_DLock02'. 검색 수 1, 논리적 읽기 수 2

메시지 1205, 수준 13, 상태 51, 줄 13
트랜잭션(프로세스 ID 53)이 잠금 리소스에서 다른 프로세스와의 교착 상태가 발생하여
실행이 중지되었습니다. 트랜잭션을 다시 실행하십시오.

<Session 54>

Rows	Executes	StmtText
1	1	UPDATE [TB_DLock02] set [A]=@1 WHERE [B]=@2
1	1	|--Clustered Index Update(OBJECT:([Tuning].[dbo].[TB_DLock02].[CIDX_DLock02]), OBJECT:([Tuning].[dbo].[TB_DLock02].[NIDX01_DLock02]), SET:([Tuning].[dbo].[TB_DLock02].[A] = [Expr1003]))
0	0	|--Compute Scalar(DEFINE:([Expr1003]=(100)))
1	1	|--Table Spool
1	1	|--Index Seek(OBJECT:([Tuning].[dbo].[TB_DLock02].[NIDX01_DLock02]), SEEK:([Tuning].[dbo].[TB_DLock02].[B]='2020-01-03 00:00:00.000') Ordered Forward)

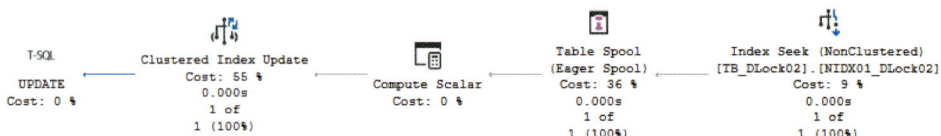

테이블 'TB_DLock02'. 검색 수 1, 논리적 읽기 수 12
테이블 'Worktable'. 검색 수 1, 논리적 읽기 수 5

3. [AS-IS] 통계 정보

- **인덱스 정보**

Table_Name	Index_Name	Type_Desc	Is_Unique	Key_List	Include_List
TB_DLock02	CIDX_DLock02	CLUSTERED	0	A	-
TB_DLock02	NIDX01_DLock02	NONCLUSTERED	0	B	-

- **Lock 정보**

spid	dbid	ObjId	IndId	Type	Resource	Mode	Status
53	6	4.95E+08	0	TAB		IS	GRANT
53	6	4.95E+08	2	PAG	1:120080	IS	GRANT
53	6	4.95E+08	1	PAG	1:111984	IS	GRANT
53	6	0	0	DB		S	GRANT
53	6	4.95E+08	1	KEY	(052c8c7d9727)	S	WAIT
53	6	4.95E+08	2	KEY	(605acc022110)	S	GRANT
54	6	4.95E+08	2	KEY	(605acc022110)	X	CNVT
54	6	4.95E+08	2	KEY	(605acc022110)	U	GRANT
54	6	0	0	DB		S	GRANT
54	6	4.95E+08	1	KEY	(052c8c7d9727)	X	GRANT
54	6	4.95E+08	1	PAG	1:111984	IX	GRANT
54	6	4.95E+08	0	TAB		IX	GRANT
54	6	4.95E+08	2	PAG	1:120080	IX	GRANT
54	6	4.95E+08	1	KEY	(dbff0d4a5b42)	X	GRANT

4. [AS-IS] 구문 설명

[TB_DLock02] 테이블의 [B] 컬럼이 '2020-01-03 00:00:00.000' 인 데이터에 대해 Session 53에서는 REPEATABLE READ 격리 수준으로 [A] 값을 조회 후 5초 뒤 [C] 값을 조회하는 구문이며, Session 54에서는 [A] 값을 업데이트하는 구문이다. Session 53에서 비 클러스터 인덱스 탐색을 하면서 키값에 공유 잠금(S)을 획득하게 된다. 이후 Session 54에서 업데이트하기 위해 클러스터 인덱스 키값에 배타 잠금(X)을 획득하고 비 클러스터 인덱스 키값에도 배타 잠금(X) 획득을 시도하는데 Session 53의 공유 잠금으로 인해 대기가 발생한다. 5초 뒤 Session 53에서 [C] 컬럼을 조회하기 위해 클러스터 인덱스 키값에 공유 잠금 획득을 시도하지만 Session 54 배타 잠금으로 인해 충돌이 생기면서 교착 상태가 발생한다.

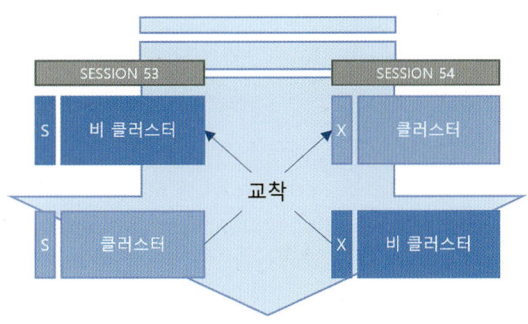

5. [TO-BE] 튜닝 포인트

다음 구문을 개선하기 위해 두 가지 방안을 제시한다.

첫째, READ_COMMITTED_SNAPSHOT 데이터베이스 옵션이 ON으로 설정된 READ COMMITTED 격리 수준
둘째, 세션에 READ UNCOMMITTED 격리 수준 적용

첫 번째 방법은 데이터베이스에 READ_COMMITTED_SNAPSHOT 옵션을 적용하여 업데이트된 행 버전이 유지 관리되도록 하는 것이다. Session 54가 클러스터 인덱스에 배타 잠금을 획득하고 있어도 Session 53에서 행 버전 포인터를 이용해 이전 버전의 데이터를 참조하기 때문에 대기가 발생되지 않아 교착 상태를 방지할 수 있다.

두 번째 방법은 Session 53의 SELECT 구문에 READ UNCOMMITTED 격리 수준 설정으로 아직 COMMIT 되지 않은 행을 읽을 수 있도록 허용하면서 교착 상태를 방지하는 방법이다.

6. [TO-BE] 개선 방안

1) READ_COMMITTED_SNAPSHOT 데이터베이스 옵션이 ON으로 설정된 READ COMMITTED 격리 수준

READ_COMMITTED_SNAPSHOT 데이터베이스 옵션을 적용하여 업데이트 중인 행의 이전 버전 데이터를 참조하도록 하여 대기가 발생되지 않도록 한다.

■ **READ_COMMITTED_SNAPSHOT 옵션 활성화**

```sql
-- READ_COMMITTED_SNAPSHOT 옵션 활성화
ALTER DATABASE Tuning SET READ_COMMITTED_SNAPSHOT ON
SET TRANSACTION ISOLATION LEVEL READ COMMITTED
GO
```

· **변경된 SQL 구문**

<Session 53>	<Session 54>
BEGIN TRAN SELECT A FROM TB_DLock02 WHERE B = '2020-01-03 00:00:00.000' WAITFOR DELAY '00:00:05' SELECT C FROM TB_DLock02 WHERE B = '2020-01-03 00:00:00.000'	BEGIN TRAN UPDATE TB_DLock02 SET A = '100' WHERE B = '2020-01-03 00:00:00.000'

· **Lock 정보**

spid	dbid	ObjId	IndId	Type	Resource	Mode	Status
53	6	0	0	DB		S	GRANT
54	6	0	0	DB		S	GRANT
54	6	4.95E+08	2	PAG	1:120080	IX	GRANT
54	6	4.95E+08	2	KEY	(be894d35ed75)	X	GRANT
54	6	4.95E+08	1	KEY	(dbff0d4a5b42)	X	GRANT
54	6	4.95E+08	1	KEY	(052c8c7d9727)	X	GRANT
54	6	4.95E+08	2	KEY	(605acc022110)	X	GRANT
54	6	4.95E+08	1	PAG	1:111984	IX	GRANT
54	6	4.95E+08	0	TAB		IX	GRANT

· **실행 계획**

<Session 53>

Rows	Executes	StmtText
1	1	SELECT [A] FROM [TB_DLock02] WHERE [B]=@1
1	1	|--Index Seek(OBJECT:([Tuning].[dbo].[TB_DLock02].[NIDX01_DLock02]),SEEK:([Tuning].[dbo].[TB_DLock02].[B]=CONVERT_IMPLICIT(datetime,[@1],0)) Ordered Forward)

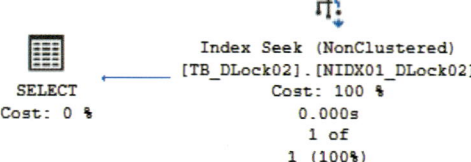

테이블 'TB_DLock02'. 검색 수 1, 논리적 읽기 수 2

Rows	Executes	StmtText
1	1	SELECT [C] FROM [TB_DLock02] WHERE [B]=@1
1	1	|--Clustered Index Scan(OBJECT:([Tuning].[dbo].[TB_DLock02].[CIDX_DLock02]), WHERE:([Tuning].[dbo].[TB_DLock02].[B]='2020-01-03 00:00:00.000'))

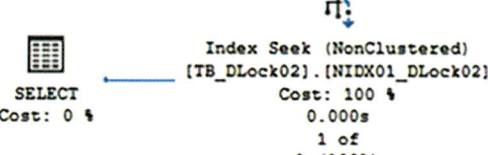

테이블 'TB_DLock02'. 검색 수 1, 논리적 읽기 수 2

<Session 54>

Rows	Executes	StmtText
1	1	UPDATE [TB_DLock02] set [A]=@1 WHERE [B]=@2
1	1	|--Clustered Index Update(OBJECT:([Tuning].[dbo].[TB_DLock02].[CIDX_DLock02]), OBJECT:([Tuning].[dbo].[TB_DLock02].[NIDX01_DLock02]),SET:([Tuning].[dbo].[TB_DLock02].[A] = [Expr1003]))
0	0	|--Compute Scalar(DEFINE:([Expr1003]=(100)))
1	1	|--Table Spool
1	1	|--Index Seek(OBJECT:([Tuning].[dbo].[TB_DLock02].[NIDX01_DLock02]), SEEK:([Tuning].[dbo].[TB_DLock02].[B]='2020-01-03 00:00:00.000') Ordered Forward)

테이블 'TB_DLock02'. 검색 수 1, 논리적 읽기 수 10
테이블 'Worktable'. 검색 수 1, 논리적 읽기 수 5

2) 세션에 READ UNCOMMITTED 격리 수준 적용

Session 53에 READ UNCOMMITTED 격리 수준을 설정하여 Session 54가 클러스터 인덱스에 배타 잠금을 획득하고 있더라도 변경되기 전 행을 읽기 때문에 대기가 발생하지 않아 교착 상태가 발생하지 않는다.

■ READ_COMMITTED_SNAPSHOT 옵션 비활성화

```
-- 스냅샷 격리 비활성화
ALTER DATABASE Tuning SET READ_COMMITTED_SNAPSHOT OFF
SET TRANSACTION ISOLATION LEVEL READ COMMITTED
GO
```

· 변경된 SQL 구문

\<Session 53\>	\<Session 54\>
SET TRANSACTION ISOLATION LEVEL READ UNCOMMITTED BEGIN TRAN SELECT A FROM TB_DLock02 WHERE B = '2020-01-03 00:00:00.000' WAITFOR DELAY '0:0:5' SELECT C FROM TB_DLock02 WHERE B = '2020-01-03 00:00:00.000'	BEGIN TRAN UPDATE TB_DLock02 SET A = '100' WHERE B = '2020-01-03 00:00:00.000'

· Lock 정보

spid	dbid	ObjId	IndId	Type	Resource	Mode	Status
53	6	0	0	DB		S	GRANT
54	6	0	0	DB		S	GRANT
54	6	4.95E+08	2	PAG	1:120080	IX	GRANT
54	6	4.95E+08	2	KEY	(be894d35ed75)	X	GRANT
54	6	4.95E+08	1	KEY	(dbff0d4a5b42)	X	GRANT
54	6	4.95E+08	1	KEY	(052c8c7d9727)	X	GRANT
54	6	4.95E+08	2	KEY	(605acc022110)	X	GRANT
54	6	4.95E+08	1	PAG	1:111984	IX	GRANT
54	6	4.95E+08	0	TAB		IX	GRANT

· **실행 계획**

<Session 53>

Rows	Executes	StmtText
1	1	SELECT [A] FROM [TB_DLock02] WHERE [B]=@1
1	1	|--Index Seek(OBJECT:([Tuning].[dbo].[TB_DLock02].[NIDX01_DLock02]),SEEK:([Tuning].[dbo].[TB_DLock02].[B]=CONVERT_IMPLICIT(datetime,[@1],0)) Ordered Forward)

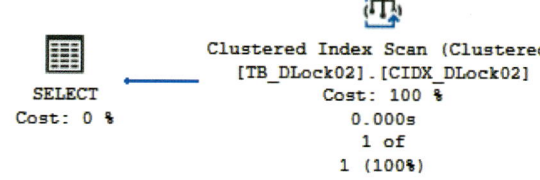

테이블 'TB_DLock02'. 검색 수 1, 논리적 읽기 수 2

Rows	Executes	StmtText
1	1	SELECT [C] FROM [TB_DLock02] WHERE [B]=@1
1	1	| Clustered Index Scan(OBJECT:([Tuning].[dbo].[TB_DLock02].[CIDX_DLock02]), WHERE:([Tuning].[dbo].[TB_DLock02].[B]='2020-01-03 00:00:00.000'))

테이블 'TB_DLock02'. 검색 수 1, 논리적 읽기 수 2

<Session 54>

Rows	Executes	StmtText
1	1	UPDATE [TB_DLock02] set [A]=@1 WHERE [B]=@2
1	1	|--Clustered Index Update(OBJECT:([Tuning].[dbo].[TB_DLock02].[CIDX_DLock02]), OBJECT:([Tuning].[dbo].[TB_DLock02].[NIDX01_DLock02]),SET:([Tuning].[dbo].[TB_DLock02].[A] = [Expr1003]))
0	0	|--Compute Scalar(DEFINE:([Expr1003]=(100)))
1	1	|--Table Spool
1	1	|--Index Seek(OBJECT:([Tuning].[dbo].[TB_DLock02].[NIDX01_DLock02]), SEEK:([Tuning].[dbo].[TB_DLock02].[B]='2020-01-03 00:00:00.000') Ordered Forward)

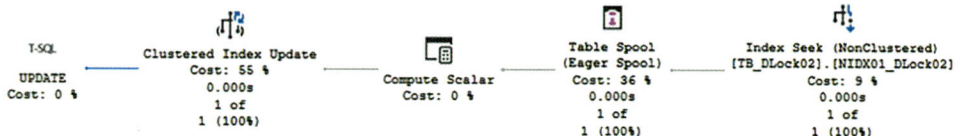

테이블 'TB_DLock02'. 검색 수 1, 논리적 읽기 수 10
테이블 'Worktable'. 검색 수 1, 논리적 읽기 수 5

53 잠금이 전환될 때 발생하는 DEADLOCK 이슈

공유 잠금(S-Lock)에서 배타 잠금(X-Lock)으로 전환될 때 발생하는 DeadLock 사례이다.

1. 사전 구성 스크립트

```
CREATE TABLE TB_DATA03 ( NUM INT, NO INT )

DECLARE @INT INT = 1
WHILE @INT <= 2000
BEGIN
INSERT INTO TB_DATA03(NUM,NO) VALUES (@INT, @INT % 10 )
SET @INT += 1
END

CREATE CLUSTERED INDEX CIDX_DATA03 ON TB_DATA03 (NUM)
GO
```

2. [AS-IS] SQL 구문 및 실행 계획

· **SQL 구문**

<Session 54>	<Session 55>
SET TRANSACTION ISOLATION LEVEL REPEATABLE READ DECLARE @NUM INT BEGIN TRAN SELECT @NUM = NO + 1 FROM TB_DATA03 WHERE NUM = 10 WAITFOR DELAY '00:00:05' UPDATE TB_DATA03 SET NO = @NUM WHERE NUM = 10	SET TRANSACTION ISOLATION LEVEL REPEATABLE READ DECLARE @NUM INT BEGIN TRAN SELECT @NUM = NO + 1 FROM TB_DATA03 WHERE NUM = 10 WAITFOR DELAY '00:00:05' UPDATE TB_DATA03 SET NO = @NUM WHERE NUM = 10

· **실행 계획**

<Session 54>

Rows	Executes	StmtText
1	1	SELECT @NUM=NO+1 FROM TB_DATA03 WHERE NUM = 10
0	0	|--Compute Scalar(DEFINE:([Expr1003]=[Tuning].[dbo].[TB_DATA03].[NO]+(1)))
1	1	|--Clustered Index Seek(OBJECT:([Tuning].[dbo].[TB_DATA03].[NIDX01_DATA03]), SEEK:([Tuning].[dbo].[TB_DATA03].[NUM]=(10)) Ordered Forward)

테이블 'TB_DATA03'. 스캔 수 1, 논리적 읽기 2

Rows	Executes	StmtText
1	1	UPDATE DATA03 SET NO=@NUM WHERE NUM=10
1	1	|--Clustered Index Update(OBJECT:([Tuning].[dbo].[TB_DATA03].[NIDX01_DATA03]), SET:([Tuning].[dbo].[TB_DATA03].[NO] = [@NUM]), WHERE:([Tuning].[dbo].[TB_DATA03].[NUM]=(10)))

테이블 ' TB_DATA03'. 스캔 수 1, 논리적 읽기 4

<Session 55>

Rows	Executes	StmtText
1	1	SELECT @NUM=NO+1 FROM TB_DATA03 WHERE NUM = 10
0	0	|--Compute Scalar(DEFINE:([Expr1003]=[Tuning].[dbo].[TB_DATA03].[NO]+(1)))
1	1	|--Clustered Index Seek(OBJECT:([Tuning].[dbo].[TB_DATA03].[NIDX01_DATA03]), SEEK:([Tuning].[dbo].[TB_DATA03].[NUM]=(10)) Ordered Forward)

테이블 'TB_DATA03'. 검색 수 1, 논리적 읽기 2

메시지 1205, 수준 13, 상태 51, 줄 19
트랜잭션(프로세스 ID 55)이 잠금 리소스에서 다른 프로세스와의 교착 상태가 발생하여
실행이 중지되었습니다. 트랜잭션을 다시 실행하십시오.

3. [AS-IS] 통계 및 Lock 정보

· 인덱스 정보

Table_Name	Index_Name	Type_Desc	Is_Unique	Key_List	Include_List
TB_DATA03	CIDX_DATA03	CLUSTERED	0	NUM	-

· Lock 정보

spid	dbid	ObjId	IndId	Type	Resource	Mode	Status
54	7	98099390	1	PAG	1:295184	IX	GRANT
54	7	98099390	0	TAB		IX	GRANT
54	7	0	0	DB		S	GRANT
54	7	98099390	1	KEY	(241332e1ddb0)	S	GRANT
54	7	98099390	1	KEY	(241332e1ddb0)	X	CNVT
55	7	98099390	1	KEY	(241332e1ddb0)	X	CNVT
55	7	98099390	1	KEY	(241332e1ddb0)	S	GRANT
55	7	98099390	1	PAG	1:295184	IX	GRANT
55	7	98099390	0	TAB		IX	GRANT
55	7	0	0	DB		S	GRANT

4. [AS-IS] 구문 설명

    REPEATABLE READ 독립성 레벨로 SELECT와 UPDATE 구문을 하나의 트랜잭션에서 수행시키는 구문이다. 이 트랜잭션의 SELECT와 UPDATE는 [TB_DATA03] 테이블에서 [NUM] = 10인 데이터를 대상으로 잠금을 획득한다. 동일 구문을 서로 다른 세션에서 동시에 수행시키면 먼저 Session 54와 Session 55는 SELECT 절에서 공유 잠금(S)을 획득한다. 이어서 UPDATE를 수행하기 위한 배타 잠금(X)을 획득하려 시도하지만 Session 54는 Session 55의 공유 잠금으로 인해, Session 55는 Session 54의 공유 잠금으로 인해 서로 대기하게 되면서 DeadLock이 발생되는 문제가 생긴다.

5. [TO-BE] 튜닝 포인트

다음 구문을 개선하기 위해 두 가지 방안을 고려할 수 있다.

첫째, WITH(UPDLOCK) 잠금 힌트를 사용하여 DeadLock을 방지한다.
둘째, 애플리케이션 잠금(sp_getapplock)을 활용하여 DeadLock을 방지한다.

첫 번째 방법은 SELECT 절에 WITH(UPDLOCK) 힌트를 추가하여 의도적으로 업데이트 잠금(U)을 획득하는 방법이다. 업데이트 잠금 간에는 호환이 되지 않기 때문에 먼저 수행 중인 세션이 완료될 때까지 후행 세션을 대기시키면서 DeadLock을 회피할 수 있다.

두 번째 방법은 애플리케이션 잠금(sp_getapplock)을 활용하는 것이다. 이는 트랜잭션에 임의의 잠금을 획득하고 다른 트랜잭션이 동일한 잠금을 획득하려 할 때 대기하도록 의도할 수 있다. 즉, 해당 쿼리문을 배타적으로 실행하게 하여 먼저 수행 중인 세션의 구문이 완료될 때까지 후행 세션을 대기시키는 것이다.

6. [TO-BE] 개선 방안

1) WITH(UPDLOCK) 잠금 힌트를 사용하여 DeadLock을 방지한다.

SELECT 구문에 WITH(UPDLOCK) 힌트를 사용하면 공유 잠금(S)이 아닌 업데이트 잠금(U)을 획득한다. Session 54가 처음 트랜잭션을 시작하고 SELECT 구문을 수행할 때부터 업데이트 잠금을 획득하므로 Session 55는 Session 54의 구문이 완료될 때까지 대기하게 된다.

· **변경된 SQL 구문**

<Session 54>	<Session 55>
SET TRANSACTION ISOLATION LEVEL REPEATABLE READ DECLARE @NUM INT BEGIN TRAN SELECT @NUM = NO + 1 FROM TB_DATA03 WITH(UPDLOCK) WHERE NUM = 10 WAITFOR DELAY '00:00:05' UPDATE TB_DATA03 SET NO = @NUM WHERE NUM = 10	SET TRANSACTION ISOLATION LEVEL REPEATABLE READ DECLARE @NUM INT BEGIN TRAN SELECT @NUM = NO + 1 FROM TB_DATA03 WITH(UPDLOCK) WHERE NUM = 10 WAITFOR DELAY '00:00:05' UPDATE TB_DATA03 SET NO = @NUM WHERE NUM = 10

· **Lock 정보**

spid	dbid	ObjId	IndId	Type	Resource	Mode	Status
54	7	0	0	DB		S	GRANT
54	7	98099390	1	KEY	(241332e1ddb0)	U	GRANT
54	7	98099390	0	TAB		IX	GRANT
54	7	98099390	1	PAG	1:295184	IU	GRANT
55	7	98099390	1	PAG	1:295184	IU	GRANT
55	7	98099390	0	TAB		IX	GRANT
55	7	98099390	1	KEY	(241332e1ddb0)	U	WAIT
55	7	0	0	DB		S	GRANT

2) 애플리케이션 잠금 (sp_getapplock)을 활용하여 DeadLock을 방지한다.

트랜잭션 내에서 sp_getapplock을 사용하면 애플리케이션 잠금에 의해서 트랜잭션끼리 서로 영향 받지 않도록 의도할 수 있다. 프로시저의 매개변수 @Resource는 동일한 리소스임을 확인하기 위해 사용되며 @LockMode에서는 잠금의 수준을 지정한다. 아래 예시는 트랜잭션 내에서 애플리케이션 잠금을 통해 'TESTLOCK' 리소스임을 명시하고 배타 잠금(X, Exclusive)을 획득하도록 지정하였다. 배타 잠금 간에는 호환이 되지 않기 때문에 후행 트랜잭션은 선행 트랜잭션이 애플리케이션 잠금을 반환할 때까지 대기하게 된다.

· **SQL 구문**

<Session 54>	<Session 55>

SET TRANSACTION
ISOLATION LEVEL REPEATABLE READ
 	
DECLARE @NUM INT
 	
BEGIN TRAN
EXEC sp_getapplock
  @Resource = 'TESTLOCK'
 , @LockMode = 'Exclusive'
 	
SELECT @NUM = NO + 1
FROM TB_DATA03
WHERE NUM = 10
 	
WAITFOR DELAY '00:00:05'
 	
UPDATE TB_DATA03
SET NO = @NUM WHERE NUM = 10
EXEC sp_releaseapplock
  @Resource = 'TESTLOCK'
	SET TRANSACTION
	ISOLATION LEVEL REPEATABLE READ
	
	DECLARE @NUM INT
	
	BEGIN TRAN
	EXEC sp_getapplock
	  @Resource = 'TESTLOCK'
	 , @LockMode = 'Exclusive'
	
	SELECT @NUM = NO + 1
	FROM TB_DATA03
	WHERE NUM = 10
	
	WAITFOR DELAY '00:00:05'
	
	UPDATE TB_DATA03
	SET NO = @NUM WHERE NUM = 10
	EXEC sp_releaseapplock
	  @Resource = 'TESTLOCK'

· **Lock 정보**

spid	dbid	ObjId	IndId	Type	Resource	Mode	Status
54	7	98099390	1	KEY	(241332e1ddb0)	S	GRANT
54	7	0	0	DB		S	GRANT
54	7	98099390	0	TAB		IS	GRANT
54	7	98099390	1	PAG	1:295184	IS	GRANT
54	7	0	0	APP	0:[TESTLOCK]:(e07866b6)	X	GRANT
55	7	0	0	APP	0:[TESTLOCK]:(e07866b6)	X	WAIT
55	7	0	0	DB		S	GRANT

54 DELETE 구문의 성능 개선 – 1

DELETE 구문 사용 시 인덱스 누락으로 높은 I/O가 발생한 사례이다.

1. 사전 구성 스크립트

```sql
SELECT rownum AS seq
     , NEWID() AS main_code
     , DATEADD(ss, rownum, '2020-01-01 00:00:00.000') AS date
     , NEWID() AS no2
     , NEWID() AS no3
     , NEWID() AS no4
INTO TB_Maind2
FROM (SELECT ROW_NUMBER() OVER (ORDER BY a.number) AS rownum, a.number
FROM master..spt_values a
JOIN master..spt_values b ON a.type = 'P' AND b.type = 'P'
AND a.number <=1000 AND b.number <= 1000 ) a

--TB_Main PK 설정
ALTER TABLE TB_Maind2 ALTER COLUMN main_code UNIQUEIDENTIFIER NOT NULL
ALTER TABLE TB_Maind2 ADD CONSTRAINT PK_Maind2 PRIMARY KEY (main_code)

-- TB_Ex 생성 및 FK 설정
SELECT * INTO TB_Exd2
FROM TB_Maind2

ALTER TABLE TB_Exd2 ADD CONSTRAINT FK_Maind2_Exd2 FOREIGN KEY (main_code)
REFERENCES TB_Maind2 (main_code) ON DELETE CASCADE

CREATE CLUSTERED INDEX CIDX_Exd2 ON TB_Exd2(main_code)
GO
```

2. [AS-IS] SQL 구문 및 실행 계획

■ SQL 구문

```sql
DELETE FROM TB_Maind2 WHERE seq = 64570
GO
```

· 실행 계획

Rows	Executes	StmtText
1	1	DELETE [TB_Maind2] WHERE [seq]=@1
1	1	|--Sequence
1	1	|--Table Spool
1	1	|--Clustered Index Delete(OBJECT:([tuning].[dbo].[TB_Maind2].[PK_Maind2]))
1	1	|--Parallelism(Gather Streams)
1	8	|--Clustered Index Scan(OBJECT:([tuning].[dbo].[TB_Maind2].[PK_Maind2]), WHERE:([tuning].[dbo].[TB_Maind2].[seq]=(64570)) ORDERED)
1	1	|--Clustered Index Delete(OBJECT:([tuning].[dbo].[TB_Exd2].[CIDX_Exd2]))
1	1	|--Nested Loops(INNER JOIN, OUTER REFERENCES:([tuning].[dbo].[TB_Maind2].[main_code]))
1	1	|--Table Spool
1	1	|--Clustered Index Seek(OBJECT:([tuning].[dbo].[TB_Exd2].[CIDX_Exd2]), SEEK:([tuning].[dbo].[TB_Exd2].[main_code]=[tuning].[dbo].[TB_Maind2].[main_code]) Ordered Forward)

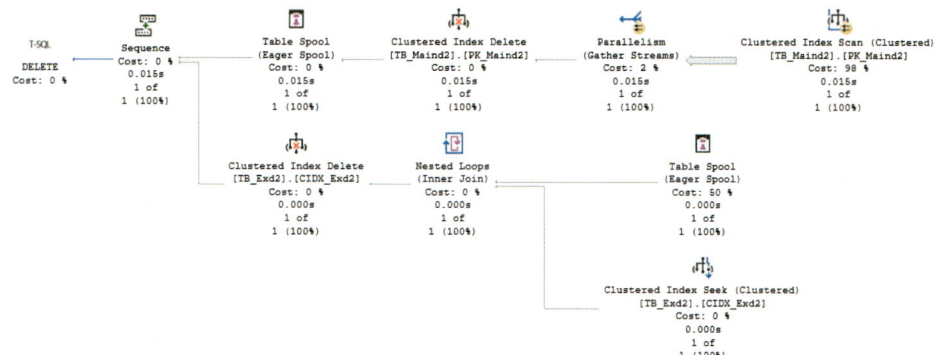

```
테이블 'TB_Maind2'. 검색 수 9, 논리적 읽기 수 11332
테이블 'TB_Exd2'. 검색 수 1, 논리적 읽기 수 3
테이블 'Worktable'. 검색 수 2, 논리적 읽기 수 7
SQL Server 실행 시간:
CPU 시간 = 144ms, 경과 시간 = 21ms
```

3. [AS-IS] 통계 정보

- 인덱스 정보

Table_Name	Index_Name	Type_Desc	Is_Unique	Key_List	Include_List
TB_Exd2	CIDX_Exd2	CLUSTERED	0	main_code	-
TB_Maind2	PK_Maind2	CLUSTERED	1	main_code	-

- 제약조건 정보

Table_Name	Constraint_Type	Constraint_Name	Constraint_Keys
TB_Exd2	FOREIGN KEY	FK_Maind2_Exd2	main_code REFERENCES dbo.TB_Maind2 (main_code)

4. [AS-IS] 구문 설명

[TB_Maind2] 테이블의 [seq] 컬럼 값이 64570인 데이터를 삭제하는 구문이다. [TB_Maind2] 테이블의 [main_code] 컬럼을 기준으로 [TB_Exd2] 테이블의 [main_code] 컬럼이 CASCADE 옵션 설정으로 FK 제약조건이 구성되어 있기 때문에 [TB_Maind2]의 데이터가 삭제될 때마다 연결된 [TB_Exd2]의 데이터도 같이 삭제가 수행된다. DELETE 구문을 수행하는 과정에서 [TB_Maind2] 테이블의 [seq] 컬럼에 대한 인덱스 누락으로 클러스터 인덱스를 전체 스캔하면서 높은 I/O가 발생한다.

5. [TO-BE] 튜닝 포인트

[TB_Maind2] 테이블을 삭제하는 과정에서 조건절의 [seq] 컬럼에 대한 값을 찾기 위해 클러스터 인덱스 전체 스캔이 수행된다. 조건절에 있는 컬럼 대상으로 인덱스를 생성하면 필요한 행만 탐색하기 때문에 I/O를 감소시킬 수 있다.

6. [TO-BE] 개선 방안

1) [seq] 컬럼에 대한 신규 인덱스 생성

[seq] 컬럼에 인덱스를 생성하여 전체 스캔하는 비용을 제거하고 인덱스 탐색으로 I/O 비용을 감소시킨다.

■ 인덱스 생성 구문

```
CREATE INDEX NIDX01_Maind2 ON TB_Maind2(seq)
GO
```

■ SQL 구문

```
DELETE FROM TB_Maind2 WHERE seq = 64570
GO
```

· 실행 계획

Rows	Executes	StmtText
1	1	DELETE [TB_Maind2] WHERE [seq]=@1
1	1	|--Sequence
1	1	|--Table Spool
1	1	| |--Clustered Index Delete(OBJECT:([tuning].[dbo].[TB_Maind2].[PK_Maind2]), OBJECT:([tuning].[dbo].[TB_Maind2].[NIDX01_Maind2]))
1	1	| |--Index Seek(OBJECT:([tuning].[dbo].[TB_Maind2].[NIDX01_Maind2]), SEEK:([tuning].[dbo].[TB_Maind2].[seq]=(64570)) Ordered Forward)
1	1	|--Clustered Index Delete(OBJECT:([tuning].[dbo].[TB_Exd2].[CIDX_Exd2]))
1	1	|--Nested Loops(INNER JOIN, OUTER REFERENCES:([tuning].[dbo].[TB_Maind2].[main_code]))
1	1	|--Table Spool
1	1	|--Clustered Index Seek(OBJECT:([tuning].[dbo].[TB_Exd2].[CIDX_Exd2]), SEEK:([tuning].[dbo].[TB_Exd2].[main_code]=[tuning].[dbo].[TB_Maind2].[main_code]) Ordered Forward)

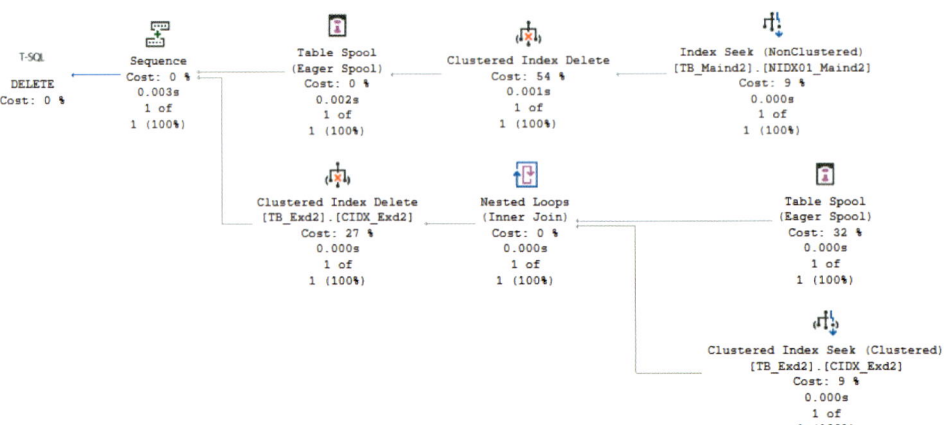

```
테이블 'TB_Exd2'. 검색 수 1, 논리적 읽기 수 3
테이블 'Worktable'. 검색 수 2, 논리적 읽기 수 7
테이블 'TB_Maind2'. 검색 수 1, 논리적 읽기 수 12
SQL Server 실행 시간:
CPU 시간 = 0ms, 경과 시간 = 0ms
```

7. 개선 효과

- 리소스 사용률 비교

	CPU Time (ms)	Elapse Time (ms)	Logical Reads
AS-IS	144	21	11,342
TO-BE	0	0	22

55 DELETE 구문의 성능 개선 - 2

다른 테이블과 외래 키 관계가 있는 테이블의 데이터를 삭제할 때 발생하는 성능 이슈 사례이다.

1. 사전 구성 스크립트

```sql
CREATE TABLE TB_Main03 (seq BIGINT
     , main_code UNIQUEIDENTIFIER NOT NULL
     , date DATETIME)

INSERT INTO TB_Main03
SELECT rownum AS seq, NEWID() AS main_code
     , DATEADD(MINUTE,rownum,'2020-01-01 00:00:00.000') AS date
FROM (SELECT ROW_NUMBER() OVER (ORDER BY a.number) AS rownum, a.number
        FROM master..spt_values a
        JOIN master..spt_values b
          ON a.type = 'P' AND b.type = 'P' AND a.number <= 1000 AND b.number <= 1000
) a

SELECT main_code AS sub_code, CAST(seq%5326 AS INT) AS value
INTO TB_Sub03
FROM TB_Main03

ALTER TABLE TB_Main03 ADD CONSTRAINT PK_Main03_main_code PRIMARY KEY
NONCLUSTERED(main_code)
ALTER TABLE TB_Sub03 ADD CONSTRAINT FK_TB_Sub03 FOREIGN KEY (sub_code)
REFERENCES TB_Main03(main_code) ON DELETE CASCADE
UPDATE STATISTICS TB_Main03(PK_Main03_main_code) WITH FULLSCAN
GO
```

2. [AS-IS] SQL 구문 및 실행 계획

■ SQL 구문

```
/* TB_Main03 테이블의 임의의 Main_Code값을 선택하여 실행 */
DELETE FROM TB_Main03 WHERE Main_Code = '970A8E62-2F25-4D14-B167-F049BBA42620'
GO
```

· 실행 계획

Rows	Executes	StmtText
1	1	DELETE [TB_Main03] WHERE [Main_Code]=@1
1	1	|--Sequence
1	1	|--Table Spool
1	1	|--Table Delete(OBJECT:([Tuning].[dbo].[TB_Main03]), OBJECT:([Tuning].[dbo].[TB_Main03].[PK_Main03_main_code]))
1	1	|--Index Seek(OBJECT:([Tuning].[dbo].[TB_Main03].[PK_Main03_main_code]), SEEK:([Tuning].[dbo].[TB_Main03].[main_code]={guid'970A8E62-2F25-4D14-B167-F049BBA42620'}) Ordered Forward)
1	1	|--Table Delete(OBJECT:([Tuning].[dbo].[TB_Sub03]))
1	1	|--Nested Loops(INNER JOIN, WHERE:([Tuning].[dbo].[TB_Sub03].[sub_code]=[Tuning].[dbo].[TB_Main03].[main_code]))
1	1	|--Table Spool
1002001	1	|--Table Scan(OBJECT:([Tuning].[dbo].[TB_Sub03]))

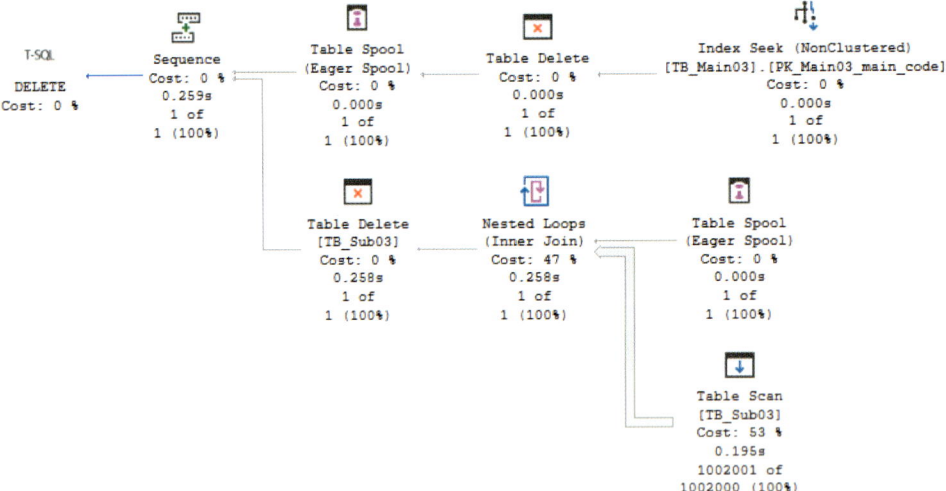

```
테이블 'TB_Sub03'. 스캔 수 1, 논리적 읽기 3594
테이블 'Worktable'. 스캔 수 2, 논리적 읽기 7
테이블 'TB_Main03'. 스캔 수 0, 논리적 읽기 7
SQL Server 실행 시간:
CPU 시간 = 218ms, 경과 시간 = 217ms
```

3. [AS-IS] 통계 정보

· 인덱스 정보

Table_Name	Index_Name	Type_Desc	Is_Unique	Key_List	Include_List
TB_Main03	PK_Main03_main_code	NONCLUSTERED	1	main_code	-

· 제약조건 정보

Table_Name	Constraint_Name	Type_Desc	DELETE_Action	Constraint_Key
TB_Sub03	FK_TB_Sub03	FOREIGN KEY	Cascade	sub_code REFERENCES Tuning.dbo.TB_Main03 (main_code)

4. [AS-IS] 구문 설명

[TB_Main03] 테이블 [main_code] 컬럼의 특정 값 1건을 삭제하는 구문이다. [TB_Main03] 테이블의 [main_code] 컬럼은 [TB_Sub03] 테이블의 [sub_code] 컬럼에 외래 키로 참조되고 있으며, [TB_Sub03] 테이블의 외래 키는 CASCADE 옵션이 적용되어 기준 테이블인 [TB_Main03]의 데이터가 삭제될 때 [TB_Sub03] 테이블 데이터도 자동으로 삭제된다. 해당 구문에 의해 [TB_Sub03] 테이블이 삭제되는 과정에서 인덱스가 존재하지 않아 테이블을 전체 스캔하면서 높은 I/O 비용이 사용된다.

5. [TO-BE] 튜닝 포인트

참조 데이터를 찾는 과정에서 인덱스로 탐색할 수 있도록 외래 키로 참조하고 있는 [sub_code] 컬럼에 인덱스를 생성한다.

6. [TO-BE] 개선 방안

1) [sub_code] 컬럼이 키로 구성된 신규 인덱스 생성

[TB_Sub03] 테이블의 [sub_code] 컬럼에 인덱스를 생성하면 삭제 대상 데이터를 찾는 과정에서 인덱스로 탐색하기 때문에 I/O 비용이 감소된다.

■ 인덱스 생성 구문

```
CREATE INDEX NIDX01_Sub03 ON TB_Sub03(sub_code)
GO
```

■ SQL 구문

```
/* TB_Main03 테이블의 임의의 Main_Code값을 선택하여 실행 */
DELETE FROM TB_Main03 WHERE Main_Code = 'B2AF8B45-A54C-439F-A99D-6138090FCB0A'
GO
```

· 실행 계획

Rows	Executes	StmtText
1	1	DELETE [TB_Main03] WHERE [Main_Code]=@1
1	1	|--Sequence
1	1	|--Table Spool
1	1	|--Table Delete(OBJECT:([Tuning].[dbo].[TB_Main03]), OBJECT:([Tuning].[dbo].[TB_Main03].[PK_Main03_main_code]))
1	1	|--Index Seek(OBJECT:([Tuning].[dbo].[TB_Main03].[PK_Main03_main_code]), SEEK:([Tuning].[dbo].[TB_Main03].[main_code]={guid'B2AF8B45-A54C-439F-A99D-6138090FCB0A'}) Ordered Forward)
1	1	|--Table Delete(OBJECT:([Tuning].[dbo].[TB_Sub03]), OBJECT:([Tuning].[dbo].[TB_Sub03].[NIDX01_Sub03]))
1	1	|--Nested Loops(INNER JOIN, OUTER REFERENCES:([Tuning].[dbo].[TB_Main03].[main_code]))
1	1	|--Table Spool
1	1	|--Index Seek(OBJECT:([Tuning].[dbo].[TB_Sub03].[NIDX01_Sub03]), SEEK:([Tuning].[dbo].[TB_Sub03].[sub_code]=[Tuning].[dbo].[TB_Main03].[main_code]) Ordered Forward)

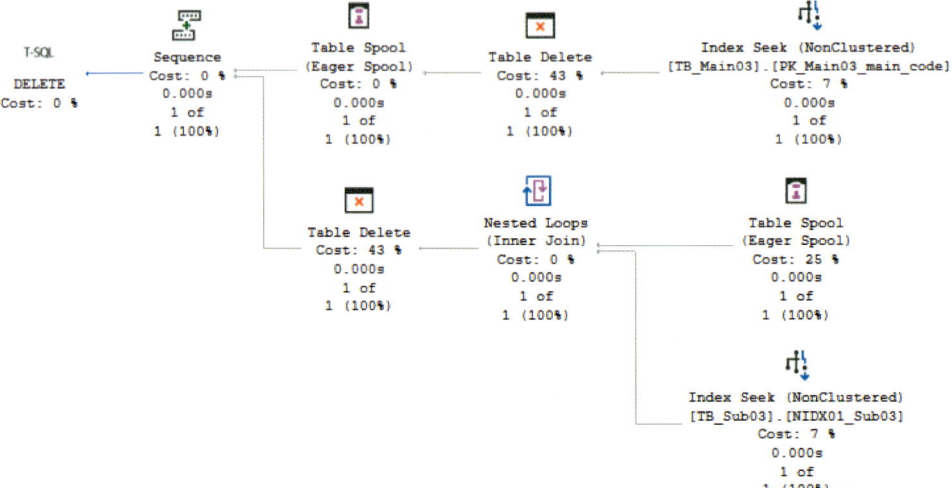

```
테이블 'TB_Sub03'. 스캔 수 1, 논리적 읽기 10
테이블 'Worktable'. 스캔 수 2, 논리적 읽기 7
테이블 'TB_Main03'. 스캔 수 0, 논리적 읽기 7
SQL Server 실행 시간:
CPU 시간 = 0ms, 경과 시간 = 17ms
```

7. 개선 효과

· 리소스 사용률 비교

	CPU Time (ms)	Elapse Time (ms)	Logical Reads
AS-IS	218	217	3,608
TO-BE	0	17	24

56 DELETE 구문의 성능 개선 - 3

데이터를 삭제할 때 인덱스 부재로 인해 테이블 전체를 읽어내면서 I/O가 증가된 사례이다.

1. 사전 구성 스크립트

```sql
SELECT ROW_NUMBER() OVER (ORDER BY a.number) id
     , CONVERT(NVARCHAR(36),NEWID()) code
     , DATEADD(dd,a.number,'2001-01-01') date
INTO TB_Del01
FROM master..spt_values a, master..spt_values b
WHERE a.type = 'P'
AND a.number BETWEEN 1 AND 1000
AND b.type = 'P'
AND b.number BETWEEN 1 AND 1000
GO
```

2. [AS-IS] SQL 구문 및 실행 계획

■ SQL 구문

```sql
DELETE TB_Del01
WHERE id = 57
GO
```

· 실행 계획

Rows	Executes	StmtText
1	1	DELETE [TB_Del01] WHERE [id]=@1
1	1	|--Table Delete(OBJECT:([Tuning].[dbo].[TB_Del01]))
1	1	|--Parallelism(Gather Streams)
1	12	|--Table Scan(OBJECT:([Tuning].[dbo].[TB_Del01]), WHERE:([Tuning].[dbo].[TB_Del01].[id]=CONVERT_IMPLICIT(bigint,[@1],0)) ORDERED)

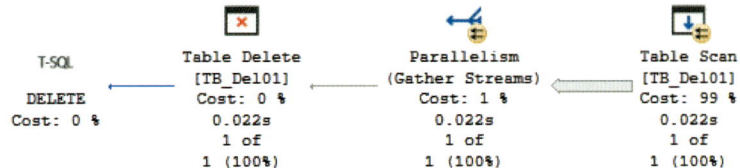

```
테이블 'TB_Del01'. 검색 수 13, 논리적 읽기 수 12506
SQL Server 실행 시간:
CPU 시간 = 174ms, 경과 시간 = 13ms
```

3. [AS-IS] 통계 정보

- 인덱스 없음

4. [AS-IS] 구문 설명

[TB_Del01] 테이블의 [id] 컬럼 값이 57인 데이터를 삭제하는 구문이다. 테이블의 총 데이터는 100만 건이고, 이 중 조건절에 해당되는 데이터 1건이지만 [id] 컬럼에 인덱스가 존재하지 않아 테이블의 모든 데이터를 읽어내면서 많은 I/O가 사용된다.

5. [TO-BE] 튜닝 포인트

조건에 해당되는 데이터를 탐색할 수 있도록 [id] 컬럼에 인덱스를 생성한다. 인덱스 탐색을 통해 테이블 전체를 읽어내면서 사용된 I/O를 개선할 수 있다.

6. [TO-BE] 개선 방안

1) [id] 컬럼에 신규 인덱스 생성

신규 인덱스를 생성하여 삭제 대상 행만 인덱스로 탐색한다.

■ 인덱스 생성 구문

```
CREATE INDEX NIDX01_Del01 ON TB_Del01(id)
GO
```

■ SQL 구문

```
DELETE TB_Del01
WHERE id = 57
GO
```

- 실행 계획

Rows	Executes	StmtText
1	1	DELETE [TB_Del01] WHERE [id]=@1
1	1	|--Table Delete(OBJECT:([Tuning].[dbo].[TB_Del01]), OBJECT:([Tuning].[dbo].[TB_Del01].[NIDX01_Del01]))
1	1	|--Index Seek(OBJECT:([Tuning].[dbo].[TB_Del01].[NIDX01_Del01]), SEEK:([Tuning].[dbo].[TB_Del01].[id]=CONVERT_IMPLICIT(bigint,[@1],0)) Ordered Forward)

```
                                    Index Seek (NonClustered)
            Table Delete            [TB_Del01].[NIDX01_Del01]
 T-SQL      Cost: 86 %               Cost: 14 %
 DELETE     0.002s                   0.000s
 Cost: 0 %  1 of                     1 of
            1 (100%)                 1 (100%)
```

테이블 'TB_Del01'. 검색 수 1, 논리적 읽기 수 10
SQL Server 실행 시간:
CPU 시간 = 0ms, 경과 시간 = 0ms

7. 개선 효과

· 리소스 사용률 비교

	CPU Time (ms)	Elapse Time (ms)	Logical Reads
AS-IS	174	13	12,506
TO-BE	0	0	10

57 UPDATE / INSERT를 MERGE 문으로 통합

UPDATE와 INSERT를 수행하기 위해서 동일한 테이블을 여러 번 읽어내야 하는 비효율을 MERGE 문으로 통합하여 개선하는 사례이다.

1. 사전 구성 스크립트

```sql
/* 변경을 위해 기준이 되는 테이블 생성 */
SELECT ROW_NUMBER() OVER (ORDER BY a.number) id
     , NEWID() code
     , DATEADD(dd,a.number,'2020-01-01') date
INTO TB_Old
FROM master..spt_values a, master..spt_values b
WHERE a.type = 'P' AND a.number BETWEEN 1 AND 1000
AND b.type = 'P' AND b.number BETWEEN 1 AND 1000

/* 변경 대상이 되는 테이블 생성 */
SELECT id
     , CASE WHEN id%700 = 0 THEN NEWID()
            ELSE code END code
     , date
INTO TB_New
FROM TB_Old
WHERE id % 1000 <> 0
GO
```

2. [AS-IS] SQL 구문 및 실행 계획

■ SQL 구문

```sql
/* TB_Old과 TB_New의 조인 되지 않는 Row를 TB_New 테이블에 추가 */
INSERT INTO TB_New
SELECT id, code, GETDATE() AS date
FROM (SELECT o.*, n.id as nid
      FROM TB_Old o
      LEFT OUTER JOIN TB_New n
      ON o.id = n.id
) o
WHERE o.nid IS NULL

/* TB_Old과 TB_New의 조인되는 Row를 TB_Old 테이블 기준으로 Update */
UPDATE n
SET n.code = o.code, n.date = GETDATE()
FROM TB_Old o, TB_New n
WHERE o.id = n.id AND o.code <> n.code
GO
```

· 실행 계획 (INSERT)

Rows	Executes	StmtText
1000	1	INSERT INTO TB_New SELECT id, code, GETDATE() AS date FROM (SELECT o.*,n.id as nid FROM TB_Old o LEFT OUTER JOIN TB_New n ON o.id = n.id) o WHERE o.nid IS NULL
1000	1	|--Table INSERT(OBJECT:([Tuning].[dbo].[TB_New]), SET:([Tuning].[dbo].[TB_New].[id] = [Tuning].[dbo].[TB_Old].[id] as [o].[id],[Tuning].[dbo].[TB_New].[code] = [Tuning].[dbo].[TB_Old].[code] as [o].[code],[Tuning].[dbo].[TB_New].[date] = [Expr1007]))
0	0	|--Compute Scalar(DEFINE:([Expr1007]=getdate()))
1000	1	|--Filter(WHERE:([Tuning].[dbo].[TB_New].[id] as [n].[id] IS NULL))
1000000	1	|--Hash Match(Right Outer Join, HASH:([n].[id])=([o].[id]), RESIDUAL:([Tuning].[dbo].[TB_Old].[id] as [o].[id]=[Tuning].[dbo].[TB_New].[id] as [n].[id]))
999000	1	|--Table Scan(OBJECT:([Tuning].[dbo].[TB_New] AS [n]))
1000000	1	|--Table Scan(OBJECT:([Tuning].[dbo].[TB_Old] AS [o]))

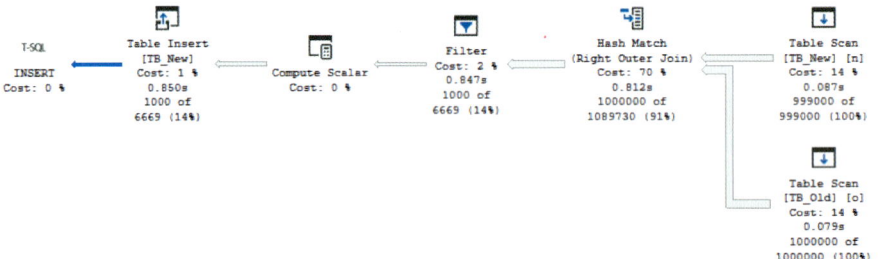

```
테이블 'TB_New'. 검색 수 1, 논리적 읽기 수 6077
테이블 'Workfile'. 검색 수 0, 논리적 읽기 수 0
테이블 'Worktable'. 검색 수 0, 논리적 읽기 수 0
테이블 'TB_Old'. 검색 수 1, 논리적 읽기 수 5077
SQL Server 실행 시간:
CPU 시간 = 1328ms, 경과 시간 = 1678ms
```

· 실행 계획 (UPDATE)

Rows	Executes	StmtText
1286	1	UPDATE n SET n.code=o.code, n.date=GETDATE() FROM TB_Old o, TB_New n WHERE o.id=n.id AND o.code <> n.code
1286	1	|--Table Update(OBJECT:([Tuning].[dbo].[TB_New] AS [n]), SET:([Tuning].[dbo].[TB_New].[code] as [n].[code] = [Tuning].[dbo].[TB_Old].[code] as [o].[code],[Tuning].[dbo].[TB_New].[date] as [n].[date] = [Expr1004]))
0	0	|--Compute Scalar(DEFINE:([Expr1004]=getdate()))
1286	1	|--Hash Match(Aggregate, HASH:([Bmk1002]), RESIDUAL:([Bmk1002] = [Bmk1002]) DEFINE:([o].[code]=ANY([Tuning].[dbo].[TB_Old].[code] as [o].[code])))
1286	1	|--Hash Match(INNER JOIN, HASH:([n].[id])=([o].[id]), RESIDUAL:([Tuning].[dbo].[TB_Old].[id] as [o].[id]=[Tuning].[dbo].[TB_New].[id] as [n].[id] AND [Tuning].[dbo].[TB_Old].[code] as [o].[code]<>[Tuning].[dbo].[TB_New].[code] as [n].[code]))
1000000	1	|--Table Scan(OBJECT:([Tuning].[dbo].[TB_New] AS [n]))
1000000	1	|--Table Scan(OBJECT:([Tuning].[dbo].[TB_Old] AS [o]))

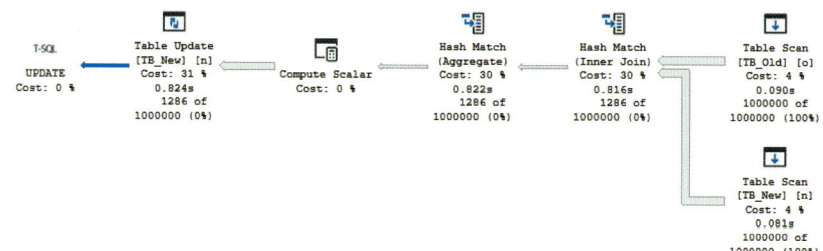

```
테이블 'TB_New'. 검색 수 1, 논리적 읽기 수 6363
테이블 'Worktable'. 검색 수 0, 논리적 읽기 수 0
테이블 'Workfile'. 검색 수 0, 논리적 읽기 수 0
테이블 'TB_Old'. 검색 수 1, 논리적 읽기 수 5077
SQL Server 실행 시간:
CPU 시간 = 1484ms, 경과 시간 = 1516ms
```

3. [AS-IS] 구문 설명

[TB_New] 테이블을 [TB_Old] 테이블에 맞춰 데이터 동기화를 위해 DML을 사용하는 구문이다. [TB_New] 테이블에 존재하지 않는 데이터는 INSERT를 수행하고 [TB_Old] 테이블과 [Code] 값이 다른 데이터는 UPDATE를 수행한다. 데이터를 삽입, 수정하는 과정에서 동일 테이블을 각 2회씩 읽어 내야 하기 때문에 비효율이 존재한다.

4. [TO-BE] 튜닝 포인트

두 테이블을 조인하여 조건에 만족하는 데이터는 UPDATE를 수행하고 만족하지 않는 데이터는 INSERT를 수행하는 경우라면 테이블을 한 번씩만 읽어내면서 동시에 수행할 수 있는 MERGE 문을 활용할 수 있다. 두 구문을 MERGE 문으로 통합하여 비효율적인 I/O를 감소시킨다.

5. [TO-BE] 개선 방안

1) INSERT와 UPDATE를 MERGE 문으로 통합

INSERT와 UPDATE 구문을 MERGE 문으로 통합하여 동시에 처리하도록 개선한다.

■ 변경된 SQL 구문

```sql
MERGE INTO TB_New n
USING (SELECT * FROM TB_Old) o
ON o.id = n.id
WHEN MATCHED AND o.code <> n.code THEN
UPDATE SET n.code = o.code, n.date = GETDATE()
WHEN NOT MATCHED THEN
INSERT (id, code, date) VALUES (o.id, o.code, GETDATE());
GO
```

· 실행 계획

Rows	Executes	StmtText
2286	1	MERGE INTO TB_New n USING (SELECT * FROM TB_Old) o ON o.id = n.id WHEN MATCHED AND o.code <> n.code THEN UPDATE SET n.code = o.code, n.date = GETDATE() WHEN NOT MATCHED THEN INSERT (id, code, date) VALUES (o.id, o.code, GETDATE()))
2286	1	|--Table Merge(OBJECT:([Tuning].[dbo].[TB_New] AS [n]), SET:(INSERT, [Tuning].[dbo].[TB_New].[date] as [n].[date] = [Expr1008],[Tuning].[dbo].[TB_New].[id] as [n].[id] = [Expr1009],[Tuning].[dbo].[TB_New].[code] as [n].[code] = [Expr1010]), SET:(Update, [Tuning].[dbo].[TB_New].[date] as [n].[date] = [Expr1008],[Tuning].[dbo].[TB_New].[code] as [n].[code] = [Expr1010]) ACTION:([Action1007]))
2286	1	|--Assert(WHERE:(CASE WHEN [Expr1017]>(1) THEN (0) ELSE NULL END))
2286	1	|--Sequence Project(DEFINE:([Expr1017]=conditional_row_number))
2286	1	|--Segment
2286	1	|--Sort(ORDER BY:([Bmk1003] ASC))
0	0	|--Compute Scalar(DEFINE:([Expr1008]=getdate(), [Expr1009]=CASE WHEN [Action1007]=(4) THEN [Tuning].[dbo].[TB_Old].[id] ELSE [Tuning].[dbo].[TB_New].[id] as [n].[id] END))
2286	1	|--Filter(WHERE:([Action1007] IS NOT NULL))
0	0	|--Compute Scalar(DEFINE:([Expr1010]=[Tuning].[dbo].[TB_Old].[code]))
1000000	1	|--Compute Scalar(DEFINE:([Action1007]=ForceOrder(CASE WHEN [TrgPrb1005] IS NOT NULL THEN CASE WHEN [Tuning].[dbo].[TB_Old].[code]<>[Tuning].[dbo].[TB_New].[code] as [n].[code] THEN (1) ELSE NULL END ELSE (4) END)))
1000000	1	|--Hash Match(LEFT OUTER JOIN, HASH:([Tuning].[dbo].[TB_Old].[id])=([n].[id]), RESIDUAL:([Tuning].[dbo].[TB_Old].[id] = [Tuning].[dbo].[TB_New].[id] as [n].[id]))
1000000	1	|--Table Scan(OBJECT:([Tuning].[dbo].[TB_Old]))
0	0	|--Compute Scalar(DEFINE:([TrgPrb1005]=(1)))
999000	1	|--Table Scan(OBJECT:([Tuning].[dbo].[TB_New] AS [n]))

```
테이블 'TB_New'. 검색 수 1, 논리적 읽기 수 7363
테이블 'Worktable'. 검색 수 0, 논리적 읽기 수 0
테이블 'Workfile'. 검색 수 0, 논리적 읽기 수 0
테이블 'TB_Old'. 검색 수 1, 논리적 읽기 수 5077
SQL Server 실행 시간:
CPU 시간 = 1469ms, 경과 시간 = 2201ms
```

6. 개선 효과

· 리소스 사용률 비교

	CPU Time (ms)	Elapse Time (ms)	Logical Reads
AS-IS	2,812	3,194	22,594
TO-BE	1,469	2,201	12,440

58 저장 프로시저 성능 이슈

저장 프로시저의 실행 계획 재사용으로 인해 성능 이슈가 발생되는 사례이다.

1. 사전 구성 스크립트

```sql
SELECT NO, DATE
     , CASE WHEN high=1 THEN 'Berlin' WHEN high=8 AND RIGHT(NO,3)=000 THEN 'Paris'
       ELSE 'London' END AS CITY
INTO TB_CITY
FROM (SELECT ROW_NUMBER() OVER (ORDER BY A.number) AS NO
           , CONVERT(CHAR(8), DATEADD (DD, A.number,'2020-01-01'), 112) AS DATE
           , high
      FROM master..spt_values A, (SELECT number
                                  FROM master..spt_values
                                  WHERE type = 'P' AND number < 500) B
      WHERE A.type = 'P'
) A

CREATE CLUSTERED INDEX CIDX_CITY ON TB_CITY(NO)
CREATE INDEX NIDX01_CITY ON TB_CITY(CITY)
GO

/* 저장 프로시저 생성문 */
CREATE PROCEDURE SP_CITY @CITY VARCHAR(20)
AS
SELECT CITY, COUNT(*)
FROM TB_CITY
WHERE CITY IN (@CITY)
AND DATE > '20200130'
GROUP BY CITY
GO
```

2. [AS-IS] SQL 구문 및 실행 계획

■ SQL 구문

```sql
EXEC SP_CITY 'Paris'
EXEC SP_CITY 'London'
GO
```

· 실행 계획 ('Paris' 매개변수 적용)

Rows	Executes	StmtText
1	1	SELECT CITY, COUNT(*) FROM TB_CITY WHERE CITY IN (@CITY) AND DATE > '20200130' GROUP BY CITY
0	0	|--Compute Scalar(DEFINE:([Expr1003]=CONVERT_IMPLICIT(int,[Expr1007],0)))
1	1	|--Stream Aggregate(DEFINE:([Expr1007]=Count(*), [Tuning].[dbo].[TB_CITY].[CITY]=ANY([Tuning].[dbo].[TB_CITY].[CITY])))
252	1	|--Nested Loops(INNER JOIN, OUTER REFERENCES:([Uniq1001], [Tuning].[dbo].[TB_CITY].[NO], [Expr1006]) WITH UNORDERED PREFETCH)
256	1	|--Index Seek(OBJECT:([Tuning].[dbo].[TB_CITY].[NIDX01_CITY]), SEEK:([Tuning].[dbo].[TB_CITY].[CITY]=[@CITY]) Ordered Forward)
252	256	|--Clustered Index Seek(OBJECT:([Tuning].[dbo].[TB_CITY].[CIDX_CITY]), SEEK:([Tuning].[dbo].[TB_CITY].[NO]=[Tuning].[dbo].[TB_CITY].[NO] AND [Uniq1001]=[Uniq1001]), WHERE:([Tuning].[dbo].[TB_CITY].[DATE]>'20200130') LOOKUP Ordered Forward)

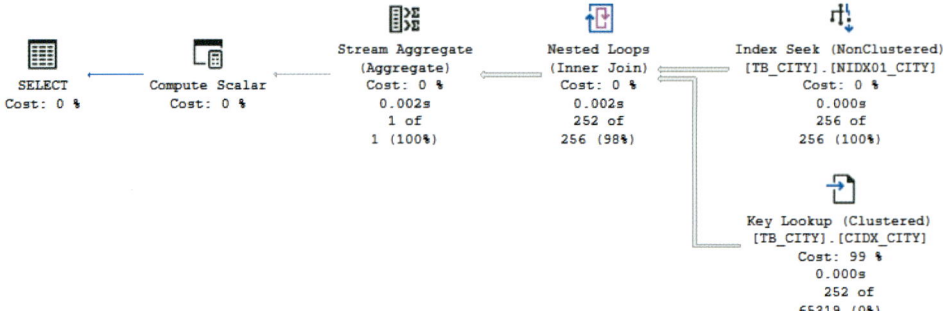

테이블 'TB_CITY'. 검색 수 1, 논리적 읽기 수 798
SQL Server 실행 시간:
CPU 시간 = 0ms, 경과 시간 = 0ms

- **실행 계획 ('London' 매개변수 적용)**

Rows	Executes	StmtText
1	1	SELECT CITY, COUNT(*) FROM TB_CITY WHERE CITY IN (@CITY) AND DATE > '20200130' GROUP BY CITY
0	0	|--Compute Scalar(DEFINE:([Expr1003]=CONVERT_IMPLICIT(int,[Expr1007],0)))
1	1	|--Stream Aggregate(DEFINE:([Expr1007]=Count(*), [Tuning].[dbo].[TB_CITY].[CITY]=ANY([Tuning].[dbo].[TB_CITY].[CITY])))
882748	1	|--Nested Loops(INNER JOIN, OUTER REFERENCES:([Uniq1001], [Tuning].[dbo].[TB_CITY].[NO], [Expr1006]) WITH UNORDERED PREFETCH)
895744	1	|--Index Seek(OBJECT:([Tuning].[dbo].[TB_CITY].[NIDX01_CITY]), SEEK:([Tuning].[dbo].[TB_CITY].[CITY]=[@CITY]) Ordered Forward)
882748	895744	|--Clustered Index Seek(OBJECT:([Tuning].[dbo].[TB_CITY].[CIDX_CITY]), SEEK:([Tuning].[dbo].[TB_CITY].[NO]=[Tuning].[dbo].[TB_CITY].[NO] AND [Uniq1001]=[Uniq1001]), WHERE:([Tuning].[dbo].[TB_CITY].[DATE]>'20200130') LOOKUP Ordered Forward)

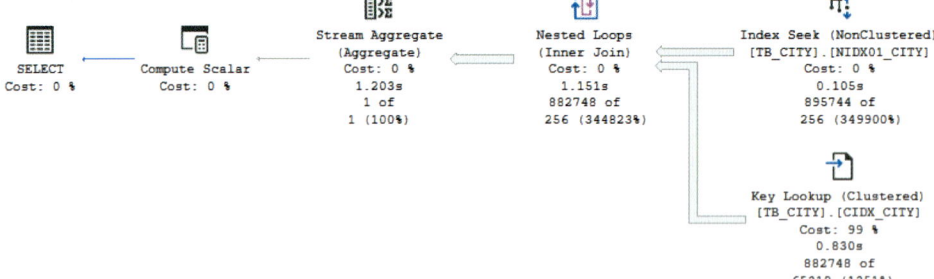

테이블 'TB_CITY'. 검색 수 1, 논리적 읽기 수 2745897
SQL Server 실행 시간:
CPU 시간 = 1063ms, 경과 시간 = 1064ms

3. [AS-IS] 통계 정보

- **인덱스 정보**

Table_Name	Index_Name	Type_Desc	Is_Unique	Key_List	Include_List
TB_CITY	CIDX_CITY	CLUSTERED	0	NO	-
TB_CITY	NIDX01_CITY	NONCLUSTERED	0	CITY	-

- **[TB_CITY] 테이블의 인덱스 PAGE 정보 (sys.sysindexes)**

	Table_Name	Index_Name	dpages	rows
1	TB_CITY	CIDX_CITY	4702	1024000
2	TB_CITY	NIDX01_CITY	3039	1024000

4. [AS-IS] 구문 설명

저장 프로시저 [SP_CITY]에 매개변수를 서로 다른 값으로 하여 2회 실행시키는 구문이다. 프로시저 내부로 입력받는 매개변수는 [TB_CITY] 테이블 [CITY] 컬럼의 조건절로 사용되며 조건에 해당하는 값 중 [DATE] 컬럼이 '20200130' 이후에 해당되는 데이터를 추출하여 [CITY] 컬럼을 기준으로 집계한 행 수를 출력한다. 첫 번째로 입력받은 'Paris' 매개변수로 프로시저가 수행되면서 실행 계획이 생성되는데, [TB_CITY] 테이블에서 [CITY] = 'Paris'에 해당하는 데이터 256건을 인덱스로 탐색한 후 [DATE] 컬럼의 조건절을 적용하기 위해 클러스터 인덱스에 Key Lookup을 수행한다. 이어서 'London'을 매개변수로 입력받아 수행하게 되는데, [CITY] = 'London'에 해당되는 데이터 약 80만 건에 대해 이전에 생성된 실행 계획이 재사용 되면서 많은 양의 Key Lookup으로 과다한 I/O 비용이 발생한다.

5. [TO-BE] 튜닝 포인트

[DATE] 컬럼이 인덱스 키로 존재하지 않아서 Key Lookup 연산이 추가적으로 요구되는데, 프로시저 매개변수를 'London'으로 처음 실행했다면 많은 양의 Key Lookup 수행 비용을 고려하여 클러스터 인덱스 전체를 읽어내는 것으로 실행 계획이 생성됐을 것이다. [DATE] 컬럼을 인덱스 키로 포함하면, 두 경우 모두 인덱스만 읽고 탐색하는 동일한 실행 계획으로 생성되기 때문에 실행 계획이 재사용될 때 데이터 분포 차이에 대한 성능적인 이슈가 발생되는 것을 해결할 수 있다.

6. [TO-BE] 개선 방안

1) [CITY] 컬럼과 [DATE] 컬럼이 키로 구성된 인덱스를 생성한다.

[TB_CITY] 테이블에 조건절로 사용된 [CITY] 컬럼과 [DATE] 컬럼을 키로 포함한 인덱스를 새로 생성한다. 이후 프로시저를 다시 실행하면 각 매개변수값에 대해 모두 동일한 실행 계획으로 수행되기 때문에 실행 계획 재사용으로 인한 과다한 I/O 사용을 개선할 수 있다.

■ 인덱스 생성 구문

```sql
CREATE INDEX NIDX02_CITY ON TB_CITY(CITY, DATE)
GO
```

■ SQL 구문

```sql
EXEC SP_CITY 'Paris'
EXEC SP_CITY 'London'
GO
```

· 실행 계획 ('Paris')

Rows	Executes	StmtText
1	1	SELECT CITY, COUNT(*) FROM TB_CITY WHERE CITY IN (@CITY) AND DATE > '20200130' GROUP BY CITY
0	0	|--Compute Scalar(DEFINE:([Expr1003]=CONVERT_IMPLICIT(int,[Expr1006],0)))
1	1	|--Stream Aggregate(DEFINE:([Expr1006]=Count(*), [Tuning].[dbo].[TB_CITY].[CITY]=ANY([Tuning].[dbo].[TB_CITY].[CITY])))
252	1	|--Index Seek(OBJECT:([Tuning].[dbo].[TB_CITY].[NIDX02_CITY]), SEEK:([Tuning].[dbo].[TB_CITY].[CITY] = [@CITY] AND [Tuning].[dbo].[TB_CITY].[DATE] > '20200130') Ordered Forward)

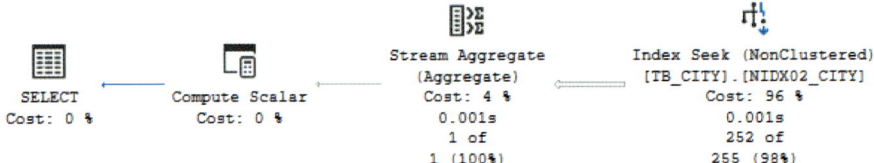

테이블 'TB_CITY'. 검색 수 1, 논리적 읽기 수 5
SQL Server 실행 시간:
CPU 시간 = 0ms, 경과 시간 = 0ms

· 실행 계획 ('London')

Rows	Executes	StmtText
1	1	SELECT CITY, COUNT(*) FROM TB_CITY WHERE CITY IN (@CITY) AND DATE > '20200130' GROUP BY CITY
0	0	|--Compute Scalar(DEFINE:([Expr1003]=CONVERT_IMPLICIT(int,[Expr1006],0)))
1	1	|--Stream Aggregate(DEFINE:([Expr1006]=Count(*), [Tuning].[dbo].[TB_CITY].[CITY]=ANY([Tuning].[dbo].[TB_CITY].[CITY])))
882748	1	|--Index Seek(OBJECT:([Tuning].[dbo].[TB_CITY].[NIDX02_CITY]), SEEK:([Tuning].[dbo].[TB_CITY].[CITY]=[@CITY] AND [Tuning].[dbo].[TB_CITY].[DATE] > '20200130') Ordered Forward)

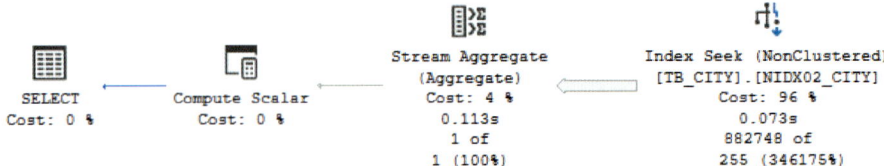

테이블 'TB_CITY'. 검색 수 1, 논리적 읽기 수 3510
SQL Server 실행 시간:
CPU 시간 = 63ms, 경과 시간 = 73ms

7. 개선 효과

- **리소스 사용률 비교**

	CPU Time (ms)	Elapse Time (ms)	Logical Reads
AS-IS	0	0	798
	1,063	1,064	2,745,897
TO-BE	0	0	5
	63	73	3,510

59 잘못된 통계 정보로 인한 성능 이슈 - 1

통계가 생성된 이후의 DML 작업으로 인해 통계가 부정확하여 의도하지 않은 실행 계획이 수립되는 사례이다.

1. 사전 구성 스크립트

```sql
/* 통계 부정확성 테스트를 위해 자동 통계 업데이트 기능은 OFF 된 상태로 진행 */
/* ALTER DATABASE [DB명] SET AUTO_UPDATE_STATISTICS OFF WITH NO_WAIT */

SELECT no
     , CASE WHEN no <= 250000 THEN 1
            WHEN no <= 500000 THEN 2
            WHEN no <= 750000 THEN 3
            ELSE 4 END AS num
     , CONVERT(NVARCHAR(36),NEWID()) AS txt
INTO TB_Stat
FROM (SELECT ROW_NUMBER() OVER ( ORDER BY a.number ) AS no
        FROM master..spt_values a, master..spt_values b
       WHERE a.type = 'P'
         AND a.number BETWEEN 1 AND 1000
         AND b.type = 'P'
         AND b.number BETWEEN 1 AND 1000
) c

CREATE INDEX NIDX01_Stat ON TB_Stat(num)

DELETE TB_Stat WHERE no >= 750002
GO
```

2. [AS-IS] SQL 구문 및 실행 계획

■ SQL 구문

```
SELECT no,num,txt
FROM TB_Stat
WHERE num = 4
GO
```

· 실행 계획

Rows	Executes	StmtText	EstimateRows
1	1	SELECT [no],[num],[txt] FROM [TB_Stat] WHERE [num]=@1	187500.3
1	1	|--Table Scan(OBJECT:([Tuning].[dbo].[TB_Stat]), WHERE:([Tuning].[dbo].[TB_Stat].[num]=(4)))	187500.3

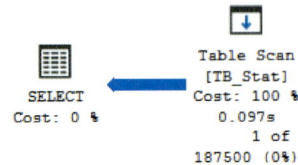

테이블 'TB_Stat'. 검색 수 1, 논리적 읽기 수 12049
SQL Server 실행 시간:
CPU 시간 = 62ms, 경과 시간 = 70ms

3. [AS-IS] 통계 정보

· 인덱스 정보

Table_Name	Index_Name	Type_Desc	Is_Unique	Key_List	Include_List
TB_Stat	NIDX01_Stat	NONCLUSTERED	0	num	-

· [NIDX01_Stat] 통계 데이터 (Selectivity, Histogram)

	All density	Average Length	Columns
1	0.25	4	num

	RANGE_HI_KEY	RANGE_ROWS	EQ_ROWS	DISTINCT_RANGE_ROWS	AVG_RANGE_ROWS
1	1	0	250000	0	1
2	2	0	250000	0	1
3	3	0	250000	0	1
4	4	0	250000	0	1

・ 실제 데이터 분포도

num	EQ_ROWS
1	250000
2	250000
3	250000
4	1

4. [AS-IS] 구문 설명

[TB_Stat] 테이블에서 [num] 컬럼의 값이 4인 행을 출력하는 구문이다. 조건에 사용된 [num] 컬럼에는 인덱스가 존재하고 최종 출력되는 데이터는 1건임에도 테이블 전체를 스캔하면서 많은 I/O 비용을 사용한다.

5. [TO-BE] 튜닝 포인트

[TB_Stat] 테이블 조건에 해당되는 데이터 1건만을 출력함에도 인덱스를 사용하지 않은 이유는 부정확한 통계 정보로 인해 예상 행 수(Estimate Rows)가 높게 측정되었기 때문이다. [NIDX01_Stat] 인덱스를 사용하여 탐색을 할 경우 [no], [txt] 컬럼을 출력하기 위한 RID Lookup이 필요한데, 예상 행 수 약 18만 건만큼 RID Lookup에 대한 비용을 고려하여 테이블 전체 스캔하는 것을 선택한 것이다. 통계가 생성된 이후에 데이터가 삭제되면서 통계 데이터와 실제 데이터의 차이가 발생된 것이기 때문에 현재 데이터를 기준으로 통계를 업데이트하여 정확한 정보를 제공할 수 있도록 해야 한다.

6. [TO-BE] 개선 방안

1) 통계 정보 업데이트

UPDATE STATISTICS 구문을 통해 기존 통계 정보를 업데이트하고 정확한 통계 정보로 실행 계획을 수립할 수 있도록 개선한다.

■ **[NIDX01_Stat] 통계 정보 업데이트**

```
UPDATE STATISTICS TB_Stat(NIDX01_Stat) WITH FULLSCAN
GO
```

■ **SQL 구문**

```sql
SELECT no, num, txt
FROM TB_Stat
WHERE num = 4
GO
```

· **실행 계획**

Rows	Executes	StmtText	EstimateRows
1	1	SELECT [no],[num],[txt] FROM [TB_Stat] WHERE [num]=@1	1
1	1	|--Nested Loops(INNER JOIN, OUTER REFERENCES:([Bmk1000]) OPTIMIZED)	1
0	0	|--Compute Scalar(DEFINE:([Expr1004]=BmkToPage([Bmk1000])))	1
1	1	|--Index Seek(OBJECT:([Tuning].[dbo].[TB_Stat].[NIDX01_Stat]), SEEK:([Tuning].[dbo].[TB_Stat].[num]=(4)) Ordered Forward)	1
1	1	|--RID Lookup(OBJECT:([Tuning].[dbo].[TB_Stat]), SEEK:([Bmk1000]=[Bmk1000]) LOOKUP Ordered Forward)	1

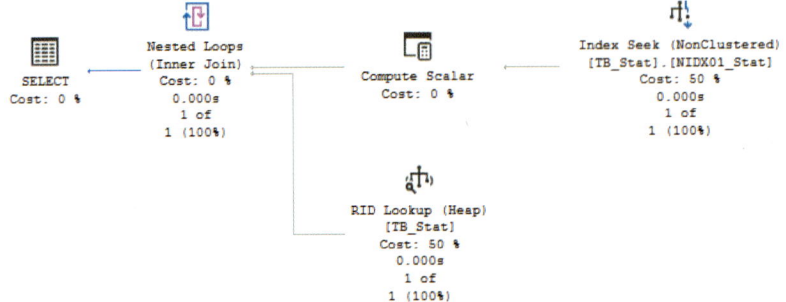

```
테이블 'TB_Stat'. 검색 수 1, 논리적 읽기 수 7
SQL Server 실행 시간:
CPU 시간 = 0ms, 경과 시간 = 0ms
```

7. 개선 효과

· **리소스 사용률 비교**

	CPU Time (ms)	Elapse Time (ms)	Logical Reads
AS-IS	62	70	12,049
TO-BE	0	0	7

60 잘못된 통계 정보로 인한 성능 이슈 - 2

통계가 생성된 이후의 DML 작업으로 인해 통계가 부정확하여 의도하지 않은 실행 계획이 수립되는 사례이다.

1. 사전 구성 스크립트

```sql
/* 통계 부정확성 테스트를 위해 자동 통계 업데이트 기능은 OFF 된 상태로 진행 */
/* ALTER DATABASE [DB명] SET AUTO_UPDATE_STATISTICS OFF WITH NO_WAIT */

SELECT ROW_NUMBER () OVER (ORDER BY A.number) AS ID, A.number AS CODE01
     , NULL AS CODE02
     , LEFT(CONVERT(CHAR(8), DATEADD(DD, A.high,'2020-01-01'), 112), 8) AS DATE
INTO TB_STAT01
FROM master..spt_values A, (SELECT number
                             FROM master..spt_values B
                             WHERE type = 'P' AND number <= 500) B
WHERE A.type = 'P'

CREATE CLUSTERED INDEX CIDX_STAT01 ON TB_STAT01(ID)
CREATE INDEX NIDX01_STAT01 ON TB_STAT01(DATE, CODE02)
CREATE INDEX NIDX02_STAT01 ON TB_STAT01(CODE01)
GO
```

2. [AS-IS] SQL 구문 및 실행 계획

■ SQL 구문

```sql
SELECT ID, CODE01, CODE02, DATE
FROM TB_STAT01
WHERE DATE = '20200103'
AND CODE02 IN ('2','3')
AND CODE01 < '500'

UPDATE A
SET A.CODE02 = LEFT(A.CODE01,1)
FROM TB_STAT01 A

SELECT ID, CODE01, CODE02, DATE
FROM TB_STAT01
WHERE DATE = '20200103'
AND CODE02 IN ('2','3')
AND CODE01 < '500'
GO
```

- 실행 계획 (UPDATE 이후 SELECT된 구문)

Rows	Executes	StmtText	EstimateRows
13527	1	SELECT ID, CODE01, CODE02, DATE FROM TB_STAT01 WHERE DATE ='20200103' AND CODE02 IN ('2','3') AND CODE01 \<'500'	292.4107
13527	1	|--Nested Loops(INNER JOIN, OUTER REFERENCES:([Uniq1001], [Tuning].[dbo].[TB_STAT01].[ID], [Expr1003]) WITH UNORDERED PREFETCH)	292.4107
16533	1	|--Index Seek(OBJECT:([Tuning].[dbo].[TB_STAT01].[NIDX01_STAT01]), SEEK:([Tuning].[dbo].[TB_STAT01].[DATE]='20200103' AND [Tuning].[dbo].[TB_STAT01].[CODE02]=(2) OR [Tuning].[dbo].[TB_STAT01].[DATE]='20200103' AND [Tuning].[dbo].[TB_STAT01].[CODE02]=(3)) Ordered Forward)	292.4107
13527	16533	|--Clustered Index Seek(OBJECT:([Tuning].[dbo].[TB_STAT01].[CIDX_STAT01]), SEEK:([Tuning].[dbo].[TB_STAT01].[ID]=[Tuning].[dbo].[TB_STAT01].[ID] AND [Uniq1001]=[Uniq1001]), WHERE:([Tuning].[dbo].[TB_STAT01].[CODE01]<(500)) LOOKUP Ordered Forward)	205.5433

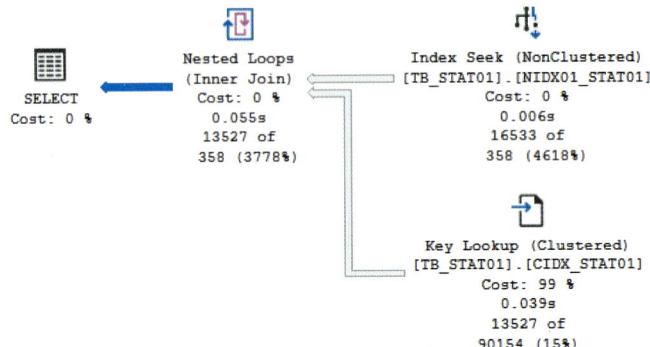

테이블 'TB_STAT01'. 검색 수 2, 논리적 읽기 수 50712
SQL Server 실행 시간:
CPU 시간 = 94ms, 경과 시간 = 205ms

3. [AS-IS] 통계 정보

- 인덱스 정보

Table_Name	Index_Name	Type_Desc	Is_Unique	Key_List	Include_List
TB_STAT01	CIDX_STAT01	CLUSTERED	0	ID	-
TB_STAT01	NIDX01_STAT01	NONCLUSTERED	0	DATE, CODE02	-
TB_STAT01	NIDX02_STAT01	NONCLUSTERED	0	CODE01	-

- [CODE02] 자동 통계 데이터 (Selectivity, Histogram)

	All density	Average Length	Columns
1	1	0	CODE02

	RANGE_HI_KEY	RANGE_ROWS	EQ_ROWS	DISTINCT_RANGE_ROWS	AVG_RANGE_ROWS
1	NULL	0	1026048	0	1

· **[NIDX01_STAT01] 통계 데이터 (Selectivity, Histogram)**

	All density	Average Length	Columns
1	0.125	8	DATE
2	0.125	8	DATE, CODE02
3	9.746133E-07	16	DATE, CODE02, ID

	RANGE_HI_KEY	RANGE_ROWS	EQ_ROWS	DISTINCT_RANGE_ROWS	AVG_RANGE_ROWS
1	20200102	0	128256	0	1
2	20200103	0	128256	0	1
3	20200105	0	128256	0	1
4	20200109	0	128256	0	1
5	20200117	0	128256	0	1
6	20200202	0	128256	0	1
7	20200305	0	128256	0	1
8	20200508	0	128256	0	1

4. [AS-IS] 구문 설명

[TB_STAT01] 테이블 [DATE] 컬럼이 '20200103'이고 [CODE02] 컬럼이 '2' 와 '3', [CODE01] 컬럼이 '500' 미만인 데이터를 출력한 뒤 [CODE02] 컬럼을 업데이트 후 다시 출력하는 구문이다. 첫 번째 SELECT 구문을 실행할 때 인덱스 선두 키 컬럼으로 존재하지 않는 [CODE02] 컬럼에 대해 자동 통계가 작성되었고 이때 값은 모두 NULL인 상태이다. [CODE02] 컬럼을 UPDATE한 뒤 다시 SELECT 구문을 실행하면 업데이트되지 않은 통계로 인해 예상 행 수가 적게 예측되어 후행 테이블에 반복적으로 조인하는 NL Join으로 수행되면서 I/O가 과다하게 발생하였다.

5. [TO-BE] 튜닝 포인트

[CODE02] 컬럼이 업데이트되었지만 통계는 업데이트가 되지 않아 예상 행 수를 적게 판단하여 NL Join으로 실행 계획이 생성되었다. 따라서 해당 통계 업데이트를 통해 예상 행 수를 보다 정확히 예측하여 Hash Join으로 실행되도록 유도한다.

6. [TO-BE] 개선 방안

1) 통계 업데이트 수행

[CODE02] 컬럼에 대한 자동 통계를 업데이트한다. 기존에 NULL 값이었던 컬럼에 대한 통계가 실제 데이터로 갱신되면서 Hash Join으로 수행되어 I/O가 감소된다.

■ 통계 업데이트 구문

```
DBCC SHOW_STATISTICS('TB_STAT01', CODE02) --통계명 조회
UPDATE STATISTICS TB_STAT01(_WA_Sys_00000003_05A3D694) --해당 통계명 업데이트
```

■ SQL 구문

```
SELECT ID, CODE01, CODE02, DATE
FROM TB_STAT01
WHERE DATE ='20200103' AND CODE02 IN ('2','3') AND CODE01 <'500'
GO
```

· 실행 계획

Rows	Executes	StmtText	EstimateRows
13527	1	SELECT ID, CODE01, CODE02, DATE FROM TB_STAT01 WHERE DATE ='20200103' AND CODE02 IN ('2','3') AND CODE01 <'500'	32998.48
13527	1	|--Hash Match(INNER JOIN, HASH:([Tuning].[dbo].[TB_STAT01].[ID], [Uniq1001])=([Tuning].[dbo].[TB_STAT01].[ID], [Uniq1001]), RESIDUAL:([Tuning].[dbo].[TB_STAT01].[ID] = [Tuning].[dbo].[TB_STAT01].[ID] AND [Uniq1001] = [Uniq1001]))	11461.04
16533	1	|--Index Seek(OBJECT:([Tuning].[dbo].[TB_STAT01].[NIDX01_STAT01]), SEEK:([Tuning].[dbo].[TB_STAT01].[DATE]='20200103' AND [Tuning].[dbo].[TB_STAT01].[CODE02]=(2) OR [Tuning].[dbo].[TB_STAT01].[DATE]='20200103' AND [Tuning].[dbo].[TB_STAT01].[CODE02]=(3)) Ordered Forward)	46944.42
250500	1	|--Index Seek(OBJECT:([Tuning].[dbo].[TB_STAT01].[NIDX02_STAT01]), SEEK:([Tuning].[dbo].[TB_STAT01].[CODE01] < (500)) Ordered Forward)	250500

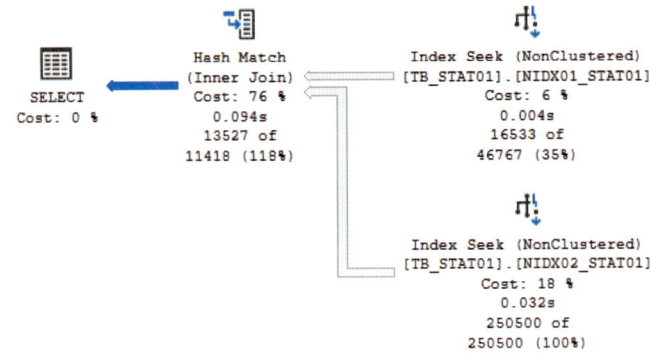

```
테이블 'Worktable'. 검색 수 0, 논리적 읽기 수 0
테이블 'Workfile'. 검색 수 0, 논리적 읽기 수 0
테이블 'TB_STAT01. 검색 수 3, 논리적 읽기 수 633
SQL Server 실행 시간:
CPU 시간 = 78ms, 경과 시간 = 197ms
```

- **[CODE02] 컬럼의 통계 데이터 (Selectivity, Histogram)**

	All density	Average Length	Columns
1	0.1111111	4	CODE02

	RANGE_HI_KEY	RANGE_ROWS	EQ_ROWS	DISTINCT_RANGE_ROWS	AVG_RANGE_ROWS
1	1	0	563737.4	0	1
2	2	0	74214.63	0	1
3	3	0	63246.61	0	1
4	4	0	55090.18	0	1
5	5	0	58454.4	0	1
6	6	0	53803.38	0	1
7	7	0	43787.35	0	1
8	8	0	61007.82	0	1
9	9	0	52706.18	0	1

7. 개선 효과

- **리소스 사용률 비교**

	CPU Time (ms)	Elapse Time (ms)	Logical Reads
AS-IS	94	205	50,712
TO-BE	78	197	633

61 통계 부재로 인한 성능 이슈

조건절 컬럼에 통계가 존재하지 않아 성능이 저하된 실행 계획이 만들어진 사례이다.

1. 사전 구성 스크립트

```sql
/* 통계 부정확성 테스트를 위해 자동 통계 작성 기능은 OFF 된 상태로 진행 */
/* ALTER DATABASE [DB명] SET AUTO_CREATE_STATISTICS OFF WITH NO_WAIT */

SELECT ROW_NUMBER () OVER (ORDER BY A.number) AS ID
     , A.number AS CODE01
     , LEFT(A.number,1) AS CODE02
     , LEFT(CONVERT(CHAR(8), DATEADD (DD, A.high,'2020-01-01'), 112), 8) AS DATE
INTO TB_DATA12
FROM master..spt_values A, (SELECT number
                            FROM master..spt_values B
                            WHERE type = 'P' AND number <= 500) B
WHERE A.type = 'P'

CREATE CLUSTERED INDEX CIDX_DATA12 ON TB_DATA12(ID)
CREATE INDEX NIDX01_DATA12 ON TB_DATA12(DATE, CODE02)
CREATE INDEX NIDX02_DATA12 ON TB_DATA12(CODE01)
GO
```

2. [AS-IS] SQL 구문 및 실행 계획

■ SQL 구문

```sql
SELECT ID, CODE01, CODE02, DATE
FROM TB_DATA12
WHERE DATE = '20200103'
AND CODE02 IN ('2','3')
AND CODE01 < '500'
GO
```

· 실행 계획

Rows	Executes	StmtText	EstimateRows
13527	1	SELECT ID, CODE01, CODE02, DATE FROM TB_DATA12 WHERE DATE ='20200103' AND CODE02 IN ('2','3') AND CODE01<'500'	716.257
13527	1	|--Nested Loops(INNER JOIN, OUTER REFERENCES:([Uniq1001], [Tuning].[dbo].[TB_DATA12].[ID], [Expr1003]) WITH UNORDERED PREFETCH)	716.257
16533	1	|--Index Seek(OBJECT:([Tuning].[dbo].[TB_DATA12].[NIDX01_DATA12]), SEEK:([Tuning].[dbo].[TB_DATA12].[DATE]='20200103' AND [Tuning].[dbo].[TB_DATA12].[CODE02]='2' OR [Tuning].[dbo].[TB_DATA12].[DATE]='20200103' AND [Tuning].[dbo].[TB_DATA12].[CODE02]='3') Ordered Forward)	716.257
13527	16533	|--Clustered Index Seek(OBJECT:([Tuning].[dbo].[TB_DATA12].[CIDX_DATA12]), SEEK:([Tuning].[dbo].[TB_DATA12].[ID]=[Tuning].[dbo].[TB_DATA12].[ID] AND [Uniq1001]=[Uniq1001]), WHERE:([Tuning].[dbo].[TB_DATA12].[CODE01]<(500)) LOOKUP Ordered Forward)	503.4761

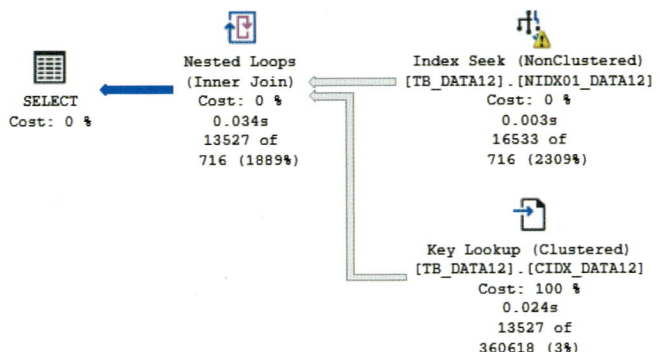

```
테이블 'TB_DATA12'. 검색 수 2, 논리적 읽기 수 50708
SQL Server 실행 시간:
CPU 시간 = 94ms, 경과 시간 = 309ms
```

3. [AS-IS] 통계 정보

· 인덱스 정보

Table_Name	Index_Name	Type_Desc	Is_Unique	Key_List	Include_List
TB_DATA12	CIDX_DATA12	CLUSTERED	0	ID	-
TB_DATA12	NIDX01_DATA12	NONCLUSTERED	0	DATE, CODE02	-
TB_DATA12	NIDX02_DATA12	NONCLUSTERED	0	CODE01	-

· [NIDX01_DATA12] 통계 데이터 (Selectivity, Histogram)

	All density	Average Length	Columns
1	0.125	8	DATE
2	0.01369863	9	DATE, CODE02
3	9.746133E-07	17	DATE, CODE02, ID

	RANGE_HI_KEY	RANGE_ROWS	EQ_ROWS	DISTINCT_RANGE_ROWS	AVG_RANGE_ROWS
1	20200102	0	128256	0	1
2	20200103	0	128256	0	1
3	20200105	0	128256	0	1
4	20200109	0	128256	0	1
5	20200117	0	128256	0	1
6	20200202	0	128256	0	1
7	20200305	0	128256	0	1
8	20200508	0	128256	0	1

4. [AS-IS] 구문 설명

[TB_DATA12] 테이블 [DATE] 컬럼이 '20200103'이고 [CODE02] 컬럼이 '2' 또는 '3' , [CODE01] 컬럼이 '500' 미만인 데이터를 출력하는 구문이다. [NIDX01_DATA12] 인덱스를 통해 [DATE], [CODE02] 컬럼에 대한 데이터를 탐색하는데 [CODE02] 컬럼에 대한 통계가 존재하지 않아 탐색한 실제 행 수가 16,533건임에도 예상 행 수가 적다고 판단하여 클러스터 인덱스에 Key Lookup이 반복되면서 I/O가 과다하게 발생되었다.

실행 계획을 보면 Estimate Rows가 716.257건으로 예상됐으며 이는 '20200103'의 EQ_ROWS 제곱근을 통해 계산되고, [CODE02] 컬럼이 2와 3으로 두 번 탐색하므로, 앞에서 구한 제곱근에 2를 곱하여 구해진다.

$$SQRT(EQ\_ROWS) * 2 = SQRT(128,256) * 2 = 358.128 * 2 = 716.257$$

5. [TO-BE] 튜닝 포인트

[CODE02] 컬럼의 통계 부재로 인해 부정확한 통계로 예상 행 수를 적게 판단하면서 과다한 Key Lookup이 발생되었다. 정확한 통계가 제공된다면, [NIDX01_DATA12] 인덱스와 [NIDX02_DATA12] 인덱스를 이용하여 탐색한 뒤 Hash Join을 통해 I/O를 개선할 수 있다. 정확한 통계를 제공하기 위해 [CODE02] 컬럼을 키값으로 인덱스를 생성한다.

6. [TO-BE] 개선 방안

1) [CODE02] 컬럼이 키로 구성된 신규 인덱스로 통계 생성

[CODE02] 컬럼에 대한 인덱스를 생성하면 해당 인덱스의 통계가 자동으로 생성된다. 실행 계획을 생성할 때 해당 통계를 함께 사용하여 예상 행 수를 측정하게 되고 인덱스 간의 Hash Join으로 실행되어 I/O를 개선하였다.

실행 계획을 보면 Estimate Rows가 46,568.75건으로 변경되었다. [NIDX03_DATA12] 통계에서 '2'의 EQ_ROWS인 79,659를 전체 ROWS 1,026,048로 나눈 값인 0.077636718을 구한다. 같은 방식으로 3에 대해서도 구하면 0.054199218이다. 두 값을 더한 수의 제곱근에 '20200103'의 EQ_ROWS인 128,256를 곱하면 예상 행 수가 계산된다.

$$SQRT(0.077636718 + 0.054199218) * 128256 = 46568.75$$

■ 인덱스 생성 구문

```
CREATE INDEX NIDX03_DATA12 ON TB_DATA12(CODE02)
GO
```

■ SQL 구문

```
SELECT ID, CODE01, CODE02, DATE
FROM TB_DATA12
WHERE DATE = '20200103'
AND CODE02 IN ('2','3')
AND CODE01 < '500'
GO
```

· [NIDX03_DATA12] 통계 데이터 (Selectivity, Histogram)

	All density	Average Length	Columns
1	0.1	1	CODE02
2	9.746133E-07	9	CODE02, ID

	RANGE_HI_KEY	RANGE_ROWS	EQ_ROWS	DISTINCT_RANGE_ROWS	AVG_RANGE_ROWS
1	0	0	501	0	1
2	1	0	556611	0	1
3	2	0	79659	0	1
4	3	0	55611	0	1
5	4	0	55611	0	1
6	5	0	55611	0	1
7	6	0	55611	0	1
8	7	0	55611	0	1
9	8	0	55611	0	1
10	9	0	55611	0	1

· 실행 계획

Rows	Executes	StmtText	EstimateRows
13527	1	SELECT ID, CODE01, CODE02, DATE FROM TB_DATA12 WHERE DATE ='20200103' AND CODE02 IN ('2','3') AND CODE01<'500'	32734.42
13527	1	|--Hash Match(INNER JOIN, HASH:([Tuning].[dbo].[TB_DATA12].[ID], [Uniq1001])=([Tuning].[dbo].[TB_DATA12].[ID], [Uniq1001]), RESIDUAL:([Tuning].[dbo].[TB_DATA12].[ID] = [Tuning].[dbo].[TB_DATA12].[ID] AND [Uniq1001] = [Uniq1001]))	11369.32
16533	1	|--Index Seek(OBJECT:([Tuning].[dbo].[TB_DATA12].[NIDX01_DATA12]), SEEK:([Tuning].[dbo].[TB_DATA12].[DATE]='20200103' AND [Tuning].[dbo].[TB_DATA12].[CODE02]='2' OR [Tuning].[dbo].[TB_DATA12].[DATE]='20200103' AND [Tuning].[dbo].[TB_DATA12].[CODE02]='3') Ordered Forward)	46568.75
250500	1	|--Index Seek(OBJECT:([Tuning].[dbo].[TB_DATA12].[NIDX02_DATA12]), SEEK:([Tuning].[dbo].[TB_DATA12].[CODE01] < (500)) Ordered Forward)	250500

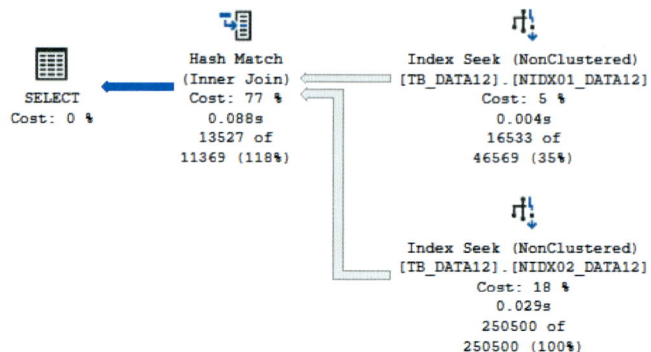

```
테이블 'Worktable'. 검색 수 0, 논리적 읽기 수 0
테이블 'Workfile'. 검색 수 0, 논리적 읽기 수 0
테이블 'TB_DATA12'. 검색 수 3, 논리적 읽기 수 629
SQL Server 실행 시간:
CPU 시간 = 93ms, 경과 시간 = 298ms
```

7. 개선 효과

· 리소스 사용률 비교

	CPU Time (ms)	Elapse Time (ms)	Logical Reads
AS-IS	94	309	50,708
TO-BE	93	298	629

62 REMOTE QUERY - 1

4 Part-name 방식의 Remote Query 성능 이슈

1. 사전 구성 스크립트

```sql
/* 로컬 서버 */
USE [master]
GO
EXEC master.dbo.sp_addlinkedserver
  @server = N'LOCALHOST,1444' --연결된 서버 별칭 (접속 주소, 포트)
, @srvproduct = N'SQL Server'
EXEC master.dbo.sp_addlinkedsrvlogin
  @rmtsrvname = N'LOCALHOST,1444' --연결된 서버 별칭 (접속 주소, 포트)
, @useself = 'false'
, @rmtuser = N'sa' --로그인 사용자
, @rmtpassword = N'P@ssW0rd!' --로그인 암호
GO

USE [Tuning]
GO
SELECT TOP 100000 ROW_NUMBER () OVER (ORDER BY A.number) + 800000 AS ID
     , A.number AS CODE01, RIGHT(A.number,1) AS CODE02
     , CASE WHEN B.number < 80
            THEN LEFT(CONVERT(CHAR(8), DATEADD(DD, A.high,'2020-01-01') ,112), 8)
            ELSE LEFT(CONVERT(CHAR(8), DATEADD(DD, A.number,'2020-01-01'),112), 8)
            END AS DATE
  INTO TB_DATA
  FROM master..spt_values A, (SELECT number
                                FROM master..spt_values B
                               WHERE type = 'P' AND number <= 500) B
 WHERE A.type = 'P'

CREATE CLUSTERED INDEX CIDX_DATA ON TB_DATA(ID)
GO

/* 원격 서버 */
USE [TEST]
GO
SELECT ROW_NUMBER () OVER (ORDER BY A.number) AS ID
     , A.number AS CODE01, RIGHT(A.number,1) AS CODE02
     , CASE WHEN B.number < 80
            THEN LEFT(CONVERT(CHAR(8), DATEADD(DD, A.high, '2020-01-01'), 112) ,8)
            ELSE LEFT(CONVERT(CHAR(8), DATEADD(DD, A.number, '2020-01-01'), 112) ,8)
            END AS DATE
  INTO TB_DATA13
  FROM master..spt_values A, (SELECT number
                                FROM master..spt_values B
                               WHERE type = 'P' AND number <= 500) B
 WHERE A.type = 'P'

CREATE CLUSTERED INDEX CIDX_DATA13 ON TB_DATA13(ID)
CREATE INDEX NIDX01_DATA13 ON TB_DATA13(DATE, CODE02)
GO
```

2. [AS-IS] SQL 구문 및 실행 계획

■ SQL 구문

```sql
SELECT A.ID, A.CODE02, B.DATE
FROM TB_DATA A
INNER JOIN [LOCALHOST,1444].TEST.DBO.TB_DATA13 B
ON A.ID = B.ID
AND B.DATE <= '20200731'
GO
```

· 실행 계획

Rows	Executes	StmtText
16000	1	SELECT A.ID, A.CODE02, B.DATE FROM TB_DATA A INNER JOIN [LOCALHOST,1444].TEST.DBO.TB_DATA13 B ON A.ID=B.ID AND B.DATE <='20200731'
16000	1	|--Hash Match(INNER JOIN, HASH:([A].[ID])=([LOCALHOST,1444].[TEST].[DBO].[TB_DATA13].[ID]), RESIDUAL:([Tuning].[dbo].[TB_DATA].[ID] as [A].[ID]=[LOCALHOST,1444].[TEST].[DBO].[TB_DATA13].[ID] as [B].[ID]))
100000	1	|--Clustered Index Scan(OBJECT:([Tuning].[dbo].[TB_DATA].[CIDX_DATA] AS [A]))
0	0	|--Compute Scalar(DEFINE:([LOCALHOST,1444].[TEST].[DBO].[TB_DATA13].[ID]=[LOCALHOST,1444].[TEST].[DBO].[TB_DATA13].[ID] as [B].[ID], [LOCALHOST,1444].[TEST].[DBO].[TB_DATA13].[DATE]=[LOCALHOST,1444].[TEST].[DBO].[TB_DATA13].[DATE] as [B].[DATE]))
253513	1	|--Remote Query(SOURCE:(LOCALHOST,1444), QUERY:(SELECT "Tbl1003"."ID" "Col1013","Tbl1003"."DATE" "Col1015" FROM "TEST"."DBO"."TB_DATA13" "Tbl1003" WHERE "Tbl1003"."DATE"<='20200731' ORDER BY "Col1013" ASC))

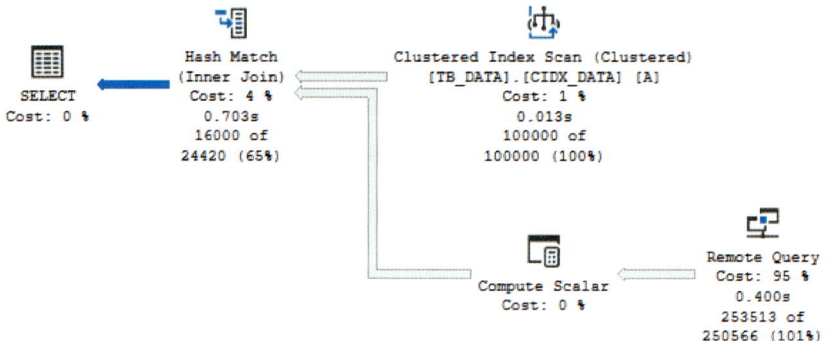

테이블 'Workfile'. 스캔 수 0, 논리적 읽기 0
테이블 'Worktable'. 스캔 수 0, 논리적 읽기 0
테이블 'TB_DATA'. 스캔 수 1, 논리적 읽기 476
SQL Server 실행 시간:
CPU 시간 = 562ms, 경과 시간 = 747ms

· 원격 서버 SQL 구문 (Profiler)

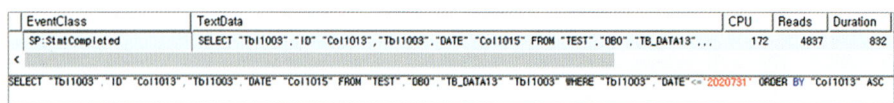

· 원격 서버 실행 계획 (Profiler)

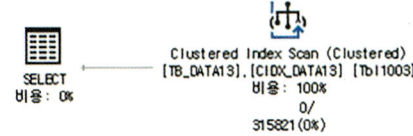

3. [AS-IS] 통계 정보

· 인덱스 정보

Table_Name	Index_Name	Type_Desc	Is_Unique	Key_List	Include_List
TB_DATA	CIDX_DATA	CLUSTERED	0	ID	-
TB_DATA13	CIDX_DATA13	CLUSTERED	0	ID	-
TB_DATA13	NIDX01_DATA13	NONCLUSTERED	0	DATE, CODE02	-

4. [AS-IS] 구문 설명

4 Part-name 방식을 사용하여 원격 서버 [TB_DATA13] 테이블의 [DATE] 컬럼이 '20200731' 이하인 데이터와 로컬 서버의 [TB_DATA] 테이블을 조인하는 구문이다. 두 테이블은 Hash Join으로 실행되어 조인 과정에서 정렬이 필요 없음에도 원격 서버에서 실행되는 구문에 변형이 일어나 [ID] 컬럼 순으로 정렬하도록 ORDER BY가 추가되었고 [NIDX01_DATA13] 인덱스가 아닌 [CIDX_DATA13] 클러스터 인덱스를 사용하였다.

5. [TO-BE] 튜닝 포인트

원격 서버에 접근하는 방식을 4 Part-name 방식에서 OPENQUERY 방식으로 구문을 변경한다. OPENQUERY로 작성하면 4 Part-name과 달리 구문 변경이 발생하지 않고 명시한 구문 그대로 원격 서버에서 실행된다. 따라서 원격 서버에 존재하는 적합한 인덱스를 탐색할 수 있다.

6. [TO-BE] 개선 방안

1) OPENQUERY 방식으로 구문을 변경한다.

아래와 같이 OPENQUERY를 사용하여 원격 서버 [TB_DATA13] 테이블의 [DATE] 컬럼을 조건으로 조회한 데이터와 로컬 서버 [TB_DATA] 테이블과 조인하도록 구문을 재작성하였다. Profiler를 통해 원격 서버에서 실행된 구문 및 실행 계획을 확인해 보면 4 Part-name 방식과 달리 명시해 준 구문 그대로 실행됨을 확인할 수 있다. 따라서 WHERE 조건절의 [DATE] 컬럼에 대해 [NIDX01_DATA13] 인덱스를 탐색하여 원격 서버의 I/O가 감소된다.

■ 변경된 SQL 구문

```sql
SELECT A.ID, A.CODE02, B.DATE
FROM TB_DATA A
INNER JOIN (SELECT ID, DATE
            FROM OPENQUERY([LOCALHOST,1444], 'SELECT ID, DATE
                                               FROM TEST.DBO.TB_DATA13
                                               WHERE DATE <= ''20200731''')
) B
ON A.ID = B.ID
```

· 실행 계획

Rows	Executes	StmtText
16000	1	SELECT A.ID, A.CODE02, B.DATE FROM TB_DATA A INNER JOIN (SELECT ID, DATE FROM OPENQUERY([LOCALHOST,1444], 'SELECT ID, DATE FROM TEST.DBO.TB_DATA13 WHERE DATE <=''20200731'' ')) b ON A.ID=B.ID
16000	1	|--Hash Match(INNER JOIN, HASH:([SQLNCLI11].[ID])=([A].[ID]), RESIDUAL:([SQLNCLI11].[ID]=[Tuning].[dbo].[TB_DATA].[ID] as [A].[ID]))
253513	1	|--Remote Scan(SOURCE:(LOCALHOST,1444), OBJECT:(SELECT ID, DATE FROM TEST.DBO.TB_DATA13 WHERE DATE <='20200731'))
100000	1	|--Clustered Index Scan(OBJECT:([Tuning].[dbo].[TB_DATA].[CIDX_DATA] AS [A]))

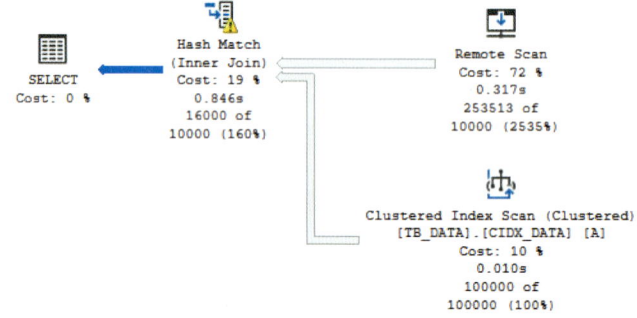

```
테이블 'Workfile'. 스캔 수 12, 논리적 읽기 912
테이블 'Worktable'. 스캔 수 0, 논리적 읽기 0
테이블 'TB_DATA'. 스캔 수 1, 논리적 읽기 476
SQL Server 실행 시간:
CPU 시간 = 453ms, 경과 시간 = 686ms
```

- 원격 서버 SQL 구문 (Profiler)

EventClass	TextData	CPU	Reads	Duration
SQL:BatchCompleted	SELECT ID, DAT...	47	915	485

SELECT ID, DATE FROM TEST.DBO.TB_DATA13 WHERE DATE <= '20200731'

- 원격 서버 실행 계획 (Profiler)

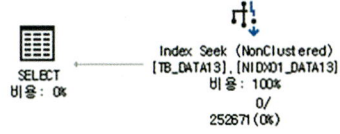

7. 개선 효과

- 리소스 사용률 비교

	CPU Time (ms)	Elapse Time (ms)	Logical Reads
AS-IS	562	747	476
TO-BE	453	686	1,388

- 원격지 리소스 사용률 비교

	CPU Time (ms)	Elapse Time (ms)	Logical Reads
AS-IS	172	832	4,837
TO-BE	47	485	915

63 REMOTE QUERY - 2

원격 서버의 데이터를 가져오기 위해 전체 데이터를 읽어내면서 성능이 저하되는 사례이다.

1. 사전 구성 스크립트

```sql
/*로컬 서버*/
USE [master]
EXEC master.dbo.sp_addlinkedserver @server = N'LOCALHOST,1444' --연결된 서버 별칭 (서버 주소, 포트)
, @srvproduct = N'SQL Server'
EXEC master.dbo.sp_addlinkedsrvlogin
@rmtsrvname = N'LOCALHOST,1444' --연결된 서버 별칭 (서버 주소, 포트)
, @useself = 'false'
, @rmtuser = N'sa' --로그인 사용자
, @rmtpassword = N'P@ssW0rd!' --로그인 암호
GO
USE [Tuning]
SELECT ROW_NUMBER () OVER (ORDER BY A.number) AS ID
     , A.number AS CODE01, RIGHT(A.number,1) AS CODE02
     , CASE WHEN B.number < 80
            THEN LEFT(CONVERT(CHAR(8), DATEADD(DD, A.high,'2020-01-01'),112),8)
            ELSE LEFT(CONVERT(CHAR(8), DATEADD(DD, A.number,'2020-01-01'),112),8)
            END AS DATE
INTO TB_REMOTE01
FROM master..spt_values A, (SELECT number
                            FROM master..spt_values B
                            WHERE type = 'P' AND number <= 500) B
WHERE A.type = 'P'

SELECT number AS ID, number +1700 AS CODE
INTO TB_CODE01
FROM master..spt_values
WHERE type = 'P' AND number BETWEEN 1 and 5

CREATE CLUSTERED INDEX CIDX_REMOTE01 ON TB_REMOTE01(ID)
CREATE INDEX NIDX01_REMOTE01 ON TB_REMOTE01(DATE,CODE01)
CREATE INDEX NIDX02_REMOTE01 ON TB_REMOTE01(CODE01,DATE)
GO


/*원격 서버*/
USE [TEST]
SELECT TOP 1000000 ROW_NUMBER () OVER (ORDER BY A.number) + 800000 AS ID
     , A.number AS CODE01, RIGHT(A.number,1) AS CODE02
     , CASE WHEN B.number < 80
            THEN LEFT(CONVERT(CHAR(8), DATEADD(DD, A.high,'2020-01-01'),112),8)
            ELSE LEFT(CONVERT(CHAR(8), DATEADD(DD, A.number,'2020-01-01'),112),8) END AS
DATE
INTO TB_REMOTE02
FROM master..spt_values A, (SELECT number
                            FROM master..spt_values B
                            WHERE type = 'P' AND number <= 500) B
WHERE A.type = 'P'

CREATE CLUSTERED INDEX CIDX_REMOTE02 ON TB_REMOTE02(ID)
GO
```

2. [AS-IS] SQL 구문 및 실행 계획

■ SQL 구문

```
/*로컬 서버 실행쿼리 */
USE [Tuning]
SELECT A.ID, C.CODE01, C.DATE
FROM TB_REMOTE01 A INNER JOIN TB_CODE01 B
ON A.CODE01 = B.CODE AND A.DATE BETWEEN '20200101' AND '20240831'
INNER JOIN (SELECT *
            FROM OPENQUERY([LOCALHOST,1444], 'SELECT ID,CODE01,DATE
                                              FROM TEST.DBO.TB_REMOTE02')
) C
ON A.ID = C.ID
GO
```

· 실행 계획

Rows	Executes	StmtText
2084	1	SELECT A.ID, C.CODE01, C.DATE FROM TB_REMOTE01 A INNER JOIN TB_CODE01 B ON A.CODE01=B.CODE AND A.DATE BETWEEN '20200101' AND '20240831' INNER JOIN (SELECT * FROM OPENQUERY([LOCALHOST,1444], 'SELECT ID,CODE01,DATE FROM TEST.DBO.TB_REMOTE02')) C ON A.ID=C.ID
2084	1	|--Hash Match(INNER JOIN, HASH:([A].[ID])=([SQLNCLI11].[ID]), RESIDUAL:([SQLNCLI11].[ID]=[Tuning].[dbo].[TB_REMOTE01].[ID] as [A].[ID]))
2084	1	|--Nested Loops(INNER JOIN, OUTER REFERENCES:([B].[CODE]))
5	1	|--Table Scan(OBJECT:([Tuning].[dbo].[TB_CODE01] AS [B]))
2084	5	|--Index Seek(OBJECT:([Tuning].[dbo].[TB_REMOTE01].[NIDX02_REMOTE01] AS [A]), SEEK:([A].[CODE01]=[Tuning].[dbo].[TB_CODE01].[CODE] as [B].[CODE] AND [A].[DATE] >= '20200101' AND [A].[DATE] <= '20240831') Ordered Forward)
1000000	1	|--Remote Scan(SOURCE:(LOCALHOST,1444), OBJECT:(SELECT ID,CODE01,DATE FROM TEST.DBO.TB_REMOTE02))

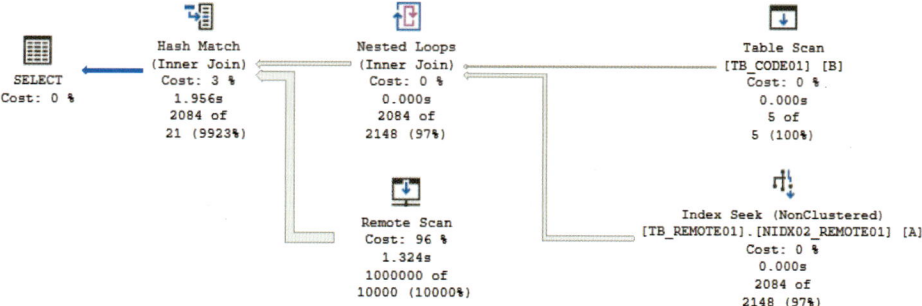

```
테이블 'Workfile'. 스캔 수 0, 논리적 읽기 0
테이블 'Worktable'. 스캔 수 0, 논리적 읽기 0
테이블 'TB_REMOTE01'. 스캔 수 5, 논리적 읽기 28
테이블 'TB_CODE01 '. 스캔 수 1, 논리적 읽기 1
SQL Server 실행 시간:
CPU 시간 = 1578ms, 경과 시간 = 2011ms
```

- **원격 서버 SQL 구문 (Profiler)**

EventClass	TextData	CPU	Reads	Duration
SQL:BatchCompleted	SELECT ID,CODE01,DATE FROM TEST.DBO.TB_REMOTE02	531	4710	1958

- **원격 서버 실행 계획 (Profiler)**

Clustered Index Scan(OBJECT:([TEST].[dbo].[TB_REMOTE02].[CIDX_REMOTE02]))

3. [AS-IS] 통계 및 Lock 정보

- **인덱스 정보**

Table_Name	Index_Name	Type_Desc	Is_Unique	Key_List	Include_List
TB_REMOTE01	CIDX_REMOTE01	CLUSTERED	0	ID	-
TB_REMOTE01	NIDX01_REMOTE01	NONCLUSTERED	0	DATE_CODE01	-
TB_REMOTE01	NIDX02_REMOTE01	NONCLUSTERED	0	CODE01,DATE	-
TB_REMOTE02	CIDX_REMOTE02	CLUSTERED	0	ID	-

4. [AS-IS] 구문 설명

로컬 서버에서 [TB_REMOTE01] 테이블과 [TB_CODE01] 테이블을 조인하고 OPENQUERY를 사용하여 원격 서버의 [TB_REMOTE02] 테이블을 조인하는 구문이다. 원격지로부터 [TB_REMOTE02] 테이블을 참조할 때 조인 조건인 [ID] 컬럼으로 인덱스 탐색을 하지 못하고 모든 데이터를 로컬 서버로 읽어 온 후에 조인이 수행되면서 성능이 저하된다.

5. [TO-BE] 튜닝 포인트

원격 서버 데이터를 가져오는 과정에서 많은 데이터를 읽어오면서 처리가 지연된다. 로컬 서버의 두 테이블을 조인한 결과 건수가 적기 때문에 반대로 원격 서버에서 로컬 서버의 데이터를 호출해서 조인하는 프로시저를 생성하여 원격지에서 구문 처리를 수행하도록 한다.

6. [TO-BE] 개선 방안

1) 원격 서버에서 로컬 서버의 데이터를 가져오도록 프로시저를 생성한다.

원격 서버에서 로컬 서버를 Linked Server로 연결하고 [TB_REMOTE01], [TB_CODE02] 테이블을 조인한 결과 집합인 2,048 건을 원격 서버로 가져와 [TB_REMOTE02] 테이블과 조인하도록 프로시저를 생성한다. 로컬 서버에서 결과를 얻기 위해 OPENQUERY를 이용하여 프로시저를 실행한다. 선행 집합 2,048 건과 원격 서버 [TB_REMOTE02] 테이블이 조인될 때 [CIDX_REMOTE02] 인덱스를 Seek 하여 성능이 개선되었다.

■ 원격 서버 프로시저 생성문

```
/* 원격 서버 */
CREATE PROCEDURE UDP_REMOTE
AS
SELECT A.ID, B.CODE01, B.DATE
FROM (SELECT *
        FROM OPENQUERY([LOCALHOST,1444],'SELECT A.ID
                                          FROM Tuning.DBO.TB_REMOTE01 A
                                          INNER JOIN Tuning.DBO.TB_CODE01 B
                                          ON A.CODE01 = B.CODE
                                          AND A.DATE BETWEEN ''20200101''
                                          AND ''20240831''')
) A
INNER JOIN TEST.DBO.TB_REMOTE02 B
ON A.ID=B.ID
GO
```

■ SQL 구문

```
SELECT * FROM OPENQUERY([LOCALHOST,1444], 'EXEC TEST.DBO.UDP_REMOTE')
GO
```

· 실행 계획

Rows	Executes	StmtText
2084	1	SELECT * FROM OPENQUERY([LOCALHOST,1444], ' EXEC TEST.DBO.UDP_REMOTE ')
2084	1	|--Remote Scan(SOURCE:([LOCALHOST,1444]), OBJECT:(EXEC TEST.DBO.UDP_REMOTE))

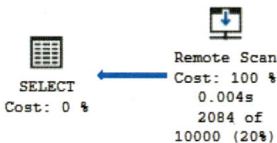

```
SELECT              Remote Scan
Cost: 0 %           Cost: 100 %
                    0.004s
                    2084 of
                    10000 (20%)
```

SQL Server 실행 시간:
CPU 시간 = 0ms, 경과 시간 = 146ms

· 원격 서버 SQL 구문 (Profiler)

EventClass	TextData	CPU	Reads	Duration
SP:StmtCompleted	SELECT A.ID, B.CODE01, B.DATE FROM (SELECT * FROM OPENQUERY(...	0	6922	98

```
SELECT A.ID, B.CODE01, B.DATE
FROM ( SELECT * FROM OPENQUERY([LOCALHOST,1444],'SELECT A.ID FROM Tuning.DBO.TB_REMOTE01 A
                                                  INNER JOIN Tuning.DBO.TB_CODE01 B
                                                  ON A.CODE01=B.CODE AND A.DATE BETWEEN ''20200101'' AND ''20240831''')) A
INNER JOIN TEST.DBO.TB_REMOTE02 B
ON A.ID=B.ID
```

· 원격 서버 실행 계획 (Profiler)

```
Nested Loops(Inner Join, OUTER REFERENCES:([SQLNCLI11].[ID], [Expr1004]) WITH UNORDERED PREFETCH)
    |--Remote Scan(SOURCE:(LOCALHOST,1444), OBJECT:(SELECT A.ID FROM Tuning.DBO.TB_REMOTE01 A
                        INNER JOIN Tuning.DBO.TB_CODE01 B ON A.CODE01=B.CODE
                        AND A.DATE BETWEEN '20200101' AND '20240831'))
    |--Clustered Index Seek(OBJECT:([TEST].[dbo].[TB_REMOTE02].[CIDX_REMOTE02] AS [B]), SEEK:([B].[ID]=[SQLNCLI11].[ID]) ORDERED FORWARD)
```

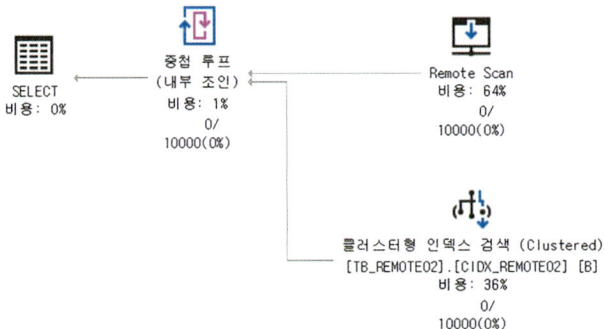

· 로컬 서버 SQL 구문 (Profiler)

EventClass	TextData	CPU	Reads	Duration
SQL:StmtCompleted	SELECT A.ID FROM Tuning.DBO.TB_REMOTE01 A INNE...	0	31	7

```
SELECT A.ID FROM Tuning.DBO.TB_REMOTE01 A
INNER JOIN Tuning.DBO.TB_CODE01 B
ON A.CODE01=B.CODE AND A.DATE BETWEEN '20200101' AND '20240831'
```

- **로컬 서버 실행 계획 (Profiler)**

```
Nested Loops(Inner Join, OUTER REFERENCES:([B].[CODE]))
  |--Table Scan(OBJECT:([Tuning].[dbo].[TB_CODE01] AS [B]))
  |--Index Seek(OBJECT:([Tuning].[dbo].[TB_REMOTE01].[NIDX02_REMOTE01] AS [A]),
       SEEK:([A].[CODE01]=[Tuning].[dbo].[TB_CODE01].[CODE] as [B].[CODE] AND [A].[DATE] >= '20200101' AND [A].[DATE] <= '20240831') ORDERED FORWARD)
```

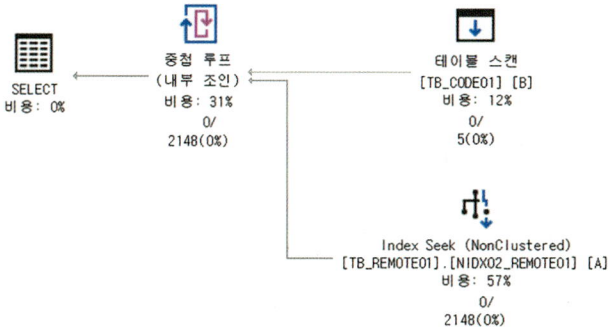

7. 개선 효과

- **리소스 사용률 비교**

	CPU Time (ms)	Elapse Time (ms)	Logical Reads
AS-IS	1,578	2,011	29
TO-BE	0	146	-

- **원격지 리소스 사용률 비교**

	CPU Time (ms)	Elapse Time (ms)	Logical Reads
AS-IS	531	1,958	4,710
TO-BE	0	112	6,922

64 REMOTE QUERY - 3

원격 서버의 데이터와 조인하기 위해 OPENQUERY를 사용하여 성능 이슈가 발생된 사례이다.

1. 사전 구성 스크립트

```sql
/*로컬 서버*/
USE [master]
GO
EXEC master.dbo.sp_addlinkedserver
@server = N'LOCALHOST,1444' --연결된 서버 별칭 (접속 주소, 포트)
, @srvproduct = N'SQL Server'
EXEC master.dbo.sp_addlinkedsrvlogin
@rmtsrvname = N'LOCALHOST,1444' --연결된 서버 별칭 (접속 주소, 포트)
, @useself = 'false'
, @rmtuser = N'sa' --로그인 사용자
, @rmtpassword = N'P@ssW0rd!' --로그인 암호
GO

USE [tuning]
SELECT number AS ID , NUMBER+1700 AS CODE
INTO TB_CODE02
FROM master..spt_values B
WHERE type = 'P' AND number BETWEEN 1 AND 5
GO


/* 원격 서버 */
USE [TEST]
GO
SELECT ROW_NUMBER () OVER (ORDER BY A.number) AS ID
     , A.number AS CODE01, RIGHT(A.number,1) AS CODE02
     , CASE WHEN B.number < 80
         THEN LEFT(CONVERT(CHAR(8), DATEADD(DD, A.high,'2020-01-01'),112),8)
         ELSE LEFT(CONVERT(CHAR(8), DATEADD(DD, A.number,'2020-01-01'),112),8) END AS
DATE
INTO TB_REMOTE03
FROM master..spt_values A, (SELECT number
                            FROM master..spt_values B
                            WHERE type = 'P' AND number <= 500) B
WHERE A.type = 'P'

CREATE CLUSTERED INDEX CIDX_REMOTE03 ON TB_REMOTE03(ID)
CREATE INDEX NIDX01_REMOTE03 ON TB_REMOTE03(CODE01)
GO
```

2. [AS-IS] SQL 구문 및 실행 계획

■ SQL 구문

```sql
DECLARE @CODE VARCHAR(10)
SET @CODE = '1701'

SELECT A.* , B.CODE01
FROM TB_CODE02 A
INNER JOIN (SELECT *
            FROM OPENQUERY([LOCALHOST,1444], 'SELECT ID, CODE01
                                              FROM TEST.DBO.TB_REMOTE03')
) B
ON A.CODE = B.CODE01 AND A.CODE = @CODE
GO
```

· 실행 계획

Rows	Executes	StmtText
501	1	SELECT A.* , B.CODE01 FROM TB_CODE02 A INNER JOIN (SELECT * FROM NQUERY([LOCALHOST,1444], 'SELECT ID, CODE01 FROM TEST.DBO.TB_REMOTE03')) B ON A.CODE=B.CODE01 AND A.CODE =@CODE
501	1	|--Nested Loops(INNER JOIN)
1	1	|--Table Scan(OBJECT:([Tuning].[dbo].[TB_CODE02] AS [A]), WHERE:([Tuning].[dbo].[TB_CODE02].[CODE] as [A].[CODE]=CONVERT_IMPLICIT(int,[@CODE],0)))
501	1	|--Filter(WHERE:([SQLNCLI11].[CODE01]=CONVERT_IMPLICIT(int,[@CODE],0)))
1026048	1	|--Remote Scan(SOURCE:(LOCALHOST,1444), OBJECT:(SELECT ID, CODE01 FROM TEST.DBO.TB_REMOTE03))

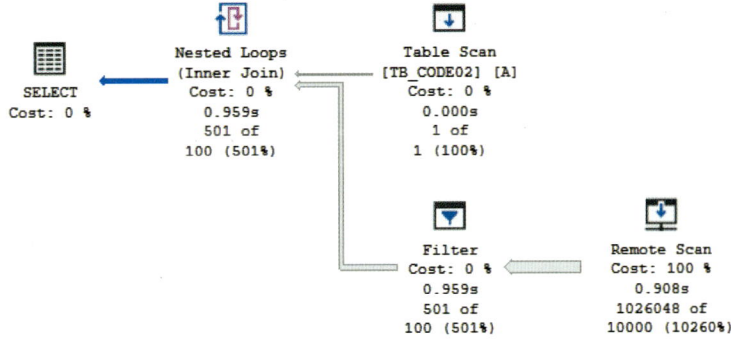

테이블 'TB_CODE02'. 스캔 수 1, 논리적 읽기 1
SQL Server 실행 시간:
CPU 시간 = 500ms, 경과 시간 = 2162ms

· 원격 서버 SQL 구문 (Profiler)

EventClass	TextData	CPU	Duration	Reads	RowCounts
Showplan XML	<ShowPlanXML xmlns="http://schemas.m...				
SQL:BatchCompleted	SELECT ID, CODE01 FROM TEST.dbo.T...	235	807	2295	1026048

SELECT ID, CODE01
FROM TEST.dbo.TB_REMOTE03

- 원격 서버 실행 계획 (Profiler)

```
Stmt Text
--------
Index Scan(OBJECT:([test].[dbo].[TB_REMOTE03].[NIDX01_REMOTE03]))
```

```
         SELECT          Index Scan (NonClustered)
         Cost: 0 %       [TB_REMOTE03].[NIDX01_REMOTE03]
                         Cost: 100 %
                         0 of
                         1026050 (0%)
```

3. [AS-IS] 통계 정보

- 인덱스 정보

Table_Name	Index_Name	Type_Desc	Is_Unique	Key_List	Include_List
TB_REMOTE03	CIDX_REMOTE03	CLUSTERED	0	ID	-
TB_REMOTE03	NIDX01_REMOTE03	NONCLUSTERED	0	CODE01	-

4. [AS-IS] 구문 설명

로컬 서버 [TB_CODE02] 테이블의 [CODE] 컬럼을 변수로 '1701' 값을 입력받고 OPENQUERY를 통해 원격 서버 [TB_REMOTE03] 테이블과 조인하는 구문이다. 원격 서버에서 실행되는 구문에 WHERE 조건절이 없기 때문에 [TB_REMOTE03] 테이블에 대해 인덱스의 모든 데이터를 읽게 되면서 많은 I/O가 발생된다.

5. [TO-BE] 튜닝 포인트

원격 서버에서 실행되는 OPENQUERY에 WHERE 조건을 추가한다. OPENQUERY로 원격에서 수행할 때, 조건절에서 제시된 컬럼으로 인덱스가 존재한다면 해당 조건까지 포함하여 OPENQUERY로 수행하는 것으로 I/O를 개선할 수 있다.

6. [TO-BE] 개선 방안

1) OPENQUERY에 WHERE 조건으로 'CODE01 = 1701'을 추가한다.

원격 서버 [TB_REMOTE03] 테이블에 접근하는 구문에 [CODE01] = 1701 조건을 추가하여 실행한다. 데이터를 인덱스 스캔으로 모두 읽어서 가져오는 부분이 인덱스 탐색 후 결과만 가져오고 해당 데이터만 조인하면서 I/O가 감소한다.

■ 변경된 SQL 구문

```sql
DECLARE @CODE VARCHAR(10), @SQL VARCHAR(8000)
SET @CODE = '1701'
SET @SQL = 'SELECT A.*, B.CODE01
            FROM TB_CODE02 A
            INNER JOIN (SELECT *
                        FROM OPENQUERY([LOCALHOST,1444], ''SELECT ID, CODE01
                                        FROM TEST.DBO.TB_REMOTE03
                                        WHERE CODE01 = ' + @CODE + ''')
                        ) B
            ON A.CODE = B.CODE01 AND A.CODE = ' + @CODE

EXEC (@SQL)
```

· 실행 계획

Rows	Executes	StmtText
501	1	SELECT A.*, B.CODE01 FROM TB_CODE02 A INNER JOIN (SELECT * FROM OPENQUERY([LOCALHOST,1444], 'SELECT ID, CODE01 FROM TEST.DBO.TB_REMOTE03 WHERE CODE01 = 1701')) B ON A.CODE = B.CODE01 AND A.CODE = 1701
501	1	|--Nested Loops(INNER JOIN)
1	1	|--Table Scan(OBJECT:([tuning].[dbo].[TB_CODE02]) AS [A]), WHERE:([tuning].[dbo].[TB_CODE02].[CODE] as [A].[CODE]=(1701)))
501	1	|--Filter(WHERE:([SQLNCLI11].[CODE01]=(1701)))
501	1	|--Remote Scan(SOURCE:(LOCALHOST,1444), OBJECT:(SELECT ID, CODE01 FROM TEST.DBO.TB_REMOTE03 WHERE CODE01 = 1701))

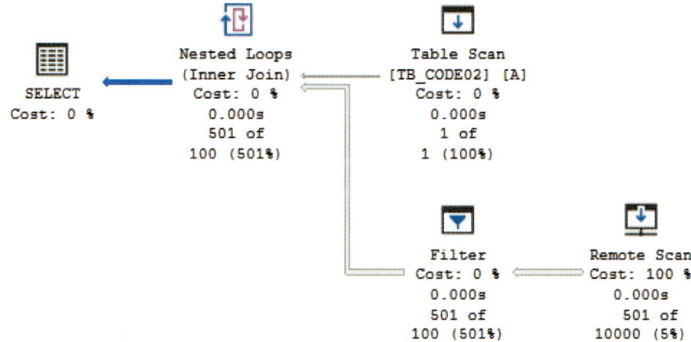

테이블 'TB_CODE02'. 스캔 수 1, 논리적 읽기 1
SQL Server 실행 시간:
CPU 시간 = 0ms, 경과 시간 = 113ms

· 원격 서버 SQL 구문 (Profiler)

EventClass	TextData	CPU	Duration	Reads	RowCounts
Showplan XML	<ShowPlanXML xmlns="http://schemas.m...				
SQL:BatchCompleted	SELECT ID, CODE01 FROM test.dbo.T...	16	0	6	501

```
SELECT ID, CODE01
FROM test.dbo.TB_REMOTE03
WHERE CODE01 = 1701
```

· 원격 서버 실행 계획 (Profiler)

```
StmtText
Index Seek(OBJECT:([test].[dbo].[TB_REMOTE03].[NIDX01_REMOTE03]), SEEK:([test].[dbo].[TB_REMOTE03].[CODE01]=CONVERT_IMPLICIT(int,[@1],0)) ORDERED FORWARD)
```

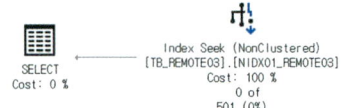

7. 개선 효과

· 리소스 사용률 비교

	CPU Time (ms)	Elapse Time (ms)	Logical Reads
AS-IS	500	2,162	1
TO-BE	0	113	1

· 원격 리소스 사용률 비교

	CPU Time (ms)	Elapse Time (ms)	Logical Reads
AS-IS	343	2,092	2,295
TO-BE	0	1	6

65 PARTITION을 활용한 성능 개선 – 1

2개 이상의 범위 조건으로 인해 인덱스의 탐색 범위가 많아지면서 I/O가 증가된 사례이다.

1. 사전 구성 스크립트

```sql
CREATE TABLE TB_PartitionTable
    (ID INT, ProductName VARCHAR(64), ModifiedDate date, Time time)

DECLARE @i INT, @date varchar(16), @time varchar(16)
SET @i = 1
SET @date = NULL
SET @time = '10:00:00'
WHILE (@i < 1000)
    BEGIN
            SET @date = '2020-01-10'
            INSERT INTO TB_PartitionTable VALUES (@i, NEWID(), @date, @time)
            SET @date = '2020-02-10'
            INSERT INTO TB_PartitionTable VALUES (@i+1, NEWID(), @date, @time)
            SET @date = '2020-03-10'
            INSERT INTO TB_PartitionTable VALUES (@i+2, NEWID(), @date, @time)
            SET @date = '2020-04-10'
            INSERT INTO TB_PartitionTable VALUES (@i+3, NEWID(), @date, @time)
            SET @date = '2020-05-10'
            INSERT INTO TB_PartitionTable VALUES (@i+4, NEWID(), @date, @time)
            SET @date = '2020-06-10'
            INSERT INTO TB_PartitionTable VALUES (@i+5, NEWID(), @date, @time)
            SET @date = '2020-07-10'
            INSERT INTO TB_PartitionTable VALUES (@i+6, NEWID(), @date, @time)
            SET @date = '2020-08-10'
            INSERT INTO TB_PartitionTable VALUES (@i+7, NEWID(), @date, @time)
            SET @i = @i + 8
    END
WHILE (@i < 149800)
    BEGIN
            SET @date = '2020-09-03'
            SET @time = '02:00:00'
            INSERT INTO TB_PartitionTable VALUES (@i, NEWID(), @date, @time)
            SET @i = @i + 1
    END
WHILE (@i < 150000)
    BEGIN
            SET @date = '2020-09-10'
            SET @time = '10:00:00'
            INSERT INTO TB_PartitionTable VALUES (@i, NEWID(), @date, @time)
            SET @i = @i + 1
    END
CREATE CLUSTERED INDEX CIDX_PartitionTable ON TB_PartitionTable(ModifiedDate, Time)
GO
```

2. [AS-IS] SQL 구문 및 실행 계획

■ SQL 구문

```sql
SELECT ProductName
FROM TB_PartitionTable
WHERE ModifiedDate BETWEEN '2020-09-01' AND '2020-09-30'
AND Time BETWEEN '09:00:00' AND '18:00:00'
GO
```

· 실행 계획

Rows	Executes	StmtText
200	1	SELECT [ProductName] FROM [TB_PartitionTable] WHERE [ModifiedDate]>=@1 AND [ModifiedDate]<=@2 AND [Time]>=@3 AND [Time]<=@4
200	1	|--Clustered Index Seek(OBJECT:([Tuning].[dbo].[TB_PartitionTable].[CIDX_PartitionTable]), SEEK:(([Tuning].[dbo].[TB_PartitionTable].[ModifiedDate], [Tuning].[dbo].[TB_PartitionTable].[Time]) >= (CONVERT_IMPLICIT(date,[@1],0), CONVERT_IMPLICIT(time(7),[@3],0)) AND ([Tuning].[dbo].[TB_PartitionTable].[ModifiedDate], [Tuning].[dbo].[TB_PartitionTable].[Time]) <= (CONVERT_IMPLICIT(date,[@2],0), CONVERT_IMPLICIT(time(7),[@4],0))), WHERE:([Tuning].[dbo].[TB_PartitionTable].[Time]>=CONVERT_IMPLICIT(time(7),[@3],0) AND [Tuning].[dbo].[TB_PartitionTable].[Time]<=CONVERT_IMPLICIT(time(7),[@4],0)) Ordered Forward)

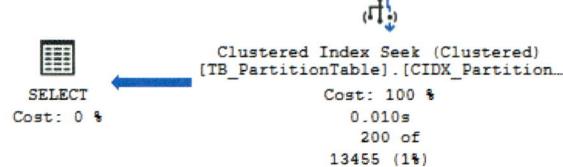

```
테이블 'TB_PartitionTable'. 스캔 수 1, 논리적 읽기 1255
SQL Server 실행 시간:
CPU 시간 = 16ms, 경과 시간 = 50ms
```

3. [AS-IS] 통계 정보

· 인덱스 정보

Table_Name	Index_Name	Type_Desc	Is_Unique	Key_List	Include_List
TB_PartitionTable	CIDX_PartitionTable	CLUSTERED	0	ModifiedDate, Time	-

4. [AS-IS] 구문 설명

[TB_PartitionTable] 테이블에서 [ModifiedDate] 컬럼이 2020년 9월에 해당하면서 [Time] 컬럼이 09시~18시 사이에 있는 데이터를 출력하는 구문이다. [ModifiedDate], [Time] 두 컬럼이 클러스터 인덱스 키로 구성되어 있지만 각각 범위 조건으로 사용되기 때문에 선행 컬럼인 [ModifiedDate]으로만 인덱스 탐색이 수행되며, [Time] 컬럼은 탐색된 모든 범위를 읽은 후에 필터가 이루어지기 때문에 읽어야 하는 스캔 범위가 많아지면서 높은 I/O가 사용된다.

5. [TO-BE] 튜닝 포인트

많은 양의 데이터에서 두 범위 조건을 모두 사용해야만 충분히 많은 행이 필터 된다면 두 조건 모두 탐색될 수 있는 방법을 고려해야 하는데 파티션 분할 기능은 그 중 하나의 방법이 될 수 있다. 날짜 조건으로 사용된 [ModifiedDate] 컬럼을 월 단위 기준으로 파티션을 분할한다면 Partition Elimination 기능을 통해서 일부 파티션만을 읽어 낼 수 있다. 또한 [Time] 컬럼에 인덱스를 생성하여 특정 파티션 내에서 인덱스 탐색을 수행하게 된다면 두 조건에 대해 필요한 데이터를 읽어내면서 효율적인 I/O를 사용할 수 있게 된다.

6. [TO-BE] 개선 방안

1) [TB_PartitionTable] 테이블을 파티션 테이블로 재구성 및 신규 인덱스 생성

[ModifiedDate] 컬럼을 월 기준으로 분할된 파티션 테이블로 재구성하고 특정 파티션 내에서 인덱스 탐색을 수행할 수 있도록 [Time] 컬럼이 키로 구성된 인덱스를 생성한다.

■ 테이블 분할

```sql
DROP INDEX CIDX_PartitionTable ON TB_PartitionTable

CREATE PARTITION FUNCTION Partition_FN_TB_PT (date)
AS RANGE LEFT FOR VALUES (N'2020-01-01', N'2020-02-01', N'2020-03-01'
                        , N'2020-04-01', N'2020-05-01', N'2020-06-01'
                        , N'2020-07-01', N'2020-08-01', N'2020-09-01', N'2020-10-01')

CREATE PARTITION SCHEME Partition_Scheme_TB_PT
AS PARTITION Partition_FN_TB_PT TO ([PRIMARY], [PRIMARY], [PRIMARY], [PRIMARY]
                                  , [PRIMARY], [PRIMARY], [PRIMARY], [PRIMARY]
                                  , [PRIMARY], [PRIMARY], [PRIMARY])

CREATE CLUSTERED INDEX CIDX_PT_Scheme ON dbo.TB_PartitionTable
(ModifiedDate) ON Partition_Scheme_TB_PT(ModifiedDate)
GO
```

■ 인덱스 생성 구문

```sql
CREATE INDEX NIDX01_PartitionTable ON TB_PartitionTable(Time) INCLUDE (ProductName)
GO
```

■ SQL 구문

```
SELECT ProductName
FROM TB_PartitionTable
WHERE ModifiedDate BETWEEN '2020-09-01' AND '2020-09-30'
AND Time BETWEEN '09:00:00' AND '18:00:00'
GO
```

· 실행 계획

Rows	Executes	StmtText
200	1	SELECT [ProductName] FROM [TB_PartitionTable] WHERE [ModifiedDate]>=@1 AND [ModifiedDate]<=@2 AND [Time]>=@3 AND [Time]<=@4
200	1	|--Index Seek(OBJECT:([Tuning].[dbo].[TB_PartitionTable].[NIDX01_PartitionTable]), SEEK:([PtnId1000] >= (9) AND [PtnId1000] <= (10) AND ([Tuning].[dbo].[TB_PartitionTable].[Time], [Tuning].[dbo].[TB_PartitionTable].[ModifiedDate]) >= ('09:00:00.0000000', '2020-09-01') AND ([Tuning].[dbo].[TB_PartitionTable].[Time], [Tuning].[dbo].[TB_PartitionTable].[ModifiedDate]) <= ('18:00:00.0000000', '2020-09-30')), WHERE:([Tuning].[dbo].[TB_PartitionTable].[ModifiedDate]>='2020-09-01' AND [Tuning].[dbo].[TB_PartitionTable].[ModifiedDate]<='2020-09-30') Ordered Forward)

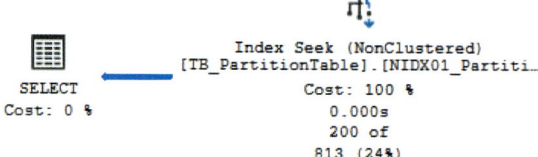

```
테이블 'TB_PartitionTable'. 스캔 수 2, 논리적 읽기 수 8
SQL Server 실행 시간:
CPU 시간 = 0ms, 경과 시간 = 0ms
```

7. 개선 효과

· 리소스 사용률 비교

	CPU Time (ms)	Elapse Time (ms)	Logical Reads
AS-IS	16	50	1,255
TO-BE	0	37	8

66 PARTITION을 활용한 성능 개선 - 2

DELETE 구문을 수행할 때 범위 조건에 해당하는 데이터의 양이 많아서 I/O 비용이 높게 발생되는 사례이다.

1. 사전 구성 스크립트

```sql
SELECT CASE WHEN RIGHT(CONVERT(VARCHAR,a.number),1) <= 8 THEN 'A' ELSE 'B' END ID
     , CONVERT(VARCHAR,a.number) ProductNumber
     , CONVERT(VARCHAR,b.number) CatalogNumber
     , CONVERT(DATE,DATEADD(dd,a.number,'2015-01-01'),0) ModifiedDate
INTO TB_PartitionDelete
FROM master..spt_values a, (SELECT number
                            FROM master..spt_values
                            WHERE type = 'P') b
WHERE a.type = 'P'

CREATE CLUSTERED INDEX CIDX_PartitionDelete ON TB_PartitionDelete(ModifiedDate)
GO
```

2. [AS-IS] SQL 구문 및 실행 계획

■ SQL 구문

```sql
DELETE
FROM TB_PartitionDelete
WHERE ModifiedDate BETWEEN '2015-01-01' AND '2016-01-01'
GO
```

· 실행 계획

Rows	Executes	StmtText
749568	1	DELETE [TB_PartitionDelete] WHERE [ModifiedDate]>=@1 AND [ModifiedDate]<=@2
749568	1	|--Clustered Index Delete(OBJECT:([Tuning].[dbo].[TB_PartitionDelete].[CIDX_PartitionDelete]), WHERE:([Tuning].[dbo].[TB_PartitionDelete].[ModifiedDate] >= CONVERT_IMPLICIT(date,[@1],0) AND [Tuning].[dbo].[TB_PartitionDelete].[ModifiedDate] <= CONVERT_IMPLICIT(date,[@2],0)))

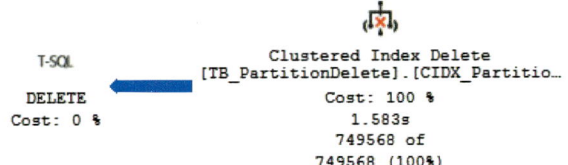

테이블 'TB_PartitionDelete'. 스캔 수 1, 논리적 읽기 35649
SQL Server 실행 시간:
CPU 시간 = 781ms, 경과 시간 = 2206ms

3. [AS-IS] 통계 정보

- 인덱스 정보

Table_Name	Index_Name	Type_Desc	Is_Unique	Key_List	Include_List
TB_PartitionDelete	CIDX_PartitionDelete	CLUSTERED	0	ModifiedDate	-

4. [AS-IS] 구문 설명

[TB_PartitionDelete] 테이블의 [ModifiedDate] 컬럼에서 2015년(2015.01.01~2016.01.01)에 해당하는 데이터를 삭제하는 구문이다. 클러스터 인덱스를 통해 [ModifiedDate] 조건에 해당하는 데이터인 약 75만 건을 탐색하고 삭제하면서 I/O 비용이 높게 발생되며 배타적 락으로 인한 블록킹 이슈를 발생시킬 수 있다.

5. [TO-BE] 튜닝 포인트

특정 범위의 데이터만을 삭제하기 위해 DELETE 구문을 사용하면서 성능적 이슈가 발생되었다. TRUNCATE 구문을 통해 데이터를 삭제한다면 데이터를 탐색하는 과정을 최소화할 수 있지만 특정 범위를 제한하는 조건을 지정할 수 없다. 이러한 단점을 해소할 수 있는 하나의 방안으로 파티션 분할 기능을 고려할 수 있다. 조건으로 사용된 날짜 데이터 기준으로 파티션을 분할한다면 특정 범위의 데이터가 포함된 파티션만을 스위칭하여 TRUNCATE 명령을 통해 신속하게 삭제할 수 있다.

6. [TO-BE] 개선 방안

1) [TB_PartitionDelete] 테이블을 파티션 테이블로 재구성 및 스위칭용 파티션 테이블 생성

[ModifiedDate] 컬럼을 연도 기준으로 분할된 파티션 테이블로 재구성하고, 스위칭용 테이블인 [TB_DeletePD]를 [TB_PartitionDelete] 테이블과 동일한 구조로 생성한다. 삭제하고자 하는 데이터를 [TB_DeletePD] 테이블로 스위칭하고 TRUNCATE 명령을 통해 데이터를 삭제한다.

■ 테이블 분할

```sql
/* 기존 클러스터 인덱스 삭제 */
DROP INDEX CIDX_PartitionDelete ON TB_PartitionDelete

/* 파티션 함수 생성 */
CREATE PARTITION FUNCTION [Partition_FN_TB_PD](date)
AS RANGE LEFT FOR VALUES (N'2016-01-01', N'2017-01-01', N'2018-01-01',
                          N'2019-01-01', N'2020-01-01')

/* 파티션 구성표 생성 */
CREATE PARTITION SCHEME [Partition_Scheme_TB_PD]
AS PARTITION [Partition_FN_TB_PD] TO ([PRIMARY], [PRIMARY], [PRIMARY],
                                     [PRIMARY], [PRIMARY], [PRIMARY])

/* 클러스터 인덱스를 파티션을 적용하여 생성 */
CREATE CLUSTERED INDEX CIDX_PartitionDelete ON TB_PartitionDelete(ModifiedDate)
                                            ON Partition_Scheme_TB_PD(ModifiedDate)
GO
```

■ 삭제할 데이터 스위치 테이블 생성

```sql
CREATE TABLE TB_DeletePD (ID VARCHAR NOT NULL
     , ProductNumber VARCHAR(30)
     , CatalogNumber VARCHAR(30)
     , ModifiedDate DATE)

CREATE CLUSTERED INDEX CIDX_DeletePD ON TB_DeletePD(ModifiedDate)
ON Partition_Scheme_TB_PD(ModifiedDate)
GO
```

■ 변경된 SQL 구문

```sql
/* 삭제 대상 데이터 스위칭 [TB_PartitionDelete] -> [TB_DeletePD] */
ALTER TABLE TB_PartitionDelete SWITCH PARTITION 1 TO TB_DeletePD PARTITION 1

/* 스위칭된 데이터 삭제 */
TRUNCATE TABLE TB_DeletePD

/* 삭제된 파티션 병합 */
ALTER PARTITION FUNCTION Partition_FN_TB_PD() MERGE RANGE ('2016-01-01')
GO
```

· 실행 계획 (Profiler)

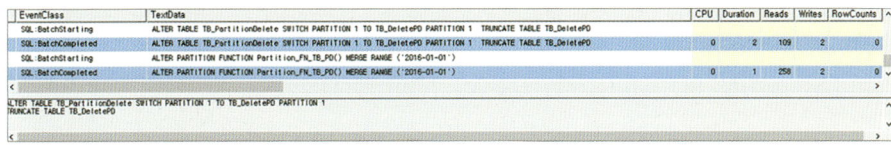

```
테이블 'TB_PartitionDelete'. 스캔 수 0, 논리적 읽기 367
SQL Server 실행 시간:
CPU 시간 = 0ms, 경과 시간 = 3ms
```

7. 개선 효과

- 리소스 사용률 비교

	CPU Time (ms)	Elapse Time (ms)	Logical Reads
AS-IS	781	2,206	35,649
TO-BE	0	3	367

67 PARTITION을 활용한 성능 개선 – 3

변경된 일부 데이터의 통계를 변경하기 위해 전체 데이터를 읽어내면서 I/O가 높게 발생되는 사례이다.

1. 사전 구성 스크립트

```sql
SELECT CASE WHEN RIGHT(CONVERT(VARCHAR,a.number),1) <= 8 THEN 'A' ELSE 'B' END ID
     , CONVERT(VARCHAR,a.number) ProductNumber
     , CONVERT(VARCHAR,b.number) CatalogNumber
     , CONVERT(DATE,DATEADD(DD,a.number+b.number,'2010-01-01'),0) ModifiedDate
  INTO TB_PartitionIncremental
  FROM master..spt_values a, (SELECT number
                                FROM master..spt_values
                               WHERE type ='P') b
 WHERE a.type = 'P'

CREATE CLUSTERED INDEX CIDX_PartitionIncremental ON
TB_PartitionIncremental(ModifiedDate)
GO
```

2. [AS-IS] SQL 구문 및 실행 계획

■ SQL 구문

```sql
UPDATE TB_PartitionIncremental SET ModifiedDate = '2020-04-12'
 WHERE ModifiedDate BETWEEN '2020-01-01' AND '2021-01-01'

UPDATE STATISTICS TB_PartitionIncremental (CIDX_PartitionIncremental) WITH FULLSCAN
GO
```

- 실행 계획 (Profiler)

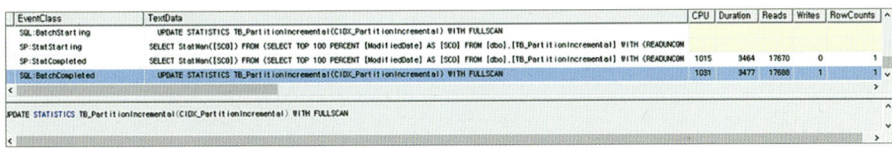

```
테이블 'TB_PartitionIncremental'. 스캔 수 0, 논리적 읽기 17688
SQL Server 실행 시간:
CPU 시간 = 1031ms, 경과 시간 = 3477ms
```

3. [AS-IS] 통계 정보

- 인덱스 정보

Table_Name	Index_Name	Type_Desc	Is_Unique	Key_List	Include_List
TB_PartitionIncremental	CIDX_PartitionIncremental	CLUSTERED	0	ModifiedDate	-

4. [AS-IS] 구문 설명

[TB_PartitionIncremental] 테이블의 [ModifiedDate] 컬럼 값이 2020년도 (2020.01.01~2021.01.01)에 해당하는 데이터를 업데이트하고 변경된 데이터의 통계를 업데이트하는 구문이다. 테이블의 총 데이터 건수 약 400만 건 중 변경된 데이터는 약 9만 건이지만, 정확한 통계 데이터를 유지하기 위해선 테이블의 모든 데이터를 읽어내야 하기 때문에 통계 업데이트의 많은 I/O 비용이 발생된다.

5. [TO-BE] 튜닝 포인트

일부 데이터 변경에 따라 통계를 업데이트하기 위해 모든 데이터를 읽어내는 부분에서 성능 이슈가 발생된다. 이러한 단점을 개선할 수 있는 방법으로 테이블 파티션을 고려할 수 있다. 조건으로 사용된 날짜 데이터를 기준으로 테이블을 파티션 분할한다면 INCREMENTAL 옵션을 적용하여 통계 데이터도 분할할 수 있고 이로 인해 변경된 데이터가 포함된 파티션의 통계만을 업데이트할 수 있게 되면서 I/O 비용을 개선할 수 있다.

6. [TO-BE] 개선 방안

1) [TB_PartitionIncremental] 테이블을 파티션 테이블로 재구성 및 인덱스 통계 구조 변경

[ModifiedDate] 컬럼을 월 기준으로 파티션 테이블로 재구성하고, 클러스터 인덱스의 통계 데이터 분할을 위해 INCREMENTAL 옵션을 적용하여 통계를 업데이트한다. 적용된 통계 데이터는 분할되어 관리되기 때문에 특정 파티션의 통계만을 업데이트할 수 있게 된다.

■ 파티션 테이블로 재구성

```sql
BEGIN TRANSACTION

DROP INDEX CIDX_PartitionIncremental ON TB_PartitionIncremental

CREATE PARTITION FUNCTION [Partition_FN_TB_PI](DATE)
AS RANGE LEFT FOR VALUES (N'2011-01-01', N'2012-01-01', N'2013-01-01', N'2014-01-01'
                        , N'2015-01-01', N'2016-01-01', N'2017-01-01', N'2018-01-01'
                        , N'2019-01-01', N'2020-01-01', N'2021-01-01')

CREATE PARTITION SCHEME [Partition_Scheme_TB_PI]
AS PARTITION [Partition_FN_TB_PI] TO ([PRIMARY], [PRIMARY], [PRIMARY], [PRIMARY]
                                    , [PRIMARY], [PRIMARY], [PRIMARY], [PRIMARY]
                                    , [PRIMARY], [PRIMARY], [PRIMARY], [PRIMARY])

CREATE CLUSTERED INDEX CIDX_PartitionIncremental
ON TB_PartitionIncremental(ModifiedDate) ON Partition_Scheme_TB_PI(ModifiedDate)
COMMIT TRANSACTION
GO
```

■ 파티션된 클러스터 인덱스에 INCREMENTAL 옵션을 적용하여 통계 업데이트

```sql
UPDATE STATISTICS TB_PartitionIncremental(CIDX_PartitionIncremental)
WITH FULLSCAN, INCREMENTAL = ON
GO
```

■ 변경된 SQL 구문

```sql
UPDATE TB_PartitionIncremental SET ModifiedDate = '2020-04-12'
WHERE ModifiedDate BETWEEN '2020-01-01' AND '2021-01-01'

UPDATE STATISTICS TB_PartitionIncremental (CIDX_PartitionIncremental)
WITH RESAMPLE ON PARTITIONS (11)
GO
```

· **실행 계획 (Profiler)**

테이블 'TB_PartitionIncremental'. 스캔 수 0, 논리적 읽기 978
SQL Server 실행 시간:
CPU 시간 = 16ms, 경과 시간 = 16ms

7. 개선 효과

· **리소스 사용률 비교**

	CPU Time (ms)	Elapse Time (ms)	Logical Reads
AS-IS	1,031	3,477	17,688
TO-BE	16	16	978

모든 장을 마치며

지금까지 SQL 성능 최적화에 필요한 필수 지식과 그것을 기반으로 한 다양한 실전사례를 학습하였습니다.

실무에서 발생되는 SQL 성능 이슈 사례들을 살펴보면 80% 이상이 "SQL SERVER 튜닝 가이드"에서 다룬 원리들이 대부분 이슈들의 근간이었으며 SQL 튜닝의 시작이자 전체라 해도 과언이 아닐 정도로 비중이 높았습니다. 해서 저자는 최소한의 시간 투자로 효율 극대화에 초점을 맞춰 "SQL SERVER 튜닝 가이드"를 집필했기 때문에 SQL Server를 운영/관리하시는 분들이나 도입을 고려하시는 분들, SQL 튜닝에 다양한 어려움을 겪는 분들에게 도움이 될 것이라 생각합니다.

앞으로도 부족한 부분이나 새로운 지식 및 추가 사례는 엑셈TV를 활용하여 지속적으로 공유할 계획에 있으며, 많은 분들의 배움에 대한 어려움을 해소시키기 위해 부단히 노력하도록 하겠습니다.

많은 응원 부탁드립니다.
감사합니다.

찾아보기

숫자

4 Part-name	351

A-B

Anti Semi Join	175, 198
AUTO_CREATE_STATISTICS	346
AUTO_UPDATE_STATISTICS	51
AUTO_UPDATE_STATISTICS_ASYNC	51
Backward	275
B-Tree	13, 26
Build Input	83

C

Cartesian Product	78
CASCADE	30
Clustered Index	14
Clustered Index Scan	16
Clustered Index Seek	17
CONVERT_IMPLICIT	286
CROSS APPLY	78
CROSS JOIN	72, 78

D

DeadLock	304, 309, 316
DENSITY_VECTOR	35
Dirty Read	59
DISTINCT	185

E-H

Estimate Rows	339, 348
Foreign Key	131, 321, 325
FULL OUTER JOIN	77
Hash Join	83
Heap	19
Histogram	37

I

Include	22
INCREMENTAL	382
INDEX	12
Index Rebuild	29
Index Reorganize	29
In-line View	78
In Memory Hash Join	83
INNER JOIN	73
Intermediate	13
IS NOT NULL	190, 275, 279, 283
ISNULL	268
ISOLATION LEVEL	58

J

Join Hint (Hash)	88
Join Hint (Merge)	89
Join Hint (Nested Loop)	87

K

Key Lookup	20

L

Leaf	13, 27
LEFT OUTER JOIN	75
Linked Server	359
LOB	12
Lock	58
Logical Join	73

M

MERGE	329
Merge Join	81
Missing Index Guide	53

N

Nested Loop Join	82
NOLOCK	296, 300, 303
Non-Clustered Index	15
Non-Clustered Index Scan	19
Non-Clustered Index Seek	20
Non-Repeatable Read	62
NOT EXISTS	176,
ntext	23
NVARCHAR	46

O

OPENQUERY	364
OUTER APPLY	80
OVER	243, 246

P

Page Split	23
Partition Elimination	371
Phantom Read	62
Physical Join	75
Probe Input	85

R

READ COMMITTED	65, 302
READ_COMMITTED_SNAPSHOT	66, 302
READPAST	305
READ UNCOMMITTED	64
REPEATABLE READ	68
RID Lookup	21
Right Outer Join	78
Root	15, 27

S

sampling(샘플링)	52, 55
Scalar Function	87
Scalar SubQuery	87, 88
Selectivity(선택도)	38

찾아보기

S

Semi Join	142, 203
SERIALIZABLE	69
SHOW_STATISTICS	35
SNAPSHOT	70
sp_getapplock	320
SPOOL	121, 162, 166
Statistics	34
Stat Header	35
STRING_SPLIT	292
Sub Table (서브 테이블)	177

T

Table Scan	15
text	21
TOP EXPRESSION	172, 276, 279
Trace Flag	48
TRUNCATE	215, 372

U

uniqueidentifier	286
UPDLOCK	317

W

Worktable	81, 83, 168, 246

ㄱ

관계형 데이터베이스	72
교착 상태	307, 311
그래픽 실행 계획	94

ㄷ

동시성	58
동적 임계치	49, 50

ㅂ

바인드 변수	40
배타 잠금	64, 293, 298, 311

ㅅ

수동 통계 업데이트	53
실행 계획	92
실행 계획을 읽는 방법	97
실행 계획에 따른 SQL의 처리 과정	98

ㅇ

암시적 조인	85

ㅈ

전체 통계 업데이트	54
정규화	72
정적 임계치	48

ㅌ

텍스트 실행 계획   95

ㅎ

행 버전   64, 68, 312

현장 이슈들을 축약하여
예시로 배워보는 족보집
SQL SERVER 튜닝 가이드

Copyright © 2022 EXEM Co., Ltd.
All rights reserved.
Printed in KOREA.

초판 1쇄 인쇄 2022년 3월 25일
초판 1쇄 발행 2022년 4월 4일

지은이 김성식, 채영석, 서채원, 김국현, 김민섭
펴낸곳 (주)엑셈

디자인 엑셈 디자인그룹
출판등록 제 16-3805호
주소 서울시 강서구 양천로 583, A동 1308호(염창동, 우림블루나인 비즈니스센터)
전화 02)6203-6300
팩스 02)6203-6301

ISBN 979-11-88427-04-8

이 책은 저작권법에 의하여 보호를 받는 저작물이므로 무단 복제 및 무단 전재를 금합니다.
잘못된 책은 구입하신 서점에서 교환해 드립니다. 책값은 뒤표지에 표시되어 있습니다.